켄 윌버의 **통합명상**

Integral Meditation

by Ken Wilber

Copyright © 2016 by Ken Wilber
Korean translation copyright © 2020 by Gimm-Young Publishers, Inc.
All rights reserved.

This translation is published by arrangement with Shambhala Publications, Inc., Boulder
through Sibylle Books Literary Agency, Seoul.

켄 윌버의 통합명상

1판 1쇄 발행 2020. 2. 28.
1판 3쇄 발행 2024. 8. 9.

지은이 켄 윌버
옮긴이 김명권·김혜옥·박윤정

발행인 박강휘
편집 고정용 디자인 유상현 마케팅 백미숙 홍보 최정은
발행처 김영사
등록 1979년 5월 17일(제406-2003-036호)
주소 경기도 파주시 문발로 197(문발동) 우편번호 10881
전화 마케팅부 031)955-3100, 편집부 031)955-3200 | 팩스 031)955-3111

값은 뒤표지에 있습니다.
ISBN 978-89-349-8189-3 03180

홈페이지 www.gimmyoung.com   블로그 blog.naver.com/gybook
인스타그램 instagram.com/gimmyoung   이메일 bestbook@gimmyoung.com

좋은 독자가 좋은 책을 만듭니다.
김영사는 독자 여러분의 의견에 항상 귀 기울이고 있습니다.

켄 윌버의 통합명상

성장과 깨어남을 위한 마음챙김

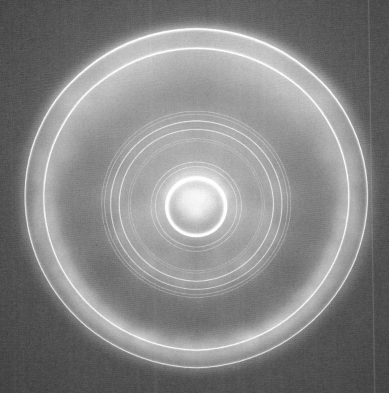

켄 윌버 지음 | 김명권 · 김혜옥 · 박윤정 옮김

김영사

차례

같은 길을 가는 친구들, 통합이론의 관점에서 마음챙김 명상에 역점을 두는 통합명상의 세계에 온 것을 환영한다. 통합명상을 통해 여러분은 분명히 깊은 영감뿐만 아니라, 근본적인 혁신도 경험하게 될 것이다. '**통합명상**'은 '이제까지 개발된 명상법들 가운데서 **가장 오래되고 효과적인 명상법**'과 '우주를 바라보는 **최첨단의 진화된 관점**'을 결합한 것이기 때문이다.

통합명상은 지금까지 존재했던 다른 명상법들과는 달리, 개인의 성장과 발달, 변화 혹은 진화에 놀라울 만큼 효과적으로 다가가게 해 준다. 과장된 말처럼 들릴지도 모르겠다. 하지만 몇 가지 기본적인 단계를 함께 실천하다 보면, 분명히 놀랍도록 새롭고 신선한 눈으로 삼라만상을 바라보게 될 것이다. 더불어 자신의 삶도 새로이 느끼고 경험할 것이다.

그러면 이제 '마음챙김 명상에 대한 통합적 접근'과 관련해서 가장 많이 받는 질문과 답변들을 이야기하고자 한다. 모쪼록 쉽게 잘 이해했으면 좋겠다.

통합명상이 우리의 성장과 발달을 위한 접근법이라면, '성장과 발달'은 정확히 무엇을 의미할까?

계속되고 있는 연구에 따르면, 인간은 아주 다른 두 가지 형태의 성장과 발달을 경험한다. 이것은 아주 다른 두 가지 형태의 영적인 활동이 필요하다는 점을 의미한다. 그런데 재미있게도 대단히 중요한 이 두 가지 접근법을 모두 포괄하는 길이 이제까지는 없었다. 전통적인 형태나 영적인 형태, 아니면 다른 어떤 형태로도 없었다. 둘 가운데 하나가 최근에야 비로소 발견되었기 때문이다.

앞으로 살펴보겠지만, 이 두 가지 접근법을 우리는 '**성장**Growing Up**의 길**'과 '**깨어남**Waking Up**의 길**'이라고 부른다. 이제까지 이 둘을 통합한 접근법은 세계 어디에도 없었다. 이로 인해서 인류 역사 내내 불완전하고 문제가 많은 사람들이 생겨났다. 두 접근법 가운데 어느 한쪽에만 초점을 맞춘 탓에 다른 도외시된 쪽이 본질적으로 썩어버린 것이다.

지금까지 꽤 '성장한Grown up' 개인들, 즉 다중지능들 가운데 어느 하나가 특별히 고도로 발달한 개인들은 있었다. 하지만 이들도 깨우치거나Awaken 깨닫지Enlightened는 못했다. 몇몇 전통에서 말하는 '지고의 정체성Supreme Identity'을 인식하지는 못했다는 의미이다. 이 지고의 정체성을 인식하면, 개인은 실재하는 모든 것과 우주 전체, 모든 존재와 하나가 되는 상태를 경험한다.

이런 말이 좀 난해하게 들릴지도 모르겠다. 그래도 설명을 좀 더 들으면서 조금이라도 납득할 만한 것인지 살펴보기 바란다. 또 이해가 된다면, 자신이 정말로 얻고 싶은 깨달음이 무엇인지도 생각해보면 좋겠다. 사실 이런 경험이 자신에게 갖는 의미를 이해하고 발견하는 것도 이 책의 또 한 가지 목적이다.

한편 그동안 깨어남Waking Up의 길을 따른 덕에 깨우치거나 깨달음을 얻은 사람들도 실제로 있었다. 그런데 이들 중에는 여러 가지 인간적인 능력 면에서 상대적으로 미성숙한 상태를 벗어나지 못한 사람들도 있었다. 이런 사람들은 심리성적psychosexual으로 발달이 저조해서 제자들을 성적性的으로 이용하거나, 영적인 문제에 관심이 있으면서도 도덕적으로 충분히 발달하지 못했다.

단적인 예로, 나치Nazi들도 요가와 명상 수행에 정통했다. 혹은 동성애혐오자나 성차별주의자, 인종차별주의자, 외국인혐오주의자, 권위주의자, 지독한 계급주의자가 된 이들도 있었다. '세계와 하나'되는 경험은 했을지 몰라도, 세상 속에서 여전히 미성숙한 상태로 남아 있거나, 제 역할을 다하지 못하거나, 심지어는 병적인 모습까지 보였다.

이제까지는 지고의 정체성을 느끼기 위한 깨어남의 길과, 사회에서 우리의 능력과 다중지능multiple intelligence을 충분히 발전시키기 위한 성장의 길을 모두 포괄하는 진지한 수행법이 없었다. 인간을 불완전하고 분열된 존재가 아니라, 전체적이고 완전하며 전반적으로 성숙한 존재로 만들어주는 수행법이 없었다는 말이다. 이로 인해 말 그대로 문제가 많은 사람들이 생겨났다.

여러분 중에는 이미 스스로 완전하고 완벽하다고 여기는 수행법을 실천하고 있는 이들도 있을 것이다. 이런 분들은 어떤 특별한 수행법도 더 이상 필요가 없다고 생각할 것이다. 이런 관점도 나는 진심으로 이해한다. 하지만 성장의 길이 인간의 역사에서 아주 최근에야 발견되었다는 점을 간과하지 말아야 한다.

역사 초기의 샤먼과 치유사들을 통해 알 수 있듯, 인간은 최소 5만 년 전부터 '깨어남Waking Up'을 경험한 것 같다. 여러분이 이미 영적인 수행을 하고 있다면, 그 수행법은 약 1천 년도 전에 개발된 것일 가능성이 크다. 그러나 성장의 길은 약 백 년 전까지도 발견되지 않았다. 여기서 잠시 그 이유를 살펴보면, 핵심은 이렇다.

성장의 단계는 명백하게 눈으로 보거나 쉽게 확인할 수 없다. 그래서 아무리 많이 성찰하고 명상하고 내관內觀하더라도, 성장의 단계들이 하나도 눈에 띄지 않을 수 있다. 그냥 내면을 들여다보기만 해서는 성장의 단계를 알 수 없다. 전 세계의 주요한 명상법들을 하나하나 모두 살펴볼 수밖에 없는 이유가 여기에 있다.

이런 명상법들의 대부분은 명상의 발달 단계stages of meditative develo-pment(앞으로 충분히 검토할 것이다)들을 다루고 있다. 그러나 이 가운데 성장의 단계와 유사한 것은 하나도 없다. 깨어남의 단계는 있지만 성장의 단계는 없다는 말이다. 깨어남의 길과 성장의 길 양쪽을 모두 포괄하는 완벽한 명상법은 어디에도 존재하지 않는다.

성장의 단계를 처음 발견한 것은 근대 서양의 발달심리학자들이며, 앞서 언급했듯 이 발견은 약 백 년 전쯤에 시작되었다. 이들의 직접적인 탐구를 기초로 지금은 십여 개의 발달학파가 생겨났다. 그런데 정말 흥미롭게도 이 학파들 모두 사실상 6~8가지의 기본적인 성장 단계들과 본질적으로 똑같은 것을 설명하고 있다. 이 문제는 다시 주목해볼 필요가 있다. 이것은 우리에게 성장의 길을 위한 지도가 이미 있음을 말해준다. 이 지도는 단계적인 발달과 진화를 통해 상상할 수 있는 최고 수준의 성장과 완전함에 이르도록 도와줄 것이다.

그런데 여기서 한 가지 이상한 점이 있다. 성장을 위한 이 지도나 모형에 깨달음이나 깨우침Awakening, 지고의 정체성 같은 단계는 없다는 것이다. 발달학파들은 성장의 방법은 가르쳐주지만 깨어남의 방법은 알려주지 못하고 있다. 자연히 서양식의 접근법에서는 '대해탈大解脫, the Great Liberation'이나 '깨우침' '지고의 정체성' '깨달음' 같은 것들을 대부분 들을 수 없다.

이처럼 이제까지 인류 역사에는 깨어남과 성장의 길 가운데 어느 한 가지만 있었다. 그러나 '통합적 접근Integral approach'은 깨어남과 성장의 길을 처음으로 모두 결합해서, 상상할 수 있는 모든 면에서 진정으로 심오하고 효과적인 성장과 발달 방법을 만들어내고 있다. 덕분에 통합적 접근은 현존하는 모든 수행법에 적용할 수 있고 적용해왔다. 실제로 통합적 접근을 다루는 주요한 전문학술지*에 따르면, 이미 60가지 이상의 다양한 인문교육 분야에서 이 통합적 접근법을 적용하고 있다. 통합의학이나 통합사업, 통합교육, 통합상담 등이 그 예다.

미래의 모든 영성과 종교는 깨어남과 성장의 차원을 모두 그들의 가르침 속에 포함시켜야 한다. 그래야만 어떻게든 계속 지지자들을 끌어들일 수 있다. 그렇지 않으면 진정한 해결책을 구하는 사람들을 잃어버리고 말 것이다. 통합적 접근법이 무엇인지를 아는 사람은 거의 누구나 이 점에 동의한다. 그러므로 나는 통합적 접근법이야말로 오늘날의 영적인 길에 적용할 수 있는 '내일의 종교Religion of Tomorrow'라고 주장한다.**

---

* 《JITP: The Journal of Integral Theory and Practice》
** 신간 《내일의 종교》를 보기 바란다. 켄 윌버 《The Religion of Tomorrow: A Vision for the Future of the Great Traditions》, 2018 참고(김영사 근간).

마음챙김은 무엇인가?

여기서는 쉽게 따라할 수 있는 실제적인 수행법들을 알려주려 한다. 이 방법들은 최고의 깨어남의 길과 최고의 성장의 길을 결합한 것이다. 이 방법들을 보면, 우리가 세상 어디에나 존재하는 가장 효과적인 성장과 발달 프로그램이라고 믿는 것이 어떤 것인지를 알게 될 것이다. 이 말도 좀 과장되게 들린다면, 최소한 처음 몇 단계만이라도 이해하려고 노력하면서 자신의 생각을 점검해보기 바란다.

마음챙김이란 무엇이며, 대중매체에서 이야기하는 마음챙김과 통합적 마음챙김은 어떻게 다른가?

마음챙김mindfulness은 몸과 마음을 위한 수행법의 하나로서 스트레스를 급격하게 감소시키는 것으로 입증되었다. 또 평온한 느낌과 이완, 조화로움을 증가시키고, 불안과 우울을 감소시키고, 가벼운 통증을 완화시키고, 고혈압을 낮춰주고, 학습능력과 지능지수, 창의성을 향상시키며, '인간 본성에 더 가까이 다가가 있는'* 고차원적인 의식 상태를 일깨워준다. 그러므로 마음챙김은 평범하고 세속적인 것부터 영적인 깨달음과 관련된 문제에 이르기까지 인간의 모든 활동에 적용할 수 있는 약과 같다고 할 수 있다. 이 강력한 수행법은 최소 2천 5백 년 전부터 시작되었다. 인류가 이토록 오래전부터 계속 이 수행법을 적용해온

---

* 이 연구를 간략하게 알고 싶다면, 제프리 그리슨Jeffrey M. Greeson, '마음챙김 연구의 최근 동향: 2008', 《증거기반 보완대체의학 저널 Journal of Evidence-Based Complementary and Alternative Medicine》, 2009년 1월 호, http://chp.sagepub.com/content/14/1/10을 참조.

이유는 그만큼 효과적이기 때문이다.

대부분의 서양 언론은 마음챙김을 설명할 때 2014년《타임Time》지 표지 기사에 실린 것과 비슷한 내용을 보도한다. 그들은 마음챙김이 인간 삶의 모든 영역에 미치는 긍정적 효과를 보여주고, 많은 양의 과학적 증거들에 초점을 맞춘다. 그리고 집중을 어렵게 만드는 공학기술의 방해로 인해 더욱 혼란에 빠져 있는 현대인들에게 특히 마음챙김을 추천하고 강조한다. 실제로 아주 기초적인 마음챙김 수행으로도 위에서 언급한 긍정적 효과들은 모두 얻을 수 있다.

기본적인 마음챙김 수행　마음챙김은 정확히 어떻게 해야 할까? 기본적으로, 편안한 자세로 앉아 마음을 이완하고 무슨 일이 일어나고 있건 현재의 순간에 주의를 기울이면 된다. 먼저 바닥에 앉아 편안하게 책상다리를 하거나 요가 수행의 기본자세인 가부좌를 한다. 손바닥은 포개서 위를 향하도록 허벅지에 올려놓거나 아래로 가게 무릎에 놓는다. 또는 발을 바닥에 대고 척추를 바로 세운 채 의자에 앉아 손을 앞의 자세들 중 하나로 한다. 그리고 그냥 편안히 지금의 순간에 집중하면서, 내면과 외부에서 일어나는 일들을 차분하고 분명하게 알아차린다.

보통 한 번에 한 가지에만 주의를 집중하라고 가르치는데, 가장 일반적인 집중 대상은 호흡이다. 지시 사항들은 나중에 더 자세히 살펴볼 것이다. 여기서 중요한 것은 숨을 들이쉴 때 호흡을 자각하고, 그다음 호흡의 멈춤을 알아차리는 것이다. 이렇게 날숨과 멈춤 그리고 또 들숨과 날숨에 지속적으로 주의를 기울인다. 이 틀에서 벗어나거나, 과거나 미래 혹은 현재의 삶(지난 주 직장에서 있었던 괴로운 일이나, 내일 있을 흥분되는 일, 현재 인간관계의 어려움 등)에 대해 생각하고 있는 자신을 알아차리면, 이런 생각들을 부드럽게 놓아버리고 다시 호흡을 따라간다. 이것을 매일 한두 번씩 10~40분간 한다.

간단한 일처럼 들리는가? 시도해보기 전까지는 그럴 수도 있다. 하지만 실제로 해보면, 마음이 얼마나 잘 흐트러지는지, 자신의 생각을 얼마나 잘 통제하지 못하는지 알게 된다. 호흡의 흐름을 계속 놓치고, 거친 생각과 이미지들이 의식을 가득 채우고, 때로는 강력하고 불쾌한 느낌에 압도당한다. 반대로 믿을 수 없이 긍정적이고 행복하기까지 한 느낌이 폭포처럼 자신을 관통할 때도 있다.

또 자신의 마음과 내면에서 자신이 정말로 인식하고 있는 부분이 아주 적다는 것도 깨닫게 된다. 행동을 이끄는 것이 생각이라면, 현재 우리의 상태는 일반적으로 혼란스럽고 변덕스러운 생각들에 싸여 있다. 이런 생각들이 혼란스럽고 변덕스러우며 문제가 많은 행동을 낳는다. 이로 인해 삶의 거의 모든 영역에서 실제로 얻을 수 있는 것보다 훨씬 적게 성공을 거두고, 일관성과 뛰어남, 조화, 성취, 배려, 탁월함도 적게 드러내며 살아간다. 삶의 거의 모든 영역에서 그렇다. 혼란스럽고 변덕스러운 '원숭이 마음monkey mind'이 우리와 함께하면서 삶의 모든 영역에서 우리의 행동을 밑에서부터 조종하고 있기 때문이다.

실제로 여러분이 크게 성공한 영역들을 자세히 살펴보면, 분명하고 일관적이면서도 자유롭게 집중하는 **몰입상태**flow states에서 일했던 영역이 대부분일 것이다. 무엇을 하든, 일관된 몰입상태가 최선의 방식으로 그 일을 하게 만들기 때문이다. 그래서 보통 크게 성공을 거둔다. 일이나 관계, 자녀 양육, 심지어는 그냥 이완할 때도 마찬가지이다. 요컨대 마음챙김 명상은 삶 전체를 몰입의 상태로 만드는 방법이라고 할 수 있다.

통합적인 마음챙김은 어떻게 다른가 통합적인 마음챙김과 보통의 마음챙김은 정확히 어떻게 다를까? 통합적인 마음챙김에서도 보통의 마음챙김을 사용한다. 그러나 통합적인 마음챙김은 앞에서 언급한 최첨단 모형, 즉 통합이론의 획기적 통찰들과 실제를 마음챙김과 혼합한 것이다. 또 통합적 마음챙김에서는 마음챙김을 적용할 수 있는 삶의 영역에 초점을 맞추고, 이 영역들을 개선하고 발전시키기 위해 **통합적** 체계를 사용한다. 이로써 몰입상태에 이를 수 있는 영역을 늘려나간다.

이 몰입상태의 영역들은 살아 있는 모든 사람들 속에 이미 있다. 그러나 대부분의 사람들은 이것을 인식하지 못하고 있다. 이 영역들이 바로 지금 우리 모두의 안에서 실제로 움직이고 있지만, 이 영역들을 직접 자각하는 사람은 소수에 불과하다. 이것은 아주 중요한 문제이며, **성장**의 모든 단계들도 마찬가지이다. 이 단계들이 존재하지만, 여러분은 이 단계들을 전혀 인식하지 못할 수도 있다.

예를 하나 들어보겠다. 여러분의 모국어가 영어라고 하자. 영어를 쓰는 환경에서 성장한 아이들은 영어를 아주 정확하게 구사한다. 주어와 동사를 제대로 결합하고 형용사와 부사를 적절히 사용하며 단어들을 알맞게 배치한다. 문법 규칙을 정확하게 따르는 것이다. 하지만 이들에게 실제의 문법 규칙을 적어보라고 하면, 사실상 누구도 적어내지 못할 것이다. 문법 규칙을 정확히 따르면서도 그 규칙을 실제로 인식하는 사람은 아무도 없는 것이다.

통합이론이 삶의 모든 분야에서 지적해주는 항목 유형들도 마찬가지이다. 이 항목 유형들은 기본 지도와 같다. 우리는 이 지도를 이용해서 일이나 관계, 예술 창조, 자녀 양육, 새로운 과정의 학습, 스포츠 등등 우리가 몸담고 있는 영역들을 이해한다. 우리가 만든 지도들은 이 영역들을 어떻게 바라보고 항해해야 하는지 알려준다. 그러나 우리에게 이런 지도들이 있음을 우리는 대체로 인식하지 못하고 있다.

성장의 모든 단계들도 마찬가지이다. 이 단계들은 숨겨진 지도와 같다. 우리는 문법 규칙 같은 이 지도를 따라가고 있으면서도, 자신이 이렇게 하고 있음을 자각하지 못한다. 그런데 솔직히 말하면, 이 지도들 대부분은 흔히 아주 엉망이다. 어린 시절의 잔존물처럼 유치하거나 부정확하고 완전히 잘못되어 있다. 그러나 우리는 이 잘못된 지도들을 바로잡거나, 정확하게 다시 그리거나, 우리가 몸담고 있는 다양한 영역들을 제대로 나타내주는 지도를 새로 만들 생각도 하지 못한다. 문법 규칙들을 인식하지 못하는 것처럼 이 숨은 지도도 보지 못하고 있기 때문이다. 이로 인해 부정확한 지도를 따라 이 도시 저 도시를 헤매다가 여행을 완전히 망쳐버리고, 원하던 곳에는 근처에도 가지 못한다. 아주 익숙한 이야기처럼 들리지 않나?

이제 와서 내면을 성찰하거나 자신의 의식을 살펴본다고 이 지도들을 발견할 수 있는 건 아니다. 그저 내면을 바라보기만 해서는 문법 규칙을 찾을 수 없다. 단어와 이미지, 부호, 상징들을 볼 뿐, 숨은 규칙은 보지 못한다. 숨은 규칙을 보려면, 특정 언어의 수많은 사용자들을 객관적으로 연구하고 그들의 공통점을 파악한 후, 그들이 쓰는 말을 실제적으로 지배하는 규칙들을 추론해내야 한다.

우리의 삶에 많은 영향을 미치는 숨은 지도도 마찬가지다. 그저 내면을 들여다보기만 해서는 그것을 알 수 없다. 사실, 전문적으로는 '**의식의 구조**structures of consciousness'라고 알려져 있는 이 지도들은 비교적 최근까지도 알려지지 않았다. 지구상에 백만 년 이상 존재해왔는데, 고작 백 년 전에야 이 숨은 지도를 발견한 것이다. **성장**의 단계가 최근에 발견된 이유도 여기에 있다.

이 성장의 단계는 의식의 '**상태**states'와는 다른 것이다. 성장의 단계는 의식의 구조structures에 해당되는 것이고, 의식의 상태는 말 그대로 의식의 상태이다. 그리고 앞에서 간략히 언급한 것처럼, 명상은 더욱 고차원적인 의식 상태에 이르도록 해준다. 확장된 사랑과 기쁨, 증대된 통찰과 자각 같은 '**변성된 의식 상태**altered states', 모든 것과 하나로 존재하는 '**지고의 정체성**' 같은 폭넓은 정체성, 일반적인 몰입상태 등이 그것이다. 다시 말해 명상은 **깨어남**의 길의 핵심에 다가가게 해준다.

이 모든 의식 상태들은 내면을 들여다보면 알 수 있다. 한 예로, 문득 모든 존재를 향한 사랑이 엄청나게 커지는 것을 느끼면서 '난 모든 사람을 사랑해!' 하고 외치는 순간이 있다. 이럴 때 우리는 이 의식 상태를 즉각 직접적으로 인식한다. 이런 문장을 만들어내는 문법 규칙은 말로 설명하지 못해도 말이다. 앞서 말한 것처럼, 인간은 이런 의식 상태들을 못해도 5만 년 전부터 알고 있었다. 그 출발점을 거슬러 올라가보면, **영계와 교류하는 의식**vision quest을 집전하던 초기의 샤먼과 치료를 행하던 주술사들에게까지 이른다. 그러나 다시 말하지만, 의식의 구조, 즉 숨은 지도는 내면을 들여다보는 것만으로는 알 수 없다. 이 구조는 발달심리학이 등장한 백 년 전에야 비로소 발견되었다.

이런 이유로 이 숨은 지도는 세계의 어떤 위대한 명상 전통에서도 찾아볼 수 없다. 어느 한 곳에서도 발견할 수 없다. 숨은 지도를 찾아내고 요약한 것은 인간의 발달에 대한 엄청난 연구와 노력 그리고 통합이론*이다. 명상 전통들은 깨어남으로 인도하는 마음챙김 같은 명상meditation과 관상觀想, contemplation 형식들은 훌륭하게 창조해냈지만, 숨은 지도는 찾아내지 못했다. 어떤 전통도 마음챙김을 통해 숨은 지도들을 발견해내거나, 성장을 위한 더 나은 지도들로 이것들을 교체하지도 못했다.

오늘날 우리가 사용하는 명상 체계는 대부분 약 천 년이나 그 이상

---

* 역주: 켄 윌버, 《켄 윌버의 통합심리학》, 학지사, 2008 참조. pp. 259-301.

으로 오래된 것이다. 반면에 이 지도를 발견한 것은 백 년밖에 안 된다. 이처럼 지도가 너무 늦게 발견된 탓에 명상 체계에서는 이 지도를 찾아보기가 힘들다. 그래서 **깨달음**Enlightenment이나 **깨우침**Awakening, **모든 존재의 궁극적 바탕**에 대한 인식, 순수한 깨어남 같은 아주 높은 의식 상태를 경험한 사람도 숨은 지도에 여전히 휘둘리고, 성장의 단계에 대해서는 전혀 모른다. 아주 높은 경지에 오른 명상 스승들도 동성애 혐오나 권위주의, 성차별주의, 계급주의 같은 대단히 혼란스러운 개념들에 사로잡혀, 무의식적이고 왜곡된 숨은 지도에 지배당하고 있다.

의식의 구조와 상태의 차이를 기억하는 가장 간단한 방법은 이렇다. 숨은 차원의 문법이나 지도 같은 의식의 구조가 성장의 토대인 반면, 깨달음과 깨우침으로 인도하는 의식의 상태는 **깨어남**waking up의 토대라는 것이다. 우리는 성장의 과정을 통해 낮은 발단 단계나 세계에 대한 지도에서 더욱 적합하고 성숙하며 발달된 단계나 지도, 진정한 성장으로 나아간다. 한편 깨어남의 과정에서는 덜 전체적이고 진보된 상태에서 상상할 수 있는 가장 고차원적이고 발달된 상태로 이동한다. 이런 상태는 진정한 변화를 일으키는 **깨달음과 깨우침, 대해탈**Great Liberation, **변성**Metamorphosis, **득도**得道, **지고의 정체성** 등으로 이어진다.

성장의 숨은 지도 찾기

이제부터는 **성장**에 초점을 맞춰, 덜 명확하고 발달된 낮은 차원의 숨은 지도를 더욱 성숙하고 포괄적이며 발달된 지도로 대체할 것이다. 또 지도의 몇 가지 예를 제시하고, 이 지도들이 정확히 어떤 것이며 무엇과 관련 있는지도 살펴볼 것이다. 그리고 곧 깨어남에 초점을 맞추고, 이 깨어남이 불러일으키는 가장 고차원적인 상태 몇 가지를 훈련을 통해 직접 느껴볼 것이다. '**진정한 자기**True Self'와 궁극의 '합일의식unity consciousness'이 그런 고차원적인 상태의 예이다.

성장의 과정에서 덜 발달된 낮은 차원의 숨은 지도가 지닌 영향력에서 벗어나는 길은 이 지도를 발견하고 알아차리는 것뿐이다. 곧 알게 되겠지만, **통합이론**은 정확히 이 부분에서 도움을 준다. 숨은 지도를 하나 발견했는데, 이것이 정말 진부하고 구시대적이며 부적절하고 완전히 잘못됐다는 생각이 든다고 하자. 그러면 이것을 파헤쳐내고 대체해야 할 것이다. 바로 이 과정에서 마음챙김은 강력한 효과를 발한다. 여기서 마음챙김은 현재의 순간에서 일어나는 현상을 온전히 일관되게 주시하는 보통의 마음챙김과 같은 것이다. 그런데 이 일어나는 현상 자체에 대해서 명상 전통들은 전혀 아는 것이 없는 반면, 통합이론은 이 현상을 직접 보여준다. 다시 말해 통합이론은 성장의 단계를 알려주는 것이다.

숨은hidden 지도에 지속적으로 주의를 기울이면 이 지도는 '분명하게 드러난다un-hidden.' 그러면 무의식의 지도를 인식하고 주관적이던 구조를 객관화시켜 보게 되면서, 지도를 의식적으로 통제할 수 있게 된다. 이렇게 낡고 비논리적인 지도를 버리고 더 정확하고 새로운 지도로 대체하면, 이 새 지도는 삶의 거의 모든 영역에 깊은 영향을 미친다. 어느 순간 불현듯! 그 이유는 자신도 모르게 삶의 모든 영역을 이끄는 데 사용했던 그 무의식적이고 부정확한 지도들을 제거해버렸기 때문이다. 그러나 계속 왜곡된 지도를 갖고 이 도시 저 도시를 헤매면 똑같은 결과를 얻는다. 가벼운 일에서 대격변에 이르기까지 커다란 불행을 경험한다.

사실상 이 숨은 지도와 틀, 관점이 다양한 방식으로 삶의 모든 영역을 지배하고 인도해왔다. 그러나 이 지도들을 알아차리면, 다시 말해 **통합이론**을 통해 이 지도들을 끄집어내고 마음챙김을 통해서 이것들에 초점을 맞추면, 사실상 삶의 모든 영역이 극적으로 달라진다. 때로는 거의 즉시, 곧바로, 약간만 훈련을 해도 기필코 그렇게 된다. 바로 이것이 우리가 이제부터 하려는 작업이다. 삶의 거의 모든 영역에서 사용하고 있는 기본 지도나 틀, 관점들을 파악하고, 마음챙김으로 이것들에 주의를 기울여 뿌리 뽑고 해체하는 것이다. 그러면 더욱 정확하고 일관된 지도가 들어설 자리가 생긴다. 이런 작업은 사실상 삶의 전 영역에 곧바로 깊은 영향을 미친다.

물론 여러분에게 이것을 믿으라고 강요하는 것은 아니다. 하지만 최소한 맛보기 수준으로라도 시도를 해서 스스로 확인해보길 바란다. 어떤 식으로든 분명히 알게 될 것을 약속한다. 또 잊지 말아야 할 점이 있는데, 보통의 마음챙김이 불러오는 기존의 효과들도 전부 경험하리라는 것이다. 건강이 좋아지고, 정신 능력도 나아지고, 정서 생활도 더 안정되고, 대인관계도 더 만족스러워지고, 양육도 더 제대로 하게 될 것이다.

뿐만 아니라 삶에서 다양한 형태의 재앙을 불러일으켰던 낡은 틀과 지도도 찾아내 뿌리 뽑고 해체하게 될 것이다. 그리고 더 새롭고 적절한 지도로 이것을 대체할 것이다. 이런 지도는 삶의 영역들을 더욱 건강하고 행복하며 일관되고 지성적인 방식으로 그려내, 본질적으로 삶의 모든 영역을 활기 넘치는 몰입상태로 만들어줄 것이다.

그런데 어린아이도 활기 넘치는 몰입상태에 있을 수 있을까? **깨우침**이나 **깨달음** 같은 몰입상태들은 확실히 가장 발달되고 충분하며 성숙한 발단단계에서 경험하는 것이다. 그리고 우리가 되고 싶은 것은 해탈한 괴짜가 결코 아니다. 실제로는 이렇게 될 수도 있지만 말이다. 우리가 정말로 원하는 것은 성장의 주요 단계들을 깨어남의 주요 상태들과 결합해서, 모든 가능한 세계들 중에서 가장 밝은 최고의 세계에 이르는 것이다. 그러나 이것은 비교적 최근에야 가능해졌다. 최근에서야 비로소 오랜 지혜의 전통에서 나온 수행법들(마음챙김 같은)을 발달과 혁신에 대한 최첨단의 관점(통합이론 같은)에서 나온 기술이나 견해들과 결합하게 되었기 때문이다. 이렇게 성장과 깨어남, 구조와 상태, **완전함**Fullness과 **자유**Freedom, 잘 만들어진 방법과 궁극의 지혜를 결합한 것, 이것이 바로 **통합적** 마음챙김의 핵심이다.

통합적 마음챙김은 어떻게 더욱 건강하고 행복하며 생산적인 삶을 살도록 도와주는가?

지금까지 통합적 마음챙김을 간단히 설명했다. 여기서 **통합이론**이 흔히 말하는 '**통합적 방법론**Integral Methodology'으로 여러 가지 숨은 지도들을 찾아냈다는 점을 덧붙이고 싶다. 통합적 방법론은 아주 간단한 개념이다. '숨은 지도'가 정확히 무엇인지 아직 분명치 않다면, 명명백백하게 이해할 수 있도록 곧 많은 예들을 제시해줄 것이다.

통합적 접근법에서는 과학에서부터 윤리학, 문학, 경제학, 영성 등에 이르기까지 거의 모든 인문학에 어느 정도의 진실이, 어느 정도 '사실이지만 부분적인' 생각들이 담겨 있다고 주장한다. 문학을 예로 들어 보자. 흔히들 문학은 온전한 진실을 제시하는 과학과 정반대라고 생각 한다. 문학이 실제가 아닌 가상의 허구적인 세계를 다루기 때문이다. 그런데 그렇다고 해서 문학이 정말로 진실이 아닌 걸까? 전혀 그렇지 않다. 문학은 인간의 해석 방식도 다루는데, 해석이야말로 인간 조건의 결정적이고 중심적인 실제truth이다. 심지어는 과학도 해석에 의존한 다. 그러므로 문학은 단순한 허구가 아니다. '사실이지만 부분적인' 진 실이다.

인간이 관여하고 있는 다른 모든 학문 분야들도 마찬가지다. 그러므 로 더 이상 '어느 접근법이 진실일까?'라고 질문해서는 안 된다. 그보 다는 '이 모든 접근법들이 어떤 부분적 진실을 담고, 어떻게 우리의 세 계를 체계화하는가?'라고 물어야 한다. 어느 정도는 '모든 접근법이 맞 기' 때문이다. 그러므로 통합이론에서는 '어느 것이 맞는가?'가 아니라, '어떻게 그 모두를 종합할까?'에 관심을 갖는다. '통합적integral'이라는 말 자체도 포괄적, 종합적, 수용적, 포용적으로 모든 것을 모아서 아우 른다는 의미이다.

그래서 통합이론가들은 인간이 전근대와 근대, 탈근대 등 전체 역사 에서 창조해낸 지도들을 전부 살펴보기 시작했다. 이 많은 지도들을 모두 책상 위에 펼쳐 놓고, 개개의 지도로 다른 지도들의 빈 부분을 채 워나가면서 하나의 복합적이고 포괄적인 지도를 만들어나갔다. 모든 지도의 부분적인 진실들을 전부 담아내는 슈퍼지도super-map 말이다.

이렇게 만든 복합지도composite map에는 인간이 역사 내내 세계 곳곳 에서 창조해낸 모든 주요 지도의 핵심 요소가 담겨 있다. 미시적으로 볼 때 이 지도는 꼼꼼하지도, 세밀하지도 않다. 이런 지도를 만드는 것 은 아마 불가능할 것이다. 그보다 이 지도는 5만 피트에서 내려다본 조

감도와 같아서 기본 윤곽의 주요 특징들을 잘 담아내고 있다. 또 '세계 내 존재being-in-the-world'*인 인간의 본질적 측면과 영역들도 보여준다.

이 슈퍼지도, 복합지도, 통합지도를 우리는 '에이-큐-에이-엘A-Q-A-L' 혹은 아퀄AQAL이라고 부른다. 이 명칭은 '모든 분면, 모든 단계All Quadrants, All Levels'의 약어이다. 또 '모든 라인, 모든 상태, 모든 유형'을 담아낸다는 의미이기도 하다. 여기서 이 용어들을 배울 필요는 없다. 적절한 시기가 되면 우리가 사용하는 용어들을 모두 자세하게 설명해줄 것이다. 지금 중요한 점은, 이 복합지도가 포괄적인 특성을 갖고 있어서 **통합이론**으로 인간 활동의 모든 영역에서 숨은 지도를 찾아낼 수 있다는 것이다. 또 이 복합지도 안에 숨은 지도들이 거의 다 담겨 있고, 이 지도들의 부족한 점이나 약점들도 불쾌할 정도로 두드러지게 나타나 있다.

앞으로 이 복합지도를 명쾌하고 간단하게 설명해줄 것이다. 이 복합지도를 활용하면 여러분이 삶의 다양한 영역들을 이끌어나가는 데 사용하고 있는 숨은 지도나 틀들을 알아내는 데 도움이 될 것이다. 그런 다음 **통합적인** 접근법으로 더욱 건강한 형태의 지도를 밝혀내고 이것을 토대로 삼으면, 숨은 지도를 알아차리고 마음챙김으로 이것에 초점을 맞출 수 있다. 그러면 숨은 지도의 장악력을 느슨하게 만들고, 더욱 적절하고 온전하고 포괄적이며 건강한 지도로 이것을 대체할 수 있다.

컴퓨터 공학 분야에서 오래전부터 널리 알려진 말 중에 '무가치한 자료를 입력하면 무가치한 결과가 나온다'는 것이 있다. 부정확하거나

---

* 개인들은 홀로 존재할 수 없으므로 모든 인간은 '세계 내 존재being-in-the-world'이다. 다시 말해서 개인들은 언제나 어떤 집단의 한 부분이다. 그래서 아퀄 지도에 개인은 물론이고 집단의 '내면insides'과 '외면outsides'까지 표시했다.

조잡한 정보를 시스템에 입력하면 출력되는 내용도 부정확하고 조잡할 것이다. 숨은 지도도 마찬가지이다. 문법 체계가 끔찍하게 잘못되어 있을 경우, 우리가 하는 말의 상당 부분은 전혀 의미가 통하지 않을 것이다. 실제로 대부분의 언어에는 표준적인 문법 규칙을 따르지 않는 방언이 있다. 표준 규칙을 따르지 않기 때문에 방언은 보통 낮은 교육 수준이나 계급의 증거로 받아들여진다.

지금 여기서 옳고 그름을 따지려는 것은 아니다. 하지만 '난 자동차 안 키워' '쩌는 플레이' '모든 게 주작이야'와 같은 말들은 비표준어의 예들이다. 많은 사람들의 내면에 있는 숨은 지도의 문법 체계도 이런 문장들보다 나을 것이 없으며, 그 결과도 마찬가지이다. **통합적 마음챙김**은 이런 숨은 지도를 파헤쳐내서 순수한 자각의 햇살을 환하게 비춰준다. 그리고 삶의 모든 영역을 밝혀주는 더욱 아름다운 지도로 이 숨은 지도를 대체하게 해준다. 바로 이렇게 **통합적 마음챙김**은 삶의 모든 영역에서 더욱 건강하고 행복하며 생산적인 존재가 되도록 우리를 도와준다.

영성의 두 가지 유형

마음챙김은 종교적이거나 영적인 수행법인가? 그렇다면 왜 그런가?

이 문제들은 천천히 그러나 분명하고 쉽게 한 번에 하나씩 다룰 것이다. 우리가 '영적spiritual'이라는 말을 사용하는 방식과 이 말의 의미에 모든 것이 달려 있기 때문이다. 그러므로 우리가 말하는 '종교'나 '영성'의 의미가 정확히 무엇인지부터 논의해보아야 한다. 또 많은 사람들이 '종교적이지는 않지만 영적'이라고 주장한다는 사실에 대해서도 이야기해보아야 할 것이다.

요즘 흔히 말하는 영성이나 종교에 전혀 관심이 없는 사람들에게는 이 정의들이 특히 중요할 것이다. 이런 부류에 속하는 사람이라면, 다음과 같을 가능성이 크기 때문이다. (1) 이들이 이해하고 있는 '영성'은 '좋은' 형태의 영성, 다시 말해 **깨어남**으로 직접 인도하는 영성이 아니다. (2) 일단 '좋은' 형태의 영성을 발견하면 **그것**에 관심을 가질 가능성이 크다.

그럼 먼저 종교나 영성에는 **최소한** 두 가지의 아주 다른 형태가 있다는 점부터 이야기해보겠다. 그리고 이것들이 성취하려는 것도 살펴보겠다. 첫 번째 형태는 학자들이 흔히 '**설화**narrative'라고 부르는 것이다. 이것의 가장 흔한 형태는 '신화적-문자적mythic-literal' 종교다. 이런 종교에는 일련의 신화적 이야기와 일화, 설화들이 있고, 이것들은 일반적으로 신과 우주, 인간의 관계를 설명해준다. 또 인간이 신성한 존재와 '올바른' 관계를 맺기 위해서 어떻게 행동해야 하는지에 대한 일련의 규칙이나 '규율'도 있다.

이런 형태의 종교에서는 신화적 이야기를 절대적 사실인 양 곧이곧대로 받아들이는 경향이 있다. 그래서 신화적-문자적이라고 하는 것이다. 이런 태도는 흔히 다양한 근본주의적 종교의 토대가 된다. 한 예로, 기독교 근본주의자들은 모세가 정말로 홍해를 갈랐고, 신이 정말로 대홍수로 노아의 가족을 제외한 모든 인간을 심판했다고 믿는다. 이것이 사실이라면 노아가 방충제도 챙겼기를 바란다. 노아가 모든 동물도 한 쌍씩 방주에 태웠다고 하니, 박테리아와 바이러스, 18만 종 이상의 곤충들도 암수 한 쌍씩 방주에 들어갔을 테니까 말이다.

이런 종교에 의하면, 신적인 절대적 존재의 대리자가 인류의 유일한 구세주라고 흔히 주장하는 신화적 이야기를 철썩같이 믿는 사람은 결국 천국에 들어가 신의 현존 안에서 영원히 머문다. 반대로 이런 이야기를 믿지 않고 유일한 진리의 구세주도 받아들이지 않으면, 영원히 지옥에서 불타거나 끊임없이 끔찍한 윤회에 직면한다. 이것이 첫 번째 형태의 종교이다. 의식의 구조에 초점을 맞춰보면, 이런 믿음의 의식 구조는 그렇게 잘 발달되어 있지 않다. 초기적인 유년기의 발달 단계에 있으며, 지도도 초기적인 유년기 형태를 띠고 있다. 영성 라인에서 **성장**의 초기적 단계들에 초점을 맞추고 있는 것이다.

다른 형태의 영성은 믿음 체계라기보다 의식 변용의 심리공학 psychotechnology과 같다. 이런 영성은 의식 **상태**의 변화에 관심을 갖는다. 다양한 명상과 관상 수행을 통해, 우주 전체와의 직접적인 합일 같은 새롭고 고차원적인 의식 상태가 열리도록 인식의 방향을 근본적으로 바꿔준다. 요컨대 이런 영성은 순수한 **깨어남**을 목표로 한다.

이를 위한 수행법에는 마음챙김도 있다. 마음챙김은 원래 불교 명상법의 하나로서 열반nirvana이라는 가장 고차원적인 의식 상태에 이르는 것을 목표로 한다. 가르침들에 따르면, 우리의 의식은 마음챙김 수행을 통해 시간을 초월한 **현재** 속에서 무한하고 완전하며 궁극적인 **모든 존재의 바탕 없는 바탕**과 합일되는 경험을 한다. 이런 경험을 흔히 깨달음이나 해탈, 깨우침이라고 부른다.

이런 깨달음을 통해 우리는 실제를 제한하는 태도들과 끊임없고 혼란스러우며 두서없는 생각들에서 근본적으로 깨어난다. 인간 행동의 대부분을 지배하면서 끊임없이 고통을 불러오는 생각과 태도 말이다. 이렇게 두서없고 파편적인 생각과 틀에서 벗어나, 순수하고 투명하며 비어 있고 열려 있는 명료한 의식에 눈을 뜬다.

이런 깨우침을 흔히 **최고의 자기** Highest Self나 **진정한 자기, 실제 조건**

Real Condition의 발견과 같은 것으로 여기기도 한다. 이런 발견 과정은 종교보다는 심리학에 훨씬 가깝다. 여러분이 의미하는 영성이 이런 것이라면, 마음챙김은 정말로 영적인 것이다. 사실 처음부터 마음챙김은 순수하게 영적인 수행이었다. 그리고 몸의 건강에서 정신적 안녕, 관계 향상까지, 덜 중요하지만 여전히 가치 있는 다른 효과들도 많이 가져다준다.

그러나 서양의 많은 임상가들은 마음챙김의 영적인 측면을 언급하는 것조차 꺼린다. 세계의 많은 문화들에 퍼져 있는 전형적인 종교, 즉 앞에서 설명한 설화적 종교의 신화적-문자적mythic-literal 어리석음에 빠진 것처럼 오해받을까봐 두려워하기 때문이다. 여러분이 의미하는 영성이 이런 첫 번째 형태의 종교와 연관된 것이라면, 마음챙김은 전혀 영적인 것이 아니다.

그러므로 이런 용어들을 사용하는 방식에 주의를 기울일 필요가 있다. 영성 라인에서 신화적-문자적 단계 같은 **성장**의 초기 단계들 중 하나를 가리키는 것으로 '영적'이라는 말을 사용한다면, 마음챙김은 조금도 영적인 것이 아니다. 그러나 순수한 합일의식이나 **지고의 정체성** 같은 최고의 의식 상태나 자각 상태를 가리키는 것으로 '영적'이라는 말을 사용한다면, 마음챙김은 처음부터 대단히 영적인 수행법이었으며 지금도 마찬가지이다.

통합적 마음챙김을 통한 개인의 발달

통합적 마음챙김을 어떻게 나의 개인적 발달에 적용할 수 있을까?

이것은 **통합이론**의 실제를 이해하는 데 좋은 질문이다. 인간이 충분히 발달되지 않은 상태로 태어난다는 일반적인 생각은 여러분도 잘 알 것이다. 인간은 여러 가지 다양한 능력을 갖고 태어나며, 이것들은 몇 년에 걸쳐 펼쳐지고 성장 발달한다. 도토리가 떡갈나무로 자라나고 달걀이 닭으로 성장하듯, 인간도 태아에서 성숙한 유기체로 성장한다. 이런 전반적인 발달 순서를 보여주는 모형들도 많이 있다. 이런 모형들은 우리의 능력이 다양한 단계들을 통해 성장하고 발달하는 과정을 보여준다. 이것이 바로 **성장 모형**이다.

그런데 앞에서 살펴본 것처럼 놀랍게도 이 성장 모형들 대부분이 똑같은 6~8개의 기본적인 주요 단계들을 보여준다. 이 단계들은 전 세계 어디서나 나타난다. 나의 책《켄 윌버의 통합심리학》뒷부분의 도표에 이런 성장 모형이 백 개도 넘게 수록되어 있다. 이것들을 살펴보면, 성장 단계들이 본질적으로 너무나 유사하다는 점에 놀랄 것이다. 더 응축해서 5개 정도의 단계들로 나타낸 모형들도 있고, 훨씬 상세하게 16개 이상의 단계들로 설명한 것들도 있다. 그러나 전반적으로 똑같은 6~8개의 기본 단계들이 반복적으로 계속 나타난다.

이 단계들은 인간이 세계를 이해하는 데 사용하는 기본 지도와 같다. 이 지도는 바로 우리가 말한 구조, 숨은 문법, 숨은 지도이다. 이 지도는 8개의 주요 발달 단계에서 우리가 세상을 바라보고 해석하고 느끼는 방식을 지배한다. 대부분의 사람들은 그들이 '저 밖'에서 본 것이 실제로 저 밖에 있고, 모든 사람이 똑같은 세계에서 살아간다고 생각하곤 한다.

그러나 인간의 발달에 대한 연구들은 우리가 개개의 발달 단계에서 세계를 아주 다르게 보고 느끼고 해석한다는 점을 분명하게 알려준다. 즉 개개의 발달 단계마다 우리가 접하는 영역을 보여주는 고유의 지도와 구조, 문법이 있다는 것이다. 이런 지도가 너무 다양해서 어떤 발달

심리학자들은 각각의 단계들이 실제로 '**다른 세계를 갖고 있거나**' '**아예 다른 세계**'라고 주장한다. 하지만 실제로 달라도, 이것들을 인식하면 주변의 모든 곳에서 이것들을 알아차리게 된다.

그러므로 개인의 발달에 **통합명상**을 적용하는 법을 알아보기 전에 먼저 이 단계들을 살펴보겠다. 이것들도 우리가 마음챙김을 통해 초점을 맞춰보아야 할 부분의 하나이기 때문이다. 이 단계들은 우리도 인식하지 못하는 사이에 우리 삶의 거의 모든 영역을 실제로 지배하고 있는 틀이나 숨은 문법을 처음으로 보게 해줄 것이다.

요컨대 우리는 최근에 새로 발견된 마음챙김 명상의 대상, 즉 세계를 바라보고 경험하는 방식에 큰 영향을 미치는 6~8개의 '숨은 지도', 숨은 문법을 살펴보는 것으로써 통합적 마음챙김을 정식으로 시작할 것이다. 마지막으로, 인간이 지구상에 존재한 것은 수백만 년이나 됐지만, 이 지도, 숨은 주체들을 발견한 것은 고작 백 년 정도밖에 안 됐다는 점을 강조하고 싶다. 이것이야말로 인류의 기념비적인 발견들 가운데 하나이기 때문이다.

제1장

성장의 길: 발달의 숨은 지도

———————

이제 발달 혹은 성장의 6~8가지 주요 수준 혹은 단계들, 즉 우리의 '숨은 지도'를 살펴보겠다. 인간의 발달을 연구하는 현대의 다양한 학파들은 거의 모두 이 분류 방식에 합의하고 있다. 이 수준/단계들은 역사적으로나 진화적으로 한 번에 하나씩 생겨났다. 하나의 단계가 생겨나 형태를 갖추고 존재하면, 이후의 모든 개개인이 이 단계를 경험했다. 또 인간 존재와 의식의 퇴적물들이 쌓이고 쌓이면서 이 단계들은 처음에 생겨난 순서 그대로 고고학적 지층을 형성했다. 우리는 앞으로 이 모든 지층들의 증거를 찾아볼 것이다. 그럼 먼저 인간 존재와 인식, 감정의 모든 단계들 중에서 가장 오래되고 '원시적인' 단계, '아주 먼 옛날'에 생겨난 '**태고**Archaic' 단계부터 살펴보겠다.

단계 1 – 태고 단계(적외선)

갓 태어난 아기에게는 기본적으로 분리된 자기에 대한 인식이 없다. 그래서 아기는 자신의 몸과 주변 환경을 구분하지 못한다. 어머니나 주변 환경과 완전히 융합된 상태에 있다. 이런 첫 번째 단계를 **태고 단계**라고 부른다. 또는 공생 단계, 융합 단계, 기초적 감각운동기, 생리적 단계로도 부르며 적외선 색상으로 설명하기도 한다.

때때로 이런 단계들에 색깔을 부여하는 이유는 이렇다. 개개의 단계들은 서로 다른 특징들을 아주 많이 갖고 있다. 그래서 '태고 단계'나 '공생 단계' 같은 특정한 명칭은 단계 전체와 비교할 때 너무 협소한 의미만 전달해서 얼마간 오해를 불러올 수도 있다. 이런 문제를 피하기 위해 때로 숫자나 중립적인 색깔을 사용하는 것이다. 곧 알게 되겠지만, 우리는 명칭과 색깔, 숫자를 모두 사용할 것이다. 여러분도 이런 사용에 익숙해져서 편안하게 받아들이길 바란다.

하지만 이것들을 기억할 필요는 전혀 없다. 필요할 때마다 어떤 정보든 알려줄 것이기 때문이다. 지금은 그저 발달과 진화의 놀라운 전개 과정을 전반적으로 개관하면 된다. 모든 인간이 경험하는 이 과정이 펼쳐짐에 따라, 우리의 세계를 좌우하는 지도나 문법들, 앞 단계의 지도보다 더 발달돼 있지만 여전히 숨어 있는 지도들이 연속적으로 드러날 것이다.

흔히 '부화기'라고 부르는 생후 4개월경이 되면, 보통의 유아는 자신의 물리적인 몸과 물리적인 환경을 구분하기 시작한다. 하지만 자신의 **정서적**emotional 자기와 타인, 특히 어머니의 정서적 자기는 여전히 구별하지 못한다. 자신과 어머니를 '이원적 합일dual unity' 형태로 경험하고, 느슨하게 융합된 자기감self-sense을 갖는다. 그래서 자신과 주변, 특히 어머니의 감정과 자신의 감정 사이에 어떤 경계도 없다. 정신분석에서 말하는 '구강기'와 매슬로의 욕구위계론Maslow's hierarchy of needs에서 설명하는 '생리욕구' 단계(음식과 온기, 물, 집 등을 필요로 하는 단계)가 이 단계에 해당된다. 또 발달심리학자 장 피아제Jean Piaget의 감각운동기 초기와 철학자 장 겝서Jean Gebser의 '태고Archaic' 단계도 이것과 같다.

유아는 부화기 이후에도 최소한 생후 1년 동안은 이런 미분화된 융합상태, 즉 적외선의 태고 단계에 머문다. 물론 어른들은 뇌손상이나 중증의 알츠하이머 같은 병에 걸리지 않는 한 이 단계에 머물지 않는다. 그러나 의식의 몇몇 측면들은 이 단계에 묶여 있거나 고착돼 있을 수 있다. 정신분석에서는 이것을 **구강 고착**oral fixation'이라고 한다. 단순한 '구강 욕구oral drive'가 아니라 '구강 고착'이다. 둘 사이의 중요한 차이는 곧 살펴볼 것이다.

우리는 이런 위험성에 지속적으로 주의를 기울여야 한다. 많은 사람들이 스펙트럼 양 끝의 구강 고착이나 '구강 해리oral dissociations'에 빠져 있고, 이것들이 각각 '구강 중독oral addictions'과 '구강 혐오oral allergies'를 불러일으키기 때문이다. 이런 증상들은 보통 인간의 기본적인 생리적 필요와 욕구에 문제가 있음을 의미한다. 우리는 바로 이 단계에서부터 **통합적 마음챙김**을 적용해보려고 한다.

앞으로 여러 구체적인 예들을 통해서 살펴보겠지만, 먼저 간략하게 설명하도록 하겠다. 각각의 발단 단계들은 이전의 단계를 '초월하고 포함한다transcend-and-include.' 각각의 새로운 발달 단계가 이전의 단계를 포함하는 동시에, 이전의 단계에서는 어디서도 찾아볼 수 없던 새롭고 참신하고 중요한 무언가를 보탠다는 의미이다. 이렇게 각각의 단계는 진실로 '더욱 높은' 단계로 나아간다. 전 단계의 모든 것을 받아들이면서 새롭고 특별한 무언가를 보태, '더욱 크고' '더욱 폭넓고' '더욱 고차원적인' 단계에 이르는 것이다.

진화와 발달 과정에서도 이렇게 '원자에서 분자, 세포, 유기체로' 변화한다. 각각의 단계는 새롭고 참신하고 중요한 것을 존재 속으로 받아들여 이전의 단계를 넘어선다. 분자가 원자를 초월하거나 넘어서듯 이전의 단계를 '초월'하는 것이다. 한편 각각의 단계는 분자가 말 그대로 원자를 포함하듯, 이전의 단계를 완전하게 감싸고 끌어안고 '포함' 하기도 한다.

이런 초월과 포함은 지금 살펴보고 있는 인간의 성장과 발달, 진화의 6~8단계에서도 똑같이 일어난다. 그런데 이 보편적 과정에서 초월이나 포함 중 어느 하나가 잘 이뤄지지 않을 수도 있다. '초월' 부분에 문제가 생기면, 다시 말해 이전 단계를 넘어서 명백하고 분명하게 더 높은 단계로 이동하는 데 실패하면, 새로운 단계는 이전 단계에 '갇힌' 혹은 '고착된' 채로 남는다. 그러면 새로운 단계는 고착된 부분에서 많은 **중독**을 일으킨다.

반면에 '포함'의 작업이 잘 되지 않을 수도 있다. 새로운 단계가 이전의 단계를 통합하거나 포함하는 대신에 분리하거나 거부하거나 분열시켜버리는 것이다. 그러면 이 부인되고 달갑지 않은 부분을 **혐오**하게 된다. 이 '중독과 혐오'는 진화의 모든 단계에서 일어날 수 있는 보편적인 문제이다. 진화의 각 단계들 속에 '초월과 포함'의 특징이 내재되어 있기 때문이다. 앞으로 각 단계들에서 이런 문제들이 나타나는 경우들을 많이 살펴볼 것이다.

이런 초기 단계에서 음식을 향한 욕구를 갖고 시작할 경우, **통합적 마음챙김**을 통해 해야 할 일은 그냥 지금 이 먹고 싶은 욕구와 접촉하는 것이다. 지금 배가 고프다면 이 욕구에 초점을 맞춰보고, 그렇지 않다면 배가 고프다고 상상해본다. 우리에게는 깊고 깊은 갈망이, 강력한

켄 윌버의 통합명상

원초적 욕구가 있다. 음식을 통해 허기가 아닌 포만감을 느끼고 싶어하는 가장 기본적인 욕구가 있는 것이다.

이 욕구가 우리 안에서 일어날 때 이것을 온전히 '초월하고 포함하지' 못하면, 이 단계에 어떤 식으로든 계속 집착하게 된다. 이로 인해 단순한 구강 욕구를 넘어 구강 고착까지 생긴다. 그러면 이 욕구가 일어날 때 일시적으로 이것에 제압당한다. 이 욕구가 나를 지배하지만, 나는 이 욕구를 다스리지 못한다. 이것은 이 욕구가 우리의 인식과 정체성 속에서 여전히 '숨은 주제'로 남아 있음을 의미한다. 우리의 일부가 여전히 이 단계와 **동일시되어** 있는 것이다.

여러분도 어느 정도 위와 같은 상태에 있다고 하자. 그러면 음식이나 물, 온기, 집 등에 대한 기본적인 생리적 욕구가 일어났을 때, 단순히 이 욕구를 **충족시키거나 갖는** 것을 넘어서 이 욕구 자체가 **된다**. 이 욕구를 핵심적 자기core-self의 일부분으로, 내 존재의 일부분으로 받아들이는 것이다. 이로 인해 허기와 자신을 동일시하고 허기를 충족시키려 한다.

이런 시점에서는 음식보다 중요한 것이 없는 것처럼 보인다. 세상엔 온통 음식뿐이며, 그저 음식을 먹고 싶은 생각만 든다. 다른 관심사들은 모두 옆으로 밀려나고, 배고픔을 채우려는 욕구가 철저히 의식을 지배한다. 원하는 것은 오직 하나, 이 충족되지 못한 고통스러운 욕구를 사라지게 만드는 것뿐이다. 이 욕구를 충족시켜서, 이 욕구가 다시 고개를 처들고 우리를 제압하기 전까지 일시적으로나마 이 욕구를 없애버리고 싶을 뿐이다.

처음 이 단계에 있을 때는 우리의 모든 것이 이 욕구와 동일시된다. 먹고 싶은 **욕구를 내가 가지는 것**이 아니라 **내가 곧 먹고 싶은 욕구 자체**가 된다. 세상엔 온통 음식뿐이고 나는 오로지 먹고 싶을 뿐이다. 이 단계를 '구강기'라 부르는 것은 이 때문이다. 이처럼 이 단계와 여전히 부분적으로 동일시되어 있는 탓에 **음식 중독**에 걸리기도 한다. 과체중이 되거나 비만 진단을 받기도 하는데, 이것은 심각한 중독이다.

미국국립보건원에 따르면 미국인 성인의 60%가 과체중이고, 임상학적으로 1/3이 비만이라고 한다. 이런 구체적인 예들을 놓고 보면, 미국인들의 의식 수준은 **태고 단계**로 떨어져 있는 것 같다. 살아 있는 유기체의 가장 초기적이고 기본적이며 원시적인 욕구, 즉 먹고 싶은 욕구에 휘둘리는 것이다. 혹은 음식이나 물, 온기, 집처럼 생존에 필요한 것들을 향한 가장 기본적인 생리적 욕구를 중시한다고도 할 수 있다. 이보다 더 원시적이고 원초적인 것은 없다.

지금 내가 말하는 것은 **가장 기본적인**most fundamental 것, **가장 덜 중요한**least significant 것이다. **통합이론**은 물론이고 성장의 다른 중첩적 체계 혹은 '**홀라키**holarchy'(아서 쾨슬러Arthur Koestler는 각각의 상위 단계가 하위 단계들을 전체적으로 초월하면서 포함한다는 이유로 이 말을 만들어냈다)에서도 '낮은' '초기의' '하위' 단계들이 더욱 기본적인 역할을 한다. 이 하위 단계에 실제로 다른 것들의 존재가 달려 있기 때문이다.

앞에서 말한 원자에서 분자, 세포, 유기체 순으로 이어지는 홀라키에서도 원자가 가장 기본적인 역할을 한다. 다른 모든 상위 단계들이 원자를 필수 구성 요소로 포함하기 때문이다. 그래서 원자를 제거하면 다른 상위 단계들도 사라진다. 분자도, 세포나 유기체도 없을 것이다. 이처럼 원자는 아주 기본적인 것이다.

하지만 더욱 '중요한' 것은 상위 단계들이다. 이 상위 단계들이 그 구조 안에 존재와 실재의 차원들을 더욱 많이 포함하고, 이로써 실재를 더욱 많이 '나타내주기' 때문이다. 예컨대 유기체들이 더욱 중요한 의미를 지니는 것은, 유기체들이 그 안에 원자와 분자, 세포를 포함하고 있기 때문이다.

하지만 유기체는 그렇게 기본적인 것은 아니다. 유기체로 이루어지거나 유기체를 자신의 구조 안에 포함하고 있는 것들은 그리 많지 않기 때문이다. 유기체가 없어도 원자나 분자, 세포는 여전히 존재할 수 있다. 그러므로 유기체는 기본적이지는 않지만 의미 있는 것이라고 할 수 있다. 유기체가 이전의 모든 단계들을 '나타내고' '포함'하며, 예를 들어 원자보다 실재를 훨씬 많이 보여주기 때문이다. 이런 맥락에서 인간은 가장 의미 있지만 전혀 기본적인 존재는 아니다.

그런데 '홀라키'는 '홀론holon'이라는 요소들로 구성되어 있다. 홀론은 더욱 큰 전체를 구성하는 전체를 말한다. 전체 원자는 전체 분자의 부분이며, 전체 분자는 전체 세포의 부분이고, 전체 세포는 전체 유기체의 부분이다. 이렇게 내부와 외부, 개인과 집단 등 모든 차원의 실재는 본래 홀론으로 이루어져 있다. 그러므로 우리가 우주에서 보는 모든 곳에 홀론이 있다.

우리가 지금 살펴보고 있는 각각의 수준/단계, 숨은 지도도 홀론이다. 그 자체로 전체적인 각각의 단계들은 더욱 고차원적이고 전체적인 다음 단계의 부분이 된다. 이 단계들이 **본질적으로** 더욱 전체적이고, 더욱 복합적이고, 더욱 통일적이고, 더욱 포괄적이며 포용적인 것으로 되어가는 이유도 여기에 있다. 이런 과정은 우리의 정체성에서도 확인할 수 있다. 우리의 정체성도 자기중심적인 '나'에서 민족중심적인 '우리', 세계중심적인 '우리 모두', **온우주중심적** Kosmocentric*인 정체성, 즉

---

* 역주: 온우주Kosmos, 피타고라스학파에서 도입한 '온우주' 개념은 물질권, 생물권, 정신권, 신성의 영역을 포괄하는 전체 우주를 의미한다. 이것은 '물질'→'생명'→'마음'→'혼'→'영'의 단계로 진화하며, 물질적 자연계로서의 우주를 포함하면서 초월한다.

모든 지각 있는 존재들, 모든 **전체**All와 동일시되는 정체성 순으로 나아간다.

배경 설명을 위해 잠시 옆길로 샜는데, 다시 주요 화제로 돌아가겠다. 과체중인 사람들이라면 아마 '잘못된' 행동들을 수두룩하게 지적받았을 것이다. 실제로 그렇다면 이런 지적들에 넌더리가 날 것이다. 그래도 날 용서해주기 바란다. 과체중인 사람들이 분명하게 관심을 기울여야 할 문제의 하나는 자기정체성의 어떤 부분이 이 초기 단계에 고착되어 있다는 점이다. 초기 단계의 욕구가 자신의 존재에 대한 실제적 느낌, 즉 자기감에서 실재하지만 숨어 있는 부분을 이루고 있다. 초기 단계의 욕구가 **주체**subject, 자기self의 일부로 남아 있는 것이다.

우리가 이 욕구를 하나의 **대상**object*으로 바라보려는 이유도 여기에 있다. 마음챙김으로 이 욕구에 주의를 기울이면, 실제로 이 욕구를 놓아버리고 이 욕구와의 '동일시에서 벗어날dis-identify' 수 있기 때문이다. 이 **욕구를 통해 세상을 바라보고 이해하는** 대신 이 욕구를 **그대로 바라보고**, 이 욕구에 지배당하는 대신 이 욕구를 지배하기 시작하는 것이다.

그러므로 과체중이든 아니든 다음에 허기가 일어나면, 이것에 주의를 기울이고 마음챙김으로 이 허기를 인식한다. 이런 과정은 무언가를 비디오테이프에 담는 것과 같다. 우리는 그저 완전히 **중립적인 카메라**처럼 어떤 판단도 없이 모든 것을 **있는 그대로** 바라보기만 하면 된다. 비판도, 비난도, 동일시도 할 필요가 없다. 그저 모든 각도에서 중립적인 태도로 넓게 그것을 인식하면 된다.

---

* 역주: 본서에서는 주체subject에 대비되는 개념인 객체object를 문맥의 어색함을 피하기 위해 주로 '대상'으로 번역한다.

허기가 불러온 이 욕구는 어디에 자리 잡고 있는가? 머리인가? 아니면 입이나 가슴, 위, 창자, 손, 발인가? 어떤 색깔을 띠고 있는가? 지금 마음속에 떠오르는 색은 어떤 색인가? 어떤 모양을 취하고 있는가? 지금 마음속에 떠오른 모양은 어떤 것인가? 냄새는 어떤가? 지금 마음속에 떠오르는 냄새는 어떤 것인가? 이 욕구의 원초적인 성격과 절실함, **충동적 힘**drivenness을 실제로 느끼면서 이 **절실한 갈망** 속에 머문다. 그리고 이 마음속의 욕구를 마음챙김의 대상, 즉 자각의 대상으로 삼는다. 오래도록 흔들림 없이 제대로 이 욕구를 바라보고, 느낌의 자각feeling-awarenewss으로 직접 이것을 느껴본다. 느낌의 자각은 '마음챙김'을 표현하는 또 다른 용어로 볼 수 있다.

한편 우리는 이 단계에 고착되지 않는 대신, 다른 극단으로 치달을 수도 있다. 이 욕망과 지나치게 탈동일시를 하는 것이다. 정상적인 경우에 우리는 결국 각각의 단계들과 탈동일시를 한다. 각 단계의 욕구나 욕망을 계속 인식하면서도 이것과 자신을 배타적으로 동일시하는 일을 멈춘다. 이로써 더 이상 **욕구로서 존재하지 않고 이 욕구를 자각한다**. 이것을 '초월하고 포함하는' 것이다.

그러나 이 '탈동일시'가 너무 지나치게 극단적으로 이루어지면, 탈동일시에서 멈추지 못한다. 욕구를 실제로 부인하고 분리하고 억압하는 것이다. 이런 일이 구강기에서 일어나면 음식 중독이 아니라 **음식 혐오**가 생긴다. 이런 혐오는 폭식증이나 거식증, 체중 미달 등으로 나타난다. 이런 경우 마음챙김이 어떻게 도움이 될까? 마음챙김은 발달의 '포함' 작업을 통해 배고픔의 욕구를 '초월하고 포함'하도록 돕는다.

앞서 말한 것처럼 각각의 발달 단계는 이전의 단계를 '초월하고 포함한다.' 간단히 예로 들었던, 원자에서 분자, 세포, 유기체로 이어지는 진화 순서를 기억해보라. 각각의 단계는 새로이 떠오른 특성들을 자신의 존재 안으로 받아들여, 이전의 단계들을 '초월'하거나 넘어선다. 이로 인해 각각의 고차원적인 단계는 이전의 단계들보다 '더욱 전체적'이다.

동시에 각각의 단계들은 이 전의 단계를 '포함'하기도 한다. 세포가 분자를 포함하고 분자가 원자를 포함하듯, 이전의 단계를 실제로 감싸고 포용한다. 의식 자체에는 이렇게 초월하고 포함하는 성질도 있다. 대상에 대한 인식을 통해 대상을 넘어서고 포함하면서 실제로 대상과 '접촉'하는 것이다. 거울에 비친 모든 상들이 거울에 직접 닿는 것처럼 말이다. 이런 초월과 포함은 진화 자체의 중심적인 동력dynamism이며, 이런 동력은 인간의 모든 발달에서도 나타난다. 여러분 자신의 성장과 발달, 진화에서 나타나는 이런 핵심적인 과정에 여러분도 익숙해질 것이다.

배고픔의 욕구를 부인하거나 부정했다면, 이제 부드럽고 조심스럽게 그러나 곧바로 이 충동을 찾아 지속적으로 자각한다. 느낌의 자각 속에 그냥 충동을 담아두는 것이다. 그러면 **거울-마음**Mirror-Mind이 배고픔의 이미지를 인식하고 직접 어루만지면서 이 충동은 다시 여러분의 '호의friendliness'의 범위 안으로 들어온다. 그렇지만 배고픔의 욕구와 동일시하지는 않는다. 거울에 비친 대상들을 원하는 대로 오고 가도록 자유롭게 내버려두기 때문에 거울이 어떤 대상과의 동일시에도 갇히지 않는 것이다.

거울이 대상을 비추는 동안, 다시 말해 인식하는 동안에는 이 상像들이 거울과 곧장 '하나'가 되고, 거울은 이 모든 상들과 직접 '접촉한다.' 이로써 철저한 '합일의식' 속에서 온우주와 '하나'임을 느끼는 능력 뒤에는 '하나'가 되려는 의식의 본성이 자리 잡고 있음을 체험으로 깨닫게 된다. 하지만 지금은 그냥 배고픈 충동을 직접적으로 명확히 자각하기만 한다. 마음의 비디오테이프에 이 충동을 분명하고도 폭넓게 담아두는 것이다. 그러면 이 충동을 초월하고 포함하기 시작하게 된다. '초월'의 작업으로 모든 중독이 끝나고, '포함'의 작업으로 모든 혐오가 사라진다.

음식이나 물, 따뜻함, 시원함, 집, 수면 등을 향한 모든 기본적인 생리적 욕구에 똑같이 마음챙김으로 주의를 기울여본다. 인간의 몸은 수백만 년 동안 진화를 계속하면서, 물리적 생존을 위해 자연의 무수한 변수들과 절묘한 관계를 맺게 되었다. **태고 단계**에서는 가장 기본적으로 이런 욕구들에 좌우되는 자기정체성과 이런 요구들만 갖고 출발한다. 하지만 **도겐**道元 **선사***가 '심신탈락心身脫落'이라는 말로 표현한 것처럼, 우주의 모든 것과 합일된 궁극의 상태인 **지고의 정체성** 속에서는 이 고립된 유기체와의 편협한 동일시에서 벗어나 이것을 초월하고 포함한다.

너무 먼 이야기처럼 들리는가? 글쎄, 여러분도 수행을 하면 곧 이런 상태를 체험할 것이다. 그러니 계속 주목해주기를 바란다. 그리고 이 생리적 욕구, 즉 신체적 주체를 인식의 대상으로 만들어, 우리 고유의 존재 속에서 이것을 초월하고 포함하는 일에 얼마간의 시간을 할애하길 바란다.

* 역주: 일본 조동종의 종조. 송나라에 들어가 중국 조동종의 법맥을 이어받은 후 일본에 이것을 전파했다.

단계 2 – 마법적–부족적 단계(마젠타색)

아기가 18개월 정도 되면 감정과 느낌의 차원에서 자신과 타인을 기본적으로 구분할 수 있게 된다. 또 자신과 주변도 진정으로 구분하기 시작한다. 이런 단계를 '유아의 심리적 탄생기'라고 부른다. 18개월 이전까지는 유아의 분리된 자아가 실제로 생겨나지 않기 때문이다.

이 분리된 자아는 처음에 충동과 즉각적인 욕구 충족에 의해 움직인다. 또 마법을 믿는 공상적인 사고방식을 갖고 있으며, 바로 지금의 순간에 초점을 맞춘다. 그래서 이 두 번째 단계를 흔히 '충동적' '마법적'이라는 말로 설명한다. 또 분리된 자아와 함께 이 단계에서는 특히 기본적인 정서들이 발달하기 시작한다. 그래서 '정서적–성적' 단계라고 설명하기도 한다. 색상은 마젠타색으로 나타낸다.

이 단계를 '마법적'이라고 설명하는 첫 번째 이유는, 사고방식이 공상에 기초하고 있기 때문이다. 그래서 이 단계에서는 모든 소망이 마법처럼 실현될 것이라고 믿는다. 두 번째 이유는 자기와 주변 환경이 이제 막 분리된 탓에 자기와 환경이 여전히 조금은 혼란스럽게 뒤섞여 있기 때문이다. 다시 말해, 유아는 다양한 외부 환경을 자기와 혼동해서, 외부 환경 자체에 인간과 같은 특성이 있는 것으로 인식한다.

이처럼 외부 대상에 인간적 특성과 동기를 부여하는 것을 전문적으로 '물활론物活論, animism'이라고 부른다. 물활론적 사고방식을 갖고 있으면, 화산이 분출하는 것은 내게 화가 났기 때문이고, 천둥이 치는 것은 나를 죽이기 위함이고, 꽃이 피는 것은 내가 사랑에 빠졌기 때문이라고 생각한다. 여기서 문제는 자연에 의식이나 활기찬 생명, 목적을 부여하는 것이 아니다. 자연에 이런 속성들이 많이 있기 때문이다. 진짜 문제는 모든 자연에 **인간적** 특성을 부여하는 것이다.

이것은 자연을 의인화해서 보는 마법적인 사고방식에 지나지 않는다. 이런 사고방식에서는 주체와 객체를 충분히 분리하거나 구별하지 못하고 둘을 혼동한다. 이로 인해 주체와 객체가 의인화와 공상을 통해 서로에게 마법적인 영향을 미친다. 현대에서는 이런 미신적이고 공상적이며 마법적인 사고가 1살부터 서너 살 아동의 발달 단계에서 특히 주요하게 나타난다.

역사적으로 이 단계는 약 20만 년 전에 나타나 처음으로 '인간'의 존재 방식과 삶에 충분한 흔적을 남겼다. 인간은 아프리카 중심에서부터 유럽과 중동, 극동으로 긴 이동을 시작했다. 그러다 드디어 시베리아와 알래스카를 연결하는 땅을 지나 아메리카 대륙으로 들어갔다.

'초월하고 포함하는' 진화의 본성을 놓고 볼 때, 인류는 확실히 처음 출현했을 때부터 존재의 모든 주요한 차원과 홀론들을 이미 초월과 동시에 포함하고 있었던 것 같다. 빅뱅이 일어났을 때부터 진화에 의해 생겨난 모든 존재의 차원과 홀론들을 말이다. 다시 말해, 인간은 처음부터 쿼크와 원자구성입자, 원자, 분자, 전핵前核과 진핵真核 세포, 유기체들을 그들의 몸 안에 포함하고, 말 그대로 감싸 안고 있었다.

그뿐만 아니라 식물들이 개척해낸 기본적인 생화학적 특징, 물고기와 양서류의 신경 코드, 파충류의 뇌줄기, 말 같은 원시포유동물의 변연계, 영장류의 대뇌피질, 위대한 삼위일체 뇌triune brain*와 신피질, 우리가 아는 우주의 별들보다도 많은 신경망으로 연결되어 있는, 온우주에서 최고로 복잡한 홀론도 포함하고 있다. 그러나 인간은 여기에서

---

* 역주: 삼중뇌三重腦라고도 부르며, 생명의 뇌라는 원시적인 파충류의 두뇌 층과 감정의 뇌라는 포유류의 두뇌 층, 이성의 뇌라는 영장류의 두뇌 층을 말한다.

멈추지 않고, 고유의 성장과 진화를 계속했다. 매 단계마다 이전의 단계를 초월하고 포함하면서 새롭고 신기한 **성장**의 단계들을 연이어 만들어냈다. 이렇게 인간이라는 매개체 안에서 온우주적 진화가 계속되면서 필연적으로 '전체성wholeness도 증가'했다.

초기의 인류는 생태적으로 수용 가능한 30~40명가량이 작은 부족을 이루고 살았다. 이 수용 가능한 인원이 초과되지 않게 신생아들을 종종 버리기도 했다. 이 시기의 동굴 벽화들은 흔히 여러 층이 겹쳐지게 그려져 있다. 이것은 그들 사이에 구별이 없었음을 암시한다. 그들은 자연에게 마법적으로 비를 뿌려달라고 기우제 춤도 췄다. 관계는 혈연으로 결정되었는데, 초기에는 혈연관계가 다른 부족이 적고 이들이 만나는 일도 극히 드물었다. 그래서 혈연관계가 다른 부족을 만났을 경우에 서로 관계를 맺는 법이 확립되어 있지 못했다. 이로 인해 종종 전쟁이 벌어졌다.

포스트모던 시기에는 이런 초기의 부족을 '칭송하고' '낭만적으로 묘사'했다. 그러나 최근의 학자들은 생태계 파괴가 빈번했고 폭력이 많았다는 점 등 탐탁지 않았던 모습들까지 더욱 정확하게 설명하고 있다. 학자들에 따르면, 빈번한 생태계 파괴에도 불구하고 이로 인한 훼손이 상대적으로 제한적이었던 이유는 '원시 부족민들의 지혜'가 널리 퍼져 있었기 때문이 아니다. 생태계를 더욱 광범위하게 파괴할 기술적 수단이 없었기 때문이다. 그러나 그들은 원시 부족민들의 이런 파괴나 폭력 중 어느 것도 '좋다'거나 '나쁘다'는 식으로 판단할 수 없다고 했다. 자기중심에서 민족중심, 세계중심, 온우주중심으로 서서히 나아가는 데 필요한 단계들이었기 때문이다.

이 모든 초기 단계들은 지금도 우리 안에 남아 있다. 모든 개개인이 출발점에서 태어나, **태고 단계**에서부터 성장과 발달을 시작해 **마법적**

단계 등으로 이동하는 식으로, 이제까지 진화에 의해 만들어진 6~8개의 단계들을 통과하기 때문이다. 하지만 아직 다가오지 않은 더욱 고차원적인 단계들도 분명히 있을 것이다.

태고 단계와 마찬가지로, 오늘날 이 마법적 단계에 완전히 머물러 있는 어른은 아주 극소수이다. 5만 년 전에는 마법적 단계에 머물러 있는 사람이 아주 많았지만, 이후의 진화 덕분에 오늘날에는 마법적 단계가 전반적으로 낮은 단계에 속하게 되었기 때문이다. 그래서 이 단계는 보통 심각한 알츠하이머나 다양한 뇌손상, 극심한 정신장애가 있는 사람들에게서나 찾아볼 수 있다.

한편 이 단계의 양상들은 미신적이고 마법적인 사고를 지닌 사람들 속에도 미약하게나마 남아 있다. **부두교**Voodoo*나 **산테리아**Santeria** 같은 것을 믿는 사람들이 그 예이다. 이런 이들은 어떤 사람의 모습을 닮은 인형을 만들어서 이 인형을 핀으로 찌르면 실제의 인물에 정말로 해를 가할 수 있다고 생각한다. 이런 생각은 마법적 단계의 유물에 지나지 않는다.

이런 마법적 단계에서는 무언가를 원하기만 하면 그것이 마법처럼 이루어질 것이라고 생각한다. 자기와 환경, 주체와 대상, 생각과 사물을 아직 잘 구분하지 못하는 탓에, 사물의 이미지나 생각을 조종하면 그 사물에 직접적으로 영향을 미칠 수 있다고 믿는 것이다. 마법처럼! 세 살짜리 아이들은 전부 이런 식으로 생각한다. 베개 밑에 머리를 묻어서 다른 사람들이 한 명도 보이지 않게 되면, '하 이것 봐. 다른 사람들은 날 볼 수 없을 거야'라고 생각한다. 하지만 베개 밑에 머리를 묻은

---

* 역주: 서인도 제도 및 미국 남부에 분포한 토착종교.

** 역주: 아프리카 기원의 쿠바 종교.

채 엉덩이를 공중으로 치켜들고 있는 아이의 모습이 어른들에게는 대단히 우스워 보인다.

이런 예들은 앞에서 말한 '설화적' 형태의 종교들이 마법적 단계의 잔존물임을 말해준다. 이런 설화적 형태의 종교에서도 모세가 홍해를 갈랐다는 식의 성서 속 기적 이야기들을 곧이곧대로 받아들이기 때문이다. 오늘날에도 이처럼 종교의 마법적인 요소들에 마음을 빼앗기는 이들이 있다. 이런 사람들이 종교에 빠지는 이유는 무엇보다도 물 위를 걷거나, 죽은 사람을 살아나게 만들거나, 맹인을 눈 뜨게 해주거나, 물을 포도주로 만들거나, 빵과 물고기가 많아지게 하는 것 같은 마법적 행위들에 끌리기 때문이다. 또 믿음이 그들을 마법처럼 보호해주리라 믿으면서 살아 있는 독사를 다루는 짓을 종교의식처럼 행하는 종파도 있다. 최근에는 불행하게도 이런 종파들 가운데 가장 큰 종파의 우두머리가 이런 종교의식을 치르다가 방울뱀에게 물려서 40대 초반의 나이에 죽음을 맞은 일도 있었다.

또 《시크릿The Secret》과 《블립-일상의 현실을 바꾸는 무한한 가능성의 비밀What the Bleep Do We Know!?》에서 주장하는 것 같은 방법들에도 이런 마법적인 사고가 많이 스며 있다. 앞으로 살펴보겠지만, 이런 마법적인 사고는 우리의 자기중심적 혹은 자기과장적인 면에 호소한다. 이런 공상적이고 마법적인 사고는 '끌어당김의 법칙'을 포함한 몇몇 뉴에이지의 개념들 속에 숨은 지도처럼 많이 깔려 있다.

그러나 진정한 초감각적 지각과 예지력, 염력 같은 초능력이나 목표를 성취하려는 강력하고 가치 있는 의도는 유치한 마법이나 주문과는 다르다. 엄격한 통제 실험들의 결과, 이런 초능력들 중 몇몇은 합리적인 의심을 불식시킬 만큼 확실하게 존재하는 것으로 입증되었다.* 그러나 이런 초능력들의 성공률도 시행자가 순전히 이기적이고 자기중심적이며 자기도취적인 동기나 권력욕을 가질 때 급격히 떨어지는 것 같다. 요컨대 공상적인 마법적 사고와 진정한 초능력 사이에는 커다란 차이가 있다. 이 점을 꼭 명심해야 한다.

여러분도 이처럼 본질적으로 마법적이고 미신적인 생각들을 몇 가지 갖고 있을 수 있다. 이 마법적인 생각들 주변에서 자기과장의 동기들이 얼마나 많이 일어나고 있는지 주목해보면, 이 마법적인 생각들이 숨은 지도인지 아니면 진정한 영적 힘인지 쉽게 구분할 수 있다. 예를 들어, 오로지 성공과 영예를 누리고, 특별함을 인정받고, 다른 사람들을 전부 제치고 상을 타고 싶은 마음에 마법적인 방법들을 사용한다면, 이것은 기본적으로 '소원 성취wish-fulfillment의 과장된 형태'에 불과하다.

이렇게 하는 사람들의 의식은 마법적이고 공상적이며 자기중심적인 초기 단계에 아주 많이 고착되어 있다. 이런 사람들은 명상도 자신의 중요성을 크게 증가시키기 위해서 시작한다. 여자친구나 자동차, 새집, 승진 같은 것들을 마법적으로 실현하거나, 자신도 모르게 몸무게가 빠져서 숨막힐 정도로 멋있어지거나, 에고의 모든 욕망들을 기적처럼 **순식간에** 충족시키기 위해서 명상을 하는 것이다. 자신을 이 세상에서 다른 무엇보다도 우선시하기 때문이다. 세상에, 이럴 수가!

이런 마법적인 믿음들을 많이 갖고 있다면, 당연히 이것들을 먼저 인식해야 한다. 이 숨은 지도들을 인식한 후, 미신적이고 마법적인 믿음들이 자신의 삶을 얼마나 많이 지배하고 있는지 깨달아야 한다. 이것들을 직접적인 자각의 대상으로 삼아 순수한 마음챙김과 빛나는 현존

---

* 2014년 5월 로저 월시 박사Dr. Roger Walsh와 개인적으로 나눈 대화이다. 월시 박사는 의식 연구 분야의 저명한 학자이다.

의 빛을 쬐어준다. 세상을 바라보는 숨은 지도나 주체로 이 믿음들을 사용하는 대신, 마음챙김의 대상으로 바라보는 것이다. 이 믿음들을 통해 보지 말고, 이 믿음들 자체를 살펴본다. 이것들을 통해서 혹은 이것들을 갖고 보지 말고, 직접적으로 철저하게 이것들을 바라본다. 비디오테이프에 담듯 낱낱이 살펴보는 것이다.

이 경우, 마음챙김을 할 때 우리가 할 일은 자신이 아주 특별한 존재라는 느낌에 집중적으로 초점을 맞춰보는 것이다. 예를 들어, 여러분이 세계적으로 유명한 사람이라고 상상해보자. 칸 영화제에서 붉은 카펫 위를 걸을 때 많은 방송사 기자들이 여러분을 촬영한다. 모든 평론가들이 호평을 하고 팬들도 환호를 보낸다. 유명인이 된 듯한 이 순전한 느낌을 포착해서 움츠러들지 말고 이것을 느껴본다. 마치 비디오테이프에 녹화를 하듯 이 느낌을 보고 관찰한다. 판단이나 비난, 동일시는 하지 않고, 그냥 순수한 의식으로 이 느낌을 마주한다. 이 느낌을 주체로 삼거나 자신과 동일시하는 대신 대상으로 받아들여서, 더욱 고차원적인 새로운 자기와 의식이 생겨날 여지를 만든다. 이처럼 숨은 지도를 본다는 것은 이것을 자각의 대상으로 전환한다는 의미이다. 이렇게 숨은 지도를 '드러내면' 이 지도는 더 이상 우리의 행동을 지배하지 못한다. 이로써 더욱 정확하고 적절한 고차원적인 지도들이 들어설 자리도 생겨난다.

여기서 잠시 '주체를 대상으로 전환'하는 문제를 살펴보겠다. 이 문제가 처음에는 좀 추상적이고 혼란스럽게 들리겠지만 포기하지 말아야 한다. 주체를 대상으로 전환하는 것이야말로 인간의 성장과 발달, 진화와 관련해서 아주 중요하게 배워야 할 점이기 때문이다. 이것은 **성장**의 핵심과 **깨어남**에 이르는 열쇠, 마음챙김을 성공적으로 해내는 비결이다. 그러니 아주 간단하고도 분명하게 이 문제를 설명해주는 동안 부디 계속 주목해주기 바란다. 이 문제는 난해하거나 학술적이거나 지적인 유희 같은 것이 아니라, 전반적인 성장과 발달, 변용, 진화의 중요한 핵심이다.

마법적이고 미신적인 믿음은 어떤 것이든 곧장 알아차린다. 비난도 비판도 동일시도 하지 않고, 비디오테이프에 담듯 중립적인 자세에서 똑바로 바라본다. 이렇게 이 믿음들을 '초월하고 포함'한다. '초월'한다는 것은 자각을 통해 이 믿음들을 주체가 아닌 대상으로 만들어, 이것들과의 동일시에서 벗어난다는 의미이다. 즉 이 믿음들을 인식의 대상으로 만들어서, 이 믿음들이 인식의 주체나 자기로 자리 잡지 못하게 떼어내는 것이다. 그러면 집착이나 고착, 중독에서도 벗어난다.

자신을 '지나치게 특별한 존재로 여기는 믿음'에 우리는 얼마나 중독되어 있는가? 매일 자신의 모든 관계들 속에서 이런 믿음을 알아차린다. 그저 이 믿음을 자각한다. 물론 모든 개인은 진정으로 특별한 존재이며, 지금의 모습 그대로 신성한 존재와 **위대한 완성**Great Perfection을 완벽하게 구현하고 있다. 그러나 우리가 여기서 이야기하는 것은 유아적으로 자신만 특별하다고 생각하는 믿음, 자아도취적이고 자기중심이며 이기적인 태도로 자신의 특별함을 믿는 것이다. 이런 믿음을 갖고 있으면, 타인들에게는 특별한 점이 없으며 오로지 자신만 특출나다고 생각한다.

반면에 성숙한 특별함을 지니면, 본질적으로 지각 있는 모든 존재들에게 **위대한 완성**의 면모가 있다고 생각한다. 이런 것이야말로 자기중심성에서 벗어난 온우주적 특별함이다. 이런 온우주적 특별함이 들어설 여지를 만들려면, 자기중심적인 특별함에 빠져 있는 숨은 지도들을 먼저 뿌리 뽑아야 한다. 우리가 마음챙김을 통해 하려는 일, 바로 지금 초점을 맞추고 있는 작업은 바로 이것이다.

그러므로 **마법적 단계**에 고착되어 있거나 중독되어 있다면, 다시 미신적인 생각에 사로잡힐 때 즉각 알아차려야 한다. 검은 고양이가 앞을 가로지르거나, 사다리 아래를 지나가거나, 거울을 깨트리거나, 소금을 쏟는 일이 일어날 경우, 이런 행동이 자연의 법칙을 중단시켜서 여러분의 특별한 역사가 바뀔 거라고 생각하지는 않는지 알아차려야 한다는 말이다. 사실 여러분이나 우리 모두 정말로 그렇게 특별한 존재일까? 그래서 검은 고양이가 내 앞을 가로지르면, 정말로 역사의 전체 과정이 나에게 부정적으로 초점을 맞춰서 내게 '불운'한 일이 일어날까? 나에게 정말로 마법적인 힘이 있어서, 이렇게 역사가 바뀔까? 이런 생각을 주체가 아닌 대상으로 삼아서 이 생각과의 동일시를 멈추어야 한다.

이렇게 느낌을 자각하거나 **통합적 마음챙김**을 하면, 어떤 마법적이고 미신적인 생각을 갖고 있든 이것을 '초월하고 포함'할 수 있다. 분명하게 객관적으로 인식하는 '초월' 작업을 통해서 마법적인 단계에 대한 모든 고착과 중독에서 벗어나고, 인식의 대상과 접촉하는 '포함' 작업을 통해 혐오나 부정을 깨트리는 것이다.

그런데 마법적이거나 미신적인 생각이 우리의 마음이나 자기 안에서 일어날 때, '이런 생각이 드는군. 하지만 나는 이 생각이 아니야' 하고 탈동일시하는 선에서 멈추지 못할 수도 있다. 너무 흥분한 나머지 '이 생각은 나의 생각이 아니야!' 하면서 이 생각을 부인하고 분리하고 부정한 다음, 버려진 지하실 같은 무의식 속으로 '밀어 넣어' 버리는 것이다. 그러면 '마법적인 혐오감magical allergy'이 생겨나고, 이런 혐오감은 보통 타인에게로 투사된다.

이로 인해 갑자기 '저기 바깥'의 많은 사람들이 이런 어리석고 마법적인 생각으로 가득 차 있는 것처럼 여겨지고, 곳곳에서 이런 사람들이 눈에 띄기 시작한다. 자신이 아는 사람도 이런 어리석은 생각들을 많이 갖고 있는 것처럼 보인다. 그러나 이것은 실제로 그래서라기보다, 자신은 이런 어리석은 생각들을 갖고 있을 리가 없다고 믿기 때문이다. 어리석은 생각은 다른 누군가가, 그가 누구든, 갖고 있어야 한다고 여기는 것이다. 또 이런 사람들을 보면 정말로 화가 치밀고 짜증이 나는데, 그 이유는 내가 부정해버린 충동이나 그림자가 내 자기의 경계를 밀어붙이며 온갖 불쾌한 갈등과 긴장을 불러일으키기 때문이다.

이처럼 충동으로 이루어진 그림자나 무의식을 '부정'하거나 투사하는 일은 사실상 모든 발달 단계에서 일어날 수 있고 실제로 일어나고 있다. 앞으로 살펴보겠지만, 대부분의 경우 이런 부정이나 투사는 그 대상에 대한 '혐오'를 불러일으키고, 평생 '그림자와 씨름' 하게 만든다. 아니면 그 대상에 고착되어 중독되거나 '그림자에 집착'하게 만든다. 이런 문제들을 확실하게 바로잡는 최상의 방법은 바라보는 모든 것을 초월하고 포함하면서 우리 존재의 실상을 마음챙김하는 것이다.

단계 3 – 마법적–신화적 단계(붉은색)

자아가 성장을 계속하면서 우리는 자신과 주변을 더욱 잘 구분하게 된다. 이로써 단계 2에서 단계 3으로 이동하고, 자신의 분리된 실존 상태가 허약함을 더욱 많이 인식한다. 이로 인해 자신의 안전과 안정을 걱정하면서 자기방어를 시작하게 된다. 또 의지처의 하나로써 강력한 **힘의 욕구**power drive도 발달시킨다. 그래서 이 단계는 흔히 '자기방어'와 '안정' '안전' '힘' '기회추구opportunistic' 등의 말로 설명하며, 붉은색으로 나타낸다.

발달 모형의 하나인 스파이럴 다이내믹스Spiral Dynamics에서는 이 단계를 '권력신Power Gods'의 단계라고 부른다. 아직 이기적이고 자기중심적인 상태에 머물러 있어서 자신을 신처럼 여기고, 힘에 대한 욕구로 가득 차 있기 때문이다. 어른이 되어서도 건강하지 못한 모습으로 이 단계에 머물러 있으면, 종종 범죄를 저지르거나 심각하게 타락할 수 있다. 힘을 향한 욕구가 숨은 지도나 무의식의 문법 규칙처럼 이들의 행위를 통제해서, 더욱 고차원적인 다음 단계인 순응주의적인 법과 질서의 단계로 나아가지 못하기 때문이다.

그래서 이들은 안전과 힘을 바라는 숨은 지도의 요구에 따라 자신만의 기준과 법을 창조해낸다. 자연히 자신이 원하는 것은 무엇이든 다 옳다고 생각하고, 단순하게 이것을 취하기 시작한다. 또 자신을 **권력신**처럼 생각하기 때문에 사회를 우습게 여긴다. 이 힘을 좇는 붉은색 단계의 건강하지 못한 형태는 마피아 같은 범죄 단체나 조직, 부패한 정부 등에서 많이 나타난다. 이들은 세상을 적자생존의 관점에서 바라본다. 가장 크고 강력한 자가 승리하므로 남에게 당하기 전에 먼저 남을 해치워야 한다고 생각한다. 이것은 먹고 먹히는 세계, 인정사정없는 치열한 경쟁 세계의 법칙, 한마디로 정글의 법칙이나 마찬가지이다.

그래서 이 단계의 사람들은 정말로 포악한 행동을 저지를 수 있다. 이오시프 스탈린Joseph Stalin은 이 병적인 붉은색 단계의 완벽한 전형이다. 이 병든 권력신은 실제로 1930년대에 **대기근 정책**The Great Famine*으로 8백만 명도 넘는 우크라이나인을 죽음으로 몰고 갔다. 또 **대공포**

---

* 역주: 스탈린의 집단농장화에 반대하던 우크라이나 농민들에겐 가축과 먹을 식량조차 부족했다. 이런 상황에서 스탈린은 산업화와 도시민들을 위해 농촌 주민들의 식량까지 수탈했다.

시대The Great Terror*에는 우크라이나에서 문화 엘리트층의 4/5 이상을 숙청했다. 또 다른 세기의 **권력신**으로 아돌프 히틀러Adolf Hitler와 폴 포트Pol Pot가 있으며, 최근에는 블라디미르 푸틴Vladimir Putin까지 여기에 포함시키는 이들도 있다.

이미 살펴본 것처럼, 처음의 세 단계는 모두 '자기도취적' 혹은 '자기중심적'인 단계로 불린다. 이것은 자기가 1인칭, '나/나의 것me/mine'이라는 관점에 갇혀 있음을 의미한다. 아직 '타인의 역할을 받아들이지' 못하는 것이다. 그래서 타인의 입장에 서서 생각하지도, 타인이 느끼는 것을 함께 느끼지도 못한다. 자신의 관점 말고 다른 관점은 이해하지 못한다.

대부분의 사람들이 생각하는 것처럼, 이런 속성은 처음부터 인간 속에 내재하는 것들 가운데 하나이다. 반면에 타인이 느끼는 것을 실제로 느끼고 타인의 관점에서 상황을 이해하는 능력은 성장과 발달을 통해 생겨나는 **창발적**emergent 속성이다. 예를 들어, 한쪽은 붉고 다른 쪽은 푸른 공이 여러분과 4살 아이 사이에 있다고 하자. 이 공을 여러 번 돌려서 아이에게 공의 색깔이 면마다 다름을 보여준다. 그런 다음 붉은색 면은 내 쪽으로, 녹색 면은 아이 쪽으로 향하게 공을 두고 아이에게 묻는다. '너는 무슨 색이 보이니?' 아이는 정확하게 '녹색이요'라고 답할 것이다. 그러면 이제 '나는 무슨 색을 보고 있지?'라고 물어본다. 그러면 아이는 여러분이 보고 있는 면이 붉은색이라는 사실은 생각지도 못하고 **'녹색'**이라고 답할 것이다. 물론 녹색은 아이가 보고 있는 색깔이다. 아이는 자신이 보고 있는 색깔을 여러분도 보고 있으리라고

---

* 역주: 스탈린이 25년간 공포 정치를 펼치던 시기.

기계적으로 생각하는 것이다. 다시 말하면, 아이는 여러분의 관점을 취해서 여러분의 눈으로 볼 줄 모른다. 어떤 식으로도 타인의 역할을 이해하지 못하는 것이다.

이런 아이들의 세계는 당연히 자기중심적이며 자아도취적이다. 그렇다고 이들이 자기중심적인 성향을 선택한 것은 아니다. 이들에게 그런 선택권은 아직 전혀 없다. 타인의 역할을 받아들이는 능력이 다음의 단계 4에 이르러야 생겨나기 때문이다. 아이가 이 단계에 이르렀을 때 여러분이 '내가 무슨 색을 보고 있지?'라고 물으면, 아이는 정확히 '붉은색'이라고 답할 것이다. 이것은 인간의 발달에서 기념비적인 도약이며, 앞으로 살펴보겠지만, 인간 능력의 대부분이 출생 당시에는 전혀 없었음을 보여주는 완벽한 예이다. **성장**의 단계들을 밟아감에 따라 인간의 능력은 나타나고 성장하고 발달하는 것이다.

그러므로 붉은색의 단계 3에서는 여전히 자기가 전부이다. 자기가 지배하며, 자신과 자신이 원하는 것을 가장 중요하게 여긴다. '나한테 줘' 같은 말을 달고 살고, '나' 또는 '내 것'을 우선시한다. 여러분 누구나 이런 단계에 심각하게 갇혀 있는 사람들을 알고 있을 것이다. 이런 사람들은 우리의 삶에서 짜증의 근원일 가능성이 크다. '그들은 정말 왜 항상 자기만 생각하는 것일까?' 참으로 의아하다. '왜 타인이나 타인의 삶에는 전혀 관심이 없는 걸까?' 그 이유는 이들이 이들의 숨은 지도, 기초적 문법으로 인해 타인들의 실제적 존재를 인식하지 못하기 때문이다. 여러분이 이들에게 전혀 관심을 못 받고 있다는 느낌이 드는 이유도 여기에 있다. 하지만 이것도 그들이 선택한 것은 아니다. 단지 타인의 입장에 서서 생각할 수 없기 때문에 그러는 것이다.

우리 안에도 이처럼 힘을 좇고 자기중심적인 숨은 지도가 여전히 어느 정도 있을 수 있다. 그렇다는 생각이 들면, **통합적 마음챙김**을 적용해본다. 먼저 **통합이론**이나 널리 인정받은 발달 모형을 이용해서, 이 단계의 특성들이 정말로 내게 존재하는지를 파악한다. 아마 이 단계가 아주 작게라도 다시 활성화되어 있는 영역이 있을 것이다. 이로 인해 힘과 통제를 향한 자기중심적인 욕구에 시달리고 있을 것이다.

그렇다면 이런 일이 실제로 일어났던 때를 떠올려본다. 혹은 걷잡을 수 없는 힘을 사람들에게 행사해서 그들을 통제하거나 완전히 내 마음대로 할 때의 느낌에 가능한 한 똑바로 초점을 맞춰본다. 자, 상상해보자. **통제권은 여러분에게 있다!** 많은 사람들 사이를 걸어가면서 마법을 부리듯 강력한 힘으로 모든 사람들이 여러분에게 절을 하게 만든다. 그들 모두 여러분보다 비천하다. 여러분이 원하는 그대로 하라고 하자 그들은 패배자처럼 시키는 대로 한다. 이때의 순전한 쾌감을 느껴본다. 여러분은 명성이나 부, 수많은 여자들, 목숨을 걸고 구애하는 남자들, 차, 요트, 전 세계 곳곳에 퍼져있는 집 등 원하는 건 무엇이든 가질 수 있다. 손을 뻗기만 하면 이런 것들을 소유할 수 있다. 여러분은 정말로 천하무적이며, 안전과 안정, 보호도 충분히 받고 있다. 이 모든 것은 여러분의 침범할 수 없는 힘 덕분이다.

그럼 이제 이런 느낌이나 이미지를 의식 속에 붙잡아서 이것을 대상으로 마음챙김을 한다. 이 권력욕과 완전한 통제력을 가진 느낌이 어떤가? 어떤 색깔처럼 보이고, 몸의 어디에 위치해 있는가? 이런 욕구는 무엇을 촉발시키는가? 이 느낌과 욕구, 욕망을 샅샅이 파악했다는 느낌이 들 때까지 비디오테이프에 담듯 철저히 바라본다. 이 숨은 주체를 인식의 대상으로 삼아 흔들림 없이 바라본다. 이것을 대상처럼 바라보되, 이것을 통해 세상을 바라보고 느끼지는 말아야 한다. 그러면 더 이상 이것과 자신을 동일시하지 않게 된다. 이것을 내려놓고 보내주고 분리해서 이것을 초월한다. 이렇게 하는 것이 바로 통합적 마음챙김이다.

'마법적-신화적 단계'라는 명칭에 대해서 간단히 짚고 넘어가겠다. 여러 면에서 이 단계는 이전의 순전한 **마법적 단계**와 이후의 **신화적 단계** 사이에 있는 전환기와 같다. '마법적 단계'와 '신화적 단계'의 차이는 주로 '기적'을 일으키는 힘의 원천을 어디에 두는가에 달려 있다. 마법적 단계에서는 '마법적으로' 기적을 일으키는 능력이 자기 안에 있다고 생각한다. 자신이 기우제 춤을 춘 덕분에 자연이 비를 내려준다고 생각한다. 이처럼 이 단계에서는 생각과 이미지가 실제와 잘 분리되어 있지 않다. 예를 들어, 아버지가 돌아가셨다고 하자. 최근에 아버지의 죽음을 바란 적이 있으면 내가 아버지를 죽게 만들었다고 생각한다. 또, 앞에서 이야기한 부두교에서는 사람 모양의 인형에 핀을 꽂으면 실제로 그 사람에게 해를 가할 수 있다고 믿는다. 이런 것들 모두 순전한 마법적 단계에 속한다.

역사적으로 신화적 단계가 시작될 무렵, 인류는 인간이 실제로 마법을 부릴 수는 없다는 점을 깨닫고 있었다. 하지만 초자연적이고 초월적이며 신화적인 **존재들**Mythic Beings, 즉 **신**God, Goddess과 **신령**Spirit은 그럴 수 있다고 생각했다. 정확한 의식이나 기도, 행위들을 통해 **신령**을 기쁘게 만들면, **신령**이 개입해서 인간 대신 곡식을 키워주고 비를 내려주고 사냥에 성공하도록 해줄 거라고 믿었다.

'마법적-신화적 단계'는 주요한 두 단계 사이에 있는 과도기적인 단계이다. 이 단계에서는 보통 '기적을 일으키는 힘'이 **신**이나 **신령** 같은 **권력신**에 있지만 몇몇 힘 있는 인간도 권력신이 될 수 있다고 믿는다. 예를 들어, 어머니는 역겨운 시금치도 사탕으로 만들어서 아이에게 줄 수 있다. 어머니도 권력신 같은 존재인 것이다. 역사적으로 이 단계에서는 최초의 군사 제국들이 세계 전역으로 뻗어나갔다. 그리고 이 제국의 수장들은 거의 어디서나 말 그대로 신처럼 떠받들어졌으며 아주 강력한 권력을 휘둘렀다. 이들도 권력신이었다.

이 제국의 권력신들은 뭐든 원하는 대로 할 수 있었다. 세계 곳곳으로 마법을 걸듯 명령을 내리고, 부와 명성, 성적 쾌락, 물질적 풍요 등 원하는 것은 무엇이든 창조해낼 수 있었다. 이런 권력신은 전체적인 성격에서부터 자기중심적으로 무언가를 통제하거나 지배하거나 휘두르려는 충동 같은 분리된 충동에 이르기까지 어떤 형태로도 나타날 수 있다. 이 단계에서는 이후의 몇몇 단계들을 지배하는 민족중심적이고 집단중심적인 욕구로 옮겨 가기 전에 이처럼 자아도취적이고 자기중심적인 욕구들이 마지막으로 거대하게 들끓는다.

그러므로 이 자기과시적인 힘의 욕구들이 의식 속에서 계속 일어나지는 않는지 경계를 늦추지 말고 살펴야 한다. 이 단계에 심각하게 고착되면 **권력 중독**power addiction이 나타난다. 이 욕구와의 드러나지 않는 동일시로 인해 온갖 형태의 권력에 열광하는 것이다. 그래서 이런 동일시만 아니었으면 건강하게 참여할 수도 있는 무술이나 웨이트 트레이닝, 사업적 성공 등에 지나치게 빠져들고, 사회 관계망에서 제왕처럼 굴거나 또래 집단에서 왕초 행세를 하려고 한다.

반면에 이와는 정반대로 **권력 혐오**power allergies에 빠질 수도 있다. 자신의 힘을 억압하거나 투사해서 결과적으로 자신의 힘을 빼앗겨버린다. '의지가 약한' 마마보이나 파파걸처럼 자신의 힘을 아무에게 아무렇게나 줘버리는 것이다. 그러고는 온 세상이 나를 통제하고, 강요하고, 가둬두고, 내게 '영향력을 행사하려' 든다고 느낀다. 그러나 이런 권력 충동의 그림자는 사실 스스로 자초한 것이다.

둘 중 어디에 속하든, 권력 욕구가 일어날 때마다 이것을 '초월하고 포함'한다. 이 욕구가 일어나는 즉시 곧바로 충분하게 주의를 기울여 알아차리고, 이 욕구를 주체가 아닌 대상으로 전환한다. 이렇게 욕구와의 동일시에서 벗어나는 동시에 이 욕구를 포용해야 한다. 그러면 우리의 의식은 더욱 깊고 넓고 고차원적인 상태로 거침없이 상승한다.

과도한 권력욕은 종종 우리 안에 '내면의 비판자'나 '내면의 통제자'를 만들어내기도 한다. 이 비판자나 통제자는 비판하고 부정하고 통제하려는 욕구를 갖고 우리가 하는 모든 일을 바라본다. 그래서 늘 우리에게 열등하거나 부족하다는 느낌을 갖게 한다. 또 자신을 패배자나 어떤 것에도 쓸모없는 무가치한 존재처럼 여기게 만든다.

이런 권력적이고 통제적인 '하위인격subpersonality'과 접촉하는 방법은 이 인격과 '내면의 대화voice dialogue'를 나누는 것이다. 다시 말해, 나와 내 안의 통제자가 주고받는 '내적인 대화'를 적어보는 것이다. 이 대화에서 나는 둘의 역할을 모두 떠맡으며, 보통의 나가 통제자에게 다음과 같이 묻는 것으로 대화를 시작할 수 있다. "네가 원하는 게 뭐야? 왜 나한테 그처럼 비판적인 거지? 왜 늘 나를 통제하려는 거야?" 이제 통제자의 역할을 맡아서 이 질문에 대답한다. "네가 완전한 패배자이기 때문에 내가 너를 지켜보는 거야. 너는 뭐든 제대로 한 적이 없잖아. 넌 한심해. 내가 여기서 지켜보지 않았다면 네 인생은 벌써 망가졌을 거야." 그러면 다시 평상시의 자기가 묻는다. "네가 원하는 것이 정확히 뭔데?" 통제자는 "네 삶의 모든 부분을 통제하고 싶어"라고 대답할 것이다. 이런 식으로 대화를 지속한다.

사실 모든 사람의 내면에는 이처럼 자신을 비난하는 목소리가 어느 정도 있다. 많은 경우 이런 내면의 비판자는 본질적으로 '투사projection'의 반대인 '내사introjection'에 의해 만들어진다. 투사는 나의 어떤 점을 외부로 밀어내고는 그것이 타인 안에 있다고 믿는 것이다. 반면에 내사는 다른 사람의 생각이나 판단, 비판을 받아들여서 이것들이 마치

나의 일부인 것처럼 이것들과 자신을 동일시하는 것이다. 이질적이고 거짓된 요소들을 실수로 잘못 받아들여서, 내재화하는 것이다.

우리가 내재화하는 부정적인 말들은 흔히 어린 시절에 부모나 다른 가족, 선생님에게서 들은 것들이다. 그러나 우리는 어른이 된 후에도 고집이나 배려하고 공감할 줄 모르는 태도, 자기도취적인 허세, 심술 같은 어린 시절의 유아적인 특성들을 그대로 간직하고 있다. 이런 특성들을 처음으로 내사했던 나이와 단계(마젠타색의 마법적 단계나 붉은색의 마법적-신화적 단계)의 특징들을 여전히 갖고 있는 것이다.

정신분석 같은 것을 받다가 이 내면의 비판자를 만나면, 어린 시절의 근원을 찾아서 이 비판자가 처음으로 등장한 순간들을 다시 체험해봐도 좋다. 혹은 심리학적으로 이것을 이해하려고 시도해볼 수도 있다. 이것들은 아주 유용한 접근법이며, 흔히 말하는 '정화Cleaning Up'에는 이런 접근법들이 효과를 발할 여지가 분명히 있다.

그러나 마음챙김으로 하는 작업은 이런 것이 아니다. 마음챙김의 주요 목적은 내면의 비판자를 자각하는 것이다. 내면의 비판자라는 숨은 주체를 인식의 대상으로 삼고, 이것을 통해서 보는 것이 아니라 이것을 직접 살펴보는 것이다. 이것을 비디오테이프에 담듯 모든 각도에서 그저 바라보는 것이다. 이것을 제대로 이해하고 있는지 걱정하지도 말고, 그저 바라보면 된다. 내면의 대화를 통해 내면의 비판자를 최대한 의식의 표면으로 끌어올린 후, 마음챙김으로 이것을 낱낱이 살피는 것이다.

이 붉은색 단계의 내적인 비판자와 작업할 때, 처음 한두 주 동안에는 하루 한 번씩 간단하게 이 비판자와 내면의 대화를 나눈다. 그 후에는 원하는 만큼 해도 된다. 하지만 어떤 경우든 이 비판자를 분명하게 알아차리고, 그저 바라보며 느낀다. 이것을 제대로 '이해하고 있는지'

걱정하거나, 이것의 진정한 근원을 찾아내려고 애쓰지 않아도 된다. 이 비판자가 생겨나지 않는다면 좋겠지만, 생겨나도 그냥 이것을 마음챙김의 대상으로 삼는다. 정말로 해야 할 일은 이 숨은 주체를 느낌과 자각의 대상으로 삼는 것이다. 그러면 엄청난 해를 입히는 이 내면의 하위인격과 근본적으로 철저하게 탈동일시할 수 있다.

단계 4 – 신화적 전통의 단계(앰버색)

발달의 주요한 다음 단계는 '순응주의자conformist' '신화적 멤버십' '사교적 인사' '소속감' 등으로 설명할 수 있다. 이 네 번째 단계를 표현하는 색깔은 앰버색이다. 이 단계에서 자아는 실제로 다른 사람의 역할을 받아들이기 시작한다. 덕분에 자기 자신에서 가족과 씨족, 부족, 국가, 종교 집단, 정당 등의 다양한 집단에 소속된 자기로 정체성이 확장된다. **'자기중심**egocentric'에서 **'민족중심**ethnocentric'으로 정체성이 변화하는 것이다. 다시 말하면, '나중심적me-focused' 정체성에서 '우리중심적us-focused' 혹은 '집단중심적group-focused' 정체성으로 바뀐다. 이것은 아주 중요한 변화이다.

명칭이 암시하듯 단계 4는 기본적으로 순응적인 단계이다. 자아가 다른 사람의 역할을 취할 수 있지만, 흔히 '옳건 그르건 내 조국이야' '옳건 그르건 내 종교야' '법과 질서가 최고지' 등의 시각에 사로잡혀 있다. 이 단계의 사람들에게는 규칙을 엄격하게 준수하는 것이 아주 중요하다. 그러나 역사적으로 이런 몇몇 규칙들은 야만적으로 강요되었다. 도둑질한 사람의 손을 자르거나, 간음한 여인을 돌로 쳐 죽이는 것 등이 그런 예이다.

이 단계의 개인들은 모여서 앰버색의 타락한 범죄 조직망을 형성하기도 한다. 이런 범죄 조직망에도 흔히 아주 엄격하고 완고한 규칙과 행동수칙이 있다. 예를 들어, 마피아는 '침묵의 규칙code of silence'으로 조직원들에게 범죄망을 드러내거나 누설하지 말라고 강요한다. 또 마피아 조직원들은 조직을 실제로 '라 코사 노스트라La Cosa Nostra'*라고 지칭한다. 이 말은 문자 그대로 '우리의 이것this thing of ours'이라는 의미이다.

예컨대 그들은 동료에 대해 이야기할 때 '그는 마피아의 일원이야'라고 하지 않고 '그는 우리 이것의 일원이야'라고 말한다. 혹은 '아무에게도 우리의 이것에 대해 이야기하지 마'라는 식으로 말해서 신화적 순응 단계의 특징인 특별한 소속감을 강조한다. 그리고 누군가 '우리 이것의 규칙'을 어기면 보통 신속하고 가혹하게 응징한다. 아예 죽여버리는 경우도 종종 있는데, 흔히 보복을 위한 살해임을 모두에게 분명히 알리기 위해서 정확하게 뒤통수를 쏴 죽인다.

이 단계에서는 사고가 아주 경직돼 있어서 종종 '신화적-문자적' 시각을 갖는다. 그래서 하느님이 이집트인들의 맏아들을 전부 죽였다거나 엘리야가 살아서 마차를 타고 하늘로 곧장 올라갔다는 등의 성서 속 이야기, 노자老子가 태어날 때 900살이었다는 등의 설화를 명백한 절대적 사실로 받아들인다. 선구적인 인간 발달 연구가인 클레어 그레이브스Clare Graves도 이 앰버색의 단계를 '절대주의적' 사고 단계라고 했다.

앞으로 알게 되겠지만, **의심의 여지가 없는** 절대적이고 완전하며 순

---

* 역주: 이탈리아 시칠리아에서 발생한 전형적인 마피아 범죄 조직으로 흔히 알고 있는 마피아는 이들을 말한다.

전한 믿음을 갖고 있다는 것은 이 단계가 활성화되어 있다는 신호일 수 있다. 종교의 첫 번째 주요한 형태인 설화적 종교가 흔히 근본주의적이고 신화적-문자적인 성격을 갖고 있다는 점을 기억할 것이다. **근본주의적 종교**는 주로 이 절대적 믿음의 단계, 신화적이고 순응주의적인 앰버색의 단계 4에서 비롯된다. 근본주의는 증거가 있건 없건 우리가 완전한 진실이라고 믿는 모든 절대적이고 광적인 믿음으로도 나타난다. 근본주의적 **기독교**나 근본주의적 **마르크스주의**, 근본주의적 페미니즘, 소위 과학주의scientism라고 하는 근본주의적 과학, 근본주의적 범죄 집단 등이 그런 예이다.

이미 언급한 것처럼, 범죄 세력이나 독재 정부의 조직망, 마피아 같은 범죄 집단, 부패한 정부 부처들, 거리의 범죄 집단, 자신이 하는 일은 모두 '국민을 위한' 것이라고 주장하면서 자기 잇속만 차리는 제국주의와 식민주의 통치자들의 이면에는 이런 불건강한 형태의 단계 4가 도사리고 있다. 집요한 권력욕으로 들끓을 경우, 민족중심적 정체성을 가진 정부는 제국주의와 식민주의적 성격을 강하게 드러낸다. 이런 정부는 언제나 경제적 영향력에서부터 물리적 전쟁, 침략에 이르기까지 가능한 온갖 수단을 동원해서 제국을 확장하려 든다.

이 단계에서는 흔히 진리가 어느 한 권의 책 속에 구현되어 있다고 생각한다. 《성경》이나 《코란》《정토경淨土經》《마오쩌둥 어록》 등에 절대적이고 궁극적인 진리가 담겨 있다고 믿는 것이다. 마찬가지로 단계 4의 정부는 흔히 전능한 한 사람이나 절대 권력을 지닌 독재자, 모든 힘과 전체주의적 권한을 쥐고 흔드는 소규모의 선별된 통치 집단에 권력을 쥐어 준다. 현대의 많은 나라들 중에서 몇몇 예를 들면, 나치 독일과 냉전시대의 공산주의 국가들, 구소련, 이란, 중국 등이 이에 해당된다.

개인들 중에도 이런 순응주의적이고 절대주의적인 발달 단계에 머물러 있는 사람들을 누구나 알고 있을 것이다. 이런 개인들은 근본주의적 종교인과 강경한 극우파에서 특히 쉽게 찾아볼 수 있다. 이들은 엄격한 법과 질서, 흔히 말하는 '가족의 가치'와 '신의 가치'를 믿는다. 또 국수주의적이고 애국심이 지나치며, 가족의 가치와 노동의 윤리가 소멸되고 이민자 수가 증가하는 것을 우려한다. 총기 규제에는 반대를 하는데, 그 이유는 근본주의적 믿음에 동의하지 않는 개인이나 정부에 대항해서 자신을 보호하려면 무기가 필요하다고 생각하기 때문이다. 또, 동성애를 혐오하고, 남녀 모두 심각한 성차별주의적 생각을 지니고 있다. 근본주의적인 여성들은 《성경》 가르침처럼 남편에게 복종할 의무가 있다고 믿기까지 한다. 또 신의 계획에 따라 세계의 다른 나라들까지 다스리고 통제하도록 신이 미국을 특별한 국가로 창조했다는 예외주의적인 생각을 갖고 있다. 한편 비교적 조용한 사람들도 있다. 이들은 '침묵하는 다수silent majority'의 성실한 일원으로서 신과 국가, 가족을 믿는다. 그리고 세계에서 가장 위대하다고 믿는 나라에서 검소하고 근면한 삶을 살아가기 위해 노력한다. 하지만 절대적 진실로 여기는 것들을 믿기 때문에, 문제를 제기하는 일에는 전혀 개방적이지 않다.

여러분은 이 단계에 완전히 고착되어 있지 않을 수도 있다. 그래도 의심의 여지가 없는 절대적 진실이라고 생각하면서, 자신의 삶까지 기꺼이 바칠 수 있는 믿음은 몇 가지 있을 것이다. 그렇다면 이런 믿음을 살펴보아야 한다. 이런 믿음은 아주 훌륭한 신념이나 용기일 수도 있다. 아니면 숨은 신화적-문자적 생각이나 절대주의적 견해일 수도 있다. 이 문제는 곧 다시 이야기할 것이다.

이 순응주의적 단계의 특성들이 여러분 내면에도 얼마간 있을 수 있다. 잘 적응하고픈 욕망, 도드라지거나 눈에 띄게 색다른 존재가 되지 않으려는 욕망, 사람들에게 호감과 좋은 평가를 받고픈 욕망이 있을 것이라는 말이다. 그래도 이것을 하나의 단계로 보지는 않을 것이다. 그냥 자연스러운 것으로 받아들이고 변화를 바라지 않을 가능성이 크다. 근본주의자 같은 종교적 믿음을 갖고 있어도, 분명히 이런 믿음을 바꾸지 않을 것이다. 어떤 식으로든 믿음이 변하면 영원히 저주를 받으리라 생각할 것이기 때문이다.

이럴 경우, 마음챙김을 통해 이 믿음들을 똑바로 바라보아야 한다. 이 믿음들을 의식 속에 담아두고 하나의 대상으로 바라보는 것이다. 그런 다음 무슨 일이 벌어지는지 살펴본다. 이런 믿음이 오래된 불변의 가치에서 기인한 것이라면 여러분의 의식 속에 남을 것이다. 반면에 특정한 발달 단계에 고착돼서 생긴 것이라면, 이 단계가 차츰 약화되면서 더욱 고차원적인 다음 단계가 이것을 대신할 것이다. 이런 과정에서 자신의 가치가 더욱 크고 포괄적인 것으로 바뀌는 것을 바로 확인하게 될 것이다. 이런 시점에서는 이런 변화가 반갑지 않거나 두렵게 여겨지지 않는다. 오히려 더욱 고차원적이고 포괄적인 인식과 사랑, 연민으로 나아가는 관문으로 느껴진다.

이 발달 단계의 많은 부분이 숨은 지도처럼 삶의 여러 영역을 지배하고 있을 수 있다. 이것을 알아차리고 명상을 시작하기로 마음먹는다면, 삶에 더욱 큰 질서와 안정성을 부여해주는 일상의 패턴과 정해진 일과, 구조 그리고 꾸준한 수행의 중요성을 이해하게 될 것이다. 이런 수행에는 일련의 규칙들이 있고 수행의 본질과 방식도 변함이 없다. 그러므로 명상을 거르지 않고 규칙대로 정확히 행하기 위해 세심한 주의를 기울일 것이다. 규칙은 아주 간단명료하고 분명하며 개인적인 재량권이 거의 없는 것이 좋다. 또 명상이 효과를 발하는 세세한 이유들보다는 무엇을 어떻게 해야 하는지에 더욱 관심을 기울여야 한다.

그러나 명상이 정말로 깊은 효과를 발휘하기 시작하면, 영성에 대한 이런 접근이 유일하게 진실하고 실제적인 것이라는 생각에 '근본주의적 마음챙김'의 신봉자가 될 수도 있다. 이런 수행법이 없는 종교는 전부 불충분하거나 열등하고 진정한 구원이나 참된 깨우침을 가져다주지 못할 것이라고 판단하는 것이다. 실제로 아주 높은 발달 단계에 있는 사람들 중에도 명상이나 어떤 믿음에서 심오하고 놀라운 효과를 체험한 후에 이런 절대주의적 단계로 '퇴행'해버리는 이들이 많다. 이런 사람들은 '광신자'가 되어 자신의 믿음이나 수행에 사실상 근본주의자적인 태도를 취한다.

마음챙김 수행도 이런 위험성에서 자유롭지 못하다. 실제로 마음챙김을 가르치는 많은 스승들이 '근본주의자적' 면모를 지니고 있다. 이런 사람들은 모든 궁극적인 문제의 해답이 오로지 마음챙김에 있다고 확신한다. 이런 일은 과학자들에게서도 많이 나타난다. 이런 과학자들은 처음엔 아주 합리적이고 객관적인 시각을 갖고 있었다가 서서히 과학을 그들의 '종교'로 받아들인다. 흔히 말하는 '과학주의'에 빠져버리는 것이다. 이로 인해 숨은 지도가 이 단계로 퇴행하면서, 종국에는 사실상 신화적-문자적 단계의 신화에 불과한 온갖 생각들을 그들의 믿음체계에 도입한다. 이런 생각들을 도입하지 않았다면 그들의 믿음체계가 합리적이었을 텐데 말이다.

실제로 전형적인 과학자들이 절대적인 사실이라고 믿는 개념들은 대부분 신화에 불과하다. 이런 신화를 뒷받침해주는 증거는 전혀 없다. 그럼에도 이런 신화를 믿는 이유는 단지 이 신화들이 과학처럼 들리고, 그들에게는 이런 신화가 이제 절대적인 실제가 되어버렸기 때문이다. '우주에는 창조성이나 의식이 없다'거나 '삶은 목표도 방향도 없는 아주 무작위적인 과정이다' '모든 실재는 원자나 아원자의 배열일 뿐이다' 는 주장들이 그 예이다. 이 가운데 그들이 증거를 제시한 것은 하나도 없다. 그들은 과학 자체에 과학적인 증거가 없다는 것을 잊고 있다. 과학은 실재에 다가가는, 아주 중요하지만 **부분적으로만** 진실인 또 하나의 접근법일 뿐이다. 과학은 이런 식으로 받아들여야 한다.

신화적-절대주의적 단계는 기원전 4천 년경에 두드러지게 나타나서 기원전 1천 년 무렵 절정에 달했다. 이후 르네상스와 계몽주의 시대에 이르러 더욱 고차원적이고 합리적인 단계가 출현할 때까지 계속 문명을 지배했다. 오늘날에는 7~12세의 아이들에게서 흔히 나타나고 있다. 그러나 오직 하나의 방식만이 의문의 여지도 없는 절대적 진실이라고 믿는 태도는 이 단계에 있는 많은 어른들의 삶 속에도 숨어 있다.

그렇다면 우리 안에도 이 단계의 특성들이 숨은 지도처럼 남아서 삶의 중요한 영역들을 지배하고 있는 것은 아닐까? 그렇다면 가장 먼저 이 영역을 인식해야 한다. 이 종합적인 발달 지도, 이 발달을 위한 틀(이미 살펴본 것처럼, 수십 개의 발달 모형들이 뒷받침해주고 있는 통합이론의 한 단면)을 이용해서, 근본주의자처럼 오직 하나의 방식만이 절대적으로 옳은 것처럼 생각하고 있는 영역에 주목한다. 그리고 자신의 믿음이 옳다는, 절대적으로 **옳다는** 느낌에 특히 초점을 맞춘다.

예를 들어, 지난번 어떤 문제에 대해 신이 나서 자신이 옳다고 떠들어댔던 때를 떠올려본다. "내가 뭐랬어! 내가 그랬잖아!"라고 말했을 수도 있다. 기쁨에 젖어 옳다고 하던 때의 이 느낌, 모두들 내가 옳음을 인정할 때의 이 느낌에 초점을 맞춘다. 이 느낌은 나에게 얼마나 중요한가? 정말 내가 항상 옳다고 생각하는가? '내가 마지막으로 틀렸던 때는 내가 실수했다고 생각한 때였다'는 우스갯소리처럼 정말로 자신이 항상 옳다고 생각하는가?

그럼 이제 자신이 '**옳다**'는 그 느낌과 태도, 사고를 그저 알아차리고 주의 깊게 마음챙김한다. 이 느낌이나 태도, 생각을 모든 각도에서 바라보는 것이다. 그것은 얼마나 큰가? 무슨 색깔을 띠고 있나? 머리, 가슴, 배 등 몸의 어느 부위에 그것을 붙잡아두고 있는가? 이런 방식으로 생각할 때 어떤 느낌이 드는가? 그 대가는 무엇인가? 판단도 비난도 하지 말고 그냥 주의 깊게 관찰한다. 내면의 동굴을 정확히 탐사하다가 어떤 이상한 것이 보이면 이것을 낱낱이 비디오테이프에 담는다. 자신의 신념과 생각, 태도 등을 비디오테이프에 담듯 있는 그대로 중립적인 자세에서 관찰하는 것이다. 판단도 비난도 동일시도 하지 않고, 그저 이것을 하나의 대상으로 분명하게 바라본다. 이 숨은 지도를 활성화시켜서 우리로 하여금 행동하게 만든 사건이 무엇인지를 알아차린다. 이것은 종교나 정치에 대한 이야기, 자신의 생각을 파트너에게 털어놓은 일, 아이가 이해하는 게 중요할 것 같아서 아이에게 무언가를 가르쳤던 일, 책을 읽었는데 공감할 수 없었던 일 등일 수도 있다.

이와 관련해서 여러분이 틀렸다고 지적받았던 때를 떠올려본다. 어떤 모임에 있는데 모두들 여러분이 틀렸다는 걸 발견하고 여러분을 쳐다본다. **옳다**는 느낌과 마찬가지로, 이 **틀렸다**는 느낌도 직접 분명하게 느끼고 비디오테이프에 담듯 관찰한다. 그리고 '옳아야 한다'는 숨은 지도가 활성화되어 나타나는 것을 알아차린다. 즉, 내가 옳다는 것을 자신과 타인들에게 변호할 때 들끓기 시작하는 생각들과 내가 자주 사용하는 단어, 옳아야 한다는 숨은 지도와 함께 일어나는 감정들, 옳기를 바라고 틀리는 것은 싫어하는 숨은 가치구조, 자신의 행동을 지배하는 숨은 문법 규칙들을 알아차려야 한다는 말이다. 단순하면서도 분명하고 조용하게 이런 믿음과 숨은 지도를 인식한 뒤, 이 숨은 주체를 대상으로 만든다. 전에는 숨은 주체를 **통해** 세상을 바라보았다면, 이제는 숨은 주체를 **곧장 바라보라**는 말이다.

이것이 어떻게 이루어지는지 알려주기 위해, 신화적 단계의 또 다른 특성에 **통합적 마음챙김**을 적용해보겠다. '신화적 멤버십'은 이 단계를 지칭하는 한 가지 명칭이다. 여기서 '신화적'이라는 말은 이 단계의 생각들이 지닌 절대주의적인 특성을, '멤버십'은 이 단계의 순응주의적인 특성을 나타낸다.

이미 이야기한 것처럼 통합적 복합지도가 알려주는 모든 단계의 특성에 마음챙김을 적용할 수 있다. 어떤 특성들에 마음챙김을 하다 보면, 이 특성들의 흥미로운 '조합' 형태도 발견하게 된다. 어느 면에서 이런 특성들이 함께 어떤 단계에 속해 있는 것처럼 보이는데, 실제로도 그렇다. 이런 특성들은 물론 거의 모든 단계에 존재할 수 있지만, 예를 들어 단계 4에서는 특히 '절대주의적'이고 '순응주의적인 소속감' 같은 형태로 함께 존재한다. 그러므로 이런 특성들을 함께 느끼면, 이것들을 더욱 쉽게 대상으로 바라보고, 그만큼 빨리 이것들에서 자유로워질 수 있다.

이제 이 앰버색 소속감 단계의 두 번째 주요 특징을 살펴보겠다. 이 두 번째 특징은 체제순응적인 소속감이며 흔히 '우리we'라는 느낌을 갖게 한다. 이미 살펴보았듯, 이 단계에서는 2인칭의 관점을 받아들이는 능력이 커진다. 이로 인해 우리의 의식은 자기중심의 '나'라는 정체성에서 민족 집단이나 '우리' 중심의 정체성으로 확장된다.

그럼 이 '우리'라는 느낌에 초점을 맞춰보겠다. 모든 지각하는 존재들은 우리라는 느낌을 갖고 있다. 하지만 여기서는 이런 느낌이 인간에게서 어떻게 나타나는지에 초점을 맞출 것이다. 먼저 용어들의 의미를 새롭게 일깨워주자면, '1인칭'은 말하고 있는 사람으로서 '나I' 혹은 '나를me'이 있다. '2인칭'은 듣고 있는 사람으로서 '당신you'이나 '그대thou'가 있고, '3인칭'은 이야기되고 있는 사람이나 사물로서 '그he'

나 '그녀she' '그것it' '그것들its'*이 있다. 그리고 1인칭의 '나'와 2인칭의 '당신'이 결합하면 '우리'(나 + 당신 = 우리)가 된다. '우리'는 문법적으로 1인칭의 복수 형태이지만, **통합이론**에서는 흔히 '2인칭'인 '당신'과 '우리'를 모두 가리킨다.

그래서 1인칭, 2인칭, 3인칭을 간략히 요약하면 '나' '우리' '그것'으로 표현할 수 있다. 이 서로 다른 관점들이 얼마나 중요한지 계속 살펴볼 것이다. 다시 말하지만, 태어날 때는 이 모든 관점들을 취할 수 있는 능력이 인간에게 없다. 이 관점들은 **성장**의 길의 과정에서 생겨나고 자라고 발달한다. 그리고 2인칭의 관점은 신화적 멤버십 단계, 앰버색의 순응주의적 단계에서 막 나타나기 시작한다.

가족이나 회사 동료, 학교 친구, 고향 친구 등 여러분이 알거나 구성원으로 속해 있는 집단들을 생각해보자. 이 집단들은 모두 일련의 내적인 가치와 의미, 언어, 이해, 역사 등을 공유하고 있다. 다시 말해, 이 집단들 모두 '우리'라는 느낌, 즉 '우리감we-ness'을 공유하고 있다. 시스템이나 네트워크 구조가 이들을 바깥에서부터 결합시켜준다면, 이 우리감은 이들을 안에서부터 묶어준다.

추수감사절이나 크리스마스 휴가에 가족과 함께 있을 때 어떤 느낌이 드는지 느껴본다. 가족 간의 그 '우리'라는 느낌에 집중해본다. 가족들과 함께 있을 때 분명히 다른 느낌이 들 것이다. 그런데 이런 느낌, 이 '우리감'은 과연 무엇일까? 이 특별한 '우리감'을 알아차리기가 어렵다면, 이것과 주관적으로 너무 밀접하게 동일시되어 있기 때문이다. 이럴 때는 이것을 대상으로 보는 작업이 더욱 중요하다. 이것을 알아

---

* 물론 '그들they'이나 '그들을them'이 3인칭 복수의 일반적인 형태이지만, 우리는 '그것it'의 복수로 '그것들its'을 만들었다.

차리는 것이다. 이것은 어떻게 보이는가? 어떤 느낌인가? 어떤 색깔인가? 이런 질문을 던질 때 마음속에 떠오르는 것이 무엇이든 그것을 알아차린다. 모양은 어떤가? 어떤 냄새가 나는가? 머리나 가슴, 배 등 몸의 어디에 위치해 있는가? 마음챙김의 빛으로 그 '우리'라는 느낌을 샅샅이 비춰본다.

이제 직장으로 출근할 때를 상상해본다. 여러분이 동료들과 일하는 건물 안으로 들어갈 때, 마주치는 다양한 동료들을 생각할 때, '우리감'이 얼마나 크게 달라지는지 주목한다. 정말로 싫은 동료들이 있는 반면, 아주 좋아하는 동료들도 있을 것이다. 그렇다면 이들을 두 집단으로 나누고, 이 두 집단에게서 생기는 서로 다른 '우리감'을 느껴본다. 긍정적인 동료들에게는 기분 좋고 즐거운 '우리감'이 드는 반면, 부정적인 동료들에게는 싫고 불편한 '우리감'이 들 것이다.

그러나 어떤 경우든 두 집단 모두 양면을 갖고 있다는 점에 주목한다. 그 양면은 바로 상호객관적인 외부의 시각으로 봤을 때 그들에게서 보이는 외적인 면, 나도 속해 있는 상호주관적인 '우리'로서 그들이 안에서 느끼는 내적인 면이 그것이다. 외적인 '그것들its'이나 외면은 볼 수 있는 반면, 내적인 '우리'는 여러분이 느끼거나 인식하는 것만큼 잘 보이지 않을 수도 있다. 그렇다면 이 '우리'라는 느낌에 초점을 맞춘다.

'우리'라는 느낌은 '나'라는 느낌과는 다르다. 많은 '나들I's'이 모여 '우리'를 이루기 때문에 '우리'라는 느낌은 정말로 다르다. 또 '그것'이나 단순한 대상의 느낌과도 다르다. 여기서 우리가 해야 할 일은 바깥이나 외부의 '그것'을 살피는 것이 아니라, 서로가 공유하는 상호 인식과 상호 이해의 한 형태, 즉 집단을 안에서부터 느끼는 것이다. 그러니 이 '우리'라는 느낌에 주의를 집중해본다. 아주 세심하게 이것에 초점을 맞춰보는 것이다.

살아가는 동안 우리는 여러 가지 다양한 형태의 집단이나 '우리들we's'에 들어간다. 자신이 선택해서 들어가는 집단도 있지만 필요에 의해 어쩔 수 없이 소속되는 것도 있다. 여기서는 자신이 선택해서 들어간 집단에 주목한다. 과학을 전공하는 학생이라면 학교의 과학 클럽, 더 구체적으로는 물리학 클럽이나 수학 클럽, 생태학 클럽 등에 속할 수 있다. 이렇게 자발적으로 가입한 집단이나 '우리'를 떠올리며 이곳에 들어간 이유에 주목해본다. 그 이유는 거의 언제나 여러분이 강하게 느끼고 믿는 어떤 것에 있을 것이다. 그래서 많은 회비를 내거나 전화로 남에게 부탁을 하는 등의 힘든 일을 하면서도 집단의 구성원이 되는 것이다.

집단은 어떤 생각이나 느낌, 이상을 대변해주는 주요한 후보자와 같다. 하지만 이 생각이나 느낌, 이상을 너무 강하게 믿어서 이것들에 대해 절대주의자나 근본주의자 같은 태도에 빠질 수도 있다. 극단적 보수주의자이거나 급진적 자유주의자라면, 보수적이거나 진보적인 지역 정당에 가입해서 자발적으로 많은 일을 하다가, 이것이 지구상에서 유일하게 올바른 정치 운동이라고 절대적으로 믿게 될 수도 있다. 또 지역의 교회에 소속돼서 활동하는 사람이라면, 근본주의자처럼 절대적으로 이 종교에 자신의 신앙과 믿음을 완전히 쏟아부을 것이다.

한편, 다음의 성취자 단계에서는 자기 분야에서 정말로 성공한 사람임을 과시하기 위해서 사교 클럽에 가입하길 원할 수도 있다. 이 클럽이 표방하는 가치관에 맞게 자신이 성공했음을 증명하기 위해서 다른 어느 클럽보다도 이 클럽에 소속되고 싶어 하는 것이다. 이 모든 경우에서 멤버십과 절대주의는 함께 손을 맞잡고 나아간다.

위에서 말한 멤버십과 절대주의가 결합된 상태를 느껴본다. 여러분이 실제로 '절대적인 우리'의 일원이 되었다고 하자. 그렇다면 이 강력한 주체를 대상으로 삼는다. '절대주의'와 '소속감'을 분리해서 그리고 결합해서 느껴보고, 순수한 마음챙김의 강력한 햇살을 비추면서 상상할 수 있는 모든 각도에서 이것들을 살펴본다. 이것들은 어떤 역할을 하는가? 어떤 느낌이 들고 어떻게 보이는가? 냄새와 색, 형태, 크기 등등은 어떤가? 어떤 경우든 이것들을 **통해서 보지 말고, 이것들을 직접 바라본다.** 여러분이 지금까지 만들어온 주관적인 정체성을 대상으로 바라보라는 것이다. 이 작업이 중요한 이유는 무엇일까?

주체를 대상으로 바라보는 문제를 다시 이야기할 것이라고 앞에서 약속했는데, 지금 설명을 시작하겠다. 먼저 하버드 교육대학원의 존경받는 발달심리학자 로버트 케건Robert Kegan의 말을 인용하면, 그는 '어느 단계의 주체가 다음 단계에서 주체의 대상이 되는 것보다 발달을 더 잘 설명할 방법을 나는 모르겠다'고 했다. 처음엔 좀 난해하게 들리겠지만 사실은 아주 간단하다.

사실 우리가 이제까지 살펴본 것은 네 가지 주요한 발달 단계의 창발과 성장이었다. 태고의 생리적 단계(적외선)와 마법적이고 충동적인 단계(마젠타색), **권력신**을 좇는 기회주의적 단계(붉은색), 신화적이고 순응주의적이며 근본주의적인 단계(앰버색)가 그것이다. 여기서 우리의 기본적인 자기감이 특정한 단계와의 동일시에서 시작된다는 점에 주목해야 한다. 태고의 단계 1에서는 단순한 감각운동이나 생리적인 차원을 자신과 동일시했다. 이것이 이 단계의 주체이고 자기이다. 자기는 이 단계를 대상으로 보지 못한다. 하나의 주체로서 이 단계를 통해 세상을 볼 뿐이다. 이 단계를 그대로 바라보지 못하고 이 단계를 통해 바라보는 것이다.

그러나 다음의 마법적이고 충동적인 단계가 시작되면, 자기는 태고 단계와의 배타적인 동일시에서 벗어난다. 이로써 자기, 주체, 정체성은 마법적이고 충동적인 새로운 단계로 옮겨 가, 자기는 이전의 단계를 대상으로 볼 수 있게 된다. 새로운 자기, 새로운 주체가 이전의 주체, 즉 태고의 단계를 대상으로 보게 되는 것이다. 요컨대 이전 단계의 주체는 현재의 단계에서 새로운 주체의 대상이 된다.

그런데 지금의 자기나 주체는 이 마법적이고 충동적인 단계를 보지 못한다. 이 마법적이고 충동적인 단계를 자신과 동일시하고 있기 때문이다. 그래서 이제는 이런 동일시가 새로운 숨은 지도가 된다. 자기는 이 지도를 통해 세상을 바라볼 뿐, 직접 이것을 보지는 못한다. 하지만 붉은색의 다음 단계, 즉 **권력신의** 단계에 이르면, 자기는 마법적 단계와의 동일시에서 벗어나 이 마법적 단계를 대상으로 바라보고 인식한다. 하지만 새로운 **권력신**의 단계, 권력과 안정의 단계와 자신을 동일시해서, 이 **권력신** 단계를 대상으로 바라보지는 못한다. 이제는 이것이 주체, 자기, 정체성이 되어서 이 구조를 통해 세계를 보고, 이 구조 자체를 보지는 못하기 때문이다. 요컨대 어느 단계의 주체는 다음 단계에서 주체의 대상이 된다. 선구적인 발달심리학자 장 겝서는 '한 단계의 자기는 다음 단계의 도구가 된다'는 말로 이와 똑같은 생각을 표현했다. 주관적인 정체성이 다음 단계에서는 보고 의식적으로 사용할 수 있는 객관적인 도구가 된다는 것이다.

이런 과정이 도대체 왜 그토록 중요한 것일까? 솔직히 이런 과정에 대한 이야기들이 헛소리처럼 들릴 수도 있다. 그러나 진화의 각 단계들은 실제로 이런 과정을 통해 더욱 깨어 있고, 더욱 열려 있으며, 더욱 포괄적이고 자유롭고 충만하며, 더욱 수용적이며 전체적이고, 진화된 단계로 나아간다. 저차원적이고 편협하고 제한적인 자기와의 동일시에서 벗어나, 이 동일시를 객관적으로 바라본다. 이와 동시에 더욱 고차원적이고 포괄적이며 더욱 깨어 있고 수용적인 새로운 자기, 정체성으로 옮겨 간다. 이렇게 갈수록 더욱 높고 넓고 깊은 진화 단계를 받아들이면서, 우리의 의식은 발달하고 정체성도 확장된다.

이미 살펴본 것처럼, 우리의 정체성은 오로지 자신, '나' '나를'에게만 관심을 갖는 **자기중심적** 단계에서 '나'뿐만이 아니라 '우리us', 즉 씨족이나 부족, 국가, 종교 같은 집단 전체와 자기를 동일시하는 **민족중심적** 단계로 나아간다. 그리고 바로 다음 단계에서 우리의 정체성은 다시 민족중심적 '우리us'에서 **세계중심적** '우리all of us'로 확장된다. 어떤 특정한 부족이나 집단에 머물지 않고, 인종이나 성별, 신념에 상관없이 모든 집단과 인간을 포함하는 진정한 범세계적 정체성으로 확장되는 것이다. 대부분의 역사에서 그랬던 것처럼 특정한 집단의 권리만 존중하지 않고 보편적인 인권을 중시하게 만드는 것도 바로 이런 범세계적인 정체성이다.

지금은 많은 사람들이 이런 위대한 세계중심적 정체성을 이미 어느 정도 느끼고 있다. 덕분에 자신이 지구촌의 일부분임을 느끼고, 모든 인간을 민족이나 인종, 성별, 신념에 상관없이 공평하게 대해야 한다고 생각한다. 인류 역사에서 이것은 아주 새로운 생각이다. 이런 생각은 세계중심의 고차원적인 단계에 도달할 때만 나타나기 때문이다. 이 세계중심적 단계에서는 지구 반대편에서 일어나는 일이 우리에게도 직접적으로 영향을 미친다는 점을 안다. 어느 면에서는 세계가 곧 우리이고, 지구 온난화 같은 문제도 힌두교도뿐만 아니라 우리 모두에게 영향을 미치기 때문이다.

우리의 정체성은 이 세계중심적 정체성에서 다시 **온우주중심적** Kosmocentric 정체성으로 확장될 수 있다. 온우주중심적 정체성은 인간뿐만 아니라 지각이 있는 모든 존재들, 모든 생명, **가이아** Gaia, **온우**

주Kosmos, **모든 존재의 근본 바탕**Ground of All Being과도 하나를 이룬다. 자기중심에서 민족중심, 세계중심, 온우주중심으로 나아가는 이 놀라운 진화의 전개는 분명히 가능한 일이다. 우리 존재와 의식의 스펙트럼이 그만큼 놀랍기 때문이다. 그리고 이 스펙트럼 안에 존재하는 6~8개의 단계들은 초월과 포함의 과정을 동시에 보여준다. 각각의 단계들이 더욱 전체적이고 포괄적이며 포용적으로 진화하는 것도 이 때문이다.

똑같은 내용을 약간 다른 각도에서 설명해보겠다. 원자에서 분자, 세포, 유기체로 이어지는 모든 진화 순서와 마찬가지로, 모든 새로운 단계는 이전의 단계를 '초월하고 포함'한다. 분자는 원자를 포함하고 초월하면서 분자의 더욱 큰 전체 안에 원자를 받아들이고, 세포는 분자를 포함하고 초월하면서 세포의 더욱 큰 전체 안에 분자를 받아들이고, 유기체는 세포를 포함하고 초월하면서 유기체의 더욱 큰 전체 안에 세포를 받아들인다. 플로티누스Plotinus의 주장처럼 발달은 감싸 받아들이는 것envelopment이다. 이런 받아들임을 통해 더욱 포괄하고 수용하며 통합적으로 되어간다. 다른 모든 진화 단계들처럼 각각의 단계는 이렇게 이전의 단계를 초월하고 포함하면서 갈수록 더욱 전체적으로 발달해간다.

이것은 인간의 진화에서도 마찬가지이다. 개인의 정체성은 확장되어 더욱 큰 집단 전체를 포함하고, 여기서 다시 확장되면 모든 집단과 인간의 더욱 큰 전체를 포함한다. 여기서 다시 확장되면(초월하고 포함해서) 말 그대로 모든 것들의 전체를 수용한다. 이것이 가능한 이유는 인간의 정체성이 한없이 유연하기 때문이다. 인간의 정체성은 하나밖에 모르는 더없이 작은 정체성(자기중심적 정체성)에서 모든 것을 품는 정체성(온우주중심적 정체성)으로 확장되며, 매 단계마다 자신이 갈수록 더욱 커지는 것을 느낀다. 또 자신의 의식과 자기 안에 더욱 많은 것들을 품게 된다. 그러다 종국에는 자기와 온우주가 같은 하나임을 느낀다. 이로써 본래의 진정한 본성으로 돌아간다.

믿을 수 없는 소리처럼 들리는가? 그렇다면 내가 부탁하고 싶은 것은 한 가지 뿐이다. 판단을 보류하고 우리와 함께 한 걸음 한 걸음 나아가면서 자신의 경험에 비추어 확인해보라는 것이다. 판단은 그다음에 해도 된다. 나의 설명이 사실이고, 마음챙김이 우리가 본래 해야 할 일을 하도록 도와준다면, 다시 말해 우리 의식의 무한한 전체성을 드러내도록 도와준다면, 삶에서 아주 놀라운 깨달음을 경험할 것이다.

단계 5 – 합리적 근대 단계(오렌지색)

앞에서 살펴본 앰버색의 단계 4, 즉 신화적-순응주의적 단계에서는 정체성이 자기중심에서 민족중심으로 변화했다. 다시 말하면, 2인칭 관점의 출현이 단계 4의 특징인 것이다. 이런 특징 덕분에 타인의 역할을 받아들일 역량이 생겨나고, 정체성도 자기중심에서 민족중심으로 변화하게 되었다.

여기서 간단하게 다시 설명하면, '1인칭'은 말하고 있는 '나'를, '2인칭'은 듣고 있는 '당신'을 가리킨다. 이 '당신'은 '나'와 결합해서 '우리'를 형성하기도 한다. 그리고 '3인칭'은 객관적으로 이야기되고 있는 사람이나 사물로서 '그'나 '그녀' '그것'을 말한다. 또 이미 살펴본 것처럼, 1인칭적 관점은 붉은색의 권력자로, 2인칭적 관점은 앰버색의 순응주의자로 나타난다.

이제 오렌지색의 더욱 고차원적인 단계 5에서는 한층 차원 높은 **3인칭의 관점**이 생겨난다. 이로 인해 객관적이고 과학적이며 우주적인 관점을 취할 능력이 생기고, 정체성도 지역적인 민족중심의 정체성에서 전 세계적이거나 지구적인 **세계중심**의 정체성으로 변화한다. '우리'에서 '우리 모두'로 옮겨 가는 것이다. 이렇게 더욱 보편적이고 지구적이며 포괄적인 인식이 일어나는 이유는 우리의 의식이 구체적 조작 모드 concrete operational mode에서 형식적인 조작 모드formal operational mode로 변화했기 때문이다.

'형식적 조작formal operation' 모드에서는 사고가 구체적인 물리적 세계는 물론이고 사고 자체에도 영향을 미친다. 사고는 실제로 사고 자체를 인식할 수 있다. 이로 인해 자기를 성찰하고 반성할 줄 아는 양심적이고 전 세계적인 정체성, 즉 범세계적인cosmopolitan 정체성도 가능해진다. **칸트**Kant는 그의 논문《영구 평화론Perpetual Peace: A Philosophical Sketch》에서 범세계적 인식을 '어딘가에서 일어나는 권리의 침해를 모든 곳에서 느끼는 것'이라고 정의했다. 이처럼 모든 인류와 깊은 연대감을 느끼기 때문에 단계 5에서 처음으로 인간의 보편적인 권리라는 문제가 표면화된다. 역사상 **계몽주의 시대**에 처음으로 그랬던 것처럼 말이다.

이처럼 우리의 의식은 확장을 통해 더욱 깊고, 높고, 넓은 차원의 존재와 전체성, 인식, 정체성을 향해 진화의 행진을 계속해나간다. 어느 하나의 특정한 씨족이나 부족, 클럽, 종교, 국가, 집단의 권리가 아닌 모든 집단과 모든 인간, 모든 국가의 권리를 생각하게 된다. 어느 유명한 말처럼 "나는 인간이므로 인간과 관계된 그 어떤 것도 내게서 멀리 있지 않다." 간단히 언급했던 것처럼, 새롭고 고차원적인 의식 수준과 문화로의 이 주요한 도약은 특히 서구 **계몽주의 시대**의 특징을 이룬다. 그러나 다른 모든 단계들처럼 여기에도 부정적인 면이 있는데, 이것에 대해서는 앞으로 살펴볼 것이다.

단계 5의 특징을 이루는 것은 형식적으로 조작하는 의식이다. 생각이 생각에 영향을 미치는 것이다. 그래서 이 단계는 흔히 이성과 합리성, 형식적 조작, 양심, 성취, 우수성, 자존감 그리고 오렌지색으로 설명한다. 이 단계에서는 자존감의 욕구가 나타난다. 3인칭의 관점 덕분에 개인이 자신에 대해 거리를 두고 객관적인 견해를 형성한다. 그런데 이 견해가 긍정적인 것이길 바라는 마음이 자연스럽게 일어나면서 자존감의 욕구가 생겨나는 것이다. 매슬로의 '욕구위계론'을 봐도 인간의 욕구는 생리적 욕구(단계 1과 단계 2)에서 안정과 자기보호, 권력의 욕구(단계 3), 소속과 순응의 욕구(단계 4), 자기존중의 욕구(단계 5)로 이어진다. 고차원적인 두 단계에 대해서는 곧 이야기할 것이다.

이 단계 5에서 개인의 정체성은 지구적이며 세계중심적인 것으로 확장된다. 하지만 이전 단계의 순응주의자적이고 집단주의자적인 역할에서 자기성찰이 생겨나면서 진정한 **개인성**individuality이 출현한다는 것도 이 단계의 특징이다. **민족중심적 순응주의자에서 세계중심적 개인**이 생겨나고, 세계중심적 배경 안에서 높은 자기인식과 자기정체성, 자기존중, 자기성취를 원하게 되는 것이다. 그래서 이 단계에서는 탁월함과 업적, 장점, 성취, 진보를 향한 욕구도 생겨난다. 또 3인칭의 관점 덕분에 개인은 현재의 순간에서 벗어나 역사적 시간historical time도 인식하게 된다. 이로써 현재를 과거나 가상의 미래와 비교하고, 이런 비교 속에서 현재를 최대한 개선하고 싶어 하며 탁월함과 업적, 장점, 진보를 향한 욕망도 품게 된다.

이 역사적 시간의 등장은 진화도 인식하게 해준다. 역사적 시간은 이전의 신화적 시간mythic time과는 크게 다르다. 신화적 시간은 구체적이고 자연에 묶여 있다. 봄에서 여름, 가을에서 겨울로 갔다가 다시 봄으로 돌아가는 식으로 끊임없이 돌고 돌면서 무한히 반복되지만 어디에도 다다르지 않는다. 그런데 3인칭 관점의 놀라운 출현으로 역사적 시간이 도래하면서, 상황을 개선할 수 있다는 온전한 생각이 생겨난다. 그저 현상을 유지하면서 끊임없이 맴도는 것이 아니라, 가치와 업적, 탁월함, 진보를 향한 일련의 욕망들을 갖고 상황을 개선하기 위해 엄청난 노력을 기울인다. 이런 욕망은 개개인은 물론이고 문화 속에서도 뚜렷하게 나타나며 쉽게 찾아볼 수 있다. 자연과 더불어 그저 끊임없이 돌고 도는 초기 네 단계들의 욕구들, 즉 음식과 성(정서적-성적), 권력, 사랑, 소속감의 욕구와는 아주 다르기 때문이다.

더욱 고차원적인 의식과 문화로 도약한 이 진화 단계가 **서구의 계몽주의**를 특징짓는다는 점은 이미 이야기했다. 잘 알려진 사학자 윌Will 과 에리얼 듀란트Ariel Durant 부부는 **계몽주의 시대**를 **이성과 혁명의 시대**The Age of Reason and Revolution라고 했다. **이성**은 '마치 ~인 것처럼'이나 '~라면 어떨까' 하는 식의 사고를 가능하게 해준다. 이런 이성 덕분에 우리는 대안적 현실을 꿈꿔보게 되었다. 노예제도의 대안(노예제도를 폐지하면 어떨까?)과 군주제의 대안(대의민주제를 실시하면 어떨까?), 가부장제의 대안(여성도 동등하게 대하면 어떨까?), 근본주의적이고 신화적인 종교의 대안(과학이 좀 더 진실을 알려주면 어떨까?) 등을 생각해보게 된 것이다.

이후 이런 대안들은 여러 혁명을 통해 실현되었다. 프랑스와 미국의 정치 혁명들, 세계 곳곳의 모든 합리적 주요 산업국들에서 노예제도를 법적으로 금지한 것(이전의 모든 단계에서는 어떤 형태로든 노예제도가 있었다. 인류 역사에서 노예제도를 법적으로 금지한 것은 이 단계가 처음이다!), 물리학에서부터 화학, 진화생물학, 사회학에 이르는 혁신적인 근대 학문의 출현 등이 그런 혁명의 예이다. 이런 혁명들은 모두 오렌지색의 합리적인 의식 단계 5가 낳은 결과이다. 이미 언급한 것처럼, 의식 단계의 모든 수직적 성장은 여러 면에서 새롭고 다른 세상을 가져온다. 이런 점은 앰버색의 전통적이고 신화적인 세계에서 오렌지색의 근대적이고 합리적인 세계로의 이행 과정에서 가장 분명하게 나타난다.

이 오렌지색 발달 단계의 출현은 정말로 **이성과 혁명의 시대**를 불러온다. 오늘날 거의 모든 아이들도 십대에 이르면 내적으로 '이성과 혁명'의 비슷한 소용돌이를 경험한다. 오렌지색 단계의 합리성과 자존감의 욕구가 생겨나기 시작하면, 이전의 순응주의적 단계에 있을 때 또래에게 맞추며 같아지고 싶은 욕구를 강하게 가졌던 것과 달리, 이 급진적인 개인주의적 단계에서는 눈에 띄는 색다른 존재가 되고픈 욕구가 갑자기 생겨난다.

이 두 단계 사이에서 여러분은 주로 어디에 위치해 있을까? 맞추려고 노력하는 편인가? 아니면 튀고 싶어 하는 편인가? 순응하는 편인가? 아니면 스스로 결정하는 편인가? 소속되기를 좋아하는 편인가? 아니면 개인으로 있기를 더 좋아하는가? 애국심이 강한가? 아니면 지구촌의 일원이라는 느낌을 더 많이 받는가? 국수주의적인가? 아니면 범세계주의적인가? 신화적인가 아니면 이성적인가?

이 문제는 나중에 다시 이야기할 것이다. 하지만 어느 편에 치우쳐 있든, 우리가 아직 다루지 않은 훨씬 고차원적인 단계에 속해 있든, 다른 어떤 단계에 속해 있든, 여러분의 단계에 따라 **통합적 마음챙김**을 하는 이유와 방식은 크게 달라질 것이다. 그리고 어느 단계에 있는가 하는 것은 옳고 그름의 문제가 아니다. 헤겔이 말한 것처럼, 매 단계가 적절하며 고차원적인 단계일수록 더욱 적절하다.

여러분은 물론 덜 적절한 상태, 즉 상대적으로 낮은 단계에 있을 수도 있다. 하지만 어느 면에서는 우리 모두 '덜 적절한' 단계에 있다. 우리가 다가가야 할 고차원적인 단계들은 늘 있기 마련이고, 진화는 본질적으로 끝이 없는 것이기 때문이다. 그러므로 중요한 점은, 여러분이 어떤 '덜 적절한' 단계에 있든, **통합적 마음챙김**이 더욱 고차원적인 단계들, 더욱 적절하고 전체적이며 깨어 있는 단계들로 나아가도록 도와주리라는 것이다.

이 점에 대해서도 곧 더 이야기할 것이다. 지금은 우리의 행위를 아주 많이 지배하는 숨은 지도들을 알게 될 때, 우리의 세계가 두 개의 특정한 단계 사이에서 심각한 갈등을 겪는다는 점에 주목하도록 하겠다. 그 두 단계는 바로 흔히 '전통적 가치'로 불리는 근본주의와 순응주의의 신화적 단계 4와 '근대적 가치'로 불리는 합리적 성취와 진보의 오렌지색 단계 5이다.

메소포타미아 문명에서부터 그리스와 로마 제국, 오스만 제국, 인도와 중국에 이르기까지 과거의 위대한 문명과 제국들은 거의 소속을 중시하는 신화적 단계 4에 의해 움직였다. 이 단계는 6천 년 혹은 7천 년경 전에 최초의 형태가 시작되어, 4백 년 전 서구에 근대성이 출현할 때까지 지배했다. 이때부터 전통과 근대라는 두 개의 주요한 가치체계는 끊임없이 서로 다투고 있다. 앰버색 단계의 군주제와 파시즘, 공산주의 같은 상명하달식의 통제적이고 강압적인 체제와, 오렌지색 단계의 하의상달식 민주주의 체제 간의 갈등이 그 예이다.

단계 4의 집단주의자와 단계 5의 개인주의자 사이의 갈등은 거의 어디서나 찾아볼 수 있다. 이런 갈등의 시기에 세계 정치 질서는 우리가 기대하는 새로운 세계중심적 질서가 아니라, 이전의 과도한 민족중심적 욕구와 체제에 직면한다. 어떤 경우에는 세계중심적 태도에서 민족중심적 태도로 **퇴행**하기도 하다. 새로운 사상과 경제 시스템, 보편적 가치, 국제적 합의 같은 것들에 열린 자세를 취하는 대신, 민족의 유대관계와 혈연, 지연, 지정학적 조건, 제국주의적 욕구 그리고 오로지 자신의 민족과 혈연, 영역에만 이득이 되는 활동들을 중심 요소로 삼는 것이다.

현대에서 이런 예들을 몇 가지 들어보면, 먼저 우크라이나의 위기와 아랍의 봉기Arab uprising*가 있다. 우크라이나 동남부 지역에는 러시아인들이 살고 있는데 이들은 푸틴의 노골적인 선동으로 나라를 분열시키겠다고 위협하고 있다. 아랍의 봄은 바라던 대로 새로운 민주주의를 꽃피우지는 못하고, **민족중심적인 분열세력들**ethnocentric segments만 폭발적으로 증가시켰다. 이로 인해 시리아에서는 종교전쟁이 일어나고, 리비아는 혼돈에 빠졌으며, 예멘에서는 내전이 일어나고, 이집트에서는 독재정권이 부활했다. 또 아랍의 봄에서 유일하게 성공한 듯했던 튀니지는 알제리 그리고 리비아와 접해 있는 남쪽 국경을 통제할 수 없게 되었다. 트리폴리는 지금 영토 확보를 위해 싸우는 민병대와 범죄조직, 부족들의 중심적 교전지가 되었다. 또 시리아의 수도 다마스쿠스는 시리아의 가장 강력한 군부의 수장인 바샤르 알 아사드Bashar al-Assad만을 위한 중심지가 되었다.

또 바그다드는 인접한 이란의 지배를 주로 받는 수니파 부족의 중심 도시이다. 그런데 북부 지역에는 독립한 쿠르드족이, 서쪽 지역에는 성전을 치르는 수니파 주축의 수니스탄Sunnistan이 있어서, 수백의 교전세력들이 이곳을 본거지 삼아 지중해 연안까지 뻗어나가고 있다. 이란은 민족중심적인 시아파** 군주국인데, 사우디아라비아와의 지속적인 대리전을 통해 아라비아 반도의 많은 부분을 정복하고 있다. 요컨대 중동 지역은 군벌들이 이끄는 무정부주의적이고 민족중심적인 수많은 분파들에게 넘어갔다.

---

* 역주: 2010년 튀니지에서 시작돼 아랍 및 중동 국가와 북아프리카로 확산된 반정부 시위를 통칭한다.

** 이슬람교에는 역사적으로 형성된 수니파(90%)와 시아파(8~9%)라는 2대 교파가 있다. '수니파'는 '정통파'로 해석되는데 비해, 시아파는 '분파, 종파'로 뜻이 바뀌어 '수니파'(정통파)에 반하는 교파로 표현된다.

이슬람 세계는 단계 4의 대단히 근본주의적인 분파와 이슬람 세계를 현대의 지구 공동체 속에 합류시키려는 한결 근대적인 단계 5의 분파들로 심각하게 분열되어 있다. 근본주의적인 이슬람 분파들은 코란의 모든 내용을 문자 그대로 진실이라고 여기고, 흔히 단계 4의 신화적 성격을 지닌 이슬람법과 성전을 철저히 신봉한다.

태평양 지역에서는 냉전으로 황폐해진 중국과 싱가포르, 베트남, 말레시아, 한국, 일본 등이 몇 년 동안 단계 5의 산물인 생산적 자본주의로 경제적 이득을 보았다. 그러나 여러 면에서 결과적으로는 민족중심적인 지역 패권주의territorialism가 커졌다. 이로 인해 1990년대에 전 세계 무기 수입량의 15%에 불과하던 아시아의 무기수입량이 오늘날에는 총 40%로 현저하게 증가했다. 이 무기들은 대부분 남중해와 동중해 지역을 차지하려는 영토 분쟁에 쓰이고 있다. 인종과 민족에 기초한 **민족중심적** 민족주의nationalism가 제국주의적 패권주의에 자극 받아 아시아에서 번성하고 있는 것이다.

인도와 중국은 히말라야 산맥 덕분에 오랫동안 평화롭게 분리되어 있었다. 그러나 과학기술로 인해 지리적 거리가 의미를 잃으면서 갈수록 갈등이 커지고 있다. 사하라 사막 이남 아프리카에서는 중산층이 크게 증가했지만, 지정학적 조건으로 인해 민족과 부족, 종교의 갈등이 일어났다. 중앙아프리카 공화국과 남수단 간의 갈등이 한 예이다.

한편 유럽연합European Union은 고무적인 모범을 보여주고 있다. 나와 내 나라만 중시하고 다른 모든 나라들은 적으로 여기는 민족중심적 국가보다, 나와 내 나라와 더불어 다른 많은 나라들도 생각하는 세계중심적인 연합체를 지향하고 있는 것이다. 이런 세계중심적 연합체에서는 모든 나라들이 모여서 통일적이고 통합적인 연합체의 보호를 받는다. 이것은 고차원적인 의식과 문화를 향한 진정한 진화, 즉 단계 4에서 단계 5로의 진화가 낳은 결과이다.

주로 전통적인 단계 4의 소속감에 머물러 있을 경우, 마음챙김 명상에 어떤 식으로 접근하는지는 살펴보았다. 그렇다면 더욱 근대적이고 합리적인 성취자의 사고방식을 갖고 있는 단계 5에 있을 경우엔 어떨까? 그럴 경우, 성취와 탁월함에 대한 욕구가 높기 때문에 자신에게 중요한 영역에서 커다란 성장을 이루기 위해 마음챙김을 시작할 것이다. 실제로 이런 영역에서 성취와 눈에 띄는 발전을 이뤄낼 것이다. 심지어는 비슷한 수행을 하는 사람들에게 약간의 경쟁심도 느껴서 그들을 제치고 최고의 명상가가 되고 싶어 할 수도 있다. 사업적인 목적으로 마음챙김을 할 경우에는(실제로 마음챙김을 하는 사업가들이 많다) 경쟁에서 이기게 해주는 많은 신기술로 경쟁자들을 물리치고, 시장경쟁에서 승리해 큰 이윤을 얻는 모습을 상상할 수도 있다.

명상은 늘 바라던 대로 자기 분야에서 최고가 되게 해주고, 운동선수들에게 최고의 기술을 얻게 도와주고, 역시 명상을 하는 다른 '경쟁자'들을 물리치고 더욱 큰 성공과 성취를 얻게 밀어주기도 한다. 거기다 명상은 더 많은 행복과 성공, 성취를 위해 여러분이 이미 하고 있을지도 모르는 모든 자기계발 기법들과도 잘 어울린다. 세상이 승자와 패자로 나뉘어 있다면 여러분은 분명히 승자가 될 것이며, 명상이 분명히 그렇게 되도록 도와줄 것이다. 물론 이 모든 예들은 좀 강력한 형태의 것들이다. 하지만 강도가 낮을 뿐 여러분에게도 이런 면이 모두 있을 것이다. 그래서 기본적으로는 여전히 성취자의 단계에서 출발하고 있을 수도 있다.

이런 사람들은 마음챙김을 어떻게 해야 할까? 먼저 **통합적 마음챙김**을 하는 일반적인 방식부터 알아보겠다. 몇 가지 요소들을 앞으로 계속 더 첨가하겠지만, 적어도 찾아내고, 주목하고, 녹화하고, 놓아버리는 기본적인 단계들은 늘 포함된다.

찾아내기 갖고 있는지도 알아차리지 못했지만 우리의 행동과 삶을 아주 많이 통제하고 있는 숨은 지도를 찾아낸다. 종합적인 통합지도로 현재의 심리구조를 '진단'하면, 자신이 지금 기본적인 주요 발달 단계에서 어느 단계에 있는지를 파악할 수 있다. 전반적인 발달 단계에서 자신이 올라 있는 '고도altitude'를 찾아내는 것이다. 나는 지금 마젠타색의 단계에 있는 걸까? 아니면 붉은색이나 앰버색, 오렌지색의 단계에 있는 걸까? 이보다 더 고차원적인 어느 단계에 곧 오르려 하고 있는 건 아닐까?

주목하기 각 단계의 일반적 특징들을 살핀 후 자신의 특성들과 비교해본다. 우리의 믿음과 행동들을 각 단계의 특징들에 비추어보고, 우리 삶의 주요 영역에서 어느 단계가 가장 많이 작용하고 있는지를 알아차린다. 여기서 알아둬야 할 점이 있다. 삶의 영역들마다 다른 단계에 놓여 있을 수도 있다는 점이다. 예를 들어, 직장에서는 성취를 중시하는 단계 5에 머물러 있고, 가족들과의 관계에서는 낮은 단계로 돌아가서 더욱 탄탄한 소속감을 중시하는 단계 4의 태도를 보여줄 수도 있다. 이럴 경우엔 전 지구가 아닌 자신의 가족에게만 공감할 수 있다. 또 더욱 높은 단계에서 환하게 빛나는 영역들도 있을 수 있다. 그러므로 일과 관계, 종교가 있다면 종교적 믿음, 놀이 등에서 여러분이 머물고 있는 단계에 따른 기본적인 반응에 주목한다.

녹화하기 자신이 기본적으로 처해 있는 단계와 숨은 지도를 확인했다면, 이 지도를 붙잡아서 이것에 대해 생각하고 느껴보고 살펴본 후 마음챙김을 적용한다. 먼저 편안한 자세로 앉는다. 느슨하게 책상다리나 가부좌를 하든, 편안한 의자에 등을 펴고 앉든 다 좋다. 두 손은 양 손바닥이 위로 향하게 포개어 앞에 내려놓거나 무릎에 올려놓는다. 그리고 삶의 많은 부분을 지배하는 기본적인 문법 규칙, 의식 속에 숨어 있는 특정 지도에 초점을 맞춘다.

이 지도가 오렌지색의 성취 단계에 있는 것이라면, 무언가를 성취하거나 얻거나 붙잡으려 할 때의 행동에 초점을 맞춘다. 그리고 무언가를 성취한 상태를 곧바로 신중하게 느껴보고, 비디오테이프에 담듯 모든 각도에서 이 느낌을 관찰한다. 성취는 어떤 색깔로 느껴지는가? 크기는 어떤가? 머리와 가슴, 배 등 몸의 어느 부위에 위치해 있는가? 몸의 여러 곳에서 느껴지는가? 이 성취감은 어떻게 보이고, 어떤 느낌이 들며, 어떤 냄새가 나는가? 무언가를 성취하고 싶은 마음이나 탁월해지고픈 욕구를 불러일으키는 것은 주로 무엇인가?

탁월하다는 느낌과 실제로 그것을 이뤘을 때의 느낌에 초점을 맞추고, 이 느낌에 푹 젖어본다. 그리고 모든 각도에서 이 느낌을 살펴본다. 어떤 단계에서든 모종의 욕심이나 욕구가 있을 것이다. 마젠타색 단계에서는 충동을 즉각적으로 만족시키고픈 욕구가, 붉은색의 단계에서는 권력에 대한 욕구가, 앰버색의 단계에서는 신의 사랑을 받거나 절대적인 공동체에 소속되고픈 욕구가 있다.

그러나 오렌지색 단계에서는 탁월해지는 것과 성취 자체, 더욱 크고 훌륭하고 위대한 어떤 것을 원하는 느낌에, 더욱 칭송받는 느낌에 기본적으로 초점을 맞춘다. 이런 욕망과 성취, 어떤 것을 더욱 많이 붙잡고 더욱 잘 도달하려는 욕구에 초점을 맞추고, 최대한 강렬하게 이것을 느껴본다. 어떤 목표를 성취하고 나서 자신도 전혀 예상하지 못했던 방식으로 기쁨에 겨워하는 모습을 그려본다. 이처럼 기쁨에 겨운 상태에서는 어떤 느낌이 드는가? 이 느낌에 젖어 충분히 이 느낌 안에 머문다. 그러면서 계속 이 느낌을 자각한다.

여기서 주목할 점이 있다. 어떤 특정한 요소나 대상을 알아차릴 때는

켄 윌버의 통합명상

다른 아무것도 할 필요가 없다는 점이다. 다른 무언가가 일어나리라는 생각을 갖고 알아차림이나 마음챙김을 하지 말라는 의미이다. 그저 알아차림 자체를 위해서 알아차림 해야 한다. 그냥 대상을 알아차리기만 하면 된다. 대상을 붙잡아 느낌을 자각하면서 그것을 비디오테이프에 담듯 관찰하는 것이다. 이 느낌의 자각이 핵심이다. 마음챙김을 하는 동안에는 이것이 목적이자 목표의 전부이다. 그저 현재를 자각하는 것, 그 이상도 이하도 아니다.

이런 수행의 결과로 여러분은 드디어 숨은 주체와의 동일시에서 풀려나게 된다. 또 의식이 이 숨은 주체와 분리되면서, 다음 단계의 더 고차원적인 자기와 지도가 생겨날 여지, 빈자리가 만들어진다. 이로써 여러분의 정체성과 가치, 욕망, 동기, 추동력은 크게 변화하기 시작한다. 이런 단계들을 요약한 통합적 발달 지도를 계속 살펴보았다면, 이런 변화를 모든 면에서 알아차릴 수 있을 것이다. 그러면 이 시점에 새로운 자기, 새로운 주체에 **통합적 마음챙김**을 적용하기 시작한다. 통합적 마음챙김은 이 새로운 주체도 대상으로 삼아서, 더욱 크고 넓고 높은 성장의 문을 다시 한번 열게 도와준다. 그러나 **통합적 마음챙김**을 하는 동안에 이런 점들을 염두에 둘 필요는 없다. 우리가 신경 써야 할 것은 오로지 마음챙김의 대상뿐이다. 이것뿐, 다른 것은 필요 없다. 적어도 수행을 하는 시간만큼은 그래야 한다.

가핸 윌슨Gahan Wilson의 만화를 보면, 나이 많은 선 스승이 명상용 방석에 앉아 있는 젊은 제자에게 호통을 치는 장면이 나온다. "다음 순간에는 아무 일도 일어나지 않아. 이게 핵심이야!" 모든 수행 시간에도 이것이 가장 중요하다. 다음에 일어날 것 같은 일은 아무것도 없다. 그러므로 그냥 현재의 느낌을 자각하는 데 머물러야 한다. 이 느낌의 자각 자체가 다음에 일어날 일이며, 이 자각이야말로 지금 여기서 추구해야 할 행위이다. 그러므로 그저 숨은 주체를 붙잡아 그것의 특성과 경향을 알아차린다. 이렇게 붙잡기만 해도 숨은 주체를 대상으로 만들 수 있다. 수행의 이 부분에서 우리가 할 일은 바로 이것이다. 이 시점에서는 다른 어떤 것도 할 필요가 없으므로 여기서 수행을 지나치게 복잡한 것으로 만들 이유가 없다.

요컨대 숨은 주관적 지도를 의식의 자각 대상으로 만들어야 한다. 이 숨은 지도를 갖고, 이 숨은 지도를 통해서 자기와 세계, 삶을 바라보는 대신 이 지도를 직접 바라본다. 이 주체를 대상으로 만드는 것이다. 그리고 이런 바라봄이 불러일으킨 의식 속에 그저 편안히 머문다. 이 의식은 열려 있고 맑고 느긋하고 고요하고 대체로 생각에서 자유로울 것이다. 생각을 알아차리고 있기 때문에 의식 자체가 생각에서 자유로운 것이다. 하지만 생각이 일어나도 괜찮다. 그냥 생각을 놓아버리고 다시 마음챙김의 대상에 초점을 맞춘 후 그 상태에 머물면 된다.

내려놓기　　내려놓기를 하면 많은 경우에 실제로 **자유**Freedom와 **해방**Release의 광대한 바다가 느껴지기 시작한다. 숨은 지도와 이 지도의 편협한 제약으로 인해 좁아져 있던 정체성에서 벗어났기 때문이다. 이런 느낌은 다음에 일어날 아주 강력한 현상의 작은 부분에 불과하다. 그러나 실제로 수행을 할 때 이것을 목표로 삼고 이 목표에 신경 쓰면, 이런 느낌을 받을 가능성은 적어진다. 수행할 때는 그저 수행에만 전념해야 한다.

열림Openness과 **광대함**Spaciousness, 해방의 느낌이 드는 이유는 **통합적 마음챙김**을 통해 동일시에서 벗어나 '초월하고' 놓아버리는 작업을 했기 때문이다. 동일시하고 있던 숨은 주체를 인식의 대상으로 바라보고 비디오테이프에 담듯 세세하게 관찰하면, 숨은 주체는 더 이상 숨어 있지도 않고 주체의 역할도 못 하게 된다. 인식의 대상으로 남을 뿐이다. 이렇게 숨은 주체와의 동일시를 깨트리고 나면, 바위나 나무, 집의 이미지처럼 숨은 주체도 그냥 의식 속에 담게 된다. 이것을 보되 이것이 되지는 않는 것이다. 이렇게 내려놓으면 의식 속에 맑은 빈자리가 만들어져, 다음의 더욱 고차원적인 발달 단계가 자연스럽게 출현할 수 있고, 출현한다.

마음챙김을 통한 이런 자각mindful awareness은 곧 우리를 **실제의 자기** Real Self나 **진정한 자기**True Self, **관찰하는 자기**Observing Self, **순수하게 주시하는 의식**Pure Witnessing Awareness과 접촉하게 해준다. 그러면 이 **실제의 자기**가 정확히 무엇을 의미하는지 알게 된다. 그때까지는 그저 현재의 상황을 주의 깊게 관찰하고 알아차린다. 혹은 현재의 기본적인 숨은 지도를 발견했다면, 하루 한두 번 20~30분 동안 이 지도를 직접 자세히 마음챙김한다. 그리고 어떤 경우든 이 **주시하는 의식** 속에 머문다. 점점 자유로워지는 그 순간에도!

사실 숨은 지도에 대한 마음챙김과 앵커링anchoring item에 대한 마음챙김을 짧게 번갈아 하는 것이 좋다. 이 앵커링은 순수하고 거침없으며 무한한 **의식**Awareness 자체다. 오렌지색의 단계 5와 관련된 경우, 일정한 시간 동안(이 문제는 곧 다시 이야기하겠다) 성취 욕구의 다양한 면들을 살펴본 후 이 욕구를 내려놓는다. 그리고 나서 순수한 **주시** 자체, 순수하고 무한한 **의식**Awareness 자체로 주의를 돌린다. **의식** 자체의 내용이 아니라, 지금 이 순간의 진정한 **내 존재**I AM-ness에 주의를 돌리라는 말이다. 그리고 불생불멸하는 이 거침없고 무한하며 순수한 **내 존재** 속에 그저 머문다. 맑고 투명하며 텅 비어 있는 **광대무변의 공간**Spaciousness 속에, 순수한 **존재**Being속에 머물면서 무한한 **충만**Fulness 을, 자신의 진정한 **조건**Condition을 느긋하게 즐긴다. 약 5분 정도 이렇게 한 후, 숨은 지도를 다시 5분 정도 마음챙김 한다. 그리고 나서 다시

5분가량 무한한 **의식**과 순수한 **내 존재**I AM-ness를 느낀 후, 5분가량 숨은 지도를 마음챙김한다. 이렇게 지속할 수 있는 만큼 계속 반복한다.

이 수행의 한 가지 목적은 순수하게 **주시**하는 의식에, 순수하고 무한한 **내 존재**에 더욱 가까워지는 데 있다. 또 어리석게도 이제까지 동일시해왔던 제한적인 지도(인습적이고 제한적이며 분리된 자기)와 궁극의 상태(**진아**)의 차이를 명확히 인식하면 이런 인식의 힘 덕분에 작은 자기에서 벗어나 진정한 자기, 자신의 **본래면목**Original Face, **불생불멸의 존재**Unborn and Undying Being를 점점 있는 그대로 받아들이게 될 것이다.

요컨대 작고 유한한 자기와 궁극의 **진정한 자기**를 번갈아가면서 자각하다 보면, **진정한 자기**와의 동일성이 더욱 강화되고, 거짓된 작고 어리석은 자기는 더욱 빨리 내려놓게 된다. 그러므로 이제부터는 어떤 수행이든 이런 방식으로 한다. 이전의 수행들로 돌아가 다시 점검할 때도 이런 방식을 도입한다. 예를 들어, 붉은색 단계의 나와 진정한 **내 존재**I AM-ness, 앰버색 단계의 나와 진정한 **내 존재** 등등을 번갈아가며 마음챙김하는 것이다.

이런 수행은 얼마나 자주 해야 할까? 천천히 쉽게 할 수 있는 만큼 시작해서 차츰 늘려가는 것이 좋다. 처음에는 하루 한 번 20분 정도 한다. 먼저 5분간 **내 존재**를 느낀 후, 5분 동안 숨은 지도를 마음챙김하는 것이다. 이렇게 20분 동안 **내 존재**를 느끼는 수행을 두 번, 숨은 지도를 마음챙김하는 수행을 두 번 한다. 이것에 능숙해지면, 아침에 한 번, 저녁이나 밤에 한 번으로 두 번까지 늘려간다. 원한다면 시간은 30분이나 40분, 한 시간까지 늘려갈 수 있다. 또 시간을 더 늘려서 하루에 한 번만 할 수도 있다.

여기서 강조하고 싶은 점이 있다. 명상을 길게 하는 것보다는 규칙적으로 하는 것이 더 중요하다는 점이다. 매일 20분씩 명상을 시작했는데 차츰 명상을 거르거나 명상 시간이 다가오는 게 두려워진다면, 즉시 하루 한 번 10분으로 시간을 줄인다. 단, 매일 명상을 해야 한다. 하루도 거르면 안 된다! 주당 6일씩 명상을 하기로 결심했다면, 하느님처럼 일곱째 날에는 쉬는 것이 좋다. 또 한 번에 10분씩으로 시간을 줄였는데도 여전히 거르거나 명상 시간이 두렵다면 최소 3~4분으로 줄인다. 규칙적으로 조용히 앉아 있을 시간을 하루에 3~4분은 낼 수 있을 것이다. 이 몇 분 동안 현재의 의식 속에 그냥 느긋하게 머문다.

　하루에 단 몇 분이므로, 핑곗거리는 생각해내기 힘들 것이다. 그냥 자신의 존재에 경의를 표하는 시간으로 떼어둔다. 매일 하다 보면 명상이 습관이 되고, 이런 수행 습관은 초기 단계들에서 아주 중요하다. 그러므로 이런 습관을 세우고 천천히 시간을 늘려가다가, 다시 거르거나 두려워지면 잠시 멈춘다. 그러다 보면 어느 순간 자신에게 이상적인 시간을 알게 될 것이다. 이것은 어떤 단계에서 어떤 수행을 하든 마찬가지이다.

．．．．．

이제 '생각에서 자유로워진 의식의 여백thought-free gaps'을 더욱 자세히 살펴보겠다. 이 여백은 숨은 지도를 주시해서 주체를 대상으로 만들 때, 이로써 낮은 단계의 지도에서 벗어나고 놓아버릴 때 생겨난다. 앞에서 말했듯, 이 의식의 여백은 사실 모든 명상 체계의 궁극적이고 핵심적인 목표이자 목적이다. 이 공간은 고차원적인 **자기, 진정한 자기, 궁극의 존재**ultimate Being에 이르는 문과 같다. 그리고 **궁극의 존재**는 내 자신의 눈과 귀, 감각으로 보고 듣고 지각하는 **진정한 영**genuine Spirit, **순수한 영**pure Spirit, 순수한 **내 존재**I AM-ness이다.

세계에서 가장 잘 알려진 명상 체계인 선禪에서는 이것을 우리의 '**본래면목**'이라고도 부른다. 이것이야말로 우리의 **진정한 본성**True Nature, 궁극의 **깨닫고 깨우친 존재**ultimate Enlightened and Awakened Being이다. 이 순수한 **내 존재**I Am-ness와 **본래면목**은 요한복음 8장 58절에서 그리스도가 말한 것처럼 "아브라함이 있기 전부터, **나는 존재하고 있다**Before Abraham was, I AM"는 것을 상기시켜준다. 정확히 맞는 말이며, 모든 개인이 정말로 그렇다. 이 '**내 존재**'의 자각도 곧 경험을 토대로 자세히 설명할 것이다.

이런 자각이 좀 요원한 일처럼 들릴 수도 있다. 이런 분들을 위해서 8개의 주요 **성장** 단계들을 모두 살펴본 후 곧바로 **깨어남**의 단계들을 설명하고, 몇 가지 간단한 수행법까지 제시할 것이다. 이런 수행법들은 우리 안에서 순수한 **주시와 진정한 자기, 본래면목**의 상태는 물론이고, 더욱 고차원적인 궁극의 비이원적 합일의식의 상태까지 일깨워줄 것이다. 이 궁극의 상태에서 **주시자**the Witness는 모든 주시 대상과 하나가 되면서 사라지고, 보는 자the Seer와 보이는 것은 **일미**一味 One

켄 윌버의 통합명상

Taste*가 된다.

　그리고 궁극의 비이원적 실제, 모든 순간의 **여여**Suchness나 **진여**Thusness**도 놀랍도록 분명해진다. 그러므로 이런 수행들을 실천해보고 이 모든 것에 대한 여러분의 생각을 점검해본다.

　역사적으로 우리는 오렌지색의 단계 5, 즉 합리적 근대의 단계가 막 나타난 시기를 거쳐왔다. 오늘날 이 단계는 개인들 속에서 '이성과 혁명'의 단계로 깨어나고 있다. 여러분도 어쩌면 이 단계의 특성을 상당 부분 간직한 채 이 단계에 있을지 모른다. 이것은 발달심리학자들이 발달 단계들과 관련해서 발견해낸 놀라운 점이다. 요컨대, 일단 인간의 의식 속에 출현한 단계는 계속해서 존재한다. 그러다가 준비가 되면, 처음에 출현해서 펼쳐지던 순서대로 이후의 모든 개인들 안에서 나타난다. 진화 과정에서 출현한 물질들이 겹겹이 쌓여 고고학적 퇴적층을 이루듯, 이 단계들도 우리의 존재 속에 완전하게 남아 있다가 준비가 되면 드러나는 것이다.

　그러므로 지금 우리의 존재 안에도 진화가 만들어낸 주요한 발달 단계들이 모두 들어 있다. 초기의 태고 단계에서부터 마법적 단계, 신화적 단계, 이성적 단계 그리고 더욱 고차원적인 단계까지 모두 우리 안에 담겨 있는 것이다. 뿐만 아니라 태고 단계에서도 인간 유기체는 빅뱅에서부터 시작된 '생명나무Tree of Life' 전체를 완전하게 포함하고 있

---

* 역주: 일미一味 One Taste, 현상은 다양하지만, 실은 한 맛으로 평등하며 차별이 없음. 켄 윌버의 저서 중 하나인 《One Taste》는 국내에서 《켄 윌버의 일기》로 출간되었다.

** 역주: '여여如如'와 '진여眞如' 모두 산스크리트어 tathātā에서 유래된 말로, 있는 그대로의 진실된 상태 또는 모습, 본래 그대로의 실상을 말한다.

었다. 앞에서 언급한 것처럼, 인간 유기체는 예전이나 지금이나 쿼크와 원자구성 입자, 원자, 분자, 세포 등 모든 유기체의 요소들을 완전하게 포함하고 있다. 또 식물의 기본적인 생화학적 조성, 물고기와 양서류의 신경 코드, 파충류의 뇌 줄기, 초기 포유동물의 대뇌변연계, 영장류의 대뇌피질, 그리고 인간의 출현을 매듭짓는 신피질도 갖고 있다. 이 모든 것은 지금도 우리 안에 전적으로 완전하게 들어 있다. 우리 존재 안에 이 모든 것을 완전히 포용하고 있는 것이다. 우리는 계속 진행되는 진화의 최첨단에 있을 뿐만 아니라, 진화가 오늘날까지 만들어낸 모든 것의 결정체이기도 하다. 우리는 우주 전체에서 가장 의미 있는 홀론이다!

오늘날에도 이 고고학적 층은 초기의 단계들(우주 속에 존재하던 이전의 모든 단계들을 이미 초월하는 동시에 포함하고 있는)을 시작으로 인간의 실제적인 발달 과정 속에서 나타나고 있다. 그래서 현재 많은 미국인들이 단계 5의 근대적 합리성에 도달해 있지만, 태어날 때는 누구나 단계 1의 태곳적 감각운동기에 있으며, 이 단계에서 약 1년 간 머문다. 이후 마젠타색의 마법적이고 충동적인 단계 2로 옮겨 가 서너 살 정도까지 머문다.

이때가 '미운 세 살'의 정점이다. 다음으로 붉은색을 띠는 권력과 안전의 단계, **권력신**의 단계가 나타나기 시작해서 약 6~7세까지 지속된다. 그러고 나면 앰버색의 신화적이고 순응주의적인 단계 4가 나타나 청소년기까지 지속된다. 이 단계에서는 순응과 소속에 대한 강력한 욕구가 '또래 압력peer pressure'*기 내내 우리를 몰아친다. 청소년기에는 오

---

* 같은 연령의 친구들이 암묵적으로 정해진 규칙이나 지침에 따라 생각하고 행동하도록 요구하는 관계 방식과 그들 사이의 보이지 않는 힘.

렌지색의 단계 5가 시작된다. 이 '이성과 혁명'의 시기가 시작되면, 사춘기의 온갖 반항적이고 개인주의적인 기질들이 튀어나온다.

역사적으로 약 300~400년 전에야 인류는 전반적으로 이 단계에 이르렀다. 서구에서 **계몽주의 시대**가 시작되면서, 노예제도는 종식되고 제국주의 대신에 대의민주제代議民主制가 등장했다. 또 시민의 평등권과 페미니즘이 시작되고, 환경운동이 싹트면서 계몽주의가 낳은 폐해의 하나인 지독한 산업공해를 해결하려 했다. 이것들에 대해서는 곧 더 살펴볼 것이다. 지금은 그저 오렌지색의 이성적인 단계 5가 출현했다는 것에 주목하기로 한다. 이 단계는 인류사에서 나타난 의식 단계들 가운데서 가장 의미 있고 중요한 것이며, 오늘날 세계 전체가 이 단계의 그림자 속에 놓여 있다. 더 좋아지느냐 나빠지느냐의 기로에 있는 것이다.

단계 6 – 다원주의적 탈근대 단계(녹색)

지금까지 전반적으로 나타난 의식과 문화의 발달 단계에 주요한 하나가 더 있다. 이 단계 6은 1968년 5월 파리에서 시작된 학생운동으로 드러나기 시작했다. 이 운동이 전 세계로 퍼져나가면서, 계몽주의에 의해 가까스로 시작된 움직임들이 구체화되기 시작했다. 미국의 중요한 시민권 운동과 전 세계적인 대규모의 환경운동, 개인적이거나 전문적인 수준의 페미니즘, 일반적인 다문화주의 등이 그 예다. 다시 말해, 탈근대postmodernism가 출현한 것이다.

'탈근대'에서 '탈post'은 잇따라 나타난 모든 고차원적인 단계들처럼 이 단계에서도 새롭고 차원 높은 관점이 출현했다는 것을 말해준다.

오렌지색의 합리적 근대가 3인칭의 관점을 가져다준 반면, 다원성과 탈근대, 상대주의, 감성적, 개인주의적, 다문화적 등으로 다양하게 설명할 수 있는 이 녹색의 새로운 단계는 4인칭 관점 4th-person perspective의 출현과 함께 생겨났다. 4인칭의 관점은 과학을 포함한 3인칭의 관점을 숙고하고 비평할 수 있는 능력으로서 이전과는 다른 여러 가지 다원적 시각들을 불러왔다.

또 이 단계에서는 '다원주의 pluralism'(실제에 대해서 똑같이 중요한 여러 가지 다양한 접근법들을 믿으려 하는 태도)를 극단까지 받아들이면서 상대주의 relativism도 생겨났다. 상대주의는 전 세계적으로 합의된 보편적 접근법은 결코 없으며, 오직 다양한 접근법만 가능하다는 믿음이다. 모두에게 적용되는 '큰 그림 Big picture'은 있을 수 없고 오로지 문화적으로 구축된 지엽적인 믿음만 가능하다는 것이다. 그래서 클레어 그레이브스 같은 발달심리학자들은 이런 일반적 특성을 강조하면서 이 단계를 '다원적'이 아니라 '상대적'인 단계라고 불렀다.

이 '다원주의/상대주의'는 무엇보다도 '해체주의 deconstruction*'라는 대단히 영향력 있는 운동으로 이어졌다. 동기가 늘 건강하기만한 것은 아니었지만, 해체주의에서는 차원 높은 4인칭 관점으로 이전의 단계들을 고찰한 후 이것들을 비판하고 해체하기 시작했다. 특히 보편적인 주장들을 비판하고 해체한 후 이것들의 주요한 한계와 편파성을 지적했다. 해체주의자들의 시각에 따르면, 진정한 보편성은 없고 단지 '지엽적인 앎'만이 있을 뿐이다. 그러므로 모두를 위한 진실을 알고 있다

---

* 역주: 해체이론은 1960년대 프랑스 철학자 자크 데리다 Jacques Derrida가 주창한 사상으로 이성중심적인 서구 형이상학에 모순이 있다고 보아 이를 해체하려 했다.

는 '보편적' 주장들은 사실 자신의 고유한 믿음과 가치를 타인들에게 강요하려는 하나의 방식, 억압과 지배를 위한 획책에 지나지 않는다. 그래서 탈근대주의자들은 자본주의에서부터 마르크스주의, 근본주의, 인종차별주의, 성차별주의, 가부장제 철학, 연령차별주의, 종차별speciesism 등 모든 유형의 '-주의ism'나 **큰 그림**을 공격적으로 비판했다. 이런 비판은 시민권 운동에서부터 장애인 주차 공간 허용과 증오범죄 방지를 위한 법제정에 이르기까지 많은 것들의 토대가 되었다.

많은 경우 그들의 비판에는 상당한 진실이 들어 있었다. 어쨌든 가장 최근의 이 고차원적인 단계에 비해서 이전의 모든 단계들은 범위와 시야가 좁으니 당연한 일인지도 모른다. 그러나 전반적으로 탈근대주의는 극단까지 치달아서 자기모순에 빠져버리는 경향이 있었다. 그들은 모든 진리가 문화적으로 구축되는 것이라고 주장했다. 그러므로 보편적인 진리도, **큰 그림**도, 지금 내가 하고 있는 것 같은 메타 내러티브meta narrative도 있을 수 없다고 했다. 또 모든 지식은 맥락에 묶여 있는데 맥락은 무한해서 해석에 따라 달라진다고도 했다.

그런데 문제가 있다. 정작 탈근대주의자들 본인은 내가 위에서 열거한 것 같은 모든 주장들이 단순한 문화적 구축물이나 다원주의적 해석이 아니라, 모든 사람과 문화, 장소, 시대에 적용되는 절대적 진실이라고 주장했다는 것이다. 모든 지식은 문화적으로 구축된다는 것이 그들의 중심 주장인데 말이다. 요컨대 탈근대주의자들은 보편적 진리가 없다는 것이 보편적 진리라고 주장했다. 또 어디에도 더 우수한 견해는 없다고 주장하면서도, 자신들의 견해는 더 우수하다고 했다. 헉! 그러므로 탈근대 운동이나 사상을 접할 때는 이런 자기모순적 경향에 주의를 기울여야 한다. 더불어 우리 내면에도 이런 경향이 있지는 않은지 살펴보아야 한다.

서구의 인권운동 단체들은 거의 이 녹색의 다원적이고 다문화적인 단계 6에 있다. 그들은 모든 인간이 절대적으로 평등하다는 '평등주의egalitarianism'적 견해를 갖고 있다. 또 문화들 사이에 우열은 있을 수 없다고 믿는다. 대다수의 비정부기구NGO들도 이 녹색 단계의 가치를 추구한다. 그러나 이런 단체들도 탈근대주의자들에게 흔한 자기모순으로 인해 불행한 결과들을 초래하고 있다.

보통의 비정부기구들은 탈근대적인 상대주의적 가치를 갖고 있으며, 어떤 문화도 다른 문화보다 더 우월하거나 훌륭하지 않다고 믿는다. 그러나 그들이 활동하는 국가에 들어가서는 그들의 가치가 이 나라의 문화 가치보다 여러모로 더 우월하거나 좋은 것처럼 군다. 그렇지 않다면 왜 그들의 활동을 '원조help'라고 하겠는가? '원조'를 받는 나라들이 현재 갖고 있는 것보다 그들이 제공하는 것이 더욱 가치 있다고 여기지 않는다면 왜 그러겠는가?

결국 단계 6의 가치를 믿는 비정부기구들은 (부족적이고 권력을 추구하는 붉은색의) 단계 3이나 (전통적이고 신화적이며 근본주의적인) 단계 4의 가치들을 여전히 중요하게 간직하고 있는 개발 도상국가들로 들어가서, 그들이 지닌 단계 6의 다원적인 가치들을 이 나라의 문화와 국민들에게 강요한다. 이로 인해 단계 3이나 단계 4의 사회에 모든 노력은 심하게 역효과를 불러온다. 한 예로, 이런 사회에 녹색의 민주적 구조를 강요하면 '자유선거'에서 다시 군부독재자가 선출되는 결과가 나타난다.

다시 말하는데, 발달 단계들을 빨리 통과할 수는 있지만 건너뛰거나 우회할 수는 없다. 단계 3이나 단계 4에서 단계 6의 존재로 곧장 이동하는 것은 정말로 불가능하다는 말이다. 이것은 발달연구가들의 중요한 발견 가운데 하나이다. 그러므로 외부에서 강요한 것이 아니라, 개발도상국 자체의 유기적 배경 속에서 자라난 사회문화적 체제들을 제안하고 실용화해야 한다. 그래야 기구나 단체, 직업과 소명, 교육 체계, 정부 부처처럼 우리의 삶과 직결된 부분들이 의식과 문화의 주요한 단계들을 건강하게 기능적으로 구체화시킬 수 있다. 거의 예외 없이, 문화도 나무의 나이테처럼 한 층 한 층 유기적으로 성장해야만 뿌리를 내릴 수 있는 것이다.

미국의 경우, 약 40%의 인구가 앰버색의 전통적인 신화종교적 가치를 지니고 있으며, 약 50%는 오렌지색의 근대이적이고 합리적이며 과학적인 가치를 믿고 있다. 그리고 약 25%는 녹색의 다원적이고 탈근대적인 가치를 지니고 있다. 총 100%가 넘는 이유는 겹쳐 있는 사람들이 많기 때문이다.

여기서 주목해야 할 점이 있다. 이 세 단계의 주요 가치들이 소위 말하는 '**문화전쟁** Culture Wars'의 원인으로 작용한다는 점이다. 이 세 형태의 가치들은 사실 인류 역사에 출현한 마지막 세 가지 주요 발달 단계들에 속하는 것으로서 지금도 서로 주도권을 쥐기 위해 다투고 있다. 문화전쟁이 전통적인 종교 가치와 근대의 과학적 가치, 탈근대의 다문화적 가치, 정확히 말해 단계 4와 단계 5, 단계 6 사이의 싸움이라는 점은 널리 동의하는 사실이다. 그런데 이 세 가치가 미국인들이 접하는 주요한 세 단계의 것인 이상, **문화전쟁**은 수그러들지 않고 지속될 것이다. 이 가치들이 숨은 지도와 같기 때문이다.

논쟁이나 자료, 증거, 증언들로는 개인의 숨은 지도를 변화시킬 수 없다. 지도가 자료나 증거로 받아들이는 것들이 지도에 따라 다르기 때문이다. 예를 들어, 종교적 근본주의자들은 진화 같은 과학적 증거를 인정하지 않고 성서에서 이야기하는 신의 진리를 받아들인다. 반면에 과학자들은 종교적 '진리'를 유치한 신화로 치부하고 인정하지 않는다. 또 탈근대주의자들은 둘 중 어느 쪽도 인정하지 않는다. 둘 모두 똑같이 비실재적인 사회적 구조물로 바라보기 때문이다.

문화전쟁을 통해 우리는 이런 발달 단계들의 실제와 이것이 삶의 모든 영역에 미치는 어마어마한 영향력을 쉽게 확인할 수 있다. 어떻게든 더욱 차원 높은 전체성을 제시해서 출구를 찾게 해주는 또 다른 고차원적인 단계들이 없다면, 이 단계들이 서로 싸우고 있는 문화에서 화합은 결코 이루어지지 않을 것이다. 그 실제적인 가능성에 대해서도 곧 살펴볼 것이다.

이제 잠시 녹색의 다원주의와 상대주의를 살펴보고, 이 중 여러분에게 해당되는 부분이 있는지 추적해보겠다. 다원주의나 상대주의자들은 먼저 세상 어디에도 더 우월한 것은 없다고 믿는다. 누군가에게 진실한 것이라도 오로지 그 사람에게만 진실일 뿐이다. 그러므로 자신은 맞고 상대는 틀리다고 주장하면서 타인에게 자신의 믿음을 강요해서는 안 된다. 우리에게는 우리의 진실이 있고 타인들에게는 그들의 진실이 있을 뿐이다. 이것이 전부이다.

마찬가지로 등급이나 위계를 정하는 일도 엄격하게 금한다. 정말로 필요한 것은 동반자적 관계 속에서 살아가는 사회이기 때문이다. 이런 사회에서는 모든 남성과 여성을 동등하게 바라본다. 녹색의 탈근대주의자들은 또 근대적 단계의 전형적 특징인 탁월함과 성공에 대한 욕망도 의심스럽게 바라본다. 이런 욕망이 있다는 것은 누가 더 낫고 높으며 누가 더 많이 성취했는지 판단한다는 의미이며, 이런 판단은 억압일 뿐이기 때문이다.

또 어떤 결론에 도달하지 못해도 모든 사람이 자신의 느낌을 표현할 기회를 갖는다면 이런 만남은 성공적인 것이라고 생각한다. 그러나 이렇게 하는 데는 시간이 너무 많이 걸려서 실질적인 행동은 거의 취하지 못한다. 탈근대주의자들은 또 어떤 문제에 대한 이전의 접근법들이 본질적으로 틀렸다고 생각한다. 이런 접근법들이 억압이나 가부장제, 성차별주의, 인종차별주의, 식민주의, 제국주의 등에 의해 생겨났다고 보기 때문이다. 그래서 이 녹색의 다원주의자들은 진정한 평등과 동반자적 관계, 등급이나 위계를 판단하지 않는 태도 등을 기반으로 모든 잘못된 접근법들을 바르게 뜯어고치려 한다.

이들의 새로운 접근법은 추상적인 합리성이나 이론이 아닌 느낌을 토대로 한다. 머리가 아닌 가슴에서 곧장 생겨난 것, 생각은 버리고 느낌을 받아들인 것이다. 가슴이 모든 진정한 진리의 토대이기 때문이다. 그러므로 진리는 생각이 아닌 느낌에 닻을 내리고 '구현'되어야 한다.

이전의 모든 접근법은 '낡은 패러다임'인 반면, 이 새로운 접근법은 '새로운 패러다임'이다. 낡은 패러다임은 합리적이고 분석적이며 분열을 초래한다. 또 뉴턴과 데카르트의 사상을 신봉하고 자기중심적이며, 땅을 저주하고 부정하며, 성차별주의자와 인종차별주의자, 민족주의자, 식민주의자들이 많고, 걷잡을 수 없는 상업주의와 이윤, 탐욕을 기반으로 한다. 반면에 새로운 패러다임은 '새로운' 물리학(사실은 지금 백 년이나 된 양자물리학을 의미한다)과 일치하고, 자기중심적이라기보다 생태 중심적이며eco-centric, 동반자적 관계와 배려, 자애심을 기초로 하고, 파편적이거나 기계론적이라기보다 전체적이고 유기적이다. 또 시스템 이론과 잘 맞으며, 남녀평등주의적이고, 가이아에 초점을 맞추고 땅 중심적이다. 또 글로컬glocal 지향적이다. 세계성과 지역성을 모두 중시한다는 의미이다.

이 단계의 특성들이 여러분 안에 많이 존재한다면, 먼저 이 단계의 자기모순적인 태도들에 특히 주의를 기울여야 한다. 실제로 사회철학자들은 이 단계의 사람들이 '수행모순performative contradiction'을 저지르고 있다며 강하게 비판했다. 수행모순이라는 이 과장된 말의 의미는 간단하다. 자신은 결코 할 리가 없거나 완전히 비윤리적이라고 주장했던 행동을 자신이 실제로 하는 것을 의미한다. 자신이 할 리가 없거나 하지 말아야 한다고 했던 일을 스스로 하는 것이다.

우리는 앞에서 다원주의와 상대주의(다원주의의 더욱 강력한 형태가 상대주의이다)자들의 주장을 살펴보았다. 그들은 모든 지식이 사회적 구성물이며 해석에 기초한다고 주장한다. 과학도 시보다 더 사실적인 것은 아니다. 둘 다 하나의 해석일 뿐이고 사회적으로 구성된 것이기 때문이다. 또 모든 의미는 맥락에 의존한다. 이것은 보편적 진리란 없음을 의미한다. 진리는 지역적이고 문화적인 조건에 따라 달라지고 사회적으로 구축되는 것일 뿐이다.

그러면서도 다원주의자들은 위와 같은 그들의 모든 주장이 단순한 해석이나 사회적 구성물이 아니라 모든 사람과 모든 문화 모든 시대에 적용되는 진리라고 믿는다. 보편적인 진리가 없다는 것이 보편적 진리라고 주장하는 셈이다. 순수한 글쓰기는 존재하지 않는다는 주장을 펼치기 위해 10권의 책을 쓰는 편이 차라리 나을 것이다.

다원주의자들은 또 다른 것보다 우수한 견해란 없으므로 누구도 타인에게 무엇이 진실이고 무엇이 아닌지 말할 권리가 없다고 주장한다. 그러면서도 자신들의 견해는 진실이라고 분명하게 믿으며, 자신들의 생각에 동의하지 않는 이들은 전부 틀렸다고 생각한다. 세상에서 어떤 것도 다른 것보다 우위에 두어서는 안 된다면서 자신들의 견해는 더욱 우수하다고 주장하는 것이다.

그러므로 타인을 판단하는 사람을 보고 그를 비난하는 마음이 일어날 때는 여러분 자신을 살펴보아야 한다. 온갖 방식으로 순위를 매기는 일에 관여하는 사람을 여러분이 어떻게 비난하는지, 자신만 진실을 알고 다른 사람들은 전부 모른다고 느끼는 사람 옆에 있을 때 여러분

켄 윌버의 통합명상

이 얼마나 불편한지 지켜보는 것이다. 아마 여러분이 타인들을 보며 비난하던 바로 그 일을 여러분이 하고 있음을 깨달을 것이다. 여러분도 타인들이 판단을 한다는 이유로 그 타인들을 판단하고, 타인들이 순위를 매긴다는 이유로 그 타인들을 순위 매기는 것이다. 또 타인들이 진실을 안다고 주장하면, 진실을 아는 건 타인들이 아니라 여러분이라고 느낀다.

여러분은 혹 이렇게 말할지도 모른다. "당신에게 진리인 것이 당신에게는 진리죠. 전 당신에게 강요할 생각 전혀 없어요." 하지만 여러분은 자신의 믿음과 다르게 생각하는 사람들에게 전혀 동의하지 않는다. 사실은 여러분의 관점을 강요해서 그들이 자신의 관점을 주제넘게도 타인들에게 강요하지 못하도록 하고 싶었을 것이다. 요컨대 여러분은 모든 사람을 동등하게 대하고 싶어 하면서도, 여러분의 관점을 공유하지 않는 사람들을 은근히 혹은 드러내놓고 혐오한다. 해서는 안 된다고 스스로 말했던 바로 그 일을 자신이 하고 있는 것이다. 사실 녹색 단계의 사람들은 모든 사람을 공평하게 대하고 동등하게 본다고 말하면서, 실제로는 자본주의나 사업, 이윤, 성취, 뛰어남에 대한 욕망 같은 오렌지색과 앰버색 단계의 모든 가치들을 혐오한다. 이들은 또 모든 통합적 가치들도 혐오한다.

그러므로 먼저 판단을 일삼는 사람들을 여러분이 어떻게 받아들이는지 지켜보아야 한다. 여러분은 보통 자신은 잘못된 판단을 하지 않지만 다른 사람들은 이런 죄를 엄청나게 많이 저지른다고 느낄 것이다. 그러나 사실은 이런 믿음 자체가 판단이며 순위와 위계를 정하는 행위이다. 그러므로 이번 마음챙김을 시작할 때는 먼저 **내 존재**ㅣAm-ness에 중심을 둔 후 부정적인 판단 행위를 자각한다. 누군가를 부정적으로 판단했던 경험을 선택해서 그 사람을 판단하던 상황을 철저하게 살펴본다.

예를 들어, 누군가를 인종주의자라고 부정적으로 판단할 때는 어떤 가? 이 판단은 사실 보편적으로 타당하고 맞는 것일 수도 있다. 나는 그렇게 생각한다. 이처럼 보편적으로 타당한 도덕적 판단이 가능하다고 믿는다면, 여러분은 자기모순에 빠지지도 않고, 모든 보편적인 판단을 부정하는 탈근대적 다원주의자도 아닐 것이다. 보편적 판단에 대해 여러분이 실제로 갖고 있는 생각에 따라, 여러분은 전적으로 옳을 수도 있고 수행모순을 범할 수도 있다. 그러나 다원주의 단계에서는 옳든 자기 모순적이든 많은 판단에 휘말릴 수 있으므로 어떤 경우든 판단을 알아차릴 수 있어야 한다. 이런 판단은 우리가 대상처럼 바라보아야 할 주체이다.

그러면 이제 판단하는 행위에 초점을 맞춰서 **통합적 마음챙김**을 해보겠다. 먼저 부정적인 판단을 갖고 시작해보자. 너그럽지 못하다거나 인종차별주의자라거나 성차별주의자라고 누군가를 판단할 수 있다. 이 가운데 하나의 경우를 선택해서 진행해본다. 부정적인 판단을 할 때 정확히 어떤 느낌이 드는가? 누군가를 경멸할 때 어떤가? 어떤 냄새가 나는가? 어떤 색깔인가? 머리와 가슴, 배 등 몸의 어느 부위에 그 느낌이 위치해 있는가? 여러분이 특히 부정적으로 판단하는 사람은 어떤 특성들을 갖고 있는가? 상대의 어떤 특성이 여러분 내면에 숨어 있던 분별심을 자극하는 것일까? 이 판단들에 대해서 아무것도 할 필요가 없다. 그저 느낌을 자각하는 공간 속에 붙잡아두고, 이것을 대상처럼 분명하게 바라보기만 하면 된다. 하지만 비디오테이프에 담듯 주의 깊게 판단을 바라보는 시간과 순수한 내 존재ⅠAm-ness 속에 머무는 시간을 꼭 번갈아 가져야 한다.

이제 약간 다른 종류의 판단을 살펴보겠다. 먼저 여러분이 어떤 것들

켄 윌버의 통합명상

을 판단하는지 관찰한다. 자신이 판단하는 대상이 아주 폭넓다는 걸 깨달을 것이다. 그러면 이 판단을 실제로 좋은 것으로 여기거나, 판단의 근거가 정말로 타당하다고 생각할 수 있는 영역이 있는지 살펴본다. 녹색의 탈근대적 단계에 있는 사람에게는 이렇게 살펴보는 일이 특히 중요하다. 이 단계의 사람이라면 보편적으로 타당한 판단이란 게 있는지 의심하겠지만, 이렇게 살펴보면 그런 판단이 정말로 있을 수 있는지 어떤지 알 수 있기 때문이다. 그러므로 의심이 든다면 꼭 계속해야 한다.

녹색의 탈근대주의자들에 따르면, 보편적으로 타당한 판단은 없다. 우열을 가리는 모든 판단은 나쁜 것이다. 하지만 다시 말하는데, 이런 생각 자체가 바로 순위를 정하는 판단이다. 순위를 정하지 않는 것이 순위를 정하는 것보다 더 고차원적이고 좋다고 순위를 정하고 있는 것이다. 이것 자체가 심각하게 순위를 정하는 행위이다. 물론 순위를 정하는 일이 불가피할 수도 있다. 자신은 순위를 매기지 않는다고 주장하면서 실제로는 많이 순위를 매기는 이유도 여기에 있다. 사정이 이렇다면, 순위를 매기는 바람직한 기본 지침은 무엇인지 살펴보도록 하겠다.

이것은 까다로운 문제이다. 각각의 단계들마다 순위를 매기는 기본 지침에 대해서 아주 다른 답을 내놓을 것이기 때문이다. 그래도 탈근대적이고 다원주의적인 단계 6의 주요 가치들을 살펴보고, 이 단계의 가치들에 따라 순위를 매기는 일이 실제로 괜찮을뿐더러 권장하고 장려할 만한 것이기도 한 때가 언제인지를 알아보도록 하겠다.

단계 6에서는 무엇보다도 평등에 가치를 둔다. 하지만 모든 단계들에서 이런 관점을 갖고 있는 것은 아니다. 사실 어떤 단계도 그렇지 않다. 힘을 추구하는 붉은색의 단계에서는 세상을 포식자와 먹이로 나누고, 자신에게 도움이 되는 것에만 호의를 품기 때문에 평등은 절대로 있을 수 없다.

앰버색의 근본주의적 단계에서는 세상을 구원받은 자와 저주받은 자, 성자와 죄인으로 나누고, 자신이 믿는 구세주를 받아들이는 사람만 가치 있다고 생각한다. 그 외의 다른 사람들은 모두 이단자이기 때문에 영원히 지옥에서 불탈 것이라고 믿는다. 그러므로 이 단계에서는 같은 믿음을 지닌 자에게만 평등하다. 한편 오렌지색의 단계에서는 세상을 승자와 패자로 나누고, 다른 사람들을 뛰어넘는 탁월함과 장점, 성취에 가치를 둔다. 이 단계에서도 역시 평등은 없다. 평등에 가치를 두는 건 녹색의 단계뿐이다. 이 단계에서만 모든 사람을 본질적으로 동등하고 평등한 존재로 바라본다.

그러면 더욱 깊이 들어가서, 이 단계 역시 하나의 발달 단계에 불과하다는 점에 주목해보겠다. 이 단계 6도 전체적인 발달 계획 속에 들어 있다. 이 단계의 가치들을 근거로 가장 먼저 내릴 수 있는 판단은, 태고 단계에서 마법적 단계, 권력의 단계, 신화적 단계, 합리적 단계, 다원적 단계로 이어지는 수직적 발달이, 발달이 아예 없는 것보다 훨씬 낫다는 점이다.

다시 말해, 이 단계의 가치들에 따라 순위를 매기고 판단을 내려보면, 낮은 단계들은 단계 6보다 훨씬 가치가 적다. 단계 6에서만 평등을 믿기 때문이다. 하지만 단계 6도 발달이 필요하다. 이미 살펴본 것처럼, 발달이 진행될수록 각 단계의 전체성이 더욱 커지기 때문이다. 발달이 진행될수록 더욱 크고 포괄적인 정체성을 갖게 되는 것이다.

우리는 타인과 동질감을 느낄 수 있을 때만 타인을 도덕적으로 대한다. 그래서 힘을 좇는 붉은색의 단계에서는 오직 자신만 도덕적으로 대하고, 앰버색의 민족중심적인 단계에서는 자신과 종교가 같은 형제

자매들에게만 도덕적으로 대한다. 신앙이 없는 사람들에게는 그렇지 못하다. 오렌지색의 근대주의적 단계에서는 권리를 모든 사람에게로 확장하기 때문에 모든 사람을 공평하고 도덕적으로 대하기 시작한다. 그러다 몇몇 사람들만 이런 관점에 동의하고 그렇지 못한 사람들도 있다는 점을 알아차리면서, 관용의 여부를 기준으로 사람들을 판단하기 시작한다. 녹색의 다원주의적 단계에서는 이런 관점을 더욱 극단까지 밀고 가서, 사람들이 타인을 관용적으로 대하든 아니든 그냥 사람들을 모두 동등하게 대한다. 그러나 녹색 단계의 가치들을 토대로 볼 때, 다른 사람을 동등하게 대하고 싶어 하는 이 단계에 이르도록 도와주는 것은 무엇이든 좋지만, 이 전체성의 단계에 이르지 못해서 모든 사람을 동등하게 대하지 않는 것은 바람직하지 않고 틀리고 덜 좋은 것이라고 할 수 있다.

이것은 모든 발달 스펙트럼에 적용되는 진실이다. 다시 말해, 각각의 단계는 그 단계의 환경에는 적합하고 좋다. 하지만 더욱 높은 단계는 '더 적합하고', 그만큼 여러모로 더 '좋다.' 단계가 높아질수록 더욱 포괄적이고 수용적이며 전체적으로 변화하고, 연민과 도덕성, 사랑의 마음도 더욱 커지기 때문이다.

여기서 캐럴 길리건Carol Gilligan이 주장한 여성의 도덕 발달 단계를 살펴보겠다. 길리건은 그녀의 책 《**다른 목소리로**In a Different Voice》를 통해 여성과 남성의 판단 방식이 다르다는 주장을 펼친 사람으로 유명하다. 그녀는 남성이 위계와 자율성에 역점을 두고 판단하는 반면, 여성은 관계와 소속에 중점을 두고 판단한다고 했다. 모든 위계가 나쁘다고 믿는 페미니스트들은 여성과 달리 남성은 위계적으로 생각한다는 길리건의 주장에 편승해서, 인류의 불행은 거의 남성들과 그들의 가부장제 탓이라고 비난하는 데에 길리건의 주장을 이용했다.

그러나 이런 페미니스트들과 일반적인 탈근대주의자들은 길리건이 책에서 말한 두 번째 요점을 어리석게도 간과했다. 길리건은 같은 책에서 남성과 여성 모두 네 개의 기본적 위계hierarchical(이것은 그녀가 직접 붙인 용어이다) 단계를 거치면서 성장한다고 했다. 여성의 경우 길리건은 이 단계들을 다음과 같이 명명했다.

단계 1은 자신만을 돌보는 이기적selfish 단계(이것은 우리가 말한 자기중심적 단계와 같다), 단계 2는 자신에게서 집단으로 보살핌의 영역을 확장하는 보살핌care의 단계(우리가 말한 민족중심적 단계에 해당된다), 단계 3은 민족과 인종, 성, 신념에 관계없이 모든 인간을 보살피는 보편적 보살핌universal care의 단계(세계중심적 단계), 단계 4는 여성과 남성이 다른 성의 태도를 통합하는 통합적integrated 단계(우리의 통합적 단계)다. 요컨대 여성에게는 비위계적으로 생각하는 성향이 정말로 있을 수도 있다. 하지만 여성의 비위계적 사고 자체는 이 위계적인 4 단계를 통해 발달한다. 이 간단한 사실을 페미니스트와 탈근대주의자들은 아직도 이해하지 못하고 있다.

이것은 그들이 또 다른 중요한 사실을 놓치고 있다는 점을 말해준다. 가부장적인 서구문화에 필요한 것은 더욱 여성적인 가치들이라는 말을 요즘 아주 흔하게 들을 수 있다. 그러나 이것은 그것처럼 간단히 말할 수 있는 문제가 아니다. 그 이유는 초기 두 단계의 여성적 가치들이 우리에게 분명히 필요 없기 때문이다. 길리건이 말한 초기 두 단계에 가장 만연한 여성적 가치들, 즉 이기적이고 자기도취적인 사고와 성차별적이고 인종차별적인 사고는 더 이상 우리에게 필요하지 않다. 페미니스트들과 탈근대주의 이론가들도 이런 가치들이 우리를 망치고 있다고 생각한다.

또 더욱 고차원적인 발달 단계들(길리건의 단계 3과 4)은 '똑같이 좋은'

것이 아니라 더 낫다. 더 전체적이고 더 포용적인 만큼 더 도덕적이고 더 배려할 줄 알며, 사랑도 가치도 더 많다. 그만큼 덜 억압적이고 덜 지배적이다. 우리에게 필요한 여성적 가치는 더욱 높은 단계의 것들이다. 세계중심적인 단계와 통합적인 단계의 여성적인 가치들이 필요한 것이다. 더불어 이와 같은 단계의 남성적인 가치들도 필요하다는 점에 주목해야 한다. 이런 판단은 진실하고 좋은 판단이며, 더욱 많은 사람들이 이런 식으로 생각할 필요가 있다. 그럴수록 인류가 서로를 더 제대로 대할 수 있기 때문이다.

실제로는 판단하고 있으면서 자신은 판단을 하지 않는다고 생각할 때 주의해야 한다. 이럴 때는 자신이 하는 판단의 유형을 살펴보고, 발달에 관한 검증된 사실들을 토대로 그것을 이해하도록 한다. 각각의 발달 단계들 모두 좋지만, 단계가 높아질수록 더 '좋다'고 할 수 있다. 단계가 높아질수록 더 포괄적이고 전체적이며 깨어 있고 더 도덕적이며 배려할 줄 안다. 연구 결과들이 일관되게 보여주는 것도 이와 똑같다. 그러므로 단계 6보다 더욱 고차원적인 단계들이 있다면, 이 단계들도 훨씬 '좋고' 가치 있을 것이다. 그런 단계들은 실제로 존재한다.

이 단계들을 살펴보기 전에, 한 가지 알아둬야 할 점이 있다. 위의 모든 사실들은 탈근대적 다원주의자들이 거의 언제나 간과하는 중요한 점을 알려준다. 위계에도 하나가 아니라 두 가지 유형이 있다는 점이다. 바로 지배의 위계dominator hierarchies와 성장의 위계growth hierarchies이다. 지배의 위계는 확실히 끔찍하다. 카스트제도나 범죄 조직의 위계처럼 억압적이고 위압적이다. 지배의 위계에서는 높은 자리에 있는 사람일수록 더 많은 사람들을 지배하고 억압할 수 있다. 그러나 성장의 위계는 정반대이다. 높은 단계에 있을수록 포용과 배려, 사랑, 수용을 더 잘 하고 덜 위압적이며 덜 억압적이다.

6-8단계의 일반적인 발달 단계들을 포함해서, 우리가 여기서 이야기하고 있는 발달 모형들은 성장의 위계에 해당된다. 캐럴 길리건의 발달 모형도 마찬가지로 성장의 위계이다.

사실 대부분의 위계는 원래 원자에서 분자, 세포, 유기체로 나아가는 것 같은 성장의 위계이다. 또 각각의 발달 단계들은 이전의 단계를 '초월하고 포함하기' 때문에 갈수록 전체성과 포괄성, 수용성이 커진다. 더 높은 단계는 더 낮은 단계를 억압하지 않고 포용하며 사랑한다. 분자는 원자를 싫어하거나 억압하거나 지배하는 대신 포용하고 수용한다. 사랑하는 것이다.

우리가 이야기하고 있는 성장의 위계와 관련해서 이 점을 꼭 새겨두어야 한다. 기본적으로 다원주의적인 단계 6에 있다면, 이런 사랑이 특히 어려울 수 있다. 단계 6에서는 본질적으로 모든 위계를 싫어하면서도 자신이 이렇게 하고 있음을 깨닫지 못할 수 있기 때문이다. 위계를 자신들의 위계에서 가장 낮은 위치에 두는 것, 이것도 '수행모순'의 하나이다.

그러므로 통합적 개괄을 통해 단계 6의 숨은 지도를 내면에서 발견하면, 마음챙김의 밝은 빛으로 이 숨은 지도를 끝까지 비춰보고 알아차린다. 여기서 마음챙김을 통해 알아차려야 할 것은 단순한 판단judgment 태도이다. 판단에는 부정적인 것도 긍정적인 것도 있다. 여기서 중요한 것은 이것이 저것보다 더 좋다고 생각하거나 느끼는 바로 그 판단, 느낌, 행위를 비디오테이프에 담듯 살펴보는 것이다.

물론 상대적인 현실 세계에서는 어떤 것이 다른 것보다 더 나은 경우들이 종종 있다. 그러나 우리가 여기서 하려는 일은 마음챙김을 통해 모든 판단을 '초월하고 포함'하는 것이다. '초월'한다는 것은 판단 자체를 전부 내려놓는다는 의미이고, '포함'한다는 것은 판단을 그저 똑바로 알아차린다는 의미이다. 어떤 동일시나 비난, 부인, 단죄도 하지 않고, 판단과 하나가 되지도 않고, 그냥 비디오테이프에 담듯 판단을 바라보는 것, 판단에 느낌의 자각을 적용하는 것이다.

이것이 저것보다 더 낫다는 이 느낌은 정확히 어떤가? 이 판단의 느낌은 어디에 있는가? 색깔은 어떤가? 모양은 어떤가? 무엇처럼 보이나? 냄새는 어떤가? 어떤 마음이 드는가? 이 판단하는 태도를 확실하게 알아차린 후, 비디오테이프에 담듯 이 태도를 주의 깊게 완전히 살펴본다. 그러면 다원주의자들이 자신들은 이미 하고 있다고 주장하는 일을 정말로 실현하게 된다. 판단을 완전히 내려놓는 것이다.

이제 이전의 각 단계에서 어떤 특질이나 성격, 특성, 가치 혹은 일반적인 요소들을 직접적으로 느끼고 자각했을 때처럼, 지금의 단계에서도 마음챙김이 이 주체를 대상으로 만드는 데 도움이 된다는 점을 분명히 알았을 것이다. 다시 말하면, 우리는 이전에 정말로 이 요소와 자신을 동일시하고 있었을지도 모른다. 이 요소를 우리의 주체, 실제 자기의 일부로 삼고 있었을 것이라는 말이다. 그렇다면 마음챙김을 통해 이 요소와의 동일시에서 벗어나고, 이것을 놓아버리고 초월하게 될 것이다. 이로 인해 더욱 전체적이고 포용적이며 완전한 다음의 고차원적인 요소를 받아들이게 될 것이다.

여기서 중요한 점이 있다. 이 새로운 요소가 무엇이든, 우리의 시스템은 이미 이것을 알고 있다는 점이다. 이것은 발현되기를 기다리며 이미 현존하고 있다. 이것은 우리가 현재의 정체성을 놓아버리고 다음의 고차원적인 정체성을 받아들이기를 기다리고 있다. 열림과 초월, 놓아버림이 제대로 이루어지면, 우리의 본성은 자연스럽게 흐름을 따라간다. 그러면 다음의 더욱 고차원적인 요소가 저절로 떠올라 자연스럽게 자발적으로 표면화된다. 이로써 우리는 이 새로운 특성과 동일시하고(이 시점에서는 아직 이것을 대상으로 보지는 않는다), 이것을 우리의 새로운 주체, 새로운 자기, 더 포용적이고 사랑이 많으며 깨어 있는 자기의 일부로 만든다.

판단의 경우에도 마찬가지이다. 모든 판단은 나쁘다고 생각하든, 어떤 일들에 강한 비판적 생각을 갖고 있든, 어느 면에서는 크게 중요하지 않다. 그것이 무엇이든 현재의 주체를 대상으로 만들면, 더욱 새롭고 포용적이며 깨어 있는 다음의 고차원적인 자기, 주체가 자연스럽게 출현할 것이다. 현재의 판단이 사실이고 보편적이며 진정으로 바른 것이라면, 그 판단은 변함이 없을 것이다. 이 판단을 더욱 잘 알아차려도 기본적으로 변하지는 않을 것이다.

그러나 수백만 년의 진화 과정에서 인류 전체 속에 구축된 시스템 어딘가에서 더욱 고차원적이고 훌륭하며 더욱 따뜻하고 깨어 있는 판단의 유형을 구할 수 있다면, 여러분은 이런 판단 유형에 공감하기 시작하고, 이것을 더욱 포용적이고 전체적이며 깨어 있는 새롭고 고차원적인 자기, 주체의 일부로 만들 것이다. 그러면 어떻게 될까? 이렇게 계속 나아가면 신에게로 직행하게 된다.

단계 7 – 통합적 단계(청록색)

앞에서 녹색의 탈근대적인 의식 단계 6이 이제까지의 인류 역사나 진화에서 마지막으로 출현한 주요 단계라고 말했다. 모종의 폭넓은 관점에서 봤을 때 이 말은 사실이다. 그런데 발달심리학자들은 몇 십 년 전부터 완전히 다른 유형의 발달 단계가 드물게 출현하고 있다는 것을 발견했다.

이 단계는 기본적으로 이제까지 모든 역사에 출현했던 단계들과는 상당히 다르다. 녹색의 탈근대적 다원주의 단계를 포함해서 이제까지의 모든 단계에서는 자신의 진리와 가치가 세상에서 유일한 것이라고 믿었다. 다른 가치들은 전부 잘못 판단하거나 혼란스럽거나 유치하거나 명백히 틀린 것이라고 생각했다.

그러나 이 새로운 단계의 사람들은 이전의 모든 단계에도 예외 없이 중요한 것이 있다고 믿는다. 적어도 그 단계들 모두 개인들의 전반적인 성장과 발달과정에 있는 것이므로 이 단계들이 없으면 애초에 성장이나 발달이 일어나지 않을 것이라고 생각한다.

분자를 빼고는 원자에서 분자, 세포, 유기체로 나아갈 수 없듯, 발달의 모든 단계가 중요하다는 것이다. 모든 단계들이 믿을 수 없을 만큼 소중하고 의미 있는 것이다. 이런 점을 새로운 단계의 사람들은 직관적으로 이해하고 있는 듯하다. 클레어 그레이브스는 이 단계의 출현을 '의미의 대단히 깊은 틈chasm을 건넌' '기념비적인 도약'이라고 표현했으며, 이와 조금이라도 비슷한 것은 인류 역사에서 한 번도 존재한 적이 없다고 지적했다.

확실히 이것은 역사에 남을 기념비적인 출현처럼 보인다. 최근에 출현했는데도 인류 역사를 통틀어 가장 중요하고 심오한 변용을 예고하고 있다. 그러면 이제 이 단계가 여러분들의 차원 높은 미래를 알려줄지도 모르므로 간단하게나마 이 단계를 살펴보도록 하겠다.

먼저 이 새로운 단계와 이전 단계들의 깊은 차이에 초점을 맞춰보겠다. 이전의 6가지 단계들, 적외선의 태고 단계와 마젠타색의 충동적 단계, 붉은색의 권력신 단계, 앰버색의 순응주의적 단계, 오렌지색의 합리적 단계, 녹색의 다원주의적 단계들은 '첫 번째 층tier'이라 부른다. 그리고 몇몇 하위 단계들을 포함한 새로운 단계들은 '두 번째 층'이라고 부른다. 이것은 아브라함 매슬로Abraham Maslow가 '결핍 욕구deficiency needs'(첫 번째 층)와 '존재 욕구Being needs'(두 번째 층)로 구분한 것과 같다.

첫 번째 층은 부분적이고 협소하며 배타적이다. 또, 분리의 경향이 있으며 결핍감에 의해 움직인다. 반면에 두 번째 층은 포괄적·포용적·종합적·통합적이며 풍요의 느낌에 의해 움직인다. 이런 의식 단계가 특별한 의미를 지닐 정도로 강하게 출현한 것은 역사상 처음이다. 이 의식 단계에 있는 사람은 지금도 아주 드물다. 현재 세계 인구의 약 5% 정도만 이 통합적 발달 단계에 있다. 그러나 진정한 게임 체인저game changer*는 바로 이들이다. 이들이 사실상 거의 모든 것에 대한 우리의 시각을 바꿔놓기 때문이다. **통합이론** 자체가 이끌리거나 다다르고자 하는 것도 이 단계이다.

이 종합적이고 전체적인 단계, 즉 단계 7의 통합적 단계는 청록색으로 표현하며, 통합적·전체론적·전략적·체계적 등과 같은 말로 설명할 수 있다. 이 말들은 모두 이 단계의 포괄적인 성격을 알려준다. 이 통합적 단계는 유사 이래 출현했던 그 어떤 단계보다도 가장 포괄적이고 가장 세련되고 가장 복합적이며, 가장 깨어 있고 가장 포용적이며 가장 많은 관점을 품고 있다. 또 '의미의 기념비적인 도약'을 진정으로 보여준다. 인간의 진화에서 처음으로 다른 모든 단계들도 모종의 중요성을 갖고 있다고 믿은 단계이다. 다른 단계들에서는 그들의 단계만 중요하다고 생각했는데 말이다. 요컨대 단계 7은 진실로 통합적이고 포용적이고 포괄적이며 모든 것을 수용한다.

이 전체적이고 통합적인 단계의 특성을 여러분 내면에 꽤 많이 간직

---

* 역주: IT 용어의 하나로서 어떤 일의 결과나 흐름, 판세를 뒤집어 놓을 만큼 결정적인 역할을 하는 사건을 말한다.

하고 있다면 여러분은 무엇보다도 전체성wholeness에 이끌릴 것이다. 또 **큰 그림**과 **빅 데이터**를 찾는 성향도 있을 것이고, 삼라만상이 함께 어우러지는 방식과 이 경이로운 우주 안에서 그것들이 존재하는 방식도 알고 싶어 할 것이다. 어떤 논쟁에서든 한 편이 전적으로 옳고 다른 편은 틀렸다고 생각하는 대신, 양편 모두 진실의 중요한 일면을 얼마간 갖고 있다고 볼 것이며, 양편을 포용하는 더욱 폭넓은 시각을 찾아낼 수 있다고 생각할 것이다. 또 모든 곳에서 연관성을 보고, 모종의 심오한 방식으로 모든 것이 서로 얽혀 있다고 믿을 것이다.

앎도 개별적이고 파편적이며 고립적인 수많은 분야들로 나뉘어 있지 않고, 모든 분야가 서로 짜여져 하나의 전체적이고 역동적인 태피스트리나 그물망을 만들어낼 것이다. 관계가 고립된 것들을 대체하고 네트워크는 모든 곳으로 급격하게 퍼져나갈 것이다. 또 개인과 문화의 많은 차이에도 불구하고, 분리된 수많은 민족이 아니라 모든 것을 포용하는 하나의 아름다운 보편적 인류가 세계를 가득 채울 것이다. 그리고 이런 세계에서는 다양성 속의 통일성unity-in-diversity이 여러분에게 직접 말을 걸 것이다.

개인적인 면에서 이 단계에서는 자존감self-esteem의 욕구보다 매슬로가 말한 자기실현self-actualization의 욕구가 더 강해진다. 모든 특별한 잠재력과 더욱 위대한 창조성, 인식, 포용력, 사랑, 배려, 첫 번째 층의 어떤 단계보다도 최소한 10배는 더 큰 능력 등, 전체적으로 더욱 경이로운 역량과 개인의 정수Essence를 드러내고픈 욕구가 생기는 것이다. 10배라니!

여러분은 변화를 위한 수많은 워크숍이나 세미나, 주말 교육 프로그램(이것들 대부분이 녹색의 단계에 지배당하고 있다는 것을 깨달아도, 여러분은 찾기를 멈추지 않을 것이다)을 찾아다닐지도 모른다. 명상이나 요가, 태극권을 시작할 수도 있다. 혹은 사이버테크cybertech*와 소프트웨어 디자인에 관심을 가졌다가, 끊임없이 네트워크를 형성해서 전체성을 키워나가는 인터넷의 위력에 매료될지도 모른다. 또 회사에 입사해서 경영자의 위치에 오를 수도 있다. 전체로서의 회사를 회사의 가장 큰 자산으로 보고, 피고용인과 주주들이 일을 단순히 돈을 벌기 위한 수단이 아니라 자기실현과 자기충족의 방편으로 삼도록 도울 것이기 때문이다.

뿐만 아니라 8단계 발달 단계 같은 성장위계도 보는 즉시 이해하고, 대충이라도 기억해두었다가 필요할 때 참고할 것이다. 영적인 길(종교적인 길과는 다르다. 이 점에 대해서는 곧 다시 이야기할 것이다)을 가다가 동반자를 만나면, 동반자도 같은 길을 가기를 바랄 것이다. 그리고 '우리가 그 **부처**다 I am the Buddha we are'라는 **깨달음**을 구하는 영혼의 동반자로서 많은 도전과 보상을 완벽하게 공유할 것이다. 또 아이를 기를 때는 아이가 자신을 정말로 특별한 존재로 느끼기를 바랄 것이다. 하지만 아이에게 아무런 근거가 없어도 특별할 수 있다고 가르치지는 않는다. 그것은 기본적으로 거짓말에 불과하기 때문이다. 그보다는 실제적인 성취를 특별함과 연관짓도록 돕는다. 또 양당 체제에 피곤을 넘어 염증까지 느낀다. 양당의 관점이 너무 부분적이고 협소하다고 생각하기 때문이다. 그래서 양당의 가장 지혜롭고 긍정적인 면들을 모두 수용한 접근법과 전체적인 시각을 구현해줄 것 같은 후보자를 찾는다. 사고와 느낌을 모두 중시하기 때문에 다원주의자들처럼 느낌에만, 합리주의자들처럼 사고에만 역점을 두지는 않는다.

이처럼 이 단계에서는 처음으로 사고와 느낌이 단단하게 결합되고

---

* 역주: 인터넷 기반의 정보기술IT을 새로운 경영 혁신의 동력으로 활용하는 것.

켄 윌버의 통합명상

통합된다. 그래서 머리와 가슴을 똑같이 중요하게 여긴다. 심리학자 존 브러튼John Broughton이 연구를 통해 밝혔듯, 이 단계에서는 '통합된 자기가 마음과 몸을 모두 경험한다.'* 또 지구 온난화 같은 심각한 문제를 포함해서 지구의 모든 것에 관심을 갖지만, 탈근대주의자들처럼 생물권biosphere을 절대화하는 대신에 이것을 더욱 큰 네트워크의 일부로 여긴다. 이 네트워크는 생물권biosphere과 통합되어 있는 정신권noosphere** 혹은 관념의 영역 그리고 영적 영역pneumosphere*** 혹은 영spirit의 영역 같은 것들을 모두 포함하고 있다.

이런 단계 7의 특성을 내면에 많이 간직하고 있다면, 다른 어떤 특성보다도 전체성wholeness에 가치를 둘 것이다. 그러므로 마음챙김을 할 때는 이 전체성에 대한 생각이나 느낌에 초점을 맞춘다. 여러분은 어디에서 이런 전체성을 보는가? 내면과 문화, 세상, 가이아 또는 지구 생태계, 태양계, 은하계, 우주 전체 중 어디에서 이 전체성을 보는가? 여러분이 전체로 보는 모든 다양한 영역에서는 어떤 느낌이 드는가? 어디에서 나타나든 **전체성 그 자체**의 느낌에 초점을 맞춘다. 그것은 어떻게 보이는가? 느낌과 냄새는 어떤가? 크기와 모양, 색깔은 어떤가? 어디에 위치하는가? 이 전체성에 대한 감각과 생각, 느낌을 상상할 수 있는 모든 각도에서 비디오테이프에 담듯 살펴본다. 주관적 동일시에서 벗어나 이것을 인식의 대상으로 삼는 것이다. 이로써 훨씬 고차

---

* John M. Broughton, 〈청소년과 초기 성인기의 자연적 인식론의 발달〉, 미출판 박사 논문, 케임브리지: 하버드대학교, 1975.

** 역주: 원래 샤르댕의 표현으로, 인간이 생활하고 지배하며 인간의 활동에 의해 물리적인 영향을 받는 생물권의 한 부분을 말함.

*** 역주: pneuma는 고대 희랍어로 호흡을 의미하며, 정신적인 맥락에서는 영과 영혼을 의미한다.

원적인 것을 향해 의식을 연다. 이렇게 여러분은 언제나 전체성을 인식할 수 있다. 그러면 이제 더 이상 이 느낌과 배타적으로 동일시하지 않고, 이 느낌을 초월하고 포함해서 다음의 더욱 고차원적인 단계에 머물 수 있다.

그동안 우리는 이 **통합적** 단계를 진화의 최신 단계로 보고 이해했다. 그러나 진화에는 멈춤이 없기 때문에 언제나 미래가 있다. 더욱 고차원적인 단계의 전체성과 의식, 포용이 있으리라는 말이다. 이 가능한 몇 가지에 대해서는 잠시 후 살펴볼 것이다. 그러나 모든 실제적 목적의 측면에서 봤을 때, 청록색의 통합적 단계는 인간이 충분히 다다를 수 있는 최고의 단계이다. 실용적인 면에서 이제까지의 진화가 만들어 낸 최정점이라는 말이다. (여기서 우리는 하나의 일반적이고 종합적인 통합적 단계 즉 '두 번째 층'의 부분으로서 모든 하위 단계들을 다루고 있다.)

이보다 더 높은 단계들을 보여주는 사람들은 전체 인구의 0.1%도 안 된다. 이 단계들에 대해서도 곧 설명할 것이다. 여러분이 **통합적** 단계에 있다면, 더욱 높은 단계들도 받아들이고 이 단계들로 옮겨갈 것이기 때문이다. 이런 고차원적인 단계들을 통틀어서 우리는 '**초통합 단계**Super-Integral' 혹은 '세 번째 층'이라고 부른다. 한편 발달의 각 단계는 이전의 단계보다 '더 완전'하고 '더 통합적'이며, 청록색의 단계는 일반적으로 지금까지 인간이 기대할 수 있는 가장 높은 단계이다. 그래서 이 청록색의 단계는 보통 **통합적 단계**the Integral level라고 부른다.

통합적 단계는 지금까지의 진화에서 근본적으로 가장 고차원적인 최신의 단계이다. 이 말은 곧 이 단계의 홀론들이 우주 전체에서 가장 '깊다', 다시 말해 가장 **중요하다는**significant 의미이기도 하다. ('범위 span'는 특정한 단계에 있는 홀론의 수를 나타낸다. 한편 '깊이depth'는 특정한 홀론 안에 있는 단계들의 수를 나타낸다. 진화에서 단계가 올라갈수록 깊이는 더 깊어지고 범위는 더 적어진다. 그러므로 분자는 원자보다 더 깊다. 무엇보다도 분자가 원자를 **포함하기** 때문에 당연히 원자보다 깊은 것이다. 하지만 분자들의 수는 더 적고 언제나 그럴 것이기 때문에 원자보다 범위는 적어진다. 분자와 세포, 세포와 유기체 등도 모두 마찬가지다.)

그러므로 더 **기본적인**fundamental 홀론일수록, 다시 말해 홀라키holarchy에서 더 낮은 단계에 있는 홀론일수록 범위는 더 넓고 깊이는 더 얕다. 반면에 더욱 중요한 홀론일수록, 다시 말해 홀라키에서 높은 단계에 있는 홀론일수록, 범위는 더 좁고 깊이는 더 깊다. 그러므로 약간 다른 각도에서 말하면, 원자는 깊이가 거의 없다. 우리가 생각하는 존재의 '단계level'에 따라서 보면, 원자는 초끈string과 쿼크, 아원자구성입자 같은 소수의 단계만 갖고 있기 때문이다. 하지만 원자는 광대한 범위를 갖고 있어서 분자나 세포, 유기체보다 아주 많다. 분자나 세포, 유기체의 각 단계들이 그 안에 수많은 원자를 담고 있기 때문이다.

이처럼 홀라키에서 높은 단계로 올라갈수록 이전의 단계보다 홀론의 수는 언제나 적어진다. 높은 단계로 올라갈수록, **언제나** 원자보다 분자의 수가 적으며, 언제나 분자보다 세포의 수가 적으며, 언제나 세포보다 유기체의 수가 적다. 어디에서도 예외는 없다. 물리적으로 불가능한 일이기 때문이다. 그래서 깊이가 깊어짐에 따라 범위는 더 좁아진다. 예컨대, 분자는 원자보다 더 깊고 더 많은 단계를 품고 있다. 분자가 원자를 포함함으로써 원자보다 깊음의 단계를 적어도 하나는 더 갖기 때문이다. 또 세포는 분자보다 깊고 더 많은 단계를 품고 있다. 하지만 범위는 더 좁다. 언제나 분자보다 세포의 수가 적을 것이기 때문이다. 이미 언급했듯, 이렇게 진화가 진행될수록 일반적으로 깊이는 깊어지고 범위는 좁아진다.

그러므로 청록색의 **통합적** 단계에 이르면, 인간의 홀론은 우주 전체에서 그 어떤 홀론보다도 가장 깊고 범위는 가장 좁아진다. 여기서 기억할 점이 있다. 앞에서 이미 언급했듯, 진화 기간을 1년으로 가정했을 때 인간이라는 존재는 마지막 날의 마지막 순간에 등장했다는 점이다. 인간은 이제까지의 진화가 만들어낸 감탄할 만한 존재인 것이다. 그래서 인간은 정말이지 이제까지의 모든 주요한 진화 단계들에서 비롯된 홀론들을 모두 포함하고 있다. 쿼크와 원자구성 입자, 원자, 분자, 전핵세포, 진핵세포, 광합성에 의한 기본적인 생화학적 특징, 초기 동물의 신경망, 물고기와 양서류의 척수, 파충류의 뇌 줄기, 말 같은 포유동물의 대뇌변연계, 영장류의 피질 같은 기관계를 포함하거나 수용하고, 신피질까지 새로 갖게 된 것이다. 이처럼 인간은 140억 년에 달하는 진화 역사에서 이제까지 만들어진 모든 주요한 홀론들을 '초월하며 포함하고' 있다.

거기다 인간 자신도 진화를 시작했는데, 인간의 진화나 발달 단계도 홀론과 마찬가지로 각각의 단계가 이전의 단계를 초월하며 포함한다. 그래서 단계가 올라갈수록 본질적으로 더 전체적이고 더 포괄적이고 더 깨어 있으며 더 따뜻하고 도덕적인 모습을 보여준다. 청록색의 통합적 단계에 이르기까지 인간은 우주의 전체 역사에서 이제까지 진화가 만들어낸 모든 단계들을 초월하고 포함했다. 다시 말해, 청록색의 통합적 단계에 있는 인간은 140억 년의 전체 역사에서 모든 현현 세계에 나타났던 홀론들 가운데 가장 깊은 홀론인 것이다.

이 최첨단의 진화는 인간 내면에서 모든 영역과 사건, 요소들을 새롭게 바꾸고 개조하기 시작하고 있다. 이로 인해 전 세계의 모든 주요 지역에서 전체성Wholeness과 진실한 포용, 실제적 수용, 진정한 풍요, 전면적인 원조 같은 면들이 인간의 주요한 활동을 통해 나타나고 있다. 이런 면들이 최첨단의 과학과 의학, 최첨단의 예술과 인문학, 최첨단의

켄 윌버의 통합명상

정치와 통치 체제, 최첨단의 산업과 경제, 최첨단의 영적인 **성장**과 일반적인 **성장**까지 이끌고 있다. 의미의 틈새를 건너뛰는, 정말로 믿기 힘든 기념비적인 도약이 일어나고 있는 것이다. 이런 도약으로 인해 세계는 결코 예전과 같은 모습으로 머물지 않을 것이다.

여기까지 이 책을 읽었다면, **여러분 자신**도 이 선구적인 단계에 있을 가능성이 크다. 그렇다면 여러분은 특히 전체성Wholeness을 갈망할 것이다. 모든 것이 다른 모든 것들과 어떻게 연결되어 있는지 파악하고, 이런 연결의 양상도 확인하고 싶을 것이다. 자신의 삶이 **생명**Life 자체와 하나임을, 그 존재 속에서 우주 전체와 통합되고 합일되어 있음을 깨닫고 싶어 할 것이다.

그렇다면 전체성을 향한 이 갈망을 충분히 자각한다. 이 갈망을 살펴보고 느끼고 보고 인식한다. 전체성을 향한 갈망을 충분히 자각하고, 전체성 자체를 느껴서 의식이 전체성의 느낌으로 충만해지게 한다. 그리고 비디오테이프에 녹화하듯 전체성을 전후좌우, 위와 아래까지 살펴본다. 이렇게 전체성의 현재 상태를 대상으로 만들면, 더욱 고차원적인 형태의 전체성이 드러나 여러분의 존재를 관통하며 흐를 수 있는 여지 혹은 틈이 만들어진다. 현재의 전체성을 대상으로 만들어 미래의 더욱 위대한 전체성을 받아들이는 것이다.

이런 작업은 우리를 다음의 성장 단계로 인도한다.

단계 8 – 세 번째 층의 초통합적 단계(흰색)

오늘날 발달과 진화의 최전선에 있는 것은 본질적으로 통합적 단계이다. 하지만 가능한 단계들이 실제로 몇 가지 더 있다. 진화가 멈추거나 언젠가 멈추리라는 징후가 전혀 없기 때문이다. 실제로 더욱 고차원적인 단계들이 몇 가지나 되며, 이런 단계들의 특징이 정확히 무엇인지에 대해서는 설명이 다양하다. 그러나 진화의 본질을 놓고 볼 때, 즉 진화는 끝이 없는 과정이고 이전의 것을 지속적으로 초월한다는 점을 생각할 때, 진화는 분명히 미래까지 계속될 것이다. 그리고 미래의 진화 단계들도 이제까지의 진화 단계들이 보여주었던 것과 똑같은 특징들을 여전히 나타낼 것이다. 각각의 단계들이 이전의 단계를 초월하고 포함하기 때문에, 단계가 높아질수록 더욱 전체적이고 포괄적이며 더욱 깨어 있게 될 것이다.

또 정체성이 더욱 폭넓어지면서 배려와 사랑, 포용력도 커질 것이다. 우리가 다다를 수 있는 이 높은 단계들을 통칭해서 세 번째 층의 **초통합적 단계**라고 부른다. 또는 '투명한 빛clear light' 혹은 '흰색'의 단계 8이라고 통칭하기도 한다.

이런 높은 단계들이 존재한다는 증거는 분명하다. 하지만 이 단계들이 정확히 어떤 것들인지는 모호한 편이다. 여기서 기억해둬야 할 점이 있다. **전통**Traditions도 이 문제에 별 도움이 안 된다는 것이다. 이런 **전통**들이 일반적으로 구조와 구조-단계structure-stages를 인식하지 않았기 때문이다. 이런 **전통**들은 **성장**의 더 높은 단계들이 아니라 **깨어남**에 초점을 맞췄고, **성장**의 길은 불과 백여 년 전에 발견되었다. 그래서 이런 전통들은 '상태state'의 관점에서 모든 높은 단계들을 밟아가는 경향이 있다.

다양한 형태의 초기 연구들과 스리 오로빈도Sri Aurobindo(서양의 점진적인 사고방식을 훈련받았기 때문에 구조-단계를 어느 정도 인식하고 있었다) 같은 선지자들이 제시한 증거들을 놓고 볼 때, 나는 세 번째 층의 주요 단계들을 네 가지까지는 가정할 수 있다고 믿는다. 이 네 가지 단계를 나는 인디고색의 파라마인드para-mind*단계와 바이올렛색의 메타마인드meta-mind 단계, 자외선의 오버마인드overmind 단계, 흰색**의 슈퍼마인드supermind 단계라고 부른다. 추정컨대, 오늘날 이 세 번째 층의 네 가지 구조-단계에 있는 개인들의 수는 인구 1%의 1/10보다 훨씬 적을 것이다.

만일 여러분이 **통합적 단계**Integral stage에 있다면 실제적으로 최첨단에 있는 것이다. 그리고 물론 이렇기 때문에 성장과 발달을 지속하면서 세 번째 층의 출현도 받아들이게 될 것이다. 이 세부적인 내용이 궁금하다면, 곧 출간될 나의 저서《내일의 종교The Religion of Tomorrow》를 참고하기 바란다. 하지만 이제까지 설명한 단계들에 주의를 기울이기만 해도 여러분의 성장과 발달에 실제적으로 필요한 것들을 전부 얻게 될 것이다. 그리고 여러분이 현재 최첨단의 단계에서 움직이고 있다면, **초통합적 단계**에 대한 설명도 여러분이 구하는 것들을 향해 가도록 도와줄 것이다.

여기서 기억해야 할 점이 있다. 이 높은 단계들이 정말로 존재한다면, 이 단계들은 여러분에게 나타날 때가 되었을 때 어떻게 해야 하는지를 정확히 알고 있다는 것이다. 이 단계들은 자연스럽게 저절로 출현할 것이다. 핵심을 말하자면 이 단계들은 누군가 어딘가에서 꿈꾸었던 관념이 아니라 진정한 실재의 실제적인 차원들이다. 그러니 청록색의 통합적 단계 가장자리에 있다 해도 통합적 마음챙김을 실천하면서 미래의 어떤 발달 단계에든 마음을 열어놓아야 한다. 이 미래의 단계들은 분명히 애초에 예정되어 있던 그대로 열릴 것이다. 그리고 다음

---

* 조명심照明心, illumined mind, 직관심直觀心, meta-mind.

** 투명한 빛clear light.

장에서 살펴볼 **깨어남**의 상태 수행이 이것을 가속화시켜줄 것이다.

지금 **통합적** 발달 단계에 있다면, 여러분은 모든 실제적인 목적을 위해서 진화의 바로 최전선에 서 있는 것이다. 여러분은 생각과 느낌, 행동을 통해서 실제로 인간이 마침내 머물게 될 미래의 단계들을 함께 창조하고 있다. 역사 속에서 이런 위치에 서게 된 것을 축하한다! 진화의 측면에서 이것에 정말로 실제적인 의미가 있음을 곧 살펴볼 것이다.

존재와 의식의 새로운 단계들이 펼쳐지는 이런 과정은 진화나 발달의 일반적인 본성의 일부분이다. 이유가 무엇이든, 우리가 아는 우주, 적어도 우리가 지금 알고 있는 우주는 매 순간 이전의 것들을 본질적으로 초월하고 포함한다. 한 예로, 알프레드 노스 화이트헤드Alfred North Whitehead에게 매 순간은 '경험의 주체' 또는 '경험의 방울drop of experience'*로서 다가오는 것이다. 새로운 주체는 생겨나면서 이전의 주체를 '파악하고prehend'—그의 이 말은 기본적으로 '접촉하다touches' 혹은 '느끼다feel'라는 의미이다—이로써 이전의 주체를 대상으로 만든다. 이렇게 현재의 순간이 이전의 순간을 파악 혹은 '접촉'하는 것이 현재에 대한 과거의 영향력을 구성한다.

그러므로 여러분이 어떤 대상을 접촉하고 수용한다면, 그 대상은 분명히 여러분에게 영향을 미칠 것이다. 매 순간이 이전의 순간을 접촉하고 수용할 때 혹은 파악할 때도 이런 일이 일어난다. 또 이전의 순간

---

* 역주: 우주는 현실적 존재(정신성과 물질성을 통합한 개념)라는 기본 구성 단위들이 연대하여 매 순간 새로움을 창출하는 무대이며, 우주는 현재 그것을 생생히 경험하고 있다. 현실적 존재는 조각난 단편들이 아니라 펄떡거리는 경험의 방울로 우리가 물질 이면의 정신을 자각하고 통합하도록 일깨운다. 전철,《화이트헤드의 '현실적 존재'에 대한 고찰》, http://theology.co.kr/article/entity.html, 2017. 2. 23. 검색

도 그 이전의 순간을 접촉하고 수용했다. 이런 과정은 무한히 이어질 것이다. 이렇게 과거는 현재의 '원인이 되거나' 현재를 '결정 짓는' 순간이 된다. 이런 과정밖에 없었다면, 우주는 우연한 '돌연변이'나 변형 말고는 어떤 혁신이나 새로움novelty, 창조도 없이 순전히 결정론적이고 기계적인 모습만을 갖게 되었을 것이다.

그러나 나도 공감하는 화이트헤드의 주장에 따르면, 매 순간은 이전의 순간들을 파악할 뿐만 아니라 고유의 새로움과 진기함, 창조성을 보태기도 한다. 매 순간은 과거를 포함하는 동시에 초월하는 것이다. 이전의 주체를 파악해서 새로운 주체의 대상으로 만들 뿐만 아니라, 새로 떠오른 진기함을 새로운 주체에 보태서 과거와 현재의 연속 속에 얼마간의 자유와 새로움을 불어넣는다.

그런데 이렇게 펼쳐지는 홀론들이 원자처럼 깊이가 아주 얕다면, 이 홀론들이 보탤 수 있는 새로움은 아주 작을 것이다. 또 이 홀론들의 일시적인 펼쳐짐은 상당히 결정론적이거나 원인과 결과의 엄격한 규칙에 지배받는 것처럼 보일 것이다. 그러나 화이트헤드는 '작은 새로움'은 '새로움이 아주 없는 것'과는 다르다는 말도 보탰다. 어쨌든 원자는 결국 분자를 생기게 하고, 이것은 사실 아주 창조적인 진전인 것이다. 분자도 창조력의 놀라운 도약을 보여준다. 어느 순간 수십 개의 아주 복잡한 분자들이 똑같이 아주 가까운 곳에 있게 된다. 이렇게 분자들이 서로 결합하면 하나의 세포벽이 분자들을 둘러싼다. 그러면 분자들의 내재적인 창조 욕구에서 생명이 생겨난다! 분자들에서 정말로 살아 있는 하나의 세포가 만들어지는 것이다!

그러므로 핵심은, 창조를 위한 새로움이 우주의 기본 구조 속에 내장되어 있으며 이것이 궁극적으로 진화를 추동한다는 점이다. 이런 창조 욕구는 '자기조직화self-organization'에서부터 '**에로스**Eros' '**사랑**'Love' '**활**

동 중인 영 Spirit-in-action' 등 다양한 명칭으로 알려져 있다. 진화가 빅뱅과 더불어 작용을 시작해서 앞으로 계속 나아가는 것도 이 창조 욕구 때문이다. 생명과 성sexuality과 핵산, 무작위적 돌연변이random mutation, 자연도태가 일어날 때까지 기다리지 않아도 진화는 시작될 수 있는 것이다. 이것들은 그저 빅뱅의 첫 순간부터 내내 진화의 핵심을 이루는 초월과 포함 혹은 '자기조직화를 통한 자기초월'의 지속적인 과정 속에 있는 몇 가지 단계들일 뿐이다. 몇몇 사람들이 진화를 '**활동 중인 영**'으로 생각하는 것도 이 때문이다. 나도 이것이 괜찮은 생각이라고 본다. 어쨌든 에로스나 창조 혹은 진화는 태초부터 우주 속에서 작용하고 있다. 그렇지 않다면 어떤 새로운 것도 결코 생겨나지 않았을 것이다.

진화의 전개에서 가장 중요한 개념을 다시 주목해보아야 한다. 지금의 주체가 다음 주체의 대상이 된다는 개념이 그것이다. 이것은 초월과 포함의 방식이며, 원자에서부터 인간의 발달 단계들에 이르기까지 모든 것에서 이 방식을 확인할 수 있다. 그리고 우리가 아는 우주를 본질적으로 구축하는 것은 전체성과 포괄성, 의식, 사랑과 배려, 보살핌과 수용을 증가시키고픈 욕구다. 이 초월과 포함의 방식이야말로 하나의 순간이 다음의 순간과 어우러지는 유일한 방식이다. 다른 방식은 효과가 없다. 이렇게 우주의 모든 영역에서 끊임없이 창발하는 요소들을 '초월하고 포함하는' 진화의 과정이 일어나고 있다.

이것은 여러분 스스로 **통합적 마음챙김**을 실천하면 진화 자체의 과정과 힘, 욕구와 동조하게 된다는 것을 말해준다. 통합적 마음챙김을 하면 매 순간을 초월하고 포함하게 되기 때문이다. 또 여러분이 진화를 '**활동 중인 영**'으로 본다면, **영** 자체와 **신**의 뜻에 맞게 자신을 조율하고, 매 순간 이 현현된 우주 속에서 신처럼 움직이게 될 것이다.

그러나 여러분이 진화를 어떤 것으로 생각하든, 진화와 발달에서 가장 흥미로운 면의 하나는 진화에 의해 창조된 홀론들의 실제 형태나 양식이다. 고도의 기술을 갖춘 자연과학은 이 점을 완벽하게 이해하고 있다고 주장한다. 하지만 '형태발생morphogenesis'(발달 자체나 형태의 창조)이 어떻게 이루어지는지에 대해서는 정확히 설명하지 못하고 있다. 예를 들어, 세계 곳곳의 다양한 연구소에서 처음으로 긴 사슬 모양의 새로운 단백질을 합성하려고 시도했지만 성공하는 데 꽤 오랜 시간이 걸렸다. 그런데 한 연구소에서 성공을 거두자 아주 짧은 기간에 다른 모든 연구소들에서도 독자적으로 이 일을 해냈다. 하지만 더 놀라운 점은 따로 있었다. 이 단백질이 정말 수천 가지 방식으로 접힐fold* 수 있는데도, 일단 특정한 형태로 접히고 나자, 세계의 어디에서나 합성 단백질들이 동일한 형태나 양상으로 접혔다는 점이다. 단백질 내부 어디에도 어떤 방식으로 접혀야 한다고 알려주는 것이 전혀 없는데도 말이다. 이 '형태'가 어딘가 아주 실재적인 곳에 저장되지만, 단백질 안에는 전혀 그런 곳이 없다. 그렇다면 대체 어디에 저장된다는 말인가?

과학은 답을 갖고 있지 않지만, 고대의 몇몇 전통들에서는 그래도 믿을 만한 가설들을 제시했다. 그러나 대부분이 대승불교의 《능가경愣伽經》**에서 말하는 '아뢰야식阿賴耶識, storehouse consciousness' 같은 개념에 초점을 맞추었다. 아뢰야식은 우주의 모든 곳에서 생겨난 과거의 모든

---

* 역주: 세포 안에서 단백질이 합성되면 저절로 그 고유의 3차원 구조가 수초 안에 접히게 되는데, 어떤 동역학적 과정을 통해 그 구조가 열역학적으로 결정되는지 살펴보는 연구를 '단백질 접힘'의 문제라고 한다.

** 역주: 여래장 사상과 아뢰야식 개념을 결합하여 설명하고, '종교'라는 말을 처음 사용하는 등 불교 유식론과 선종에 큰 영향을 끼친 후기 대승불교 경전.

형태들이 저장되어 있는 곳으로서 신지학theosophy에서 말하는 '아카식 레코드Akashic record'*와 같은 것이다.

어쨌든 발달의 과정은 어디에서나 이런 형태 혹은 양식을 보여준다. 하지만 이런 형태나 양식이 어디에 어떻게 저장되는지는 아무도 모른다. 그러나 그것들은 모든 곳에서 나타나고 있다. 발생학에서 한 예를 들어보겠다. 살아 있는 올챙이에서 꼬리 부위의 세포 일부와 머리 부위에서 자라는 세로 일부를 떼어내, 서로의 위치를 바꿔 붙인다. 그러면 놀랍게도 머리에 붙인 꼬리 세포는 보통 머리로 자라나고, 꼬리에 붙인 머리 세포는 꼬리로 발달한다. 그러나 어떤 세포에도 이것을 완벽하게 관장하는 것은 없다. 그보다 어딘가에 어떤 '전체 형태'가 저장되어 있고, 이것이 발달 모양을 다스리는 것 같다. 이 '어딘가'를 흔히 '형태형성장morphogenetic field'이라고 부르는데, 'morph'는 '형태form'를, 'genetic'은 '발달development'을 의미한다. 이 용어는 저명한 발생학자 워딩턴C. H. Waddington이 발달의 형태를 관장하는 것은 형태형성장이라는 신비로운 사실을 설명하기 위해서 만들어냈다.

성장 단계들의 형태도 마찬가지이다. 앰버색의 **신화적** 단계를 예로 들어보겠다. 역사적으로 인간이 이 단계의 발달을 시작할 즈음, 인간 홀론은 이전의 단계를 파악하고 약간의 새로움을 지속적으로 보태고 있었다. 드디어 완전히 새로운 단계가 갑자기 출현하자, 놀랍게도 전 세계인들이 새로운 발달 단계를 위한 준비가 되어 똑같이 신화적 단계의 발달 형태를 보여주기 시작했다. 이 '형태'가 어딘가에 저장되어 있었기 때문이다. 이 어딘가는 단백질이 접히는 형태와 올챙이의 발달

---

* 역주: 우주의 모든 사건과 지식의 기록.

형태, 다른 모든 '형태발생 형태들'이 저장되어 있는 곳과 똑같은 곳일 가능성이 크다. 그곳이 어디든, 그곳은 대단히 실재적이고 실제적이며 영향력이 큰 곳이다. 그곳은 계속 뻗어 내려가면서 우주의 모든 곳에서 발달 중인 홀론의 형태를 인도한다. 그리고 초월과 포함을 통해 새로운 홀론이 출현하면, 이 새로운 형태도 온우주의 놀라운 형태 저장고 안에 저장된다.

역사 속에서 우리가 서 있는 자리

지금 **통합적 단계**의 형태는 막 형성되고 있는 중이다. 이것은 이 첨단의 단계에 있는 개인들의 행위가 온우주의 저장고에 저장되고 있음을 의미한다. 이렇게 저장된 것들은 마침내 이후의 모든 인류에게 나타나, 이 **통합적 단계**의 형태를 구축하고 창조하게 도와줄 것이다. 약 15만 년 전에 펼쳐진 **마법적 단계**의 형태와 같은 형태를 오늘날 전 세계의 모든 신생아들이 한 명도 예외 없이 단계 2에서 여전히 경험하는 것처럼 말이다.

그러므로 내가 어딘가에서 했던 말을 되풀이하면, "여러분이 **통합적** 사고를 할 때마다, **통합적** 발상을 할 때마다, 더 아름답고 진실하며 윤리적인 내일의 세계에 대한 생각으로 맥박이 빨라질 때마다, **통합적** 개념들을 읽고 공부하고 창조하고 쓸 때마다, '**통합적 단계**를 불러일으키거나 진행 속도를 높이려면 어떻게 해야 할까?' 하고 물을 때마다, 더욱 포용적인 내일을 꿈 꿀 때마다, 더욱 조화로운 미래를 꿈 꿀 때마다, 지구가 더욱 균형 있고 사랑받게 되기를 꿈 꿀 때마다, **영성**이 모든 살아 있는 존재들 안의 신을 일깨워주는 꿈을 꿀 때마다, 이 **영성**으로 인해 각자의 내면에 신의 구체적인 거처를 갖게 되는 꿈을 꿀 때마다, 오늘보다 조금이라도 더 **전체적인** 미래에 다다르려 애쓸 때마다, 인간적 활동을 통해 교육이나 양육, 의학, 정부, 법률 같은 것들을 더욱 포괄적이고 통합적으로 개조하려는 생각을 할 때마다, 어린아이들이나 자신의 눈을 들여다보면서 그들과 자신의 미래에 사랑과 연민, 배려, 관심이 더욱 커지기를 바랄 때마다, 그들과 자신이 포용적인 내일의 환한 후광 속에서 미소 짓는 모습을 그려볼 때마다, 이전의 순간보다 조금이라도 더 **전체적인** 순간을 그릴 때마다, 편파적인 것들이 서로 결합하고 연결되거나, 신의 모든 자식들을 편협함이나 편견 없이 우주적인 관점에서 바라보는 미래에 관심을 가지는 모습을 상상할 때마다, 인간과 모든 살아 있는 존재들의 향상에 도움이 되는 선택을 할 때마다, 부러진 조각들과 갈라진 파편들, 찢겨 고통 받는 인간들이 모여 더욱 단합되고 포용적인 모습으로 서로를 보살피고 감싸기를 바랄 때마다, 오늘보다 조금이라도 더 단합되고 수용적이며 포용적인 미래를 갈망할 때마다, 이런 모든 순간마다 여러분은 다른 모든 사람들처럼 무언가 하고 있는 것이다. 여러분 스스로 직접, 자발적으로, 변경할 수 없이 내면의 **통합적** 대상들을 구축하고 있다는 말이다. 그리고 이런 대상들은 즉시 그 실재하는 우주적 저장고 안에 저장된다. 이렇게 여러분은 지금 우리를 향해 밀려오고 있는 엄청난 해일을 조금 더 크게 만들고 있다."*

내가 "역사 속에서 이런 자리에 있게 된 걸 축하합니다"라고 말한 이유도 여기에 있다. 내 말의 의미는 말 그대로이다. 역사 속에서 이런

---

* 《The Fourth Tuning: Imagining the evolution of integral buddhism》, Boston: Shambala Publication, 2014.

자리에 있게 된 걸 축하합니다! 정말로 여러분은 지금부터 세상이 끝나는 날까지, 앞으로 태어날 모든 인류의 생각과 행동의 일부가 될 것이다.

제2장

깨어남의 길: 깨달음의 단계

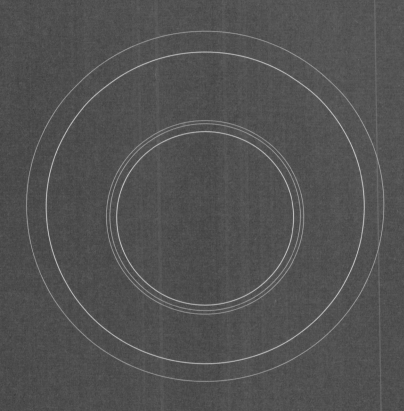

───────

앞 장에서 세상에 존재하는 대부분의 발달 모형에 들어 있는 성장과 발달, 진화의 8가지 주요 단계들을 개관했다. 각 단계의 사람들은 정말로 그 단계에서 그들만의 세상을 살아간다. 각자의 단계에 따라 서로 다른 현상을 보고, 다른 욕구와 충동을 지니고, 다른 가치를 믿는다. 다른 유형의 정체성을 갖고, 정의에 대한 생각과 도덕관념, 진리나 궁극적 실재라고 여기는 것도 다르다.

이 통합적 개괄을 활용하면 자신이 보통 어느 단계에 있는지를 파악할 수 있다. 이렇게 통합적 개괄을 통해 자신의 단계를 파악한 후에는 마음챙김으로 이 단계에 초점을 맞춘다. 이 단계를 충분히 알아차리고 하나의 대상으로 바라보는 것이다. 이 단계를 직접 살펴봄으로써 이 단계를 통해서 세계를 바라보는 일을 멈춘다. 이 단계를 통해서 보지 말고, 이 단계를 직접 바라보라는 말이다. 요컨대 모든 가능한 관점에서 그저 대상을 살펴본다. 그것이 어떻게 보이는가? 크기는 얼마나 되는가? 무슨 색깔인가? 몸의 어느 부위에 위치해 있는가? 느낌은 어떤가? 앞과 뒤, 위와 아래, 옆에서 보면 어떻게 보이는가? 그것을 특별히 촉발하는 것은 무엇인가? 얼마나 오래 전부터 이 단계에 머물러 있었는지 기억할 수 있는가? 이 특정한 단계는 여러분의 삶에서 얼마나 많은 것들을 결정짓고 있는가?

물론 일반적인 목표는 계속 더욱 높은 의식 단계로 이동해서 진화의 최첨단에 이르는 것이다. 오늘날 이 최첨단에 있는 것은 청록색의 단계 7, 즉 **통합적 단계**이다. 이것은 우리가 마땅히 도달할 수 있는 최고의 단계이다. 이 단계에 이르면, 여러분은 자연히 **초통합적 단계**들에도 자발적으로 마음을 열게 된다. 하지만 오늘날 일반적으로 다가갈 수 있는, 가장 전체적이고 수용적이며 포용적인 의식단계는 통합적 단계이다. 이 단계에 도달했다는 것은 본질적으로 오늘날의 진화에서 가능한 최대의 **성장**을 이루었다는 의미다. 나중에 자세히 살펴보겠지만, 개인들은 물론 각각의 라인line* 혹은 다중지능에서 서로 다른 단계에 있을 수 있다. 그러므로 모든 라인에서 성장을 이루어야 한다는 점을 잊지 말아야 한다. 통합적 단계에서는 모든 라인들이 최고의 수준에 이른다.

발달에는 또 다른 길이 있다. 그러나 아이러니컬하게도 현대의 거의 모든 발달 모형들은 이 길을 간과하고 있다. 어떤 모형에서도 이 길을 언급조차 안 하고 있다. 하지만 근대 이전에는 이 발달 축, 즉 **깨어남**의 길을 세계 전역에서 찾아볼 수 있었다. 근대 이전의 문화에서 단연코

---

* 역주: 켄 윌버 통합심리학의 주요 개념 중 하나로서 도덕과 정서, 인지, 사회성, 공감능력, 창조성, 이타성, 심리성욕 같은 20~40개의 주요한 심리적 특징을 말한다.

가장 널리 퍼져 있던 발달 지도가 바로 **깨어남**의 길인 것이다. 아서 러브조이Arthur Lovejoy도 그의 탁월한 강연 모음집인 《존재의 대사슬The Great Chain of Being》을 통해 인류 역사에서 '동서양을 막론하고'(이것은 내가 덧붙인 내용이다) 가장 오랜 동안 섬세한 지성들이 가장 많이 따른 지도 혹은 모형이 이것이라고 주장했다.

이 길은 세계의 거의 모든 위대한 종교들에서 핵심을 이루고 있다. 주로 설화적 형태로 알려져 있는 종교들도 마찬가지이다. 그러나 이 핵심은 흔히 비밀스럽거나 비전秘傳적인 성격을 띠고 있어서 일반 대중들에게는 널리 알려지지 않았다. 이 **비전**의 길, **깨어남**의 길, **위대한 해탈**의 길을 따른 예들로는 유대교의 카발라 Kabbalah*와 하시디즘Hasidism**, 기독교의 많은 관상 분파들이 있다. 이 관상 분파의 유명한 인물들로는 십자가의 성 요한St. John of the Cross, 아빌라의 성 테레사St. Teresa of Avila, 마이스터 에크하르트Meister Eckhart, 독일 라인 지방의 신비가들Rhineland mystics 등이 있다. 또 이슬람교의 다양한 수피 교단과 선禪에서부터 티베트 불교, 베단타 학파, 카슈미르 지역 중심의 힌두교 탄트라 전통인 시바파Shaivism***, 명상 중심의 도교, 성리학, 다양한 요가학파 등등 오늘날에도 대부분이 활발하게 살아 있는 동양의 주요한 명상 전통들도 이 비전의 길을 따르고 있다. 마음챙김도 이 장대한 지

---

* 역주: 입에서 귀로 직접 전수된 전통으로서 중세의 신비주의적 유대교를 말한다.

** 역주: 유대교에 나타난 율법의 내면성을 존중하고 성속일여를 주장한 종교적 혁신 운동으로서 마틴 부버에 의해 그 의미를 재평가 받았다.

*** 역주: 시바신을 숭배하는 힌두교 종파. 일반적으로 시바신 중심의 수행법은 많지만, 카슈미르 지역 중심의 요기들은 우주와 인간의 본질을 아는 지혜의 요가, 즉 즈냐나 요가Jnana yoga를 실천한다.

혜의 **전통**에서 한 부분을 차지하고 있다.

이 위대한 전통들이 따르고 보여준 단계들은 근대 서양에서 만들어진 성장 모형의 단계들과 아주 다르다. **성장** 모형은 우리가 의식의 **구조**structures라고 부르는 것들을 지도로 나타냈다. 그런데 이 모든 구조들은 대부분 무의식적으로 유지된다는 특징을 갖고 있다. 이 구조들은 사실 숨은 지도와 같은 것이다. 이 다양한 지도들 가운데 하나를 사용할 때도 우리는 자신이 그러고 있다는 것을 전혀 모른다. 이 구조들은 숨은 문법 규칙과 같으며, 우리는 매일 순종적으로 이 규칙들을 따르면서도 자신이 그러고 있다는 것을 알아차리지 못한다. 그래서 이 숨은 지도들은 근대 발달심리학의 태동과 함께 불과 백여 년 전에야 발견되었다.

그럼 이 **성장**의 지도에 **깨어남**의 단계들이 포함되지 않은 이유는 무엇일까? 성장의 단계처럼 **깨어남**의 단계도 감추어져 있다. 그러나 숨어 있는 이유와 방식은 전혀 다르다. **깨어남**의 단계가 감추어져 있는 이유는 의식의 구조들처럼 내관을 통해 알아차리기가 거의 불가능하기 때문이 아니다. 그보다는 **깨어남**의 단계들에 이르는 방식들, 즉 **깨어남**의 단계들을 위한 길들이 아주 적고, 이 길을 선택했다 해도 어떤 단계에 이르는 데에 많은 시간과 노력, 에너지가 필요하기 때문이다. 하지만 일단 특정한 길을 따라 **깨어남**의 단계들 중 하나를 거치면, 즉각적으로 쉽게 이 단계를 알아차릴 수 있다. 어떤 상태에 있을 때 명확히 이것을 자각하는 것이다. 예를 들어, 우주적 사랑을 느끼고 우주 전체와 하나 되는 경험을 하면, 이런 상태를 분명하게 안다!

깨어남의 단계는 **성장**의 단계와는 아주 다르다. **성장**의 단계들에서 어떤 단계에 이르고자 할 때는 특별한 길이 없어도 된다. 그저 지속적으로 성장해나가다 보면, 특별한 작업을 하지 않아도 자연스럽게 8가지 단계들을 통과하게 된다. 하지만 이 단계를 충분히 구현하고 있어도 자신이 그러고 있다는 것을 인식하지 못한다. 반면에 **깨어남**의 단계들에서는 일단 어떤 단계에 도달하면 아주 분명하게 인식한다. 하지만 이런 도달은 흔한 일이 아니다. 이 단계에 이르는 길이 일반적이지 않은 데다 아주 힘들고, 어떤 작업과 헌신, 노력을 필요로 하며, 성취에 보통 몇 년이 걸리기 때문이다.

그래서 서양의 연구자들이 다양한 발달 단계를 연구하기 시작했을 때 그만큼 높은 단계의 **깨어남**을 경험한 사람을 찾기가 쉽지 않았다. **성장**의 단계와 달리, **깨어남**의 단계는 인간 유기체의 전형적인 성장과 발달의 한 부분처럼 자연스럽게 주어지는 것이 아니기 때문이다. **깨어남**의 단계를 위해서는 일상에서 자발적으로 특별한 수행을 해야 한다. 목적을 갖고 의도적으로 이런 수행을 하지 않으면 결코 어떤 단계에 이를 수 없다. **깨어남**의 단계는 **성장**의 단계처럼 평범하게 저절로 주어지지 않는다.

깨어남의 길을 따른 사람들은 이 **깨어남**의 단계들을 통과하는 효과적인 방법을 많이 개발해냈다. 반면에 다른 모든 사람들처럼 **성장**의 단계들을 거치면서도, 이 **성장**의 단계에 대해서는 아무것도 발견해내지 못했다. 다시 말하는데, 단순히 내면을 들여다보기만 해서는 이 단계들을 알 수 없기 때문이다. 20년 동안 앉아서 참선을 해도, '이것이 단계 4의 **신화적** 사고야'라거나 '이것이 단계 5의 도덕적 사고야'라는 생각은 결코 하지 못한다. 방석 위에 한없이 앉아서 명상을 해도 자신이 매일 따르고 있는 문법 규칙을 알아차리지 못하는 것처럼 말이다.

그래서 아주 이상하게도, **서양의** 발달 모형들 속에는 **깨어남**의 단계들이 전혀 없고, **동서양의** 명상 체계들 속에는 **성장**의 단계들이 전혀 없다. 이로 인해 이 엄청나게 중요하고 심오한 발달의 두 흐름을 결합

해서 함께 실행하는 일은 최근까지도 일어나지 않았다. **통합이론** 같은
접근법들이 아주 최근에야 이런 일을 시도하기 시작했다.

이 두 길이 인류 역사의 대부분 동안 관련 없이 분리되어 있었다는
것은 꽤 놀라운 일이다. 정말 충격적인 일이 아닐 수 없다. 이런 분리는
인류가 온전했던 적이 결코 없었다는 것을 의미하기 때문이다. 역사의
거의 대부분 동안 인류는 망가져 있었다. 망가짐의 역사. 정확히 이것
이 인류의 역사였다.

그러나 이 책에서는 두 길을 결합하고, 두 길에 똑같이 역점을 둘 것
이다.

의식의 상태들

제1장에서는 **성장의 8가지 주요 단계**를 짧게 살펴보았다. **성장의 길**과
는 대조적으로 **깨어남의 길**들은 모두 4~5가지의 자연스러운 주요 의
식 상태에 초점을 맞추는 경향이 있다. 의식을 갖고 이 자연스러운 상
태state들에 진입하면, 이 상태들은 **깨어남**의 길의 일반적 단계들이 된
다. 우리는 이 단계들을 **성장**의 '구조-단계 structure-stages'와 구별하기
위해 '상태-단계 state-stages'라고 부른다.

이 상태-단계는 다양한 형태로 전 세계에 존재한다. 하지만 공통적
으로 깨어 있는 상태와 꿈의 상태, 꿈 없는 깊은 상태, 텅 빈 주시의 상
태, 순수한 비이원이나 합일의 상태를 포함하고 있다. 그리고 이 상태
들이 명상의 단계들이 되면, 이것들을 흔히 각각 물질적physical 상태(혹
은 '거친gross' 상태), 정묘subtle한 상태, 깊은 정묘 상태나 원인causal 상태,

투리야turiya*나 주시 상태, 투리야티타turiyatita**나 비이원, 합일, **깨달음**의 상태라고 부른다. 이런 상태들은 힌두교의 베단타 학파와 인도 카슈미르 지방의 시바파, 금강승 불교에서 공통적으로 찾아볼 수 있다. 하지만 신플라톤주의나 수피즘, 카발라에서도 발견할 수 있다.

예를 들어, 이블린 언더힐Evelyn Underhill은 고전이 된 저서 《신비주의Mysticism》에서 서양의 모든 신비가들이 본질적으로 똑같은 4~5개의 주요 단계를 거친다고 주장했다. 보통 기초적인 자각을 경험한 후, 거친 정화와 정묘한 깨달음illumination, 어두운 밤 혹은 무한한 심연, 합일 의식 상태를 통과한다는 것이다. 이 상태들은 앞의 거친 상태, 정묘 상태, 원인 상태, 합일 상태와 같은 것이다. 또 동양의 **마하무드라** Mahamudra 불교 체계에서는 주요 단계들을 다음과 같이 언급했다. '거친 상태를 알아차리면 이윽고 이 상태에 이르고, 정묘 상태를 알아차리면 이윽고 이 상태에 이를 것이며, 아주 정묘한(혹은 원인이 되는) 상태를 알아차리면 이윽고 이 상태에 이르고' 이 모두를 기반으로 해서 영원히 현존하는 비이원적 **깨우침**Awakened의 의식 상태에 머물 것이다. 이것도 역시 거친 상태와 정묘 상태, 원인 상태, 비이원적 합일 상태와 같은 것이다.

또 《의식의 변용Transformations of Consciousness》을 나와 공동 저술한 하버드대 심리학자 대니얼 브라운Daniel P. Brown은 명상의 단계들을 연구

---

* 역주: '제4의 상태'. 힌두 철학에서 말하는 세 가지 상대적인 의식 상태 즉 깨어 있고, 꿈꾸고, 꿈 없는 잠의 상태와 달리, 이 모든 상태가 나타날 수 있도록 하는 이면의 상태. 즉 순수하게 지켜보는 자각.

** 역주: '제4의 상태를 넘은' 상태. 지켜봄(투리야)이 관찰 대상으로 녹아들어가, 오직 순수하고 비이원적인 합일만 남은 상태. 투리야티타는 항상 현존하는 바탕 또는 다른 모든 상태들의 '무상태stateless'이며 공과 색의 합일이라고 간주된다.

하기 위해 티베트 불교 학파의 토대가 되는 14가지 문헌을 살펴보았다. 그는 이 모든 문헌들에서 6개의 주요 단계들을 확인한 후, 불교의 아비달마Abidharma* 체계와 파탄잘리의 《요가 수트라Yoga Sutras》, 중국과 서양의 여러 학파의 저술들을 대조해보았다. 그 결과 그는 이 6개의 주요 단계들과 본질적으로 유사한 단계들을 발견했다.

우리는 《의식의 변용》에 하버드 대학교의 신학자 존 처반John Chirban 이 초기 기독교 사막의 성자 6인을 연구한 내용도 포함시켰다. 연구 내용을 보면서 이 성자들 모두 5~6개의 관상 단계를 통과했다는 것을 발견했다. 이 단계들도 브라운과 언더힐을 포함해서 여러 사람들이 이야기한 **깨어남**의 전체 지도와 아주 유사했다. 이 단계들 모두 거친 상태와 정묘 상태, 원인 상태, 주시 상태, 비이원적 합일 상태의 변형이다.

마지막으로 간단한 예를 하나 더 소개하겠다. 미국의 탈근대적 스승이었던 아디 다Adi Da는 "**가장 완벽하고 신성한 깨달음**을 얻으려면 자아는 세 개의 분명한 단계를 초월해야 한다"고 주장했다. 첫 번째는 [거친] 물질적 단계('돈과 음식, 성'을 좇는 단계)이고, 두 번째는 정묘한 단계(내적인 비전과 소리를 듣고 온갖 신비체험을 하는 단계), 세 번째는 원인 단계이다. 이 원인 단계는 의식 있는 존재의 뿌리가 되는 단계인데, 이 단계에서 '나'와 '타자'에 대한 의식 혹은 주체와 객체의 양분이 **의식**Consciousness 속에서 시작되는 것 같다. 아디 다에게 네 번째 단계는 '언제나 이미 존재하는 진리Always-Already Truth'를 깨닫는 단계이다. 높든 낮든, 성스럽든 세속적이든, 분명히 드러나 있든 그렇지 않든 모든 존재에게 항상 현존하는 비이원적 **토대**Ground와 **조건**Condition, **목적**Goal을

---

* 역주: 불교 경전의 논부를 총칭한다.

깨닫는 단계인 것이다. 이처럼 아디 다가 말한 단계들도 거친 상태와 정묘 상태, (내포된 근원을 주시하는) 원인 상태, 비이원적 상태와 같다. 의식의 이런 4~5가지 주요 상태들은 역사 내내 전 세계의 명상체계들에서 계속적으로 나타나고 있다.

깨어남의 길들이 이렇게 유사한 이유는, 순수한 의식을 갖고 들어가는 자연 의식 상태가 생물체의 뇌파 패턴에 뿌리를 두고 있으며, 인간이 어디에 있든 뇌파 패턴은 비슷하게 나타난다는 사실과도 연관이 있을 것이다. 예를 들어, 인간이면 누구나 깨어 있다가 잠을 자고 꿈을 꾸는데 이때의 뇌파 패턴들이 각각 비슷하게 나타난다. 깨어 있을 때와 꿈을 꿀 때, 깊이 잠들었을 때의 뇌파 패턴들이 유대인이냐 힌두교도냐에 따라 다르다는, 탈근대주의자들의 극단적인 '문화구성주의cultural constructivism'*적 주장은 입증된 것이 아니다.

그러므로 충분한 의식을 갖고 이런 상태들에 들어가면, 누구에게서나 비슷한 두뇌 패턴들이 나타날 것이다. 문화에 상관없이 **깨어남**의 길에서 비슷하게 거친 상태-단계와 정묘 상태-단계, 원인 상태-단계가 나타나는 이유도 여기에 있다. 이 모든 상태들은 물론 **바탕 없는 근본 바탕**groundless Ground, 혹은 영원히 현존하는 합일의식의 **비이원적 존재**Nondual Being에 뿌리를 두고 있다. 그러므로 이 모든 상태들은 표면적인 특징 면에서는 다르게 나타날 수 있고 실제로 그래도, 심층적인 특징 면에서는 전 세계적으로 비슷하게 나타날 것이다. 한 예로, 문화와 개인마다 꿈의 내용이 달라도 꿈 꿀 때의 뇌파 패턴이 보여주는 심층적 특징은 어디서나 같게 나타난다.

---

* 문화마다 관찰의 방법론이 다르므로 지식과 실제도 문화적 배경의 산물이라는 이론이다.

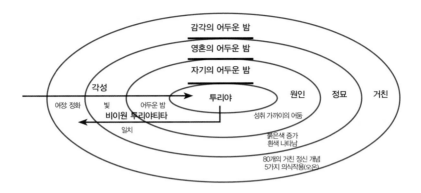

감각의 어두운 밤

영혼의 어두운 밤

자기의 어두운 밤

각성

여장 정화   빛   어두운 밤   투리야   원인   정묘   거친

비이원 투리야티타

성취 가까이의 어둠

일치

붉은색 증가
흰색 나타남

80개의 거친 정신 개념
5가지 의식작용(오온)

그림 2-1 명상 상태의 주요 단계들

그림 2-1*은 모든 문화에서 기본적으로 나타나는 **깨어남**의 길의 5가지 주요 상태 혹은 상태-단계들을 간단히 표시한 것이다. 이 그림을 보면, 공통적으로 나타나는 상태-단계들의 심층적인 기본 특징을 알 수 있다. 또 이 상태-단계들의 표면적 특징들이 흔히 개인과 문화에 따라 상당히 다양하게 나타난다는 것도 충분히 인식할 수 있다. 5개의 주요 상태는 굵은 글꼴로 표시하고, 언더힐이 주장한 서양 신비가들의 의식 단계, 즉 거친 정화와 정묘한 깨달음, 원인의 어두운 밤 혹은 무한한 심연, 비이원적 합일의식 단계는 왼쪽에 정리했다. 또 최상승 요가 탄트라Highest Yoga Tantra 혹은 무상無上탄트라anuttara-tantra의 단계들은 오

---

* 그림 2-1은 나의 저서 《통합영성》에 실려 있는 그림을 가져온 것이다. 이것은 '완전히 익히는 데 5~20년 정도 걸리는 수행의 전 과정에서 나타나는 명상 상태의 전형적인 변화를 요약'한 것이다. 여기서 우리는 거친 상태에서 정묘 상태, 원인 상태, 비이원 상태로 나아가는 일반적인 각성Wakefulness 과정을 볼 수 있다.
역주: 원서의 자료를 보려면 shambhala.com/integralmeditation을 참조하라.

른쪽 아래에 표시했다. 거친 상태의 80가지 정신 개념과 오온五蘊, 정묘 상태의 흰색 출현과 붉은색 증가, 원인 상태에서 '형상도 꿈도 없는' 성취에 가까워졌을 때 나타나는 어둠이 그것들이다. 그리고 세 개의 '어두운 밤'도 표시해 두었는데, 이것들은 자기체계self-system,즉 '전체자기Total Self'나 전체로서의 의식이 흔히 나타나는 기쁨과 두려움, 고통에도 아랑곳 않고, 낮은 상태의 배타적인 정체성을 깬 후 다음의 더욱 높은 정체성으로 옮겨가면서 계속적으로 낮은 상태들을 초월하고 포함할 때 경험하는 시련과 혼란을 나타낸다.

전체적으로 위의 그림은 누구에게나 가능한 성장과 발달의 두 번째 주요 유형을 요약적으로 보여준다. 우리는 **성장**의 길을 통해 의식의 구조를 발달시킬 수 있을 뿐만 아니라, **깨어남**의 길에서 의식의 상태들을 통해 성장을 이뤄낼 수도 있다. 이것은 영적인 성장과 발달에 아주 다른 두 가지 주요 유형이 있음을 의미한다. 구조-단계를 통한 성장(영적인 성장, 6~8개의 주요한 발달 단계를 통한 영성 발달 라인의 움직임)과 상태-단계를 통한 성장(거친/깨어 있는 상태, 정묘/꿈꾸는 상태, 원인/깊은 잠의 상태, 텅 빈 주시의 상태, 순수한 비이원적 '합일' 상태 같은 5개 정도의 주요 의식 상태를 통한 의식의 성장)이 그것이다. 이 모든 성장은 완강하고 끊임없는 진화의 초월과 포함 과정을 통해 펼쳐진다. 또 심층의 특징은 어디서든 문화에 상관없이 똑같지만, 표층의 특징은 흔히 문화와 개인마다 다르게 나타난다.

이제 발달의 전체 과정에서 가장 높은 두 개의 상태, 즉 텅 빈 **주시** 상태와 순수한 **비이원적 합일** 상태에 특히 초점을 맞춰보겠다. 처음의 세 상태, 즉 거친/깨어 있는 상태와 정묘/꿈꾸는 상태, 원인/깊은 잠의 상태는 누구나 충분히 알고 있기 때문이다. 반면에 두 개의 가장 높은 상태는 어떤 특별한 의미(이 점에 대해서는 나중에 살펴볼 것이다.)에서 '늘 현존'하고 있는데도 대부분의 사람들이 제대로 자각하지 못하고 있다. 두 상태는 다양한 형태의 '**깨어남**Waking-Up'이나 '**깨달음**Enlightenment', '**깨우침**Awakening'을 불러일으키기 때문에 기본적으로 가장 중요하다. 이 두 상태가 **깨어남**의 전체 과정에서 마지막에 오는 이유도 여기에 있다.

그럼 먼저 처음의 세 가지 상태를 간단히 살펴본 후, 가장 높은 두 상태로 넘어가 일련의 체험적인 수행을 통해 각각의 상태를 직접 일별할 수 있도록 하겠다. 이 과정에서 여러분은 관련 내용들도 파악하고, 우리가 이미 이야기한 **성장**의 모든 단계들과 이 상태들이 얼마나 다른지도 이해하게 될 것이다. 두 길의 단계들은 명칭도 아주 다르게 들린다. **성장**의 길은 태고 단계와 마법적 단계, 신화적 단계, 합리적 단계, 다원적 단계, 통합적 단계로 이뤄져 있는 반면, **깨어남**의 길은 거친/깨어 있는 상태, 정묘/꿈꾸는 상태, 원인/깊은 잠의 상태, 순수한 주시의 상태, 비이원적 합일의 상태 순으로 진행된다.

두 길은 정말로 유사하지 않다. 전혀 다른 순서로 아주 다른 영역을 통과한다. 그러므로 하나의 길에서 고도의 발달을 이뤄내도 다른 길에서는 발달이 부진할 수 있다. **통합적** 접근법의 이상적 목표는 물론 두 길 모두에서 충분한 발달을 이뤄내는 것이다. 이것이 바로 통합적 의식이 목표로 삼는 것이다. 비이원적 합일이라는 최고의 상태에서 오늘날 세계에서 가장 높은 단계 혹은 구조인 통합적 단계에 이르는 것, 즉 두 길에서 가능한 최고의 경지에 이르는 것. 이것이 통합적 의식의 목표이다.

거친 상태와 정묘 상태, 원인 상태

이미 살펴본 것처럼 거친 상태와 정묘 상태, 원인 상태는 보편적으로 아주 유사한 것 같다. 대부분의 경우 각 상태의 뇌파패턴이 어디서나 모든 사람들에게서 유사하게 나타난다. 깨어 있는 상태와 꿈꾸는 상태, 꿈 없는 깊은 상태는 본질적으로 전 세계 어디서나 모든 사람들에게서 유사하게 나타난다. 예를 들어, 꿈을 꾸는 상태에 있을 때 어디서나 모든 인간에게서 4~8 사이클의 뇌파가 나타난다.

그러나 이 모든 상태들을 의식이 완전히 깨어 있는 상태에서 실제로 경험하는 사람은 드물다. 이 상태들의 가장 깊은 '비밀들'이 숨겨진 채로 남아 있는 것도 이 때문이다. 앞에서도 이야기했지만, 초기의 발달 연구자들은 이런 단계에 있는 사람들을 찾기가 쉽지 않았다. 극소수의 사람들만 의식이 깨어 있는 상태에서 이런 상태들을 이해하고 자각하는 수행을 했기 때문이다. 앞에서 말했듯 우리가 일반적으로 발견한 것에 따르면, 명상의 모든 전반적인 과정에서 이 자연스러운 주요 상태들을 자각할 때 이 상태들은 명상의 전체적인 길에서 실제의 단계, 즉 상태-단계가 된다.

일반적으로 인간의 **인식** Awareness 자체나 **의식** Consciousness, **각성** Wakefulness은 거친 물질적 세계와의 동일시에서 시작된다고 본다. 여기서 **각성**은 깨어 있는 상태와 같다. 각성 훈련을 하면, 꿈의 상태에서 꿈 없는 깊은 상태, 텅 빈 **주시** 상태 혹은 '**진정한 자기**'의 상태, 궁극의 비이원적 '합일' 상태, 즉 완전하게 '**깨우친 각성 상태** Awakened Wakefulness'에 순차적으로 들 수 있다. 그러나 완전한 **각성 상태**에 이르기 전까지는 **깨어남**과 **성장**의 모든 단계들을 거쳐야 하며, 이 모든 단계들은 감각운동적 영역, 물질적이거나 생리적인 거친 영역에서 시작된다. **각성**

은 깨어 있는 상태와 동일하며, 완전한 의식 속에서 직접 알아차리는 것을 의미한다.

대부분의 **위대한 전통**에서는 바위나 금속처럼 생명이 없는 존재들, 즉 지각이 없는 존재들은 거친 물질적 상태에 있다고 본다. 그리고 물론 '생명이 없는' 물질도 **생명**Life, **마음**Mind, **영**Spirit의 한 형태이자 현현이라고 주장한다. '물질matter'도 **영**이 없는 것이 아니라 **영**의 '가장 낮은' 수준에 있을 뿐이라는 것이다.

아무튼 거친 물질적 영역은 감각운동적 문제의 영역이다. 우리가 주변 어디서나 쉽게 볼 수 있는 물질적 대상과 요소, 과정들의 영역인 것이다. 의식이 일상에서 평범하게 깨어 있을 때 우리는 이미 이 영역 혹은 상태를 알고 있다. 그리고 물질적인 몸과 음식, 물질적인 욕구와 욕망 같은 이 영역의 것들, 다시 말해 적외선의 태고 단계에 속하는 것들을 이미 자신과 동일시하고 있다.

개개인들은 언제나 **성장**의 길과 **깨어남**의 길 양쪽 모두에서 어느 정도 발달을 보여준다. 그리고 누구나 처음에는 양쪽 길의 출발점에서 시작한다. 갓난아기였을 때는 **성장**의 길의 첫 단계, 즉 적외선의 **태고** 단계와 **깨어남**의 길에서 '가장 낮은' 상태-영역인 거친/깨어 있는 상태에 고정되어 있는 정체성을 갖고 있다. 이런 이중의 성장 상황을 우리는 '이중의 무게 중심dual center of gravity'이라고 부른다. 모든 사람은 언제나 양쪽의 길, 즉 '이중의 중심'에서 성장을 하고 있다. 그들은 언제나 **성장**의 길('구조 무게 중심') 혹은 구조에서 일반적이거나 평균적인 발달 수준을 보여주고, **깨어남**의 길('상태 무게 중심') 혹은 상태에서도 일반적이거나 평균적인 수준의 발달을 이룬다. 그러므로 개개인은 예를 들어서 마젠타색 단계의 거친 상태나 오렌지색 단계의 거친 상태, 앰버색 단계의 정묘 상태, 통합적 단계의 원인 상태, 통합적 단계의 비이원적 합일 상태 등에 있을 수 있다.

지금은 많은 사람들이 **성장**의 길에서는 더욱 높은 단계들로 이동하면서도, 평생 주로 거친/물질적 상태에 머물러 있다. **깨어남**의 길에 대한 인식이 거의 없는 문화 속에서 사는 사람들이 특히 그렇다. 그런가 하면 전근대적 전통이 여전히 살아 있는 문화 속에서 사는 사람들은 비이원적인 '합일'이라는 가장 높은 상태를 경험하고도 **성장**의 길에서는 여전히 앰버색의 민족중심적인 단계에 머물러 있을 수 있다. 앞에서 이미 이야기했듯, 명상 지도자들 중에도 의식의 상태 면에서는 대단히 발달했지만 구조에서는 여전히 발달이 미약한 이들이 있다.

그럼 명상을 시작했는데 여전히 거친/물질적 상태에 머물러 있는 **성장**의 단계와 동일시하고 있다면 어떻게 될까? 아마 신화적 단계/거친 상태나 합리적 단계/거친 상태 혹은 다원주의적 단계/거친 상태에 있게 될 것이다. 이것은 기본적으로 깨어 있는 상태에서 **각성**이 일어나야만 충분히 자각할 수 있다는 것을 의미한다. 깨어 있는 상태에서 각성이 일어나지 않으면, 이중의 무게 중심은 여전히 앰버색 단계/거친 상태나 오렌지색 단계/거친 상태, 녹색 단계/거친 상태에 머물러 있게 된다.

마음챙김을 통해 주체를 대상으로 만들 때처럼 의식 속에서 일어나는 현상을 대상화하기 시작하면, 의식의 현재 단계나 구조 즉 **성장**의 길에서의 단계를 내려놓게 된다. 또 현재 동일시하고 있는 주요한 의식 상태도 확실하게 내려놓기 시작한다. 이로써 구조-자기 structure-self 와 상태-자기 state-self에서 벗어나, **성장**의 길과 **깨어남**의 길 양쪽 모두에서 다음의 더 높은 단계를 향해 자신을 열게 된다.

그런데 이것이 그렇게 간단하지 않다. 상태 무게 중심이 이동하는 것은 '확실'하지만, 구조 무게 중심의 이동 여부는 특히 문화적 요인이나 사회적 요인 같은 아주 많은 요인들에 좌우되기 때문이다. 여기서 다시 기억할 점이 있다. 이 구조들이 '숨어' 있어서 단순히 '내면을 바라보기만' 해서는 숨은 구조들을 쉽게 대상화할 수 없다는 점이다. 이 구조들의 대부분은 숨어서 무의식으로 남아 있을 수 있고, 자주 그럴 것이다. 이미 살펴보았듯, 내관을 해도 이 숨은 지도들은 숨어 있지 않은 명백한 대상으로 바뀌지 않는다. 마찬가지로 명상을 많이 해서 **깨달음**에 이르러도, 자신이 여전히 따르고 있는 문법 규칙들은 못 볼 수 있다.

그러므로 명상이 '보장하는' 점은, 상태 무게 중심이 **깨어남**의 길에서 갈수록 높은 상태-단계들로 이동하리라는 것뿐이다. 하지만 **성장**의 길에서의 단계나 구조는 명상을 시작했을 때와 정확히 똑같은 수준에 머물러 있을 수 있다. 이 점을 잊지 말아야 한다. 바로 이런 이유 때문에 우리는 **통합명상**을 통해서 의도적으로 구조-단계들에 관심을 기울이고, 이것들을 명확하게 자각의 대상으로 만들려 한다. 일반적인 명상만 하면 이런 대상화가 이뤄지지 않을 수도 있기 때문이다. 그러나 **통합명상**을 통해 주체를 대상으로 만들면, 구조 주체structure-subject와 상태 주체state-subject 모두를 자각의 대상으로 만들고 초월해서, 양쪽의 길 모두에서 다음의 더 높은 단계로 나아갈 수 있다. 명상만으로는 이것을 해내지 못하고 되지도 않을 것이다. 부디 이 점을 마음에 새겨 두기 바란다.

하지만 예를 들어 현재 깨어 있는 상태에 있으면서 마음챙김 같은 명상을 시작하면, 한 가지는 거의 확실하게 일어날 수 있다. 바로 꿈의 상태에 있을 때도 서서히 자각을 하게 된다는 것이다. 요컨대 깨어 있는 상태에서만 **각성**Wakefulness을 경험하다가 꿈꾸는 상태에서도 **각성**을 경험하게 된다. 또 정묘 영역과 이 영역의 모든 비밀도 알고 인식한다. 이런 일은 비교적 미약하게 가끔씩만 일어난다. 혹은 강력하게 일어나서 거의 언제나 자각몽lucid dream*을 꾸게 될 수도 있다. 어떤 경우든 중요한 점은 상태 무게 중심이 확장되기 시작한다는 것이다. '초월과 포함'의 과정을 따라 갈수록 더 전체적이고 더 포괄적이며 더 포용적인 존재가 되는 것이다.

예를 들어, 여러분은 깨어 있는 상태에서 많은 것들을 자신과 동일시하는데 이것들이 대부분 거칠거나 물질적인 것들이라는 점을 알아차리기 시작한다. 물질적인 몸이나 집, 차, 옷 같은 소유물, 표정이나 성적 매력, 키 같은 상대의 두드러진 신체적 특징들, 돈과 재정 상태, 직업 등과 동일시하고 있다는 것을 알아차리는 것이다.

그런데 꿈의 상태에 들어가면, 이런 것들이 거의 존재하지 않는다. 그래도 자신이 변함없이 자신임을 알아차린다. 보통 자신과 동일시하고 있던 것들이 거의 전부 사라진 상태에서도, '나'는 모종의 '나의 존재성I-ness'으로 여전히 남아 있다. 이처럼 꿈의 상태에서는 평상시에 자신과 동일시하던 거칠고 물질적인 것들이 모두 존재하지 않거나 아주 다른 형태로 존재한다. 그래도 여러분은 여전히 여러분이다. '다른 어떤 사람'으로 등장하는 꿈을 꾸고 있을 때도 여러분은 여전히 여러분임을 느낀다. 꿈을 꾸는 **여러분**YOU과, 깨어나서 아침을 먹을 **여러분**YOU이 같은 것이다.

이것을 알아차리기 시작하면서 자각이 더욱 강해지면, 갈수록 모든 것이 이상하게 여겨진다. 깨어 있는 상태의 자신과 꿈을 꾸는 상태의 자신이 같음을 분명하게 느끼는데, 다른 것들은 전혀 비슷해 보이지

---

* 역주: 수면자 스스로 꿈을 꾸고 있다는 사실을 자각한 채로 꿈을 꾸는 현상.

않기 때문이다. 그러나 '깨어 있든' '자고 있든' 여러분 안에는 본질적으로 변하지 않는 어떤 인식이나 의식, **각성**이 있다. 깨어 있든 잠을 자든 여러분은 실제로 **깨어 있는**AWAKE 것이다. 이처럼 깨어 있을 때는 어쨌든 자신이라는 동일한 인식, 동일한 자신성You-ness, 동일한 내 존재I AM-ness, 동일한 의식이 있다. '깨어 있든' '자고 있든' 상관없이 아주 깊은 무언가가 여러분 내면에 있으며, 이 무언가는 동일하고 변함이 없다. 이것이 바로 자기감sense of self, 자기인식self-awareness이다. 이 자기감은 보통의 깨어 있는 상태에서 물질적인 몸과 자신을 동일시하는 에고와는 완전히 다르다. 이 자기감에서는 다른 무언가가 일어나고 있다. 무엇이 일어나고 있는 걸까?

이 자기감 속에서 여러분은 자신의 **실제 자기**Real Self 혹은 **진정한 자기**True Self, **본래면목**에 점점 가까워지고 있다. 모든 **위대한 전통**에서는 이 **진정한 자기**가 **영**Spirit 혹은 '**지고의 존재**'와 하나라고 주장한다. 앞으로 계속 살펴보고 곧 직접 체험도 하겠지만, 이것은 진정한 자기가 시간을 초월해 있고 영원하며 불생불멸한다는 것을 의미한다. 진정한 자기는 시간의 흐름 속에도 들지 않는다.

공안公案 중에 "부모가 태어나기 이전의 당신 **얼굴**, 당신의 **본래면목**(진정한 자기)을 보여 달라"는 것이 있다. 이것의 의미는 말 그대로이다. 우리는 부모가 태어나기 전부터, 우주가 존재하기 전부터, 시간이 생겨나기 전부터 진정한 자기를 갖고 있었다. 진정한 자기는 시간의 흐름 속에 전혀 들지 않기 때문이다. **진정한 자기**는 시간을 초월한 **지금**Now, 영원한 **현재**Present 의식이다.

상태의 무게 중심이 텅 빈 **주시**Witness(혹은 진정한 자기)와 비이원적 합일의식(**진정한 자기**가 **영**, 우주 전체와 합일된 상태의 의식)에 가까워질수록, 이 시간을 초월한 영원성은 더욱 분명해진다. 여기서 기억해야 할 점이 있다. '영원'이나 '무한'은 영원히 지속되는 시간을 의미하지 않는다는 점이다. 그것은 **시간 없는**without time 순간, 시간을 초월한 **지금** 혹은 **현재**를 의미한다. 비트겐슈타인Wittgenstein의 말처럼 "시간적으로 끝없이 지속되는 기간이 아니라 시간이 끊긴 상태timelessness를 영원성으로 받아들인다면, 영원한 삶은 **현재**에 사는 사람의 것이다." 그리고 진정한 자기는 이 시간이 끊긴 지금을 자각하고 있다. 이점에 대해서도 곧 알게 될 것이다. 명상을 통해 텅 빈 **주시**와 비이원적 **합일**이라는 두 개의 가장 높은 상태와 접촉하면, 이것을 직접 체험하고 실제적인 증거도 얻을 것이다. 그러니 그때까지 다음의 설명에도 주의를 기울여주기 바란다.

명상 수행이 깊어지면, 정묘한 꿈의 상태에서 다음의 더 높은 상태, 즉 꿈도 형상도 없는 순수한 원인의 상태-단계로 이동한다. 상태 무게 중심이 이렇게 계속 이동하면서 꿈 없는 깊은 상태로 들어가도, 무언의 자각은 계속된다. '꿈도 형상도 없는' 상태라 사실상 아무것도 존재하지 않아도, **여러분은 여전히 여러분**YOU ARE STILL YOU임을 아주 섬세하게 자각한다. 아주 미묘한 인식 혹은 심오한 **각성**, 순수한 의식이 여전히 존재하고, 여러분은 대상들이 있었을 때 느꼈던 것과 정확히 똑같은 나, **나의 존재**I AM-ness를 여전히 느낀다.

이런 상태-단계에 이른 사람들의 뇌전도는 독특한 뇌파패턴을 보여준다. 꿈 없는 깊은 수면 상태의 특징인 깊은 델타파와 깨어 있는 상태의 특징인 알파파가 함께 나타나게 된다. 이것은 두 상태가 동시에 존재한다는 것을 암시한다. 다시 말해, 꿈 없는 상태에서 각성되어 있는 것이다.

형상도 꿈도 없는 이런 상태는 우리에게 자기감이 무엇인지를 알게 해준다. **자기**Self는 어떤 대상과의 동일시에도 의존하지 않으며, **근본**

적으로 자유롭고 얽매임이나 구속 없이 해방되어 있다Free, Liberated, Released, Emancipated. 내가 대문자 S를 써서 'Self'로 표현한 것도 이 때문이다. 이 **자기**는 정말로 부모가 태어나기 이전, 빅뱅 이전, 시간이 생겨나기 이전부터 가지고 있던 **본래면목**에 아주 가깝다. 그러므로 고통이나 두려움, 갈망, 욕망, 증오에 묶여있지 않으며, **열려 있고 맑고 자유롭고 투명하고 광대하다**Open, Clear, Free, Transparent, Spacious. 이 **실제 자기**는 **영, 온우주, 모든 존재**와 하나이다.

처음의 세 가지 의식 상태를 간략하게 살펴보았으므로, 이제 가장 높은 두 개의 의식 상태를 경험하기 위한 수행으로 넘어갈 것이다. 가장 높은 두 개의 상태에서는 본래의 근본적이고 궁극적인 **지고의 정체성** 혹은 **진정한 자기**에 곧장 다가가 분명하게 느낄 수 있다. 여러분은 이 진정한 자기가 정말로 언제나 존재한다는 것을 알게 된다. 이 진정한 자기는 실제로 바로 지금, 지금 이 순간 여러분 안에 완전하게 현존하고 있다. 우리는 그저 여러분이 이것을 알아차리고 느끼도록 이것을 가리켜주기만 하면 된다.

물론 일반적인 명상 수행법을 택해서 모든 주요 상태-단계들을 충분히 거치는 것도 전혀 잘못된 방법이 아니다. 오히려 아주 바람직한 일이다. 모든 주요 전통에는 이런 수행에 도움이 되는 아주 훌륭한 책들이 수없이 많다. 또 지금은 전 세계 어느 도시나 읍에도 대부분 명상 센터나 수련원이 있다. 하지만 **깨어남**의 단계와 **성장**의 단계 양쪽을 모두 인식하고 있는 수련원은 없을 것이다. 그러므로 여러분이 만나는 스승들의 가르침을 신중하게 받아들여야 한다.

어쨌든 이제부터 이 전체 과정의 끝부분으로 곧장 넘어가서, **깨어남**의 길의 최종 결과인 **진정한 자기와 궁극의 합일의식**Ultimate Unity Awareness을 체험하기 위한 훈련을 몇 가지 해볼 것이다. 깨어 있는 상태

켄 윌버의 통합명상

와 꿈의 상태, 깊은 잠의 상태는 대부분의 사람들이 이미 어느 정도 알고 있을 것이다. 하지만 이 가장 높은 두 상태를 직접 경험하고 자각하는 사람은 극소수다. 그러나 사실은 두 상태 모두 언제나 존재하고 있다. 또 두 상태는 의식 상태들의 전체적인 전개 과정에서 마지막의 최고 정점을 구현하고 있다. 그럼, 이제 곧장 이 상태들로 옮겨가보겠다. 이런 것을 한 번도 접해본 적이 없다면, 장담하는데, 미리 충격에 대비를 해야 할 것이다.

투리야 : 지고의 주시

먼저 네 번째 주요 의식 상태인 **주시**Witness에 대해 알아보겠다. '**투리야**turiya'는 산스크리트어로 '네 번째'라는 뜻이며, 거친 상태와 정묘 상태, 원인 상태 다음의 네 번째 주요 상태를 가리킨다. 이 상태를 의미하는 일반적인 개념으로 '**그리스도 의식**Christ-consciousness'이나 플로티누스Plotinus가 말한 '**신적 정신**Nous', 요가철학에서 말하는 '**진아**Purusha' 등이 있으며, 전 세계에서 이런 개념을 찾아볼 수 있다.

이제 편안히 앉아 마음의 긴장을 풀고, 바로 지금 스스로 자기라고 느끼는 것을 알아본다. 아주 단순하게 스스로 자기라고 부르는 것을 알아차리는 것이다. 그런 다음 자신에게 그것을 짧게 설명해준다. 예를 들면 이렇다. '나는 ○살이고, 몸무게는 ○이고, 키는 ○이고, 대학은 ○를 나왔어. ○학위가 있고, ○일을 하고, 누구누구와 같은 관계를 맺고 있지. 컴퓨터로 작업하는 것을 좋아하고, 영화 보는 것도 즐기고, 음악도 모든 장르를 다 사랑해. 내 생일은 다음 주야.' 이런 식으로 계속하되 묘사는 간단하게 한다. 여기서 중요한 것은, 지금 자신이 이해하고 느끼는 자기의 전반적인 모습을 보편적이고 '객관적인' 시각에서 제대로 바라보고 인식하는 것이다. 이 예비 작업을 많이 할수록 이후에 **진정한 자기**를 만나기가 훨씬 쉬워진다. 그러니 몇 분만이라도 시간을 내서 자신에 대해 생각해본다.

그런데 여기서 주목할 점이 있다. 이 일에 **두 개의 자기**two selves가 관여하고 있다는 점이다. 하나는 여러분이 대상으로 인식한 자기, 즉 여러분이 이해하고 묘사한 자기이다. 여러분이 묘사한 것은 모두 여러분이 본 대상들이고, 이 대상들은 전부 자기와 관련해서 여러분에게 보인 것들이다. 다른 하나는 보는 일을 하고 있는 **자기**Self, 묘사하는 일을 하고 있는 **자기**, 실제로 **보는 자**Seer, **관찰하는 자기**Observing Self, **주시자**이다. 이 자기가 보는 일을 하지만, 이 자기를 볼 수 없다. 눈이 그 자신을 볼 수 없고, 혓바닥이 그 자신을 맛볼 수 없는 것과 같은 이치이다. 이 자기는 순수한 주체, 순수한 보는 자이지, 대상이나 보이는 어떤 것이 아니다. 20세기의 선 스승 젠카이 시바야마Zenkai Shibayama는 이것을 '**절대적 주체성**Absolute Subjectivity'이라고 불렀고, 라마나 마하르쉬Ramana Maharshi는 '작은 나'를 알아차리는 '큰 나'라는 의미에서 '**나-나**I-I'라고 했다.

이 보는 자를 찾으려 해도, 여러분은 결국 다른 것들만 보게 된다. 이렇게 본 것은 대상에 불과할 뿐, 진정한 주체나 진정한 보는 자, 진정한 자기는 아니다. 진정한 보는 자, 진정한 자기는 다음과 같이 알아차릴 뿐이다. '나는 산을 보지만 나는 산이 아니다. 내게는 감각이 있지만 나는 감각이 아니다. 나는 느끼지만 나는 느낌이 아니다. 나는 생각하지만 나는 생각이 아니다. 나는 보여질 수 있는 존재가 아니다. 나는 순수한 **보는 자** 자체이다.'

이 순수한 **보는 자, 주시자** 안에 머물 때는 눈에 보이는 것이 아무리

근사해도 어떤 특정한 대상을 보게 되지 않는다. 그보다는 **자유**Freedon 와 **열림**Openness의 느낌, 어떤 **공간**Space이나 **빈자리**Clearing만을 알아차린다. 자신을 어떤 대상과도 동일시하지 않고, 대상들의 **주시자**로 존재하기 때문이다. 대상들의 **주시자**로서 대상들에게서 **자유로운** 것이다. 느낌을 갖고 느낌을 자각하지만, 이 느낌이 여러분은 아니다. 그렇기 때문에 이 느낌에서 **자유롭다**. 생각을 갖고 생각을 자각하지만, 생각이 여러분은 아니므로 생각에서 **자유롭다**.

이제까지는 실제로 보이는 대상 중 어떤 것과 동일시해서 이것을 실제의 자기로 착각했다. 그러나 이것은 진정한 자기, 진정한 주체가 아니다. 그것은 대상에 불과하고, 눈에 보이는 어떤 것일 뿐이다. 진정한 **보는 자**는 아니다. 여러분이 방금 자신에게 묘사했던 그 첫 번째 자기는 사실 본래의 여러분이 아니다. 정말로, 진실로, 결단코 아니다. 사실 첫 번째 자기는 앞에서 이야기한 **성장**의 길의 기본 단계들에 있는 7~8가지 숨은 지도의 하나와 관련된 것이다. 어떤 경우든 이 첫 번째 자기는 작고 인습적이고 유한하며, **주시자**는 이 자기의 숨은 지도를 통해 세계를 바라본다.

그러나 마음챙김을 통해 주체를 대상으로 만들면, 더 높은 다음 단계의 인습적인 자기와 이것의 숨은 지도가 드러난다. 여러분이 다시 이 새로운 단계의 인습적인 자기와 동일시하면, **주시자**는 이것의 숨은 지도를 통해 세계를 바라보고, 이 지도의 특성에 따라 세계를 이해하고 해석한다. 이렇게 계속 모든 주체, 모든 숨은 지도들을 대상화해서 이것들로부터 벗어나면, 어느 시점에서 순수한 **보는 자, 진정한 자기, 주시자, 절대적 주체성**만 남고, 완전한 **열림**과 **공**Emptiness, 순수한 **자유**를 느낀다. 그리고 나면 마지막 단계인 비이원적 합일의식으로 옮겨간다. 이것에 대해서는 다음에 살펴볼 것이다.

우리는 **보는 자**를 보이는 어떤 것과 동일시하고 있다. 전 세계의 명상 전통들에서는 우리가 이렇게 정체성을 심각하게 잘못 판단해서 희생자처럼 살아간다고 주장한다. 한 예로, 요가의 가르침들을 집대성한 인도의 파탄잘리Patanjali는 그의 위대한 저서 《요가 수트라》에서 깨닫지 못한 무지한 자아ego가 '**보는 자**를 보는 도구와 동일시'*했기 때문이라고 주장했다.

보는 자, 주시자는 무한하고 **영**Spirit과 하나이다. 반면에 보이는 자기, 작은 자아는 유한하고 부분적이고 제한적이고 분열돼 있으며 두려움으로 가득 차 있다. **주시자**는 두려움 없는, 두려움의 **주시자**이다. **주시자**는 삶의 희생자가 아니라 삶의 **주시자**이다. 눈에 보이는 작은 자기나 대상으로서의 자기가 아니라, 진정한 **보는 자, 실제 자기**가 자신임을 깨달으면, 광대한 **자유와 해방감, 열림**, 안과 밖의 모든 대상들이 매 순간 시시각각 일어나는 투명하고 **광대한 장**Spaciousness이나 **공간**Space, **빈자리**Clearing만 느껴진다. 그래서 **깨달은 이**the Awakened들은 우리의 본성을 '이것도 저것도 아니다'**라는 뜻으로 '네티, 네티neti, neti'라고 했다. 진정한 나는 이것도 저것도 아니고, 보이는 어떤 것이나 대상도 아니라는 의미이다. 진정한 나는 광대한 **열림, 빈자리**와 같으며, 이 자리에서 모든 삼라만상이 매 순간 일어난다. 지금, 이 순간, 바로 지금.

이 광대하게 열린 상태에서는 순수한 **내 존재**I AM-ness를 지속적으로 느낀다. 여러분이 알아차리든 아니든, 이 항존하는 의식은 꿈 없는 깊

---

* 《요가 수트라》 2장, 6절.
** 이 산스크리트 문구는 베단타 철학의 탐구 방식이기도 하다. '이것도 아니고 저것도 아니다'라는 제거 과정을 통해 진아Self에 이르는 것이다.

켄 윌버의 통합명상

은 잠 속에서도 존재한다. 내 존재I AM-ness를 여러분은 사실 언제나 지속적으로 경험하고 있다. 이것이 늘 존재하기 때문이다. 예를 들어, 한 달 전 오늘 자신이 무엇을 했는지 기억 못할 수도 있다. 하지만 그 때도 내 존재는 분명히 현존하고 있었다. 십 년 전, 백 년 전, 천 년 전에 한 일을 기억할 수는 없지만, 그때도 내 존재는 현존하고 있었다.

이것은 내 존재가 문자 그대로 영원히 계속된다는 의미가 아니다. 내 존재는 시간을 초월해 있으며, 시간을 초월한 현재의 순간, 순수한 **지금의 순간**Now-moment 속에 산다. 시간의 흐름에 걸려들지 않기 때문에 그에게는 모든 시간이 현재인 것이다. 이렇듯 **주시자**는 시간을 꿰뚫기 때문에 시간에서 **자유롭고**, 이것도 저것도 아니다.

'영원eternity'의 진정한 의미는 영원히 지속되는 시간이 아니다. 영원은 시간에서 자유로운 순간, 시간을 초월한 **지금의 순간**Now-moment 혹은 순수한 **현재**Present를 의미한다. 비트겐슈타인의 말처럼 "시간적으로 끝없이 지속되는 기간이 아니라 시간을 초월한 상태timelessness를 영원으로 받아들인다면, 영원한 삶은 **현재**에 사는 사람의 것이다." 그러므로 인식하든 못하든, 여러분은 순수한 내 존재에 이미 언제나 뿌리를 두고 있으므로, (순수한 내 존재에 머물 때는) 이미 언제나 영원 속에 살고 있다.

그런데 **주시자**는 어떻게 아무런 노력도 없이 **지금의 순간**을 알아차리는 걸까? 여러분이 원하는 과거의 어느 순간을 떠올려본다. 여러분은 과거의 이 순간이 실제라고 생각하겠지만, 여러분이 직접 인식하는 것은 과거의 순간에 대한 기억이 전부이다. 이 기억이 지금의 순간 속에서 일어나는 것일 뿐이다. 지금 실제로 일어나는 것은 과거에 대한 생각이라는 말이다. 또 과거의 순간이 실제로 일어났을 때, 과거가 정말로 실제였을 때는 그 과거도 지금의 순간에 현존하고 있었다. 마찬가지로 미래의 어떤 사건을 그려본다. 미래에 대한 생각도 현재의 것, 지금 순간의 것이다. 그리고 미래가 현실이 되거나 실제로 일어날 때는 이 미래 역시 지금의 순간이 될 것이다.

현대 양자역학의 공동창시자인 슈뢰딩거Schrödinger도 "현재는 끝이 없는 유일한 것이다"고 했다. 지금의 순간이 지금 또 지금 계속해서 펼쳐지기 때문에 정말로 존재하는 것은 지금의 순간뿐이다. 우리의 의식 안에 실제로 들어오는 것도 이 지금의 순간뿐이다. 주시자는 언제나 지금의 순간만을 알아차린다. 이 말은 주시자가 영원 속에 산다는 것을 의미한다.

어떤 영적 수행법들에서는 '현재에 살거나' '지금 여기에 존재'할 수 있도록 현재의 순간에만 주의를 집중하고, 과거나 미래에 대한 생각은 배제하라고 가르친다. 그러나 이런 가르침은 과거와 미래에서 분리된 협소한 현재, 스쳐가는 현재를 알려줄 뿐이다. 시간을 초월한 진정한 지금은 애써 성취해야 할 것이 아니라, 어떤 경우에도 피할 수 없는 것이다. 진정한 지금은 여러분이 자각하는 모든 것이며 영원하다. 시간을 초월해 있으며, **모든 시간을 포함하는 현재**all-time Present 속에 현재와 과거, 미래의 모든 생각들을 포함하고 포용하고 있다.

"부모가 태어나기 이전부터 갖고 있던 얼굴, 즉 본래면목을 보여 달라"는 공안公案을 다시 생각해보자. 부모가 태어나기 이전부터 갖고 있던 **자기**Self를 보여 달라고? 그렇다. 이 본래면목의 의미는 심오하지만 말 그대로이다. 이 말은 은유나 상징이 아니다. 제대로 바라보면 본래면목을 직접적인 체험적 사실로 받아들이게 된다. **본래면목**은 **진정한 자기, 주시자, 진정으로 보는 자**이며, 여러분의 부모가 태어나기 이전부터 존재하고 있다. 시간의 흐름 속에 결코 들지 않으며, 시간을 초월한 지금에 존재한다. 시간의 흐름을 자각하지만 시간 속에 있지 않다.

시간을 초월해 있으며, 이런 초월이 영원의 진정한 의미이다. 주시자는 이렇게 지금의 광대하고 텅 비고 열린 빈자리에서 일어나는 모든 대상과 사건, 사물들을 언제나 완벽하게 **주시한다.**

그리스도는 '아브라함 이전부터 **나는 존재한다**ɪ ᴀᴍ'고 했다. 정확히 맞는 말이다. 또 하느님은 '**나는 존재하는 자이다**ɪ ᴀᴍ ᴛʜᴀᴛ ɪ ᴀᴍ'라고 했다. 역시 정곡을 찌르는 말이다. 진정으로 존재하는 자는 순수한 내 존재ɪ ᴀᴍ-ness를 즉각적으로 직접 느낀다. 나는 이것이라거나 저것이라고 느끼는 게 아니라, 내 존재ɪ ᴀᴍ-ness 자체를 즉각적으로 직접 순수하게 느끼는 것이다. 그리고 이 내 존재ɪ ᴀᴍ-ness가 바로 시간을 초월한 본래면목이다. 부모가 태어나기도 전, 우주가 탄생하기도 전, 시간이 생겨나기도 전부터, 바로 지금도 갖고 있는 것! 바로 지금 여러분이 느끼고 있는 내 존재ɪ ᴀᴍ-ness. 이 본래면목을 여러분은 자각하고 있는가? 다른 무언가로 나타나기 이전의 있는 그대로의 그것을? 바로 그것이다! 그것은 늘 그대로이다! 그것은 늘 있어 왔으며, 늘 있을 것이다.

그러므로 어떤 대상을 마음챙김할 때도 여러분은 실제로 순수한 **주시자** 안에만 머문다. 사건들이 시간을 초월한 **지금**Now을 통해 오고 갈 때도, 사건들이 여러분을 통해, 여러분의 **주시하는 의식**Witnessing awareness을 통해 오고갈 때도, 여러분은 시간을 초월한 **지금**Now을 주시한다. 이 **주시하는 의식**은 존재했던 모든 것, 존재하는 모든 것, 존재할 모든 것의 광대한 **바탕 없는 근본 바탕**groundless Ground이다. 이 광대하게 열린 **빈자리에서** 모든 것이 일어난다. 시간을 초월한 현재에 시간을 초월한 현재가 계속 이어지고, 이처럼 시간을 초월한 현존Presence도 계속된다.

내 존재ɪ ᴀᴍ-ness에 대한 현재의 이 순수한 느낌, 존재Being에 대한 이 분명하고도 즉각적인 느낌을 여러분은 지금 자각하고 있는가? 현재 **존**

재Being하고 있다는 이 분명한 느낌을? 이 느낌이 바로 여러분의 **진정한 자기, 실제 자기**이다. 이는 이런 저런 일시적이고 유한한 물결들을 초월해 있으며, 모든 것의 **바탕**Ground이자 **근원**Source, **주시자**이다.

그러므로 대상이 아닌 이 **주시하는 의식**의 순수한 느낌 속에 머문다. 이 의식을 철저하게 끝까지 가져가서, 우리가 동일시하고 대상화했던 모든 것들을 놓아버린다. 여러분의 진정한 **핵심**Core은 어떤 특정한 단계에 묶여있지도, 숨은 지도를 갖고 있지도 않다. 전혀, 아무것도 갖고 있지 않다. 여러분은 진실로 네티, 네티. 이것도 저것도 아니다. 지금 인식하는 사건이나 사물, 대상은 모두 제한적이고 겉으로 드러나 있는 대상 세계의 일부일 뿐이다. 여러분은 이 모든 것에서 철저히 **자유롭고 자유롭다**. 이 순수하고 무한한 **자유**의 상태 속에 머물면서, 어떤 한계나 경계도 없이 광대하게 빛나는 이 **자유**를 느껴본다. 안과 밖에서 어떤 대상이 일어나든, 즉각 이 대상과의 동일시에서 벗어난다. 여러분은 이것도 저것도 아니기 때문이다. 그리고 맑고 투명한 **거울 같은 마음**Mirror-Mind으로 어떤 저항이나 집착, 긴장도 없이, 존재하는 모든 것을 순수하게 비추면서 어떤 대상이든 일어나고 싶은 대로 일어나게 둔다. 이렇게 순수한 **주시자**, 순수하게 **관찰하는 자기**, 진정으로 **보는 자**, 모든 것이 일어나는 자리이지만 어떤 것과도 동일시하지 않는 자리, 즉 광대한 **빈자리**나 **열린 공간**으로 존재한다.

이런 수행으로 여러분은 모든 유한한 주체들을 **무한하고 절대적인 주체**의 대상으로 만든다. 이 **절대적 주체**는 주체와 객체 모두를 초월해 있으며, 모든 주체와 객체들이 생겨나는 **빈자리** 혹은 **공간**과 같다. 어디서나 모든 주체들을 **진정한 자기** 혹은 **진정으로 보는 자**의 대상으로 만들면, 여러분은 모든 것에서 철저하게 완전히 자유로워진다.

영원히 진정으로 자유로워라

모든 것의 유일한 주시자여.

그러나 자신을 분리된 자로 보면

그대는 구속되고 말지니.*

　지금까지 우리는 바로 위의 구절처럼 살아왔다. **진정한 자기** 혹은 순수한 **보는 자**를 보이는 어떤 것과 동일시했다. 이로써 스스로를 얽어매고, 자신의 무한한 **실제 조건**Real Condition을 끌어내렸다. 유한하고 제한적이며 부분적이고 쪼개진 고통의 영역으로 스스로를 몰아넣은 것이다. 이로 인해 끝없는 고통과 실망을 피하지 못하고, 삶은 끝없는 불만과 고통, 충족되지 않는 순간들로 가득 차버렸다. 소로우Thoreau가 그의 저서《월든Walden》에서 한 유명한 말처럼, 많은 사람들이 '말없이 자포자기의 삶'을 살아가게 돼버렸다. 올리버 웬델 홈즈Oliver Wendell Holmes가 말했듯 "자기 안의 그 모든 음악을 들어보지도 못하고 죽게" 돼버린 것이다. 그러나 작고 유한한 대상들에서 벗어나면 진정으로 **자유**로워질 수 있다. 말이 필요 없는 사실이다!

　이 자유는 근본적인 자유, 어디서든 모든 대상에서 벗어난 자유, 전 우주에서 벗어난 자유, 모든 영역의 모든 현상에서 벗어난 자유이다. 본래면목이 지닌 자유, 영의 완전한 자유, 내 존재I AM-ness의 완벽한 자유이다. 나의 키나 몸무게, 직업, 이름, 신체 등등과 자신을 동일시하기 이전에 순수한 내 존재가 지닌 자유. 다른 무언가가 되기 이전, 내 존재I AM-ness 자체의 순수하고 분명한 느낌, 대상으로서의 자기가 아닌

---

* 《아시타바크라 기타Ashtavakra Gita》 1.7(토마스 바이롬Thomas Byrom 번역),
《자각의 본질The Heart of Awareness》, 보스턴: 샴발라 출판사, 1990, 2쪽.

진정한 자기가 지닌 자유이다.

그러나 성장의 길을 따라가는 동안 여러분은 특정한 단계나 이 단계의 숨은 지도를 자신의 작고 인습적이며 유한하고 주관적인 자기와 동일시한다. 그러면 주시자는 작은 자기와 지도를 통해 세계를 보고, 눈에 보이는 것들을 이 지도를 통해 해석한다. 주시자도 숨은 지도가 있다는 것은 모르기 때문이다. 단순히 내면을 들여다보거나, 눈에 보이는 것들을 인식하거나 주시하기만 해서는 아무것도 알 수 없다고 했던 말을 떠올려본다. 주시자는 여러분이 어떤 단계에 있든 그 단계의 지도로 세계를 바라보고 해석한다. 주시자가 작고 주관적인 자기를 알아차리고 이 자기를 대상으로 바라볼 때도, 주시자는 이 작은 자기의 숨은 지도나 형태는 보지 못한다. 이 점에 주목해야 한다. 주시자는 그저 작은 자기가 만들어내는 온갖 단어와 문장, 글, 문단을 볼 뿐, 이 모든 것을 결합시키는 문법은 보지 못한다. 바라보거나 주시하기만 해서는 이 문법을 볼 수 없다.

그래서 깨어남의 길에서는 한 상태 한 상태씩 나아갈 수는 있어도, 자신이 성장의 길에서 어떤 단계를 거치고 있는지는 전혀 알지 못한다. 숨은 지도는 **주시자**나 **진정한 자기**에게도 여전히 숨은 채로 남아 있다. **주시자**는 7~8개의 방식 중 하나로 세계를 해석하고 있다는 것도 알지 못한다. **의식**Awareness 속에 **지금**Now 비춰진 모습이 그런 것이기 때문에, 부지중에 숨은 지도를 사용하고 있다는 것을 인식하지 못하고 그저 이 지도를 통해 세계를 해석한다.

이로 인해 열심히 마음챙김 수행을 해도 **성장**의 더 높은 단계에는 이르지 못한다. 숨은 지도를 마음챙김의 대상으로 삼지 않아서, 숨은 지도가 정말로 완전하게 감춰진 채로 남아 있기 때문이다. 숨은 지도를 마음챙김의 대상으로 삼지 않으면, 문법 규칙도 대상으로 만들 수 없다. 세계 어느 곳의 명상 체계도 문법의 숨은 규칙들은 보여주지 못하고, 어느 곳의 명상가들도 이 규칙들을 자각하지 못하고 있다. 숨은 지도도 마찬가지이다. 이로 인해 숨은 지도와 문법은 무의식으로 남아 있다.

이 '무의식unconsciousness'은 보통의 전형적인 무의식과는 다른 것이다. 우리의 자아는 충격적으로 여겨지는 것이 있으면, 이것을 억압하고 부정하고 분리하고 부인한 후 지하실 같은 전형적인 무의식 속으로 추방시켜버린다. 하지만 여러분이 숨은 지도를 모르거나 알아차리지 못하는 이유는 숨은 지도를 억압하거나 피하거나 싫어하거나 부인해서가 아니다. 단지 숨은 지도가 거기 있다는 것을 모르기 때문이다.

숨은 지도에 대해 배우고, 숨은 지도가 거기 있다는 것을 알고, 숨은 지도를 적극적으로 찾아내려 한다면, 숨은 지도는 의식 위로 아주 빠르고 쉽게 모습을 드러낼 것이다. 반대로 그렇게 하지 않으면, 세계를 해석하기 위해 아무리 적극적으로 열심히 노력해도, 숨은 지도는 계속 우리도 모르게 무의식 속에 숨어 있을 것이다.

다시 요점을 정리하면 이렇다. 숨은 지도가 거기 있다는 것을 명확히 알고 찾아내야만, 자신의 시스템 안에 숨어 있는 여러 단계의 지도들을 전체적으로 명확하게 파악해야만, **통합이론** 같은 것으로 숨은 지도를 경계해야만, 이 숨은 지도를 의도적으로 마음챙김의 대상으로 삼을 수 있다. 그래야 이 숨은 주체를 자각할 수 있고, 이 지도들과의 동일시에서 벗어나 이것들을 내려놓을 수 있다. 이렇게 하지 않으면, **성장**의 길에서 다음의 더 높은 단계가 나타나도, **주시자**는 이 단계의 인습적인 자기가 지닌 숨은 지도를 통해 세계를 바라보고 해석한다. 이런 점들을 깨닫지 못하면 아무리 주시를 해도 숨은 지도는 보지 못한다. 숨은 지도는 여전히 무의식에 굳건히 남아서 적극적으로 영향을 미친다.

그러면 **주시자**는 계속 이 숨은 지도를 통해 세계를 바라본다. 이 **주시하는 의식**을 충분히 알고 깨달아도 마찬가지이다.

하지만 숨은 지도가 거기 있다는 것을 알고 이 지도의 기본적인 특성들을 파악하면, 이것들에 초점을 맞춰 숨은 주체들을 대상으로 만들 수 있다. 그러면 다시 또 이것들을 초월하고 놓아버리면서 위의 단계로 올라간다. 이런 것이 바로 **통합적 마음챙김**이다. 성장의 단계들에 대한 지식과 깨어남의 상태들을 위한 수행을 결합해, 진화의 현 시점에서 가장 높은 깨어남의 상태와 가장 높은 성장의 단계에, 즉 완벽하고 완전하며 전체적인 깨달음에 이르는 것이다.

이것은 진화가 계속됨에 따라 **깨달음도** 계속 진화하리라는 점을 암시한다. 이 점은 맞다. 아니면 반만 맞을 수도 있다. 전통적으로 **깨달음**을 흔히 '**공**Emptiness과 모든 **형상**Form*의 의식적 결합'으로 정의하기도 한다. 여기서 **공** 자체는 진화하는 것이 아니다. 공에는 움직이는 부분이나 유한한 현현顯現, 진화하는 것이 전혀 없다. 은유적으로 공은 시간을 초월한 불변의 **존재**Being이다. 그러므로 **공**이 제공하는 **자유**도 시간을 초월한 불변의 자유이다.

반면에 **형상**의 세계는 **되어감**Becoming의 세계처럼 분명하게 진화한다. 쿼크에서 원자, 분자, 세포, 유기체로 나아가듯 진화의 주요 단계들 모두 이전의 단계를 초월하고 포함한다. 이로써 각각의 단계들은 갈수록 더욱 완전해지고, 현현계에서 갈수록 더 나은 **형상**을 보여주면서 더 전체적이 된다. 예를 들어, 세포는 분자를 초월하고 포함하기 때문에 더욱 완전하다. 또 분자보다 더욱 복합적이기 때문에 더 나은 형상

---

* 역주: 본서에서 말하는 형상Form은 불교의 공空과 대비되는 색色으로 이해해도 무방하다.

켄 윌버의 통합명상

을 지니며, 분자의 **전체성**Wholeness을 초월하고 포함하기 때문에 더욱 전체적이다. 이런 식으로 계속 이어진다.

그러므로 오늘날의 현자들이 2천 년 전의 현자들보다 깨달음을 통해 더욱 큰 자유를 얻는 것은 아니다. 시간을 초월한 불변의 공이 주는 자유는 똑같기 때문이다. 그러나 성장의 길을 충분히 경험했을 경우, 오늘날의 현자는 실제의 구조 혹은 단계를 2~3개 더 많이 포함하고 있을 것이다. 완전한 깨달음을 얻고도 앰버색이나 오렌지색의 단계에 머물러 있는 대신, 형상의 세계에서 최소한 청록색의 **통합적 단계**에 있을 것이라는 말이다. 그러므로 2천 년 전의 현자보다 오늘날의 현자가 경험한 깨달음이 더 **완전하고**, 더 나은 **형상**을 갖고, 더 **포괄적**일 수 있다. 진화가 끊임없이 '새로움을 향해 창조적 진보'*를 하고, 이전의 것들을 '초월하고 포함함으로써 갈수록 위대하고 명백한 전체Wholes를 창조하고, 오늘날의 현자는 비이원적 합일의식 속에서 이 **전체**와 하나가 될 것이기 때문이다.

그러므로 **성장**의 길과 **깨어남**의 길 모두를 기준으로 삼아 깨달음을 다시 정의하면, 깨달음이란 '언제든 진화 과정에서 나타난 가장 높은 구조-단계structure/level와 가장 높은 상태state 양쪽 모두와 하나가 되는 것'이다. 앰버색의 단계에 있을 때의 깨달음은 앰버색의 세계와 하나가 되는 것이고, 오렌지색의 단계에 있을 때의 깨달음은 오렌지색의 세계와 하나가 되는 것이고, 녹색 단계에 있을 때의 깨달음은 녹색의 세계와 하나를 이루는 것이다. 그리고 통합적 단계에 있을 때는 통합적 세계와 하나를 이루는 것이 깨달음이다.

---

* 알프레드 노스 화이트헤드Alfred North Whitehead, 《과정과 실재: 유기체적 세계관의 구상》, 뉴욕: 맥밀런, 1929, 42쪽.

통합적 단계는 현재 진화의 최첨단에 있는 것으로서 본질적으로 세계 어디에서나 다가갈 수 있는 가장 높은 단계이다. 그렇기 때문에 **가장 완전한 형상**을 보여준다. 물론 통합적 단계 아래의 모든 단계들에서도 합일의식에 이를 수는 있다. 하지만 이 낮은 단계들에서 경험하는 합일의식은 상위의 단계들에서 경험하는 합일의식보다 덜 **완전하고** 덜 **전체적**이다. 그래서 '**깨달음도 덜 완전하다**(less enlightened).'

하지만 이 덜 완전한 **깨달음**도 당시로서는 '완전한 깨달음'이었다. 진화의 더 높은 단계들이 아직 생겨나지 않아서 당시의 단계가 세계 전체에서 가장 높은 단계로, 가장 위대한 전체성으로, 가장 큰 형상으로 여겨지던 때에는 이 덜 완전한 깨달음이 가장 '완전한 깨달음'이었다는 말이다.

이렇듯 당시의 단계와 가장 고차원적인 비이원적 합일 상태가 당대의 깨달음을 이룬다. 그리고 진화와 더불어 깨달음도 갈수록 완전해지지만, 깨달음이 주는 자유가 더욱 커지는 것은 아니다. 개인적으로 나는 이런 표현이 늘 마음에 들었다. 이런 표현은 고대의 현자들과 진화를 모두 응당히 인정해주는 것이고, 둘 모두 중요하기 때문이다.

투리야티타: 궁극의 비이원적 합일의식

깨어남의 가장 높은 상태인 비이원적 합일의식에 대해 이야기했으니, 이제 이 상태를 짧게나마 직접 체험할 수 있도록 몇 가지 훈련을 해보겠다.

순수한 **주시**가 선사하는 궁극의 **자유**는 아주 깊은 진리, 즉 우리는 결코 매 순간 떠오르는 어떤 대상들 중의 하나가 아니라는 진리에 기초하고 있다. 가장 깊은 **본성**Nature에서 우리는 그것들 **모두**ALL와 하나이기 때문이다. 맞는 말이다. 우리는 모든 곳에서 일어나는 모든 사건이며 사물이고 주체이며 객체이다. 정말로 우리는 영원히 현존하는 합일의식 상태에 있다. 이 상태에 있을 때 우리의 **진정한 주시자**는 거친 상태와 정묘상태, 원인 상태 중 어떤 상태를 주시하든 그것과 하나가 된다. 그럼 이제 이것을 직접 경험해보자.

먼저 편안하게 앉아 긴장을 푼다. 그런 다음 나무나 탁자, 컵, 컴퓨터, 건물처럼 바로 지금 의식 속에 떠오르는 대상을 하나 선택한다. 이제 **주시자**의 자세를 취한다. 순수한 **보는 자, 관찰하는 자기**의 입장에서 이 대상을 바라보라는 말이다. 이렇게 바라보는 동안, 다음과 같이 '네티, 네티'의 과정을 통과한다. '나는 감각을 갖고 있으나 감각이 아니며, 느끼고 있으나 느낌이 아니며, 생각하고 있으나 생각이 아니다. 나는 이것들이 아니라 이것들의 **주시자**이며 순수하게 **관찰하는 의식**Observing Awareness이다.'

이제, 대상을 바라보는 동안 **관찰하는 자기, 구경꾼**Looker이 사라져버리게 둔다. 바라보는 대상 자체에만 온전히 초점을 맞춰서 **관찰자**Watcher의 의식을 전부 내려놓는 것이다. 마치 대상이 스스로 존재했던 것처럼 여러분의 의식 안에서 떠오르게 둔다. 그런 다음 이 대상의 느낌이 완전히 스스로 일어나 홀로 존재함으로써 관찰자의 느낌을 밀어내게 둔다. 여러분은 이 대상을 보고 있지 않다. 여러분도 존재하지 않는다. 여러분의 맑고 텅 빈 의식의 장에서 떠오르는 대상만 있을 뿐, **구경꾼**은 없다. 대상으로서 홀로 떠오르는 대상만 있을 뿐이다. 오로지 대상뿐이다.

더글라스 하딩Douglas Harding은 그의 영적인 고전《머리 없음에 대하여 On Having No Head》*에서 이런 상태를 머리가 없는 상태 headless state 라고 불렀다. 설명을 하자면 이렇다. 대상에 대한 인식이 계속 떠오를 때, 이 인식이 여러분의 어깨 위, 즉 머리가 있다고 생각하는 바로 그 자리에서 일어난다는 점에 주목한다. 다시 말하면, 여러분은 어깨 위에 있는 머리를 정말로 볼 수는 없다. 머리가 있다고 생각하는 자리, 즉 어깨 위에서 여러분이 볼 수 있는 것은 **대상**뿐이다. 여러분의 직접적인 경험, 즉 여러분이 실제로 인식하는 것에 대해 말하자면, 여러분의 머리를 여러분은 볼 수 없다. 앞으로 약간 튀어나와 있는 두 살점의 희미한 윤곽, 즉 코만 보일 뿐이다. 여러분의 직접적인 인식 속에서 머리는 그저 하나의 커다란 빈 공간, 빈자리, 순수한 **공** 자체이다. 그런데 주의 깊게 보면, 대상은 실제로 이 텅 빈 **공간 안에** 있다. 그 대상은 여러분의 머리가 있다고 생각하는 바로 그 텅 빈 공간 안에 있는 것이다. 사실 여러분이 직접 인식하는 것은 이것이 전부이다.

그러므로 여기가 '얼굴의 안쪽'이고 저기가 '얼굴의 바깥쪽'인 것은 아니다. 저 밖의 모든 것은 사실 여기, 얼굴의 안쪽, 머리가 있다고 생각하는 바로 그 어깨 위에서 일어난다. 실제로 저 밖의 세계, 우주 전체는 얼굴의 안쪽에서, 여러분의 안에서, 머리가 있다고 생각하는 바로 여기에서 일어난다. 그리고 머리는 모든 대상이 매 순간 일어나고 있는 그 완전한 **빈자리**나 **공간** 속으로 사라진다. 여러분은 매 순간 일어나고 있는 **모든 것**과 하나이다. 여러분은 대상을 보는 자가 아니라 바로 그 대상이다. 산을 보는 것이 아니라 여러분이 산이다. 그것은 바로

---

* 더글러스 하딩 Douglas Harding,《머리 없음에 대하여: 선과 명백한 것의 재발견 On Having No Head: Zen and the Re-discovery of the Obvious》, 런던: 불교 협회, 1961.

여기에서, 여러분의 머리가 있던 자리에서 일어난다. 여러분이 지구를 느끼는 것이 아니다. 여러분이 지구이다. 여러분이 구름을 보는 것이 아니라 구름이다. 얼굴의 이쪽, 머리가 있던 바로 그 자리, 여러분의 안에서 매 순간 일어나고 있는 현현 세계 전체가 바로 여러분이다.

그러므로 '여러분'이라는 느낌은 **모든** 공간으로 확장된다. 한 때는 '저 밖'이었지만 지금은 여러분과 완전히 하나인 그 광대한 공간으로 확장되는 것이다. 여러분이 바로 그 공간이며, 그 광대함이며, 그 열린 빈자리이다. 모든 것이 일어나는 이 공간의 느낌과 여러분의 느낌, 즉 텅 비고 열려 있으며 머리가 없는 느낌은 하나의 같은 느낌, 하나의 같은 것이다. 여러분이 이 공간이고, 이 공간이 여러분이다. 그리고 모든 것은 이 머리 없는 여러분/공간 혹은 광대함 속에서 일어나고 존재한다. 여러분이 이 방 안에 있는 것이 아니라, 이 방이 여러분 안에 있다. 여러분의 머리가 있던 이 열린 빈자리 안에, 여러분의 광대한 비이원적 의식 안에 방이 있는 것이다.

초감 트룽파 린포체Chögyam Trungpa Rinpoche는 언젠가 **깨달음**에 대한 지적인 정의가 아닌, 깨달았을 때의 느낌을 이렇게 표현했다. "하늘이 커다랗고 푸른 팬케이크로 변해서 머리 위로 떨어진다."* 좀 웃기게 들리겠지만 깨달았을 때의 느낌은 정확히 이렇다. 여러분과 '분리'된 채로 '저기 밖'에 있던 하늘이 뭔가로 변해서 여러분의 머리 위로 '떨어지는' 것 같다. 이렇게 저기 바깥에 있던 것을 이제는 직접 접촉하고 이것과 하나가 된다. 저기 바깥의 것은 사실 여러분의 머리가 있다고 생각했던 바로 그 자리에 존재하기 때문이다. 이 넓고 푸른 창공은 여

---

* 초감 트룽파, 《목적 없는 여행: 부처의 탄트라 지혜Journey without Goal: The Tantric Wisdom of the Buddha》, 보스턴: 샴발라 출판사, 1981, 136쪽.

러분의 머리 없는 어깨 위에 존재하며, 깨달음의 순간 여러분은 **이것과 하나가 된다.**

일어나는 모든 것과 머리 없이 하나 됨을 느낀다는 것은 진정한 합일의식에 이르렀다는 희미한 표시이다. 머리의 **공**과 하나가 된 것이다. 이 공은 여러분의 시야로는 볼 수 없다. 맑게 열려 있는 공간과 같은 것이기 때문이다. 그리고 이 공은 일어나는 모든 것들의 **형상**과 하나이다. 바로 이것이 합일의식이다. 이 합일 상태에서는 완벽한 **자유**를 경험한다. 일어나는 어느 하나의 사건이나 사물과도 동일시하지 않기 때문이다. 그래서 이 모든 것으로부터 **자유롭다.** 뿐만 아니라 완벽한 **충만함**Fullness도 경험한다. 어떤 것과도 동일시하지 않지만 **모든 것**과 하나이기 때문이다. 그래서 얼굴의 안쪽에서, 머리가 있던 자리에서, 안에서 일어나는 우주 전체가 곧 **자신임을** 느낀다.

이로 인해 여러분은 하늘도 맛볼 수 있게 된다. 정말로 하늘을 맛본다. 여러분과 하늘이 그만큼 가깝기 때문이다. **보는 자**와 보이는 것이 전혀 분리되어 있지 않다. **보는 자**와 보이는 것은 정말로 접촉하고, 여러분의 머리가 있던 바로 그 자리에서 **일미**One Taste를 이룬다. 태평양을 바라보다가 손가락으로 집어 올려 손에 쥘 수도 있다. 바로 그 자리에서 이런 일은 너무도 쉽다. 둘이 너무도 가까이 있기 때문이다.

그런데 기억해야 할 점이 있다. 합일의식을 경험해도, 붉은색의 마법적 단계나 앰버색의 신화적 단계, 오렌지색의 합리적 단계, 녹색의 다원적 단계, 청록색의 통합적 단계 같은 **특정한 발달 단계에 여전히 머물러 있을 수 있다는 점이다.** 그래서 사건들이 펼쳐질 때, 자신이 현재 머물러 있는 단계와 숨은 지도의 관점에서 계속 사건들을 해석한다. 합일상태를 완전히 경험해도, 여전히 신화적이거나 다원적이거나 통합적인 방식으로 이 합일상태를 해석하리라는 말이다. 그리고 숨은 지도는 경험하지 못한다. 이 지도의 존재를 알고 찾으려 하지 않으면, 이 경험을 이해하고 해석하는 방식을 숨은 지도가 지배하고 있다는 사실도, 자신의 단계도 전혀 알아차리지 못한다.

이 머리 없는 합일경험은 마법적 단계나 신화적 단계, 합리적 단계, 다원적 단계, 통합적 단계 중 어디에서나 할 수 있다. 하지만 일어나고 있는 일은 전혀 자각하지 못할 수도 있다. 이것이 바로 전 세계의 모든 명상 체계들이 그들의 명상 체계나 실제에 대한 이론 속에서 숨은 지도-단계들을 다루지 않은 이유이다. 합일상태는 완벽하게 아는 반면, 숨은 지도-단계에 대해서는 전혀 인식하지 못했기 때문이다.

깨어남의 길의 상태들과 **성장**의 길의 구조들을 결합시키면, 그림 2-2와 같은 '**윌버-콤즈 격자**Wilber-Combs Lattice'를 얻어낼 수 있다. 나와 앨런 콤즈Allan Combs 박사는 각자 독자적으로 연구를 했는데도 이렇게 본질적으로 똑같은 생각을 하게 되었다. 수직축에 있는 것은 훌륭한 발달 모형들에서 가져온 **성장**의 길의 의식 구조들이다. 이미 살펴본 것처럼, 거의 모든 발달 모형들이 기본적으로 6~8개의 동일한 발달 단계들을 강조한다. 하지만 이 그림에서는 수직축에 **통합이론**이 제시한 7개의 기본 단계를 표시했다. 이 7개의 단계들은 무지갯빛의 고도 발달 단계들을 요약적으로 총괄해서 보여준다.

위의 가로축에는 4~5개의 주요한 의식 상태를 표시했다. 이미 살펴본 것처럼, 완전하거나 충분한 **깨어남**의 길들은 전부 왼쪽에서부터 차례대로 오른쪽의 의식 상태로 나아가는 것을 강조하는 경향이 있다. 또 이 상태들에 따로따로 초점을 맞춰볼 수도 있는데, 그러면 다음과 같은 결과들이 나타난다. 거친 영역 전체와의 합일은 **자연 신비주의**Nature mysticism를 낳고, 정묘 영역과의 합일은 **신성 신비주의**Deity mysticism를, 무형상의 원인/주시자 영역과의 합일은 **무형 신비주**

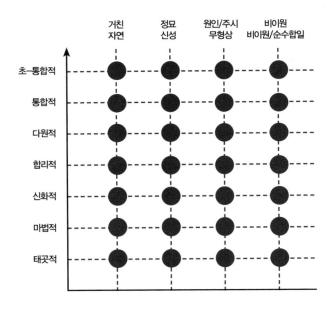

거친　　　　정묘　　　원인/주시　　비이원
자연　　　　신성　　　무형상　　비이원/순수합일

초–통합적

통합적

다원적

합리적

신화적

마법적

태곳적

그림 2-2 **윌버-콤즈 격자**

의 Formless mysticism 혹은 **심연 신비주의** Abyss mysticism를, 궁극의 비이원
적 영역과의 합일은 **비이원 신비주의** Nondual mysticism **혹은 순수 합일 신
비주의** pure Unity mysticism를 낳는 것이다. 이 결과들도 주요상태들과 함
께 상단의 가로축에 표시해 두었다.

　여러 번 되풀이했듯, 우리가 목표로 삼아야 할 핵심은 역사의 어느
시기에든 당시의 가장 높은 구조를 통해서 최고의 상태를 경험하는 것
이다. 오늘날의 목표는 기본적으로 통합적 구조를 통해 비이원적 상태
를 체험하는 것이 될 것이다. 그러면 **초통합적 단계**의 가장자리에 설
것이다.

　성장의 길과 **깨어남**의 길이라는 두 과정과 관련해서 중요한 점은 둘
모두 발달의 영역이라는 것이다. 두 과정은 세계적으로 인정받은 일련

의 단계들을 통해 성장하고 발전하며 진화한다. 그리고 이 단계들은 우리가 훈련하고 수행할 수 있는 것들이다.

지속적인 연구 결과들에 따르면, 우리는 이 단계들을 건너뛰거나 비켜갈 수는 없지만 더욱 빠르게 통과할 수는 있다. 그리고 성장을 가속화하는 가장 기본적인 방법은 두 발달 축에 있는 단계들을 전체적으로 파악하는 것이다.

이를 뒷받침해주는 예로, 연구자들은 훌륭한 발달 지도나 모형의 기본적인 사실들을 배우기만 해도, 발달의 6~8단계를 더욱 빠르고 신속하게 통과할 수 있다는 점을 보여주고 있다. '모든 4분면과 모든 단계, 모든 라인, 모든 상태, 모든 유형'을 포함하고 있는 발달 지도들은 **정신활성적**psychoactive이다. 인간이 받아들일 수 있는 모든 주요한 발달 과정을 수용하고 있기 때문이다. 그러므로 이것들에 대해 배우기만 해도 이것들은 활성화된다. 그 다양한 단계와 영역들이 활성화돼서 더욱 빠르게 이것들을 통과하며 발전할 수 있다. 우리에게 주어진 미래를 우리는 이렇게 상당한 정도까지 만들어갈 수 있다.

인류의 변용을 위한 '컨베이어 벨트'

영적인 **성장**의 단계들을 포함하는 성장의 주요한 6~8단계들을 발견한 덕에 우리는 몇 가지 사실들을 깨우치게 되었다. 그 가운데 하나는 영적인 발달 단계, 다시 말하면 **영성지능**spiritual intelligence의 거의 모든 발달 단계에 다양한 사람들이 존재한다는 사실이다. 모든 주요한 종교 전통에서도 이런 사실을 확인할 수 있다. 우리가 여기서 이야기하는 것은 **깨어남**의 길에서 하는 직접적인 **영적 경험**spiritual experience이 아니라, 성장의 길에서 나타나는 **영성지능**이다. 이미 살펴보았듯 이 둘은 인간이 할 수 있는 영적 참여의 주요 형태이며, 성장의 길과 깨어남의 길이라는 두 개의 주요한 발달 유형에서 비롯된다.

우리에게는 6~8개의 주요한 발달 구조를 통한 영적 성장의 길이 있고, 4~5개의 주요한 발달 상태를 통한 영적 깨어남의 길이 있다. 이것에 대해서 곧 충분히 설명할 것이므로, 지금은 두 개의 발달 과정을 살펴보았다는 이야기만 하고 넘어가겠다. 하나는 6~8개의 주요한 발달 구조를 통해 **통합적 단계와 초통합적 단계**에까지 이르는 것이고, 다른 하나는 4~5개의 주요한 발달 상태를 통해 비이원적 합일에 이르는 것이다. 그런데 여기서 알아둬야 할 점이 있다. 이 각각의 발달 과정에 영적으로 개입할 수 있다는 점이다.

깨어남의 길의 과정들은 아주 분명하다. 세계의 위대한 관상 전통이나 영적인 명상 전통의 핵심에 이 깨어남의 길이 있기 때문이다. 그런데 최근의 연구에 따르면, 성장의 길에서 어떤 구조-단계에 있든, 이 구조-단계를 통해 자신의 영적인 깨달음을 해석한다고 한다. 앞으로 살펴보겠지만, 이런 사실은 영적인 개입을 완전히 새롭고 중요한 관점에서 바라보게 해준다.

6~8개의 구조-단계를 통한 성장의 영적인 차원에서, 중요한 점은 같은 영성 라인을 따르는 경우에도 6~8개의 구조-단계 어디에나 있을 수 있다는 것이다. 예를 들면, 같은 기독교 내에도 마법적 기독교나 신화적-문자적 기독교, 합리적 기독교, 다원적 기독교, 초기적인 통합적 기독교를 믿는 사람들이 모두 있는 것이다. 이런 현상은 힌두교나 불교, 도교, 이슬람교, 유대교 등에서도 나타난다. 이런 종교의 신자들도 다양한 구조-단계에 걸쳐 있다.

신학자 제임스 파울러James Fowler는 선구적으로 신앙의 단계, 즉 영성지능의 구조-단계들을 탐구했다. 그 결과 피연구자들이 약 6~7개의 주요 단계를 거친다는 점을 발견했다. 그가 발견하고 이름 붙인 이 모든 단계들은 확실히 태고 단계와 마법적 단계, 마법적-신화적 단계, 신화적 단계, 합리적 단계, 다원적 단계, 통합적 단계의 변형이나 마찬가지이다. 물론 영성라인에서 이것은 예상할 수 있는 일이었다. 영성지능도 다중지능의 하나로서 다른 모든 라인들처럼 6~8개의 똑같은 주요 발달 단계를 통과할 것이기 때문이다. 파울러의 연구 결과도 이런 생각이 사실임을 정확하게 확인해주었다.

더스틴 디퍼나Dustin DiPerna는 현재 가장 재능 있는 아퀄AQAL 통합이론가의 한 명이다. 그는 **통합영성**Integral Spirituality의 핵심 원리를 뒷받침하는 또 다른 증거들과 참신한 적용법들을 제시하기 시작했다. 더불어 발달의 4가지 주요 벡터―구조와 구조-단계 혹은 **견해**Views, 상태와 상태-단계 혹은 **관점**Vantage Points*―도 제시했다. 그는 또 **마법적 단계와 신화적 단계, 합리적 단계, 다원적 단계, 통합적 단계의 견해**, 거친 상태와 정묘 상태, 원인 상태, 주시 상태, 비이원적 상태-영역의 **관점**을 이용했다. 이를 통해 오늘날 기독교와 이슬람교, 힌두교, 불교에 실제로 5개의 단계/수준들이 존재한다는 점을 예시했다.

《통합영성Integral Spirituality》**에서 내가 지적했듯, 이것은 종교가 실제

---

* 더스틴 디퍼나, 《지혜의 흐름 속에서: 통합적 영성 발달을 위한 고급 길잡이In Streams of Wisdom: An Advanced Guide to Integral Spiritual Development》 (2014), 더스틴 디퍼나 & H. B. 어거스틴(편집), 《다가오는 물결: 통합적 시대의 진화, 변용, 그리고 행동The Coming Waves: Evolution, Transformation, and Action in an Integral Age》(2014)

** 《켄 윌버의 통합 영성: 근대와 탈근대 세계에서 종교의 놀라운 새 역할Integral Spirituality: A Startling New Role for Religion in the Modern and Postmodern World》, 보스턴: 샴발라 출판사, 2006, 9장.

로 인류 전체의 변화에 '컨베이어 벨트'와 같은 역할을 한다는 점을 보여준다. 종교는 실제로 성인成人이 6~8개의 주요 발달 단계에 있을 수 있는 유일한 영역이다. 적어도 몇몇 라인에서는 그렇다. 예컨대 자연과학에서는 모든 것이 순수한 합리적 단계의 산물이다. 자연과학은 마법적 단계에 있던 사람을 변화시켜서 신화적 단계와 합리적 단계를 거친 후 더 높은 단계로 나아가게 도와주지 못한다. 자연과학 자체가 그럴 수 있는 토대를 전혀 다루지 않기 때문이다.

하지만 종교는 이런 토대를 다룬다. 그래서 전 세계의 모든 위대한 종교 **전통**에서는 마법적 단계와 신화적 단계, 합리적 단계, 다원적 단계, 통합적 단계의 전형적인 존재들을 발견할 수 있다. 기독교를 살펴봐도 그렇다. 기독교의 마법적이고 신화적인 요소들은 잘 알려져 있다. 기독교의 근본주의 분파들은 기독교에 나오는 신화 같은 이야기들을 한 치도 틀림없는 절대적인 진리, 하느님의 말씀으로 받아들인다.

한편 합리적인 계몽주의 시대의 위대한 선구적 과학자들은 거의 모두가 합리적인 기독교인이거나 이신론자理神論者*들이었다. 20세기 말에 생겨난 예수 세미나Jesus Seminar도 마찬가지이다. 예수 세미나는 모여서 예수의 역사성을 공부하는 집단이었다. 또 최근의 예로는 은퇴한 성공회 주교 **존 셸비 스퐁**John Shelby Spong을 들 수 있다. 그는 다원주의적이고 탈근대적인 단계의 시각에서 기독교에 관한 글을 쓰고 있다. 이외에 **통합적 기독교**Integral Christianity에 대해서 우호적으로 글을 쓰는 이들도 있다. 《통합적 기독교Integral Christianity》를 쓴 폴 스미스Paul Smith

---

* 역주: 이신론자들은 신의 존재를 믿었지만 기적이나 예언 등을 부정하고, 인간의 이성과 합리성을 바탕으로 종교에 접근해야 한다고 생각했다.

도 그런 예이다.

그렇다면 모든 것을 고려할 때, 인간이 할 수 있는 영적 참여의 두 가지 기본 형태(**깨어남**에서의 의식 상태와 **성장**에서의 의식 구조)에 대한 연구는 우리에게 무엇을 말해주는가? 만일 우리가 포괄적인 입장에 가까운 것을 원한다면, 이 연구에서 최소한 두 가지의 중요한 점을 얻어낼 수 있다.

첫 번째는 어떤 전통이든 **깨어남**의 분파들에서 하는 수행법을 소개해야 한다는 점이다. 아직 소개를 안 한 전통들은 적어도 사람들이 이런 방법들을 활용하게 해주어야 한다. 사실 모든 전통에는 이런 '비밀스럽고' '내적인' 가르침을 가진 학파들이 있다. 이 학파들은 명상이나 관상을 통해 개인들이 **신성** the Divine과 더욱 깊이 연결되어 여러 가지 높은 상태들에 이르도록 해준다. 또 많은 경우에는 **지고의 정체성** Supreme Identity 같은 가장 높은 상태에도 이르게 해준다. **지고의 정체성**에 이르면 **모든 존재의 궁극적 바탕** ultimate Ground of all Being을 직접 자각하고 체험해서 **대해탈**에 이를 수 있다.

드문 경우지만, 유용한 관상 분파들이 별로 없는 종파도 있다. 이럴 땐 같은 전통의 다른 학파나, 필요하다면 다른 전통에서 빌려와야 한다. 깨어남의 차원이 전혀 없이 존재한다는 것은 받아들일 수 없는 일이기 때문이다. 가혹하게 들리겠지만 이러한 것은 전적으로 정당한 판단이다.

여러 면에서, 모든 형태의 영성이 해야 할 핵심적인 역할은 살아 있고 필수적이며 깨어 있는 존재의 **바탕 없는 바탕** groundless Ground of Being, **진정한 본성** True Nature, 모든 지각 있는 존재들의 **실제 자기, 지고의 정체성**으로 직접 안내해주는 것이기 때문이다. 실제로 거의 모든 전통에서는 이것을 인간 조건의 **최고선** summum bonum으로 여기고 있다.

여기서 잠시 생각해볼 문제가 있다. 깨달음에도 **마법적 깨달음, 신화적 깨달음, 합리적 깨달음** 등이 있다. 그리고 동양의 전통에서 바라보는 깨달음의 전형적인 정의를 받아들인다면, 깨달음은 '공과 **형상**의 합일, 혹은 무형의 **신성** Godhead과 개인의 합일을 실현하는 것'이다. 이 정의는 성장의 6~8단계 어디서든 깨어남의 길에서의 깨달음을 경험할 수 있다는 것을 말해준다. 중요한 점은 바로 이것이다. 가장 높은 단계인 비이원적 깨달음을 포함해서, 사실상 깨어남의 모든 상태-단계를 성장의 모든 구조-단계에서 경험할 수 있다. 그리고 이 경험은 신화적 단계나 합리적 단계, 다원적 단계 같은 구조-단계의 조건에 따라 정묘 상태나 원인 상태, 비이원 상태 같은 상태-단계를 경험하는 것으로 해석될 것이다.

요컨대 어떤 구조-단계에서 깨달음이 일어나든 깨달음은 **공**과 **형상**의 결합을 의미한다. 그리고 **공**이라는 요소는 **성장**의 모든 단계에서 본질적으로 똑같다. **공**은 '형상이 전혀 없는' '완전무결한' 것이기 때문이다. 반면에 **형상**이라는 요소는 매 단계마다 아주 다르게 나타난다. 형상은 발달과 진화를 겪기 때문이다.

예를 들어, 앰버색의 신화적 단계에 있는 개인도 그에게 보이는 **형상**의 세계 전체와 합일되거나 하나가 될 수 있다. 그러나 그의 세계는 신화적 단계까지의 **형상**만을 포함할 것이다. 합리적 단계나 다원적 단계, 통합적 단계의 세계는 모두 그의 머리 위에 있기 때문이다.

신화적 단계의 개인은 이 단계들의 실제 구조와 실제 현상, 실제 세계들과 하나가 아니고 하나가 될 수 없다. 그의 의식 속에는 이런 세계들이 아예 존재하지도 않고, 존재하지 않는 것과는 어떤 식으로도 하나가 될 수 없기 때문이다. 그러므로 신화적 단계의 개인도 정말로 '합일'을 경험하지만, 그가 경험하는 '합일의식'은 완전하고 완벽한 합일

켄 윌버의 통합명상

이 아니다. 그의 합일은 부분적이고 제한적이며 불완전하고 단편적인 것이다.

두 번째 중요한 점은 다음과 같다. 각각의 전통이 그들의 고유한 가르침을 전달하는 '컨베이어 벨트'를 충분히 활용해서, 개개인들이 통합적 단계의 영성에 이를 때까지 **깨어남**의 길은 물론이고 **성장**의 길까지 제대로 걷도록 도와야 한다는 것이다. 그래야 합일의식을 깨우치게 될 경우에 실제적이고 진실하며 완전한 합일을 경험할 수 있다. 이제까지 출현하고 진화해온 모든 단계의 **형상**, 즉 모든 세계를 포함하는 합일을 경험하는 것이다. 이것은 포괄성이 단지 말뿐인 이상ideal이 아니라 인간의 명백한 실상actuality으로 자리 잡은 사회, 진실로, 실제로 **포괄적인** 사회를 창조하고 유지하는 데에도 그대로 적용된다.

발달에 대한 연구들이 분명하게 보여준 것처럼, 첫 번째 층의 단계에서는 그 특성상 진정한 포괄성이 불가능하다. 필수적인 복합성과 이것의 통합을 인식하지 못하기 때문이다. 하지만 통합적인 단계나 두 번째 층의 단계들에서는 역사상 최초로 진정한 포괄성이 실제로 가능해진다. 더불어 이 포괄성을 실행할 수 있는 정신적 역량과 완전함도 주어진다. 교육과 정치체계는 발달의 이런 실제적 사실을 고려해야 한다. 여러분이 원하는 발달 목표가 UN의 '지속가능한 발전 목표Sustainable Development Goals'*에서 이야기하는 것처럼 포괄성에 있다면, 발달 자체를 목표로 삼고 시작해보는 것은 어떨까?

이 두 번째 요점은 우리가 이제까지 받아들이고 있던 깨달음의 정의

---

* 역주: 2015년 유엔 총회에서 채택된 전 세계적인 발전 목표로서 17개 항목으로 이루어져 있으며, 단 한 사람도 소외시키지 않는 것을 슬로건으로 삼고 있다.

를 새로이 수정하게 해준다. 즉 역사 속에서 그 당시까지 진화해온 최상의 상태 그리고 최상의 구조와 하나 되는 것을 깨달음으로 정의하게 해준다. 오늘날 최고의 상태와 최고의 구조는 비이원적 상태와 통합적 구조이다. 기원전 2천 년에는 원인 상태와 신화적 구조였을 것이다. 당시에 원인 상태, 그리고 신화적 구조와 하나를 이룬 사람은 그 시점에서 드러난 우주 전체와 정말로 하나였을 것이다. 그들의 '합일의식'은 당시로서는 최고였을 것이다. 진화의 그 시점이 가진 조건 내에서는 그들도 **깨달았던** 것이다.

그러나 어떤 이들의 생각처럼 진화는 '**활동 중인 영** Spirit-in-action'과 같으며 '새로움을 향한 창조적 진보' 속에서 끈질기게 계속 나아가고 있다. 그러므로 오늘날 완전하게 하나를 이루고 진정으로 전체적인 존재가 되려면, 비이원적 상태와 통합적 구조에 이르러야 한다. 그래야 완전한 **깨달음**을 얻을 수 있다.

그러므로 두 번째 주요 요점에 따라, '컨베이어 벨트'의 제도화를 통해서 어떤 **전통**의 주요 교리든 영적 **성장**의 구조-단계들의 언어와 용어로 제시해주어야 한다. 그러면 어린 시절에는 마법적 단계의 종교적 모습을 보고 영적인 발달을 시작해도, 중등학교 시절에는 신화적 단계의 종교적 모습으로 옮겨가고, 사춘기가 되면 합리적 관점을 갖는 단계로 나아갈 수 있다.

이후 성장을 계속할 경우, 성년기 초반에 다원주의적 관점을 갖고, 완전하게 성장하면 드디어 그들의 **전통**이 제시하는 통합적 관점으로 나아갈 수 있다. 그리고 이 **전통**이 갖고 있는 **깨어남**의 길과 결합할 경우, 이런 통합적 관점은 인간이 이를 수 있는 가장 완전하고 포괄적이며 파급력이 큰 영적 참여가 일어날 것이다. 이로써 이제까지 **활동 중인 영**, 즉 진화가 만들어낸 가장 높은 상태와 가장 높은 구조에 이른다.

이렇게 가장 높고 밝은 것을 완전하게 성취하는 것은 모든 지각 있는 존재들의 소망이다.

'더 전체적'이 된다는 것과 '더 전체적인 합일의식'의 형태

궁극의 비이원적 합일상태와 관련해서, 여러분의 **본래면목**, 비이원적 **여여**Suchness, **진여**Thusness, 현재와 매 순간의 **있음**Isness에 익숙해지는 데는 물론 시간이 필요하다. 궁극의 비이원적 합일상태는 여러분 자신의 **본원적 존재**Primordial Being와 **되어감**Becoming, **바탕 없는 바탕**groundless Ground, **원천 없는 원천**sourceless Source, 진화 자체의 목적 없는 **목적**goalless Goal, 인간과 모든 지각 있는 존재들의 최고선이다. 이 순수한 비이원이나 합일상태에서 특히 '공'의 요소는 '**형상**'의 요소 속에 무한히 많은 것들을 포함할 수 있다. 우리가 이미 살펴본 의식의 6~8개의 구조(형상)도 마찬가지로 포함하고 있다.

그래도 몇 가지 다른 요소들을 더 보태면, 합일의식은 이 요소들까지 포함해서 그 '형상'이나 '**완전함**Fullness'이 더욱 증가할 것이다. 그러면 합일은 실제로 점점 더 **전체적**Whole이 된다. 앞에서 발달의 6~8단계 어디서나 **공**과 **형상**의 합일상태를 경험할 수 있다고 했던 말을 기억해 본다. 예를 들어, 앰버색의 단계에서 합일을 경험한다면, 여러분은 실제로 여러분이 인식하는 세계 전체와 분명한 합일을 경험할 것이다. 물리적 우주(원자와 분자, 별, 은하계 등)에서부터 생물학적 우주(식물과 파충류, 포유류, 가이아 등), 정신적 우주(적외선의 태고 단계에서부터 지금 여러분이 도달해 있는 앰버색의 신화적 단계까지)에 이르기까지 여러분이 인식하는 세계 전체와 합일을 경험하는 것이다.

그러나 앞에서 '신화적 단계의 깨달음'을 예로 들어 설명했던 것처럼, 정신적 우주에서 여러분이 정말로 신화적인 단계에 있다면 '여러분의 머리 위'에는 아직 몇 개의 세계가 더 있다. 그리고 이런 세계들과는 하나가 **될 수 없다.** 오렌지색의 합리적 세계나 녹색의 다원주의 세계, 청록색의 통합적 세계 등과는 하나가 될 수 없는 것이다. 그래도 여러분은 이것을 간극이나 결핍으로 직접 경험하지는 않는다. 이것을 전혀 인식하지 못하기 때문이다. 여러분은 그저 여러분이 인식하는 세계에서만 순수한 합일을 경험할 뿐이다. '나의 세계'가 사실은 가능한 것보다 더 제한적이고 좁다는 것도, 나의 '합일 경험'이 훨씬 깊고 **전체적**일 수 있다는 것도 인식하지 못하고 말이다.

진화하는 **형상**이 현현된 세계의 모습들에 대해서 우리가 지속적으로 배워야 하는 이유도 여기에 있다. 이 세계에 대해서 많이 알수록, '합일의식'이 형상의 세계 속으로 더욱 많이 확장되고 **완전함**이 증가한다. 그러면 '합일의식'이 더욱 **전체적이고** 포괄적이고 도덕적이며 더욱 포용적이고 광범위하고 깊어진다. 공과 **형상**의 합일이 본질적으로 확장되면, **깨달음** 자체도 마찬가지로 확장된다.

그래서 다음 장에서는 더욱 폭넓은 확장과 전체성, 깊이를 위해 '4분면'과 '라인'이라는 요소들을 소개할 것이다. 이 요소들은 우리가 소개한 상태, 구조와 함께 확장성을 더욱 증가시켜줄 것이다. 또 그 자체로 흥미로울 뿐더러, 진화의 산물인 **형상**과 **완전함**의 세계를 더욱 많이 포함해서 우리의 기본적인 합일의식, **본래면목, 진정한 본성, 여여**를 직접 북돋아주기도 하는 요소들도 소개할 것이다.

화이트헤드Whitehead는 **영**Spirit에 근원적 본성Primordial Nature과 결과적 본성Consequent Nature이라는 두 가지 기본적인 모습이 있다고 했다. 근원적 본성은 우리가 말하는 '**공**'처럼 시간을 초월한 불변의 성격을 띤다.

켄 윌버의 통합명상

한편 결과적 본성은 **활동 중인 영**이나 **에로스**, 진화가 만들어낸 결과나 산물의 총합을 말한다. 이런 산물들은 **되어감**Becoming의 지속적인 흐름 속에서 새롭고 창조적인 모습으로 끊임없이 나타난다. 이것은 동양의 전통에서 영을 '니르구나 브라만Nirguna Brahman'과 '사구나 브라만Saguna Brahman'으로 나누어 본 것과 비슷하다. 니르구나 브라만은 모든 특성을 초월해 있는 순수한 **영**으로서 '**공**'에 상응하는 것이고, 사구나 브라만은 **존재**Being-**의식**Consciousness-**지복**Bliss 같은 특성 혹은 성격을 지닌 **영**을 말한다. 어떤 이들은 **사랑**과 **창조성**, **진·선·미**도 사구나 브라만의 특성으로 본다.

다시 말하면, 핵심은 이렇다. **근원적 공**의 순수하고 완전무결한 근본적 **자유**는 시간 속에서 자라나거나 진화하거나 움직이는 게 아니다. 하지만 **영**이 현현된 **형상들**은 분명하게 성장하고 발전하고 진화하면서 매 순간 더욱 커다란 **전체성**Wholeness을 만들어낸다. 이 **완전함**Fullness을 자각할수록 우리는 이것과 더욱 많이 하나가 되어, 우리의 합일 **본성**Nature은 한 겹 한 겹 더욱 전체적인 층을 쌓아가면서 깊어진다. 이런 과정은 결코 끝나지 않는다. 이것은 인간이 언제나 완전한 **현재**의 길 위에 있다는 것을 의미한다. 결코 끝나지 않으며 **깨달음**이 언제나 갈수록 많이 펼쳐지는 길 위에 있는 것이다. 우리는 목표 없는 길 위에서, 기약 없이 목적지를 향해 가고 있다. 경계 없는 탐색과 한계 없는 자각으로, 갈수록 증가하는 **전체성**의 영원히 희미한 수평선을 향해 가고 있다. 이것이 우리가 아는 유일한 삶이다. 지금 충분히 완벽하지만 결코 끝이 없는….

위대한 완성과 근원적 회피

시간을 초월한 **지금**의 순수하고 완전한 **일미**, 순수한 합일의식이 그 광대하고 텅 비어 있으며 투명하게 열려 있는 합일 속에 머무는 상태에 대해 말해보겠다. 우주에서 일어나는 모든 것들은 우리 안에서, 머리도 생각도 없는 고요하고 순수하며 광대한 **의식**Awareness 안에서 일어난다. 생각이 일어나면, 이 전체적 합일이나 **위대한 완성**Great Perfection 의 일부로서 일어나게 그대로 둔다. 에고나 분리된 자아가 일어나면, 전체적 합일이나 위대한 완성의 일부로서 일어나게 그대로 둔다. 통증이나 고통이 일어나면, 전체적 합일이나 위대한 완성의 일부로서 일어나게 그대로 둔다. 이것을 이해한다는 생각이 들면, 이런 생각도 전체적 합일이나 위대한 완성의 일부로 일어나게 그대로 둔다. 이해가 안 되는 부분이 있으면, 이런 생각도 전체적 합일이나 위대한 완성의 일부로 일어나게 그대로 둔다. 여러분이 이해를 하든 못하든, 이 늘 존재하는 지금의 순간, 머리 없는 비이원적 **의식**은 그대로이다. 저절로 자발적으로 일어나면서 세계 전체를 포용한다. 그러니 편하게 그대로 받아들인다. 그것을 늘 그래왔다.

순수한 **주시** 상태에서든 궁극의 **비이원적 합일** 상태에서든, 우리가 인식하는 세계에서 일어나는 모든 것은 **신성과 영, 위대한 완성**의 완벽한 현현이다. 그것은 하나의 거대한 그림, **존재하는 모든 것의 전체 그림**Total Painting of All That Is*과 같다. 주변 세계 전체와 여러분 내면의 모든 것은 이 모든 것을 포함하는 **전체 그림**의 한 부분이다. 그리고 다른

---

* 이후부터 독자들의 가독성을 위해 '전체 그림'으로 옮겼다.

여느 그림들처럼 이 그림 속에도 밝은 부분과 어두운 부분, 언덕과 계곡, 높은 곳과 낮은 곳, 선명한 곳과 흐린 부분이 있다. 우리는 이런 부분들을 통상적으로 즐거움과 고통, 선과 악, 더 나은 것과 못한 것, 고급스런 것과 저급한 것처럼 '좋고' '나쁜' 영역으로 판단한다.

그러나 **전체 그림**이 존재하려면 이 모든 것들이 필요하다. 그림에서 어둡고 흐리고 그늘진 부분들을 전부 없애버리면, 그림은 그냥 존재를 멈춘다. 완전히 하얗고 밝은 부분만 남으면 북극의 눈보라처럼 아무런 특성도 파악이 안 될 것이다. 일어나는 모든 사건과 사물들은 이 위대하고 광대한 **전체 그림**에 꼭 필요한 본질적인 부분들이다.

전체 그림과 관련해서 결정적으로 중요한 점이 있다. 우리의 의식이 완전하게 자각하는 전체가 곧 이 그림이기도 하다는 점이다. 우리가 **전체 그림**의 **모든 것**을 중립적으로 **주시**하든 숙고하든, 우리가 **그 모든 것**과 비이원적으로 하나가 되든 결합하든, '**모든**' 부분이 중요하다. 우리의 본원적인 **의식**은 모든 것을 있는 그대로 수용하고 아우른다. **의식의 장**Awareness Field에서 일어나는 모든 사건과 사물을 하나도 빠뜨리지 않는다. **그 모든 것**을 완전하게 **주시**하든, **그 모든 것**과 함께 완전히 **하나**가 되든, 우리의 의식은 '**그 모든 것**', 다시 말해 **전체 그림**의 모든 것을 포용한다. **전체 그림**의 모든 것을 인식하고 이해하고 접촉한다.

그런데 가까이 살펴보면, 많은 경우 우리가 인식하고 싶어 하지 않는 것들도 있다. 크든 작든 중요하든 사소하든, 무시해버리거나 고개를 돌려버리거나 도망치고 싶은 것들이 있다. 몸의 불쾌한 느낌이나 불편한 생각, 주변의 고통스러운 광경 등 불유쾌하고 고통스럽고 우울하고 불안하게 만드는 것들, 가까이 하기에는 너무 고통스러워서 조금이라도 **의식**을 거두어버리고 싶은 것들, 외면하고 회피하고 도망쳐버리고 싶은 것들이 있다.

처음의 이 단순한 회피 속에 인류의 모든 고통이 있다. 이 한 발자국으로 인해 천국에서 지옥으로 떨어진다. **전체 그림**의 **위대한 완성**이 주는 완전한 **자유**와 **충만함**Fullness에서 회피하는 존재로 전락하는 것이다. 무한 앞에서 좁고 유한하고 작고 인습적이고 분리된 자기로 움츠러드는 이 자기수축은 정말로 모든 고통의 근원이다. 이 자기수축으로 인해 비이원적인 광대한 **의식**은 하나의 유한한 주체와 이에 맞선 유한한 객체들로 분리된다. 또 **의식**이 충분히 완전하게 쉴 수 있는 그 **충만함**Fullness과 **총체성**Totality, **전체 그림**도 잃어버린다.

우리는 **의식**이 일어나서 모든 존재하는 것에 치우침 없이 편안하게 닿도록 그대로 두어야 한다. 회피하거나 물러나거나 위축되지 않고, 고통을 불러오는 도피의 기제나 내면의 긴장도 없이 그대로 두어야 한다. 존재하는 모든 것의 전체 그림을 그저 순수하고 넓고 비어 있고 맑고 편안하고 수용적인 상태로 어디서나 위축됨 없이 비추거나 곧장 하나가 되어야 한다. 전체 그림의 모든 모습들을, 온갖 아름답고 멋진 모습으로 현현된 우주 전체를 그 빛과 어둠, 높음과 낮음, 즐거움과 고통, 위와 아래까지 전부 하나의 **전체**로서 비추고 이것과 하나가 되어야 한다. **존재하는 모든 것**All That Is 속으로의 이 **완전한 이완**Total Relaxation이 우리의 순수한 **보는 자, 실제 자기, 본래면목**, 순수한 **내 존재**I AM-ness이다. 나아가 머리가 있다고 생각했던 바로 그 자리에서 일어나는 **전체 그림**과 **주시하는 자기**의 합일이기도 하다.

그러나 **근원적 회피**Primordial Avoidance는 이런 합일의 상황과 충돌해서 이 합일의 **장**Field을 조각내버린다. 이 장을 분리하고, 산산이 부수고, 판단해서, **의식**할 만한 좋은 것과 **회피**Avoidance해야 할 나쁜 것으로 나눠버린다. 이로 인해 우리는 사건들이 자연스럽게 떠오르는 이 **전체**

장Total Field, 우리의 **의식**이 완전하게 비추고 편안하게 받아들여야 할 전체 장에서 물러난다. 어떤 불유쾌함 앞에서 모호하게 얼굴을 돌려버리고, 그냥 움츠러든다. 안 보는 게 좋을 사소한 어떤 것이 있기 때문이다. 이런 **근원적 회피**는 근원적 경계Primordial Boundary로 세계를 단절시켜버리며, 좋은 것과 그렇지 않은 것으로 세계를 나눠버린다. 이로 인해 합일의 전체 장은 우리 주위에서 부서지고 뭉개지고 무너져 내리면서 무수한 조각들로 쪼개진다. 이 작고 가련한 조각들을 우리는 천천히 하나하나 다시 이어 붙여야 한다.

이렇게 서로를 적대시하는 양편이 전면적으로 충돌하면, 합일의 장은 쪼개져버리고 만다. 선 대 악, 즐거움 대 고통, 호감 대 혐오, 욕망 대 공포, 이해 대 억압, 끌림 대 불쾌, '나' 대 '내가 아닌 것' 등으로 나뉘는 것이다. 우리는 삶의 모든 양극에서 긍정적인 것만을 좇고 부정적인 것들은 피한다. 즐거움만 있고 고통은 없는 삶, 좋은 것만 있고 나쁜 것은 없는 삶, 사랑만 있고 두려움은 없는 삶을 원한다. 그러나 즐거움과 좋은 것, 호감과 사랑만 있는 삶을 실현하는 것은 불가능하다. 왼쪽 없는 오른쪽, 하강 없는 상승, 밖 없는 안, 바닥 없는 정상의 삶이 있을 수 없는 것과 마찬가지이다. 양극은 핏빛 동전의 양면과 같다.

힌두교의 베단타 학파에서는 **깨달음**을 '양극으로부터의 자유'로 정의했다. 쌍을 이루고 있는 양극으로부터의 자유, 즉 부정적인 것을 포함한 양극 모두에서 자유로워지는 것이 **깨달음**이라는 것이다. 마찬가지로 기독교 신비주의자들은 **대극의 통일**coincidentia oppositorium, '양극의 합일'이 궁극의 **실재**라고 했다. 그러나 우리는 **근원적 회피** 즉 최초의 외면과 거부, 도피로 인해 모든 존재의 합일된 장에서 벗어나, 무수한 일시적 양극들의 깨져버린 장에서 움직이기 시작한다. 양극들의 근본적인 결합이 아니라 궁극적인 분리를 추구하면서, 나쁜 것은 없고 좋은 것만 있는 삶, 결핍은 없고 풍요만 있는 삶, 실패는 없고 언제나 성공만 있는 삶, 쇠락은 없고 영광만 있는 삶, 고통은 없고 기쁨만 있는 삶을 바란다. 이처럼 불가능한 것들을 추구하면, 우울과 실망, 길고 끔찍한 권태와 간간이 찔러대는 극도의 공포감이 삶에서 연달아 펼쳐진다.

이런 **근원적 회피**와 함께 **회피**의 선동자도 생겨난다. 이 선동자는 바로 분리된 자기감과 자기수축이다. 《우파니샤드》에 나오는 말처럼 "타자가 있는 곳 어디에나 공포가 있다." 이런 상태를 불러오는 것은 바로 자기수축이다. 자기수축 상태에서는 '주체'가 여기에 있고, 이 주체가 저기 바깥의 온갖 대상, '타자들'을 의식하기 때문이다. 그리고 이 주체는 타자들을 광적으로 갈망하거나 움켜쥐거나 뒤쫓으려 한다. 혹은 무서워하거나 두려워하거나 회피한다. 이런 것이 자기수축의 삶이다.

이 자기수축의 삶은 **자각**Awareness이 아닌 **집중**attention 위에 세워져 있다. '자각'은 열려 있고 자유로우며 완전히 이완되어 있고, 일어나는 **모든 것**All을 포함한다. 자각을 하면 시간을 초월한 **지금**, 즉 계속 이어지는 현재에 산다. 반면에 '집중'은 초점이 고정되어 있고 수축적이며 결코 전체 그림을 인식하지 못한다. 언제나 전체 그림의 어느 특정한 모습에만 편협하게 초점을 맞추고, 과거에서 미래로 이어지는 일시적인 현재 속에 산다. 내려놓고 늘 존재하는 **지금**에 몰입하지 못한다. 과거와 미래 사이의 좁은 틈 같은 현재에 늘 의식을 가둬두고, 계속 한 번에 한 가지에만 초점을 맞춘다.

물론 이상적으로는 양쪽 모두를 할 수 있어야 한다. 결코 사라지지 않고 늘 현존하는 **의식의 장**Field of Awareness에서 **전체 그림**이 지닌 다양한 모습들에 주의를 집중하면서도, **존재하는 모든 것**All That Is이나 이것을 드러내는 **의식**Awareness과의 접촉을 상실하지 않을 수 있어야 한다. 그러나 우리는 근원적 회피로 이 장을 깨버린다. 전체 그림을 찢어서 우리가 원하고 좋아하고 바라는 부분과 싫어하고 혐오하고 두려워하는 부분으로 나누어버린다. 이 대립적인 양극으로 이루어진 세계가 합일의 상황과 충돌하면, 우리는 불가능한 것들에 삶을 바치고, 이로써 환상과 고통, 고뇌, 눈물을 떠안게 된다. 드디어 죽음을 맞이하게 될 때까지 이렇게 대상들이 다가와 잠시 머물며 계속 우리를 고문하고 공격한다. 이것이 **근원적 회피**와 자기수축, '양극'으로 이루어진 세계의 삶이다.

거의 모든 **전통**에서는 이 **근원적 회피**를 주체와 객체 사이의 분리나 양분으로 설명한다. 이 분리는 순수한 **의식**Awareness의 비이원적 **장**을 '파괴'한다(비이원적 의식은 파괴될 수 없는 것이기 때문에 이 분리는 환영에 불과한 행위이다). 이런 분리는 또 비이원적 **장**을 자기 대 타인, 내면 대 외면, 천국 대 지상, 무한 대 유한, 열반 대 윤회, **신성** 대 피조물 등으로 단절된 것처럼 보이게 만든다. **통합이론**에서는 이 주체와 객체의 양분에 '개인 대 집단'의 분리까지 보태서, 모든 세계의 특성을 4분면으로 나타냈다. 이것에 대해서는 다음 장에서 설명할 것이다.

근원적 회피는 영을 끊임없이 '수축contract'과 '축소reduce'로 이끈다. 이로 인해 **영**은 더 흐릿하고 덜 실재적인 영역으로 이동한다. 기독교식으로 표현하면, **영**Spirit에서 혼soul, 마음mind, 몸body, 물질matter로 이동하는 것이다. 이것들 모두 여전히 **영**이지만, **영으로서의 영**Spirit-as-spirit에서 **혼으로서의 영**Spirit-as-soul, **마음으로서의 영**Spirit-as-mind, **몸으로서의 영**Spirit-as-mind, **물질로서의 영**Spirit-as-matter으로 **영**은 갈수록 축소된다. 이렇게 갈수록 의식과 자각, 사랑이 작아지면, 결국에는 의식과 자각, 사랑을 최소로 가진 존재나 원자, 아원자 입자로 추락한다. 이런 과정을 따라가 보면, 결국 생명도 마음도 깨어 있는 혼도 없는 순전히 물질적인 우주가 탄생하는 빅뱅의 순간에까지 이른다.

이 하향의 움직임은 **퇴화**involution(플로티누스Plotinus는 이것을 '**유출**Efflux'이라고 불렀다)로 알려져 있다. 퇴화가 일단 일어나면, **영**으로 회귀하려는 상향의 움직임인 **진화**evolution(플로티누스는 이것을 '**역류**Reflux'라고 불렀다)가 일어날 수 있다. 진화는 퇴화와 정반대 순으로 일어난다. 지각없는 물질에서 살아 있는 몸, 개념작용을 하는 마음, 깨어 있는 혼, 순수한 **영으로서의 영**Spirit-as-Spirit과 같은 순서로 진화하는 것이다. 종합적으로 지난 140억 년 동안 이 '역류'나 '진화'의 일반적인 움직임은 반정도 진행되었다. 물질에서 몸, 마음으로 진화해 지금은 혼에 이어 **영**을 받아들이려는 시점에 있다. 물론 어느 지점에 있든 모든 개인은 **깨어남**의 길을 통해 이 역류의 움직임을 나름대로 완성할 수 있다. 자기 존재의 가장 깊은 중심에서 **영으로서의 영**을 완전하게 인식함으로써 전통적인 **깨달음**이나 **깨우침**Awakening에 이를 수 있다.

근대적 **성장**의 길은 이 주요한 영역들 말고도 이 그림에 중요한 것을 보탰다. 이 주요한 영역들은 사실 5가지의 주요한 자연적 상태와 비슷한 것이다. '물질'은 거친/물리적 영역과 관련 있고, '몸'은 느낌에서 이해에 이르는 내적 상태의 시작과, '마음'은 의식 자체의 인과적 뿌리와, '혼'은 **실제 자기**나 진정한 **주시자**와, '영'은 비이원적 합일의식과 관련 있다고 볼 수 있다.

다시 말하면, 퇴화 중에 이미 '형성'되고 '퇴적된' 이 주요 영역들에 더해서, 진화의 회귀적 움직임은 앞으로 나아가고 펼쳐지면서 실제로 새로운 영역이나 단계, 수준을 창조한다. 요컨대 퇴화뿐만 아니라 진화도 창조적으로 '활동 중인 영'의 요소를 갖고 있다. 이로 인해 퇴화와 진화 모두 '창조적 진보'를 구현한다. 퇴화의 경우에는 창조적으로 점점 더 작아지고, 진화의 경우에는 창조적으로 점점 보태지는 것이다.

이런 진보는 **에로스**나 '활동 중인 영'의 창조적 행위이며, 각각의 단계를 '초월하고 포함'함으로써 **존재하는 모든 것의 전체 그림**을 점진적으로 더욱 많이 창조해낸다. 그 결과로 **전체 그림**은 성찰reflexivity의 등장과 더불어 자신을 가장 먼저 인식하고, 이어서 진화를 인식한다(진화는 그 자체를, 또는 **전체 그림**이 진화해왔고 계속 진화하리라는 사실을 의식한다). 그런 다음 인간에게서 첫 번째 층의 진화가 나타날 때(인간도 이전의 첫 번째 층의 단계들을 이해하면서 진화를 계속한다) 이것을 인식하고, 이어서 두 번째 층의 진화가 인간에게서 나타날 때 그 직접적이고 자명한 진화의 실현을 인식한다. 이 두 번째 층의 진화에서 인간은 자신이 실제로 **우주 전체**와 더불어 진화하고 있음을 자기 성찰적으로 깨닫는다. 그런 다음 3번째 층에서는 활동 중인 **영**으로서의 진화를 인간을 통해 직접 경험한다. 인간을 통해 **영**이 **영**을 **영**으로서 직접 경험하는 것이다.

여러 **전통**들에서는 첫 번째 층에서부터 두 번째 층, 그리고 세 번째 층에 걸쳐있는 6~8개의 발달 단계들 같은 창조적 진화의 단계/수준들을 대부분 인식하지 못했다. 구조나 구조-단계들에 대한 인식이 없었기 때문이다. 그래서 이런 **전통**들은 상태와 상태-영역들(거친 상태와 정묘 상태, 원인 상태, 주시 상태, 본래의 비이원적 상태. 물질과 몸, 마음, 혼, 영의 영역)의 렌즈를 통해 **유출/역류**라는 해석만 남겨 놓았다.

그러나 지금 우리는 상태와 구조 양쪽의 과정을 결합해서, 퇴화와 진화, 유출과 역류, 배출과 유입의 전체적인 움직임을 훨씬 완전한 시각에서 바라보게 되었다. 또 전통들에서 생각했던 것과는 달리, 진화가 단순히 퇴화의 녹화테이프를 되감는 것이 아님을 알게 되었다. 즉 퇴화 과정에서 내려놓았던 모든 것들이 진화 속에서 나타나는 것이 아님을, '잊혀졌던' 모든 것들이 의식 속에서 진화하면서 다시 기억되는 것이 아님을 깨달았다.

그보다 진화는 그 자체로 엄청난 창조적 힘이다. '활동 중인 영'의 진정한 예인 것이다. 또 진화의 구조와 단계들은 대부분 진화 고유의 '새로움을 향한 창조적 진보'의 일환으로 만들어진다. 이전의 '비현실적인 other-wordly' 퇴화의 산물이 아니라, '현실적인this-worldly' 진화의 추동력 속에서 작용하는 한없이 창조적인 에로스나 '활동 중인 영'의 산물인 것이다.

그러므로 우리는 이 존재와 인식의 단계들을 전근대적 형이상학 체계들에서 흔히 설명하는 것처럼 '신의 마음속에 있는 영원한 이데아ideas'*로 생각할 필요가 없다. 그보다는 이전에 창조된 것들을 지속적으로 '초월하고 포함'하면서 진화 자체가 창조해낸 것으로 보아야 한다. 요컨대 이 진화의 창조물들을 '변하지 않는 신의 마음속에 있는 영원히 고정된 이데아'처럼 '형이상학적'으로 해석할 필요가 없는 것이다. 이 창조물들은 자연 '너머'가 아니라 자연 '안'에, '현실적인' 진화 과정 자체 안에 있기 때문이다. 우리는 이것을 보통 '통합적 탈형이상학integral post-metaphysics'이라고 부른다.

그러나 중요한 점은, 퇴화와 진화를 상태-영역 또는 구조-단계들로 이루어져 있는 것으로 보든, 아니면 **통합이론**처럼 둘을 포함하든, 분리와 퇴화, 구별, 침전, 축소, 편협, 수축의 전체 움직임을 활성화시키는 것은 바로 **근원적 회피**라는 것이다. 우리는 약간 불편한 어떤 것에 기본적으로 두 눈을 감음으로써 이것을 근원적으로 외면하고 거부하고 회피해버렸다. 이 근원적 회피로 인해 자기 수축적이고 유한하며 환영

---

* 그대로 옮기지는 않았지만, 이것은 주로 성 아우구스티누스의 이데아 개념에 따른 것이다.
역주: 성 아우구스티누스는 전형적인 신플라톤주의에 따라, 우리의 마음이 발견하기 전에 이미 존재하는 실재적 실체가 이데아라고 주장했다. S. 렘프레히트, 《서양철학사》, 192쪽.

에 불과한 주관적 자기, 대상에 불과한 자기를 떠안게 되었다. 또 **전체 그림**을 부정하면서 고통을 초래하고 양극을 좇게 되었다. 이 '원죄' 혹은 '상호 연기緣起적 이원론co-originating dualism' '근원적 소외'가 너무 극심해서 우리는 절망의 구렁텅이에 자신을 던져버렸다. 그러므로 이제 갈수록 덜 분리적이고 덜 분열적이고 덜 부분적이며 더 전체적이고 더 통일적이고 더 깨어 있는 가짜 자기pretend Self들을 통해서 현실적으로라도 이 구렁텅이에서 나와야만 한다.

이런 과정은 세 번째 층의 **초통합적 단계, 슈퍼마인드**의 실현에서 그 정점에 달한다. **슈퍼마인드**는 순수한 **공**(순수하게 **주시하는 자기, 대상 없는 의식**, 즉 **절대적 주체성**)과 모든 **형상** 혹은 모든 가능한 주시 대상들(거칠고 정묘하고 원인적인)의 결합을 통해 최고의 구조에서 합일의식이라는 최고의 상태를 이루어낸다. 세 번째 층의 **초통합적 단계** 혹은 **슈퍼마인드**가 최고의 조건이 되는 것이다. 아니면 적어도 오늘날의 세계에서는 두 번째 층의 통합적 단계가 최고의 조건일 것이다. 어쨌든 초통합적 단계와 슈퍼마인드는 첫 번째 층의 분리된 자기와 이 자기의 결핍감이 만들어낸 욕구들은 넘어 있을 것이다.

이 '최고의 깨달음über-Realization'은 형상의 진화로 도달한 최고의 성취(통합 혹은 초통합)와 최고의 상태, 즉 공과 형상, 신성과 피조물, 무한과 유한, 열반과 윤회의 완전한 합일이 결합된 것이다. 이로 인해 우리의 '합일의식'은 진정한 합일, 진정한 완전함, 완벽한 **완성**Completeness, 모든 존재하는 것의 포괄적이고 완전한 **전체 그림**이 된다. 이것은 이제까지 진화나 활동 중인 영이 만들어낸 존재와 의식의 모든 단계와 영역을 초월하면서 포함된다. 이로써 '우리의 머리 위'에는 이제 아무것도 남지 않는다. 우리에게 머리가 전혀 없기 때문이다. '우리의 머리 위'는 파랗고 커다란 팬케이크로 변해서 우리 위로 떨어진다. 우리가 바로 **그것**인 것이다. 이제 **자기수축**은 없으며, 통합된 **일미**만 있을 뿐이다.

세 번째 층의 가장 높은 단계인 슈퍼마인드와 비이원적 합일의식인 빅마인드Big Mind의 다른 점은, 빅마인드는 상태이고 슈퍼마인드는 구조라는 것이다. 그러므로 성장의 모든 구조-단계에서 깨어남의 빅마인드(투리야티타)를 경험할 수 있다. 신화적 단계나 합리적 단계, 다원적 단계 어디서나 빅마인드를 경험할 수 있는 것이다. 그리고 이때 경험하는 빅마인드는 여러분이 신화적 단계나 합리적 단계, 다원적 단계 같은 형상의 발달 단계 중 어디에 있든, 그 단계의 '형상과 공이 결합'된 것이다. 그런데 통합적 단계보다 낮은 단계에서는 형상과 **완전함**Fullness이 덜 완전하기 때문에, 합일을 경험해도 이 합일은 덜 완전한 것이 된다.

반면에 현존하는 가장 높은 단계인 **슈퍼마인드**는 오로지 이전의 낮은 의식과 발달 단계들, 즉 첫 번째 층과 두 번째 층의 모든 단계들이 출현하고 축적된 이후에만 경험할 수 있다. 슈퍼마인드는 이렇게 이전의 모든 구조들을 초월하고 포함한 것이다. 그러므로 슈퍼마인드가 빅마인드를 경험할 때(아주 높은 단계에서 이것은 흔히 있는 일이다.*), 이 가장 높은 단계에서의 빅마인드는 빅뱅에서부터 지금까지 진화의 전 역사에 출현했던 존재와 실재의 모든 주요 단계들을 통해 경험되고 해석된 빅마인드이다. 요컨대 '슈퍼마인드 = 빅마인드 + 이제까지 진화한 모든 형상'인 것이다. 세 번째 층의 초통합적 슈퍼마인드가 그토록 비범

---

* '빅마인드'는 선禪 용어로서 투리야티타와 같은 의미라고 할 수 있다. 《선심초심禪心初心》의 저자인 스즈키 순류가 처음으로 널리 사용했고, 최근에는 《빅마인드Big Mind/Big Heart》의 저자 데니스 겐포 메르젤 노사가 이 말을 썼다.

한 것인 이유는 여기에 있다. 두 번째 층의 궁극적인 통합적 마인드도 물론 그렇지만 말이다.

이처럼 **초통합적 슈퍼마인드**는 가장 높이 진화된 상태(투리야티타, **빅마인드**, 비이원적 합일의식)에만 도달한 것이 아니다. 빅뱅에서부터 지금까지 진화 과정에서 만들어진 모든 주요한 구조들에까지 다가간 것이다. 그러므로 **초통합적 슈퍼마인드**에서의 공은 어디서나 가능한 그 어떤 자유보다도 자유롭다. 형상도 어디서나 가능한 그 어떤 완전함보다도 **가장 완전하다**. 이처럼 세 번째 층의 초통합적 슈퍼마인드는 가장 완전한 형태의 가장 큰 자유를 선사한다. 두 번째 층의 통합적 마인드도 비슷하다.

빅마인드도 '공과 형상이 합일'된 상태이다. 하지만 두 번째 층이나 더 나아가 세 번째 층의 단계에서의 형상은 빅뱅으로 우주가 시작된 때부터 출현했던 **모든 형상**이다. 그래서 성장의 모든 단계들이 출현하고 펼쳐지기까지는 슈퍼마인드를 경험할 수 없다. 예를 들어, 신화적 단계나 합리적 단계에서도 빅마인드 상태의 '절정체험peak experience'을 할 수 있다. 하지만 신화적 단계나 합리적 단계에서 슈퍼마인드의 '절정체험'을 할 수는 없다. 슈퍼마인드의 절정체험을 하려면, 첫 번째 층과 두 번째 층은 물론이고 세 번째 층의 단계들도 통과해서 가장 높은 슈퍼마인드에 이르러야 한다. 그래야 완전하고 완벽한 자각에 들 수 있다.

그러기까지 그저 **통합적 단계**에 머물면서 **통합명상** 같은 수행을 실천하는 수밖에 없다. 그러면 세 번째 층을 받아들이게 될 것이다. 그때까지는 어쨌든 **온우주**가 어느 곳 어느 단계에서나 담을 수 있는 **완전함**을 **통합적 단계**가 우리에게 선사할 것이다. 실질적으로 **통합적 구조-단계**야말로 어디에서나 의미 있는 방식으로 진화한 최고의 발달 단계라고 계속 정의하는 이유도 여기에 있다. 일단 이 통합적 단계에 분명하고 완전하게 오르고 나면, 더 높은 **전체성**과 **완전함**, **자유**를 향해 두 눈을 계속 열어둔다. 그러면 진화가 끊임없이 전진을 계속하면서 **포괄성** Inclusiveness이 갈수록 커질 것이다.

이제까지의 내용을 다시 요약하면 이렇다. 인간은 빅뱅에서부터 지금까지 출현한 모든 주요한 홀론이나 존재, 의식의 단계를 처음부터 담고(초월하면서 포함하고) 있다. 실제로 인간은 자신 안에 쿼크, 원자구성입자, 원자, 분자, 세포, 기관계를 담고 있으며, 이런 기관계는 식물들에 의해 처음 생겨난 기본적인 생화학적 조성 특징과 물고기와 양서류의 신경 코드, 파충류의 뇌간, 말 같은 원시포유류의 대뇌변연계, 영장류의 대뇌피질, 이것을 덮고 있는 신피질과 복잡한 삼위일체 뇌triune brain를 포함한다.

이 모든 것들은 적외선의 태고 단계 속에 포함되어 있으며, 인간은 이 단계에서부터 첫 번째 층과 두 번째 층의 6~8개 발달 단계들을 통해 초월하고 포함하면서 계속 성장한다. 이로써 이제까지의 진화에서 가장 멀리 나아간 궁극의 **초통합적 슈퍼마인드**에까지 이를 수 있다. 이 **슈퍼마인드**는 우주 전체에서 깊이가 가장 깊고 범위는 가장 좁은 홀론이다. 또 가장 기초적이지 않지만 가장 중요한 홀론으로서 우리가 아는 우주의 모든 곳에서 그 어떤 대상이나 현상보다도 존재의 단계들을 많이 포함하고 있다.

빅마인드는 신화적 단계나 합리적 단계, 다원적 단계 등의 어떤 단계에서나 경험하고 해석할 수 있는 합일 상태이다. 하지만 **슈퍼마인드**는 이제까지의 모든 진화가 만들어낸 최고의 구조를 통해 보고 해석한 **빅마인드**이다. 그러므로 **초통합적 단계**에서 경험하는 **빅마인드**는 엄청난 **완전함**을 갖는다. 여기서 경험하는 '공과 형상의 합일'에서 공은 일반적인 **공**을 의미하지만, **형상**은 이제까지 우주 전체에서 나타난 모든 형상들 중에서 **최고로 완전한 형상**Fullest Form이기 때문이다. 이 가장 완전한 **형상**은 우주가 시작됐을 때부터 지금까지 진화가 모든 영역에서 만들어낸 홀론과 단계들을 전부 포함하고 이것들과 공명한다. 이로 인해 지난 140억 년 동안 매일 지속적으로 구축해온, 즉 초월하고 포함해온 **전체 그림**의 역사를 전부 포용하고 있는 **초통합 단계**나 이와 가까운 **통합적 단계**의 **형상**은 더욱 **깊이**Death를 갖는다. 이제까지 어느 시기에도 **온우주**에 이와 같은 것은 없었다. 더욱 위대한 깊이는 미래만이 가져다 줄 것이다.

이런 것이 최고의 상태와 최고의 구조에서의 **진정한 자기**, **실제 조건**, 비이원적 **여여**Suchness이다. **진정한 자기**는 전체 그림을 근원적 회피나 자기수축에서 벗어나 분명하고 순수하게 늘 **전체 그림**으로서 자각한다. 그리고 시간을 초월해, 언제나 존재하는 **지금**에서 언제나 존재하는 **지금**으로 움직인다.

이런 간단한 **존재**의 느낌을 여러분은 지금 이미 분명하게 알고 있다. 순수한 **내 존재**I AM-ness, 분명한 **존재**의 느낌을 지금 바로 자각하고 있다. 그렇지 않은가? 이런 자각은 성취하기 어려운 게 아니다. 오히려 회피하는 게 불가능하다. 문제는 이것에 도달하는 방법이 아니라, 이것의 영원한 현존을 알아차리는 방법이다.

언제나 현존하는 **빅마인드**를 경험하는 데 필요한 것은 한 가지뿐이다. 머리 없는 **빅마인드**로서 머물면서 여러분 자신의 **성장** 단계들이 일어나게 허용하는 것이다. 이 단계들이 갈수록 **완전한** 형태의 합일의식으로 여러분을 인도할 것이다. 그러면 궁극적으로 **통합적 단계**나 **초통합적 단계**에서 진화 혹은 **활동 중인 영**이 이제까지 만들어낸 **전체 그림**, 즉 우주 전체를 초월하고 포함하면서 우주와 하나가 된다.

광대한 **모든 공간의 장**Field of All Space에서 여러분의 **의식**Awareness이 일어나게 둔다. **전체 그림**의 모든 사건과 사물, 모습들이 이 광대하고 맑고 열려 있고 비어 있는 의식 안에서 편안하고 자연스럽고 완전하게 일어나, 스스로 자유로이 **진여**가 되게 둔다. 저항도, 수축도, **근원적 회피**도 없이, 일어나는 모든 것들을 그대로 둔다. 거울 위에 비치는 모든 것을 완전하게 받아들이는 위대한 **거울-마음**Mirror-Mind처럼 어떤 것도 붙잡거나 거부하지 않는다. 모든 것을 수용하지만 어떤 것에도 집착하지 않는다. 여러분의 의식이 일어나는 모든 것을 거침없이 허용하고 완전하게 비추다가 사라지게 둔다. 외면도, 무시도, 회피도 불가능하다. 이렇게 **전체 그림**의 **완전함**이 여러분의 **공**을 무한히 채우면, 치우침 없는 **주시**는 어느 순간 **모든 존재의 일미**, 선험적인 순수한 **합일**, 즉 여러분의 **진정한 조건**, **진정한 여여**로 바뀐다.

여러분이 해야 할 일은 간단하고 분명하다. **성장**의 길에서 **통합적 단계**를 지나 **초통합적 단계**의 가장자리에 이를 때까지 발달을 위해 할 수 있는 한 최선을 다한다. **통합적 마음챙김** 같은 수행들을 통해서 자기와 존재, 의식의 단계들을 지속적으로 높인다. 그러면 **통합적 완전함**Integral Wholeness의 단계에서 **전체 그림**의 가장 완전한 모습을 마주할 수 있다. 더불어 **깨어남**의 길에서는 이 **전체 그림**을 순수하게 주시하는 상태들을 수행하고, 이 **전체 그림**과 머리 없이 하나가 되도록 한다. 이렇게 최고의 상태와 최고의 구조가 결합된 깨달음을 경험하면, 여러분의 **고유한** 존재에서 최고의 밝음을 끄집어내 가장 진실한 선물을 세상에 줄 수 있다.

몇 가지 덧붙여서

아퀄AQAL은 '모든 4분면all quadrants, 모든 단계all levels, 모든 라인all lines, 모든 상태all states, 모든 유형all types'을 축약한 말로서 인간의 조건을 보여주는 '슈퍼지도super-map' 혹은 복합지도의 구성 요소*이다. 이 지도를 사용하면 전반적인 성장 과정에서 우리의 위치를 파악할 수 있다. 이 **아퀄 매트릭스**AQAL Matrix 안에서 우리는 진화의 최첨단에 서 있다. 그러므로 우리의 생각과 행동은 내일의 **형상**과 구조에 직접적으로 영향을 미친다. 이후의 모든 인간들이 통과할 현실을 우리가 실제로 함께 창조하고 있는 것이다.

그러므로 할 수 있는 한, 늘 우리 안의 가장 깊고 넓고 높은 근원, 다시 말하면 **통합적 단계**와 **비이원적 상태** 같은 근원에서부터 행동해야 한다. 자신이 알아차릴 수 있는 **가장 고차원적인 자기**Highest Self에서 비롯된 말을 하고, 자신이 이끌어낼 수 있는 가장 깊은 **근원**Source에서 우러나는 행동을 해야 한다. 우리가 펼쳐놓는 **형상**들이 **우주**의 거대한 저장고 안에 저장될 것이기 때문이다. 이렇게 저장된 것들은 나름의 특별한 의지를 갖고 아래로 뻗어나가서 언젠가 미래를 형성한다. 이 **형상**들을 여러분 스스로 자랑스러워할 수 있는 것으로 만들어야 한다. 여러분은 정말로 미래의 세계를 직접 만들어가는 공동 창조자이다. 그렇지 않은가? 이것을 깨닫고 부디 망각하지 말기를 바란다.

진화의 '회귀 여정return trip' 속에는 진화가 '새로움을 향한 창조적 진보' 과정에서 끊임없이 창조해낸 여러 가지 다양한 영역과 차원, 잠재

---

* 역주: 이것에 대해 더 알고 싶은 분은 《켄 윌버의 통합심리학》을 참조.

력들이 있다. 이것들을 **의식의 장**Field of Awareness에 들여놓기만 해도, 여러분의 진정한 **조건**을 강화하고 확장할 수 있다. 더불어 이 **조건**의 무수한 구석과 틈새들을 **영**의 모습들로 더 많이 채울 수 있다. 이 **영**은 다시 기억되고 활성화되기를, 어쩌면 새로운 진화의 새로운 표현이 처음으로 출현하기를 기다리고 있을 것이다.

우리의 **진정한 조건**을 확인하고 받아들이기 전에, 전체 그림의 몇 가지 다른 모습들을 간단히 살펴보겠다. 정말로 이런 영역에 있는 개인들은 그들의 발견과 **자각**으로 인해 **영**의 재발견이 가져다주는 행복을 더욱 크고 생생히 느끼게 될 것이기 때문이다.

우리는 **성장**의 길을 통해 **통합적 단계**는 물론이고 **초통합적 단계**까지도 나아갈 수 있으며, **깨어남**의 길을 통해 **깨달음**이나 **해방, 위대한 깨우침**의 상태에까지 이를 수 있다. 이것을 이해하면, 자신의 현재 위치에서 그냥 멈춰버리기보다 수행을 통해서 이 두 개의 발달 단계들을 지속적으로 활성화하고 가속화할 수 있다. 이렇게만 하면 전 세계 인구의 1% 안에 들 수도 있다. 오늘날 양쪽의 발달 과정에서 이 깊이까지 발달한 사람들 속에 포함되는 것이다. 이것은 분명히 한 생生으로도 충분히 가능하다.

인간 발달의 6~8개 주요 구조-단계와 인간 의식의 4~5개 주요 상태를 살펴보면서, 새롭게 발견한 이 영역들이 그 자체로도 대단히 흥미롭다고 느꼈을 것이다. 실제로 대부분의 사람들은 이 새로운 정보에 매료되고, 자신의 삶에 아주 유용하다는 점을 즉시 깨닫는다. 앞으로 소개할 다른 영역들은 어느 면에서 이미 다룬 이 영역들만큼 '중요하지는' 않다. 그래도 대부분의 사람들에게 역시 흥미롭고 새롭게 여겨질 것이며, 삶을 더욱 평온하고 밝고 행복하고 건강하게 만드는 데 유용할 것이다. 이 영역들도 '복합지도' 혹은 '슈퍼지도'의 한 부분이며,

켄 윌버의 통합명상

전근대에서 근대, 탈근대, 통합의 시작에 이르기까지 역사에 나타난 모든 주요 문화를 통과해왔다. 그러므로 이 영역들은 '보편적인' 검증을 잘 견뎌내고 있다.

우리가 앞으로 탐구할 주제는 '4분면'과 이것에서 파생된 그 유명한 삼위, 즉 **진**眞·**선**善·**미**美이다. 이 플라톤적 이데아에 대해서는 이미 들어보았을 것이다. 하지만 우리와 같은 방식의 설명은 분명히 들어본 적이 없을 것이다. '진·선·미'라는 말만 들어도 내 가슴에서는 종이 울린다. 여러분도 이것들에서 어떤 본질적인 매력을 느끼지 않는가?

의식 속에 4분면을 받아들이면, **깨어남**의 과정과 **성장**의 과정을 구체화하거나 '**드러냄**Show Up' 수 있다. **깨어남**과 **성장**의 단계와 마찬가지로, 이 요소들에 대해 듣기만 해도 이것들은 우리 안에서 활성화되고 깨어나고 작용하고 성장하고 발달하는 것 같다. 이 요소들의 **진선미**를 우리의 **존재**와 **되어감**Becoming 속으로 곧장 받아들여서, 그 어느 때보다도 환하고, 눈부시고, 살아 있고, 공명하는 **의식**Awareness으로 이 차원들과 접촉한다. 이렇게 이 요소들을 정신활성적으로 알아차리고 통합적 마음챙김을 통해 **의식**Awareness 속으로 받아들이면 우리는 갈수록 더 완전해진다. 그러니 한 발짝 더 내딛어보길 바란다. 장담하는데 이 한 발짝이 차이를 만들어내 변화가 일어날 것이다.

말할 필요도 없는 사실이지만, 여러분은 인간 조건에 관해서 아주 중요한 것도 다시 배우게 될 것이다. **아퀄 체계**의 요소들이 '인간 기초 가이드Human Being 101'*와 같기 때문이다. 이 요소들은 '세계 내 존재'인 인간의 기본적이고 중요한 측면들이다. 이 측면들이 워낙 중요해서 역

---

* 역주: '101'은 미국의 이민 역사에서 최초로 청교도인 101명이 건너온 것에서 유래돼, 모든 것의 기본, 시초라는 의미를 갖게 되었다.

사를 통틀어 주요한 문화들 가운데 이것들을 무시한 문화는 하나도 없다. 그런데 우리와 같은 문화들에서는 인간이 된다는 것의 의미를 알려주는 이 중요한 정보를 상당 부분 무시하거나 억압하고 있다. 이로 인해 개인들은 완전히 혼자 힘으로 이 정보를 발견하고 이해해야만 하게 되었다.

지금까지 소개한 두 요소, 즉 **성장**의 구조와 **깨어남**의 상태는 우리 문화에서는 대체로 언급도 거의 안 하고, 잘 알려지지도 않았다. 이로 인해 여러분들은 이 요소들이 아주 중요하며 이것들의 존재를 보여주는 실제 증거들이 아주 많다는 사실을 알고 크게 놀랐을 것이다. 도대체 왜 이런 정보들이 새로운 뉴스처럼 여겨지게 된 걸까?

모든 문화의 교육 체계에서는 이런 정보들을 일반적인 지혜의 한 부분으로 가르쳐야 한다. 우리가 이야기하는 내용은 결국 인간을 인간으로 만드는 것, 인간 유기체를 다루는 설명서와 같은 것이기 때문이다. 그런데도 이 모든 것이 카펫 밑이나 벽장 안에 숨겨져 있다. 운이 좋아야 이것들을 발견할 수 있다.

운 좋게도 여러분은 이 '인간 기초 가이드'와 같은 책을 발견했다. 이 책에는 **성장**의 구조와 **깨어남**의 상태, **드러냄**의 4분면 같은 정보들도 들어 있다. 그러니 이제 나와 함께 몇 걸음 더 나아가서 **진선미**가 여러분에게도 깊이 말을 거는지 확인해보는 게 어떨까? 이 책은 결국 우주 사용설명서의 일부이기도 하니 말이다.

제3장

드러냄의 길: 의식의 여러 관점

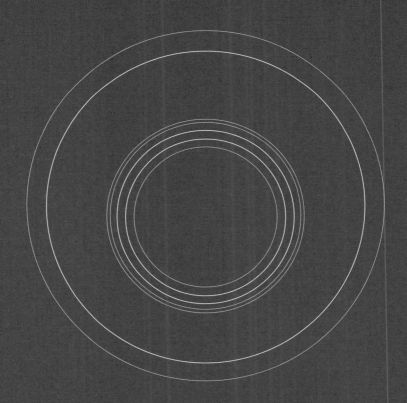

이제까지 **깨어남**의 길과 상태들, **성장**의 길과 구조들을 살펴보았다. 1장에서는 **정화**Cleaning Up의 길과 그림자에 대해서도 간략히 검토했다. 이제 **드러냄**으로 화제를 옮기기 전에, 이 책에서는 정화의 길을 자세히 설명하지 않으리라는 점을 먼저 밝혀두겠다. 그 이유는 아주 간단하다. '무의식'과 '그림자'라는 개념을 이미 사람들이 많이 알고 받아들이고 있기 때문이다. 프로이트가 심리학에 엄청난 기여를 한 후로 심리치료와 정신의학에서 주요한 학파들이 많이 생겨났다. 또 '무의식'이나 '억압된' 재료의 존재도 대체로 인정하게 되었다. 적어도 심리학의 몇몇 주요 학파들에서는 그렇다. 게다가 별로 노력하지 않아도, 다양한 유형의 심리치료 전문가들을 가까운 곳에서 얼마든지 찾아낼 수 있다. 그래서 정신적인 문제가 있을 때 아주 쉽게 도움을 구할 수 있다. 사회적으로도 이런 일은 널리 용인되고 있다.

내가 여기에서 강조하고 싶은 점은, 성장이나 더 중요하게는 깨어남과 관련된 학파들이 이 정화의 길을 잘 다루지 않거나 아예 언급조차 안 한다는 것이다. 내가 정화의 길을 짧게나마 언급한 이유도 여기에 있다. 상황이 이렇기 때문에 정서적으로나 정신적으로 문제가 생길 경우 여러분은 이 문제를 따로 해결해야 한다. 명상 자체만으로는 주요하고 시급한 그림자 문제를 치료할 수 없을 것이기 때문이다. 다른 수행들은 별도로 하고, 이런 문제들에 직접 접근해서 다양한 방식으로 해결해야 한다. 연구 결과들에 의하면, 널리 사용되는 주요한 치유법들의 '치유'율이 기본적으로 비슷하다고 한다. 약 60% 정도가 분명하게 호전되는 것이다.

명상도 분명히 그림자의 정화에 도움이 되므로 명상을 병행하는 치료자를 의도적으로 선택하는 것도 좋다. 하지만 명상 자체에만 의지해서 그림자 문제를 해결하려고 해서는 안 된다. 심리적인 문제를 치료하는 데 영적인 접근이 어느 정도 도움이 되기는 하지만, 영적인 접근법들이 믿고 의지할 만큼 심리적인 문제들을 직접적으로 혹은 효과적으로 다뤄주지는 않기 때문이다. 그림자 문제를 해결하는 데는 많은 다양한 방법들이 있다. 온라인을 잠시만 뒤져봐도 방법이 얼마나 많은지 알 수 있다.

우리가 다루는 주요 문제, 즉 존재와 의식의 모든 주요 영역을 파악하고 의식화하는 것은 숨은 그림자 부분에도 적용할 수 있다. 그런데 성장의 길과 깨어남의 길, 곧 살펴볼 '드러냄'처럼 우리가 다루는 **접근법**은 우리 문화에서 많이 알려지거나 수용되지 못했다. 이로 인해 여기서 제시하는 내용들의 대부분이 매우 새롭게 느껴질 수도 있다. 하지만 이미 언급한 것처럼, 그림자 작업은 쉽게 이용할 수 있을 뿐만 아니라 널리 받아들여지고 있다. 그림자 작업의 역사는 지금까지 최소 백 년은 되었을 것이다.

성장이나 깨어남의 수행, 드러냄에서는 정화의 일반적인 영역을 잘 다루지 않는다. 하지만 나는 어떤 형태의 치유법이든 이용해보라고 적극 권장한다. 스스로 해볼 수 있는 치유법들을 책이나 온라인상에서도 쉽게 찾아볼 수 있는데 이것들도 상당히 효과적이다. 모종의 그림자 문제를 해결하지 않고 성장의 고통을 피할 수 있는 사람은 거의 없다. 그리고 그림자는 너무 교묘해서 쉽게 자각의 대상이 되지 않는다. 성장이나 깨어남의 수행법들도 큰 도움이 되지 않는다. 이런 수행에서도 그림자는 대상이 되기를 거부하고 주체로 남기 때문이다. 그림자가 극심하게 활성화될 경우, 우리는 성장과 깨어남의 길 모두에서 심각하게 탈선할 수 있다. 그러므로 치유 작업이 필요할 땐 꼭 주저 말고 도움을 구한다.

여기서는 정화에 자세히 초점을 맞추지는 않을 것이다. 하지만 주체를 대상으로 만드는 문제나, 다양성 속의 통일성과 전체성을 증가시키는 문제, 이전부터 존재했지만 충분히 혹은 조금도 깨닫지 못했던 존재와 의식의 차원들을 더욱 잘 인식하는 문제 같은 전반적인 주제들은 계속 다룰 것이다. 이렇게 성장의 길에서의 의식 구조들과 깨어남의 길에서의 의식 상태들을 자각하면서, 우리 의식의 관점perspectives에 대해서도 진지하게 살펴볼 것이다. 삶에 진정으로 충만하게 **현존**Present하는 이런 과정을 우리는 **드러냄**Showing Up이라고 부른다. 자신 있게 말하는데, 여러분은 몇 분 안에 자신의 새롭고 놀라운 차원들을 발견하게 될 것이다.

이제 드러냄의 일반적인 길과 연관된 4분면을 살펴보겠다. 우리의 삶에는 드러냄의 길이 실제로 얼마나 많이 있을까? 드러냄에서 사람들이 가장 관심 갖는 문제의 하나는 **관계**relationships이다. 관계를 마음챙김 하는 방법들을 이야기하기 위해, '4분면'을 시작으로 **아퀄 통합체**

계 AQAL Integral Framework의 몇 가지 요소들을 소개하겠다. 그리고 관계에 특별히 관심을 기울이면서, 이 요소들을 **통합적 마음챙김** 수행에 통합시키는 방법도 알아보겠다.

4분면

4분면이 아퀄 체계의 한 요소라는 사실은 앞에서 이미 이야기했다. 간단히 말하면 '4분면'은 네 가지의 기본적 차원 혹은 관점을 의미한다. 이 차원 혹은 관점들을 통해서 무엇이든 볼 수 있으며, 우리가 살피는 모든 항목들과 관련해서 중요한 토대들을 확실하게 전부 다루려면 꼭 이 관점들을 **통해서 보아야 한다.**

이 네 가지 기본적인 관점들은 제각각 아주 의미 있고도 다른 유형의 자료와 정보를 제공한다는 점에서 중요하다. 그러나 지금까지 이 네 가지 관점들을 모두 포함한 접근법은 거의 없었다. 다양한 분야의 주요 학파들 모두 이 관점들 가운데 어느 하나에만 초점을 맞추고, 다른 것들은 전부 무시하거나 부정해버리는 경향이 있었다. 각각의 관점들 모두 열렬한 옹호자들이 있지만, 슬프게도 이 관점들을 전부 지지하는 접근법은 없다.

그러나 모든 관점들을 대변하는 접근법을 가지면, 정부에서부터 기업체, 안보 문제, 외교정책, 과학, 예술, 도덕, 역사, 경제, 법, 성장, 치료, 연애 관계, 양육, 심리학, 철학, 영성까지 모든 것을 더욱 풍요롭고 진실하고 완전하며 효과적인 시각에서 바라볼 수 있다. 이 모든 영역들에, 실제로 어떤 영역이든 더욱 통합적·포괄적·포용적으로 접근하게 되는 것이다. 의식의 구조와 상태, 지금 이야기하는 '4분면', 곧 다룰 '라인들'까지 포함해서 바라보면, 그 결과는 훨씬 더 만족스러울 것이다.

사업에서의 4분면

통합적 접근법의 적용 예를 간단히 소개하기 위해 먼저 주요 경영 이론들을 살펴보도록 하겠다. 오늘날의 경영 이론들은 주로 피고용자들을 다루는 방법과 경영의 의미, 경영 방식, 가장 성공적인 경영법 등을 다룬다. 전문가들은 오늘날 최소한 네 가지 유형의 주요 경영 이론이 널리 퍼져있다는 데 동의하고 있다. X이론과 Y이론, 문화경영이론, 시스템 이론이 그것이다.

 X이론은 객관적이고 과학적이며 외적이고 분석적인 방식으로 노동자 개개인과 생산물에 초점을 맞춘다. 개인에게 주어지는 보상과 징벌, 소위 말하는 '당근과 채찍'에 초점을 맞추고, 생산물과 품질관리 수단에도 주목한다. 여기에서 관심의 주된 초점은 개인 및 개인의 객관적 외면과 행동이다. 이것이 오늘날 산업계의 주된 경영 이론 유형이다.

 반면에 Y이론은 노동자 개인의 **내면**interior을 살핀다. 피고용자와 리더들을 행복하게 만드는 것이 무엇이고, 이들이 일에서 어떻게 의미를 발견하고, 직업이 이들의 삶에 어떤 목표와 가치를 부여하고, 직장이 어떻게 즐거운 업무의 근원이 될 수 있는지에 관심을 쏟는다. 이와 관련해서 학자들은 흔히 매슬로의 욕구위계론을 언급한다. 매슬로는 개인이 위계적인 욕구들을 통해 성장하고 발달한다는 점을 발견했다. 이 욕구들은 생물학적 욕구에서 안전의 욕구, 소속의 욕구, 자아존중의 욕구, 자기실현의 욕구, 자아초월의 욕구 순으로 이어진다. 물론 이것들은 욕구 라인에 나타나 있는 것처럼 6~8개 주요 발달 단계의 변형과 같다. 낮은 단계의 욕구가 출현해서 이것을 충족시키면 더 높은 단계의 다음 욕구가 나타난다. 이것을 충분히 충족시키면 다시 다음의 더 높은 욕구가 출현한다. 이렇게 순차적으로 이어진다.

여기서 중요한 점은, 발달과 성장 단계가 다르면 개개인의 욕구와 동기도 다르다는 점이다. 또 서로 다른 욕구 단계에 있는 개인들은 일을 하는 동기도 아주 다르다. 그러므로 **이런 피고용인들을 다루는 방식도 달라야 한다.** 예를 들어, 자아실현의 욕구가 있는 사람은 일에서 대가보다 의미를 더 중시한다. 이들에게는 급여보다 의미와 가치가 더 중요한 것이다.

유명한 여론조사 업체인 갤럽Gallup이 전 세계인들을 대상으로 자신의 행복에 무엇이 가장 중요한지를 물었다. 가장 많이 나온 응답은 돈이나 가족, 결혼, 명성이 아니라, 의미 있고 목적 중심적이며 가치 있는 '좋은 직업'이었다. 갤럽의 최고경영자는 이렇게 말했다. "전 세계인들이 원하는 것은 좋은 직업입니다. 이것은 갤럽이 얻은 아주 중요한 발견의 하나에요."* 이뿐이 아니다. 연구들은 서양에서 자신의 직업에 행복감을 느끼거나 일을 열심히 하는 사람이 전체 피고용자의 1/3도 안 된다는 점을 일관되게 보여주고 있다. 끔찍한 수치가 아닐 수 없다. Y이론이 말하려는 점도 바로 여기에 있다. 성공적인 사업 경영에서 가장 중요한 요소는 개개인의 내면이라는 것이다. 피고용자 개개인의 내재적 욕구와 충동을 충족시켜주면 성공적이고 행복한 회사를 만들 수 있다.

세 번째 주요 경영 이론은 완전히 새로운 접근법을 갖고 있다. 1980

---

* 짐 클리프턴Jim Clifton, 《갤럽보고서가 예고하는 일자리 전쟁The Coming Job War》(북스넛, 2011), 10쪽.

년대에 불현듯 등장한 이 이론은 바로 '문화경영'이다. 문화란 무엇인가? 어떤 의미에서 문화는 집단의 내면과 같다. 집단이 공유하고 있는 가치와 의미, 목표, 도덕과 윤리, 상호 이해, 비슷한 습관, 역사, 세계관이 바로 문화이다. 이런 문화는 집단을 안에서부터 결속시킨다. 반면에 외적 체계와 네트워크는 집단을 밖에서부터 하나로 응집시킨다.

모든 개인은 가족이나 친구, 동료, 종교나 정치 단체, 부족, 주, 나라, 인류 전체 같은 여러 다양한 집단에 속해 있다. 그리고 기업도 개인들로 이루어진 하나의 집단으로서 특별한 문화를 지니고 있다. 집단을 안에서부터 결속하게 해주는 일련의 내적인 가치와 의미, 규칙, 역할을 갖고 있는 것이다.

경영 전문가들은 사업 경영에서 가장 중요한 것이 무엇인지를 연구하다가 그것이 회사의 문화라는 점을 발견했다. 하버드대학교 경영대학원 교수 제임스 헤스켓 James Heskett은 하나의 강력한 문화가 실적에 도움을 줄 수도, 저해할 수도 있다는 것을 확인했다. 그의 연구에 의하면, 효율적인 문화를 갖고 있는지의 여부에 따라 같은 사업을 하는 두 집단의 영업이익이 '반까지' 차이가 났다.* 또 다른 전문가는 "문화를 이끌어가는 것이야말로 모든 지도자들이 가장 중요하게 해야 할 일이다. 문화가 있어야 다른 모든 것들도 있기 때문이다"고 했다. 세계적으로 유명한 리더십 스승인 피터 드러커 Peter Drucker는 "문화는 아침으로 전략을 먹는다"고 했다. 문화를 이끌어가는 것이 사업 전략과 계획보다 더 중요하다는 의미이다. 요컨대 문화경영은 **집단의 내면**을 다스리는 것이다.

---

* 제임스 헤스켓 James Heskett, 《문화가 성과다 The culture cycle》(유비온, 2013), 2쪽.

네 번째 마지막 주요 이론은 항상 존재하는 시스템 이론이다. 문화경영에서는 집단의 **내면**을 자세히 살펴본다. 이 내면은 상호 이해와 의미, 가치의 그물망 속에 고스란히 반영되어 있다. 반면에 시스템이론에서는 집단의 **외면**, 즉 외부의 객관적인 입장에서 본 집단의 모습을 살핀다. 집단의 외면은 서로 연관되어 있는 시스템들과 구조, 물리적 그물망 속에 반영되어 있다. 시스템 이론에서는 모든 개개인이 상호의존적인 시스템과 그물망, 서로 연관되어 있는 공정들 속에 존재하므로, 이 시스템과 그물망이야말로 궁극적인 실제라고 주장한다. 그러므로 부분이 아닌 전체 시스템을 연구해야만 상황을 진정으로 이해할 수 있다는 것이다.

시스템 이론에 초점을 맞춘 기업경영과 리더십에서는 기업을 분리된 개인들과 부서, 부분들의 단순한 집합체가 **아닌** 하나의 통합적인 망(이 망은 더욱 커다란 시장 망의 일부이며, 이 시장 망은 국제시스템이나 환경 시스템, 세계 시스템 같은 더욱 커다란 시스템의 일부이다)으로 보고, 기업의 전반적인 시스템을 관리하는 데 역점을 둔다. 시스템 이론에서는 개인이나 집단의 주요한 내적 차원을 다루지 않는다. 시스템 이론에 관한 책들을 아무리 뒤져봐도 공유 가치나 도덕, 예술이나 미적 정서에 대한 연구, 목표나 의미에 대한 내용은 전혀 찾아볼 수 없다. 흔히 '과학적'이고 객관적인 방식으로 바깥에서 본 전체만 다루기 때문이다. 이처럼 시스템 이론은 **집단의 외면**을 다룬다.

그러면 넷 중에서 어떤 이론이 맞는 걸까? **통합이론**과 그 **실제**에 따르면 모두가 맞다. **통합적 접근**을 따르면, 넷 중에서 어느 것이 맞고 틀린지를 묻지 않는다. 대신에 실제를 어떤 관점에서 바라보아야 **모두가** 사업경영의 전체적 진실, 퍼즐에서 중요한 조각을 차지할 수 있는지를 묻는다.

전근대에서부터 근대, 탈근대기의 수백 가지 이론을 살펴본 후 통합 이론은 모든 현상을 최소한 네 가지의 주요 관점 혹은 차원을 통해 바라볼 수 있다고 주장한다. 이 네 가지 관점 혹은 차원을 우리는 4분면이라고 부른다. 개인과 집단의 내면과 외면에서 보는 네 가지의 주요한 관점 혹은 차원, 즉 '4분면'은 위에서부터 아래까지 온우주의 모든 수준에 본질적인 것이다.

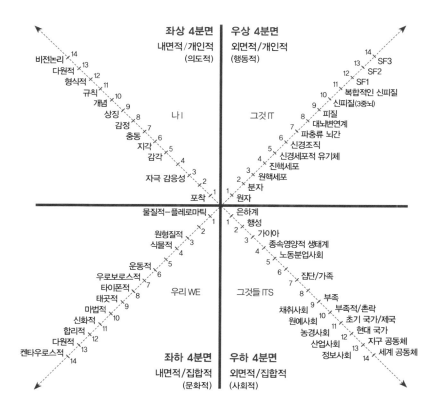

그림 3-1 **4분면의 세부 내용**

앞으로 보게 되겠지만, 4분면을 나타내는 방식은 아주 많다. 그림 3-1도 이런 방식의 하나이다. 그림 3-1은 오늘날 진화의 최첨단에 있는 청록색의 **통합적** 단계에 이르기까지, 네 개의 분면 '안에서' 발견할 수 있는 몇 가지 항목들을 간단히 보여준다. 그림을 보면, 똑같은 기본적 발달 단계들(혹은 '고도altitude')이 4분면 모두에 나타나 있다. 이로써 열거된 각각의 항목들은 4분면/차원 안에서 연관성을 지니며, 4분면이 같은 기본 사건을 바라보는 네 개의 관점 혹은 시각이라는 사실도 강조해준다. 하지만 다른 4분면/시각을 통해서 보면, 각각의 항목은 아주 다르게 보이며 어떤 면에서는 정말로 아주 다르기도 하다. 각각의 관점이 같은 사건의 다른 차원을 강조하고 있기 때문이다.

앞으로 갈수록 분명히 알게 될 텐데, 문제는 네 가지 관점 모두를 받아들여서 어떤 사건을 설명하지 않을 때 시작된다. 네 관점을 전부 활용하지 않으면, 실제로 일어난 일의 실상을 부인하거나 단정적으로 왜곡하게 된다. 오늘날 많은 사람들이 쪼개지고 파편화되고 망가지고 파괴된 세상에서 살고 있는 주요 이유의 하나도 여기에 있다. 이 부서지

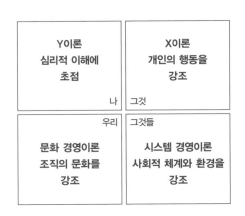

그림 3-2 **통합적 사업**

고 찢겨진 세상을 치유하는 가장 간단한 방법의 하나는 어떤 중요한 사건을 놓고 의미 있는 논의를 진행할 때 4분면의 관점을 모두 활용하는 것이다.

그림 3-2는 **통합적 사업**에서 이렇게 하는 방법을 요약적으로 보여준다. 여기서 각각의 4분면이 단계(파동, 수준, 구조로도 알려져 있다)와 라인 혹은 지류호류, 상태, 유형도 '포함'하고 있음을 잊지 말아야 한다. 우리는 이제까지 **좌상 4분면**(개인의 내면 혹은 '나'의 공간, '나-나니-니'의 공간)의 구조와 상태에 초점을 맞추어 왔다. 하지만 단계, 라인, 상태, 유형 같은 일반적 영역들은 4분면 모두에 존재한다. 물론 지금은 이런 세부 사항에 신경 쓰지 않아도 된다. 4분면을 조금 더 이해하고 나면, 4분면에 대한 **통합적 마음챙김으로** 4분면의 실제를 아주 분명히 파악하게 될 것이다. 그러면 '이론'에 불과하던 모든 논의들도 명확해질 것이다.

우리는 한 예로 특별히, 사적인 인간관계에 초점을 맞춰볼 것이다. 이를 통해 친밀한 관계든 직업적인 관계든, 가족이나 친구와의 관계든 여러분이 맺고 있는 모든 관계를 훨씬 명확히 보게 될 것이다. 그 전에 먼저 내적인 차원과 외적인 차원에서 개인을 다루는 상위의 두 분면을 살펴보겠다. **개인의 내면**은 우리에게 '나'의 공간(Y이론의 본거지)을, **개인의 외면**이나 객관적 관점은 객관적이고 외적인 '그것'의 공간(X이론의 객체 통제)을 부여해준다.

'나' '우리' 그리고 '그것'

내적인 차원과 외적인 차원 모두에서 개인을 다루는 두 분면부터 시작하겠다. 이미 말했듯 개인의 내면은 '나'의 공간(Y이론의 본거지)을, 개인의 외면이나 객관적 시각은 외적이고 객관적인 '그것'의 공간(X이론의 객체 통제)을 부여해준다.

다음으로는 집단의 내면과 외면의 차원, 즉 하위의 두 분면을 살펴볼 것이다. 집단이나 네트워크의 내면은 우리에게 집단적인 '우리'의 공간(문화경영의 본거지)을 부여해주고, 집단이나 집합체의 외면은 '그것들its'('그것들'은 '그것it'의 복수)의 공간(시스템 이론의 본거지인 네트워크나 집단의 외적 시스템의 공간)을 부여해준다. 하지만 다시 말하는데, 사업은 물론이고 곧 살펴볼 인간관계를 포함한 모든 활동을 4분면 전체를 통해 바라보고 바라볼 수 있어야 한다. 4분면 모두가 아주 중요한 것들을 알려주기 때문이다.

4분면(나, 우리, 그것, 그것들)은 때로 세 가지 주요 분면으로 압축할 수 있다. 두 개의 객관적인 외면의 분면, 즉 그것과 그것들의 **우측** 4분면을 하나의 객관적인 '그것'의 공간으로 통합하면, 나와 우리, 그것 이렇게 세 분면이 된다. 이 세 개 혹은 네 개의 차원은 사실 전근대와 근대, 탈근대기의 모든 사회에서 나타난다. 예를 들어, 모든 주요 언어에는 1인칭과 2인칭, 3인칭 대명사가 있다. 다시 살펴보면, **1인칭**은 나I와 나를me, 나의 것mine처럼 말하는 사람을 나타내며, 개인 내면의 '나'의 공간, 즉 **좌상** 4분면을 만들어낸다. 2인칭은 당신, 즉 말을 듣는 상대를 나타낸다. 그리고 당신 + 나 = 우리we이다. 이 '우리'의 공간은 집단 내면의 공간, 즉 **좌하** 4분면이다. **3인칭**은 그나 그녀, 그들, 그들을, 혹은 그것이나 그것들처럼 언급되는 사람이나 사물을 나타낸다. 이것은 개인과 집단의 외면이나 객관적인 공간인 '그것'의 공간, 즉 **우측** 4분면을 만들어낸다.

이 세 분면은 **진·선·미**라는 특질들의 기초가 된다. **선**은 윤리로서 '우리'가 어떻게 서로를 대해야 하는지와 관련 있다('우리'의 공간). **진**은 개인적으로나 집단적으로 객관적인 진실을 말한다(객관적인 '그것'의 공간). 그리고 **미**는 보는 사람 즉 '나'의 '눈' 속에 있다('나'의 공간). 앞에서 네 가지 주요 경영이론을 통해 보았듯, 이 세 개 혹은 네 개의 분면들은 각기 다른 관점이나 시각을 갖는다. 서로 다른 가치와 의미, 다른 형태의 진실과 정보를 담지만, 이것들은 모두 아주 중요하다.

인간관계에서의 4분면

마음챙김을 어떤 식으로 인간관계에 적용할 수 있을까?

이제 많은 사람들이 크게 관심 갖는 문제를 다룰 때가 되었다. 그것은 바로 4분면 모두를 통해 사적인 인간관계, 특히 연애 관계를 바라보는 방법이다. 먼저, 모든 인간관계는 최소 세 가지나 네 가지의 주요 관점으로 바라볼 수 있다는 점을 알아두어야 한다. 두 '나'의 공간이 결합해서 '우리'의 공간을 창조하는데, 이 '우리' 공간은 그 모든 요소들 혹은 '그것'들에 관한 객관적이거나 실제적인 사실들에 따라 달라진다. 그래서 우리는 먼저 '나' 공간을 마음챙김하고, 다음에 '우리' 공간을, 이후에는 관련 있는 어떤 사실들 혹은 '그것들'을 마음챙김할 것이다. 이런 인간관계 작업을 하려면 경험을 통해 초석을 다져놓아야 한다. 그러니 부디 처음의 몇 단계만이라도 나와 함께 하면서, 이 과정이 현재 여러분이 맺고 있는 인간관계들을 명확히 파악하는 데 얼마나 도움이 되는지 직접 확인해보기 바란다.

먼저 여러분의 '나' 공간을 간단히 자각한다. 사실 우리는 이미 이런 작업을 했다. 작고 인습적인 자기인 '나'의 발달 단계들과, **주시자** 혹은

'나-나I-I' 같은 발달 상태들을 살펴볼 때 이미 '나' 공간에 대해 알아보았다. 다시 기억을 떠올려보면, '나-나'는 라마나 마하르쉬가 만들어낸 말로서 **주시자**나 **진정한 자기**를 가리킨다. '나-나'는 작고 인습적인 '나'를 자각하는, **관찰하는** '나'이다.

"'나' 공간"에서 말하는 '나'는 **궁극적인 자기**Ultimate Self 즉 '**나-나**'와 상대적인 자기 즉 '나'가 혼합되거나 결합된 것을 의미한다. 만일 여러분이 주시하는 자기를 자주 자각하고 인습적인 자기가 녹색의 단계에 있다면, 여러분의 종합적인 자기체계self-system는 '녹색 단계의 주시자'일 것이다. 하지만 먼저 거친 상태와 정묘 상태, 원인 상태, 주시 상태, 비이원적 합일 상태 중 자신이 어느 상태에 있고, 마법적 단계와 신화적 단계, 합리적 단계, 다원적 단계, 통합적 단계 중에서 자신이 어느 주요 단계 혹은 구조에 있는지를 전반적으로 간단하게 알고 있어야 한다. 자신에 대해 생각하거나 나타낼 때 우리가 보통 인식하는 자기는 '이중의 중심'인 구조-자기structure-self와 상태-자기state-self가 결합된 **종합적인 자기**overall self이기 때문이다.

우리의 인간관계에 영향을 미치는 것도 이 종합적인 자기이다. 관계를 맺는 이유와 관계에서 원하는 것, 타협할 수 있는 자발적인 의지의 정도, 다시 말해 상대방의 바람과 상대방이 진실이라고 믿는 것에 맞춰주기 위해서 자신이 '진실'이라고 믿는 것을 양보할 마음이 얼마나 되는지를 결정짓는 것도 이 종합적인 자기라는 말이다. 이것은 이 부분의 논제이기도 하다.

대인관계 상담에서 많은 사람들이 중요하게 배우는 것들이 있다. 그 가운데 하나는 증거 없이 '사실'이라고 주장하는 '그것' 진술it statement 대신에, 자신의 경험과 관점을 표현하는 '나' 진술I statement 형태를 사용하라는 것이다. 예를 들어, '우리가 함께 일할 때마다 너는 너무 비판적이야'라고 말하는 대신에 '나는 너와 일할 때마다 너에게 엄청 비난 받는 느낌이 들어'라고 말하는 편이 좋다.

이처럼 '나' 진술은 자신의 경험이나 반응을 알려주는 것이다. 상대가 비판을 일삼는다는 점을 마치 절대적인 사실인 양 인식하고 비난하는 것이 아니다. 그러므로 객관적인 '그것' 진술로 상대를 탓하는 대신, 그저 '나'의 경험을 표현해야 한다. 상대를 욕하는 대신, 자신이 느낀 것을 인정하고 상대에게 전달하는 것이다. '나' 진술은 확실히 '그것' 진술과 다르다. '내 경험상 넌 X 같아'는 말은 '너는 X야'와 전적으로 다르다는 의미이다.

사람들은 자신의 느낌이나 견해에 불과한 것을, 절대적이고 객관적인 진실인 양 착각하는 경우가 얼마나 많은지 깨닫지 못하고 있다. 개인적인 견해들을 예로 들어 요점을 더욱 간단하고 쉽게 설명해보겠다. 다툼은 거의 언제나 두 사람 모두가 각자의 견해를 사실로 착각하고 '그것' 진술을 사용할 때 일어난다. 양쪽이 그들의 주관적 견해를 실제적 사실이라고 우길 경우에 합의는 이뤄지기 힘들다. 한 편이 맞다면 다른 편은 틀릴 텐데, 둘 모두 자신이 맞다고 생각하기 때문이다.

이들은 '나'의 관점과 '그것' 관점을 혼동하고 있다. 주요한 두 분면을 혼동하고 있는 것이다. 이럴 때는 거의 언제나 '우리'의 공간에서 갈등이 일어난다. 서로가 생각하는 진실 혹은 '그것'을 놓고 두 '나들I's'이 충돌을 일으키기 때문이다. 둘 모두 자신이 올바른 견해를, 객관적으로 정확한 '그것'을 갖고 있다고 생각하지만, 사실 그들은 각자의 기호와 선택, 취향을 말하고 있을 뿐이다.

이제 **통합적 마음챙김**으로 이런 관점들을 하나씩 살펴보고, 이런 상황을 명확히 할 수 있을지 확인해보겠다.

나ı와 그것 It

어떤 관계에서든 먼저 '나'와 '우리' '그것' 공간의 주요한 차이들을 명확히 이해해야 한다. 우선 '그것'과 '나'의 공간부터 시작하겠다. 여러분은 초콜릿 셰이크보다 바닐라 셰이크를 더 좋아할 수도 있다. 그렇다면 이런 취향에 초점을 맞춘다. '바닐라 셰이크가 더 좋고 더 맛있다'고 느끼는 것은, 마치 보편적 진실이기라도 한 양 '바닐라가 최고다'라고 객관적으로 주장하는 것과는 엄연히 다르다.

그러므로 여러분이 **선호하는 것**preference이 주는 느낌에 초점을 맞춰본다. 먼저 그냥 바닐라 셰이크와 초콜릿 셰이크 두 개를 마음속에 떠올린다. 여러분은 둘 중 하나를 더 좋아한다. 이제 바닐라 셰이크와 초콜릿 셰이크 모두를 바라보다가 여러분이 좋아하는 것에 손을 뻗었을 때 내면에서 일어나는 움직임을 마음챙김해본다.

선호하는 것은 필연적으로 선택을 수반하고, 이 선택은 개인적 취향과 관련돼 있다. 그러므로 대상과 선택, 취향 모두를 알아차려야 한다. 우선 두 대상, 즉 바닐라 셰이크와 초콜릿 셰이크가 앞에 있다고 상상한다. 여러분은 이 둘을 살피면서 어떤 것을 선택할지 깊이 생각한다(마음속으로 여러분의 이런 행위를 재생시켜본다). 이제 더 좋아하는 쪽을 향한 마음이 일어난다. 이로써 그것이 무엇이든 자신이 가장 좋아하는 것을 원한다는 점을 알게 된다. 덕분에 선택을 하고, 좋아하는 것을 향해 손을 뻗는다.

여기서 기억해야 할 점이 있다. 이런 이미지들에 대해 아무것도 할 필요가 없다는 점이다. 그저 바라보고, 비디오테이프에 담듯 관찰하기만 하면 된다. 그러면서 다른 선택 대상도 **전체 그림**의 일부로서 여전히 그 자리에 있다는 점에 주목한다. 또 여러분의 선택이 하나의 취향에 불과하다는 점을 명확히 이해한다. 사실이나 보편적인 진실을 3인 칭의 관점에서 표현하는 '그것' 진술이 아니라, 단지 1인칭의 선호에 불과하다는 점을 인식하라는 의미이다. 다른 선택 대상도 여전히 거기에 있고, 이것을 선택하는 사람들도 많을 수 있다.

취향taste은 흥미로운 현상이다. 많은 선택 항목들 중에서 어느 하나를 고를 때, 보편적으로 적용되는 이유가 아니라 자신의 개인적인 선호를 따른다. 개인적인 욕망이 열쇠인 것이다. 욕망은 불교에서 크게 다루는 주제이기도 하다. 불교에 따르면 인간의 모든 고통은 욕망과 갈망에서 비롯된다. 말하자면 **근원적 회피**가 원인인 것이다.

어쨌든 분명한 점은, 개인적인 '나'의 욕망을 객관적 진실이나 사실들(객관적인 '그것들')과 혼동하면 끝없는 갈등에 휩싸인다는 것이다. 자신의 단순한 선호와 취향을 선택이 아니라 누구나 따르고 따라야 하는 절대적인 사실이기라도 한 것처럼 세상에 강요하기 때문이다. 이런 문제는 특히 관계에서 서로에 대한 사실들 외에 견해와 취향, 선호들까지 혼란스럽게 많이 주고받을 때 갑자기 눈에 띄게 불거진다.

갈등의 원인이 어떤 사실에 있을 때는 보통 해결 방법이 있다. 그냥 출처들을 확인해보거나, 구글에서 관련 항목들을 검색해서 사실이 정말로 무엇인지를 찾아보면 된다. 둘이 막 집을 보고난 후 이 집을 사야 할지 말아야 할지 고민하다가, 집의 실제 가격을 놓고 다툼을 벌일 수도 있다. 이럴 때는 그냥 확인해보면 된다. 광고에 나와 있는 가격을 확인해보면 갈등은 쉽게 해결된다.

그런데 우리는 집에 관한 객관적인 사실들만 고려해서 구매 여부를 결정하지는 않는다. 집의 가격이나 평수, 방의 개수, 집의 색깔, 위치, 주변의 교육 시설, 버스 노선처럼 쉽게 확인할 수 있는 객관적인 '그것들'만을 토대로 집을 사지는 않는다는 말이다. 서로의 선호와 호불호,

취향도 고려해야 한다. 그리고 이럴 때 특히 주의해야 할 점은 취향이 보편적인 진실이 아니라 그저 취향에 불과하다는 것이다. 취향이 기정적인 '그것' 사실이 아니라 '나'의 취향일 뿐임을 인식해야 한다는 말이다.

그런데 이 '그것' 사실, 진실을 마주할 때 우리는 어떻게 느끼는가? 간단한 사실 몇 개를 예로 들어보자. 물은 섭씨 100도에서 끓는다. 모든 미혼 남성은 결혼하지 않았다. 보름달은 실제로 있고 한 달에 한 번씩 떠오른다. 이런 사실을 마주할 때 어떤 느낌이 드는가? 실제로 어떤 반응을 보이는가? 이런 사실을 접할 때는 욕망이나 선택이 거의 일어나지 않는다. 그렇지 않은가?

보름달이 정말로 존재하는지 바라본다고 하자. 직접 보름달을 봐도, 거기엔 그저 있는 그대로의 보름달이 있을 뿐이다. 보름달이 거기 부정할 수 없게 분명히 존재한다. 여러분이나 신중하게 보름달을 바라보는 다른 모든 사람들이나 모두 마찬가지이다. 정말로 그런지 아닌지 판단하기 위해 숙고해볼 필요도 없다. 욕망이나 선호, 취향도 관여하지 않는다. 그저 달이 거기 분명하게 존재한다는 기정사실이 있을 뿐이다. 복잡한 선택이나 선호는 여기 끼어들지 않는다.

그런데 이 '그것' 사실에 '나'의 취향과 선호가 보태지면 어떻게 될까? 보름달이 낭만적이라고 생각하거나, 우스꽝스럽다고 여기거나, 천문학자처럼 매혹되어 보름달을 바라보거나, 외계인이 달에 숨어 산다고 믿을 수도 있다. 그러나 한 가지 분명한 것은, '내' 취향과 실제 세계의 '그것' 사실 사이에는 큰 차이가 있다는 점이다. 이런 차이는 옳고 그름을 둘러싸고 연애 상대와 내가 벌이는 갈등 속에서 가장 극명하게 드러난다.

그러므로 아주 다른 두 영역 혹은 공간에 대해서 할 수 있는 만큼 마

켄 윌버의 통합명상

음챙김해야 한다. '나' 공간의 선호들과 '그것' 영역의 자명한 사실들에서 몇 가지를 뽑아, 그것들을 살피고 충분히 인식할 때 자신이 어떻게 반응하는지를 살피는 것이다. 두 영역의 큰 차이들에 특히 주의를 기울여보고, 순수하게 인식했을 때 그것들이 정말로 어떻게 느껴지는지 살펴본다.

숨어 있을 수도 있지만 분명히 존재하는 '나'의 취향은 언제나 선택을 수반한다. 반면에 '그것' 사실 앞에서는 선택할 필요도 없이 그냥 그것이 '있음Isness'을 직접 인식하게 된다. 하나의 영역에서 다른 영역으로 이동할 때 주의를 기울여보고, 여러분이 '사실'이라고 부르는 것들을 특히 잘 살펴본다. 그리고 이 사실들이 실제로 여러분의 선호나 취향과 얼마나 많이 관련되어 있는지 들여다본다.

파트너와 다툼을 벌이거나 갈등 중에 있을 때 특히 이렇게 해본다. 그리고 자신의 행위를 더욱 정확한 시각에서 바라보게 해준다고 여겨질 경우에는 언제나 '그것' 진술 대신에 '나' 진술을 사용한다. 예를 들어, "당신은 지금 나를 심하게 비난하고 있어" 대신에 "나는 지금 당신에게 심하게 비난받는 느낌이야"라고 말하는 것이다. 이렇게 '나' 진술을 사용하고 상대방이 응답을 하면, 갈등이 쉽게 해결될 것이다.

또 '사실들'을 둘러싼 해결할 수 없는 다툼에서도 벗어나게 된다. 이런 다툼을 해결할 수 없었던 이유는 사실이라고 여기던 것들이 실제로는 사실이 아니라 각자의 취향인 탓에 확인해볼 출처도 없었기 때문이다. 이렇게 생겨난 다툼은 결코 해결할 수 없다. 그러나 이제 이런 다툼에서도 벗어나 토론을 통해서 타협점을 찾을 수 있다. 둘의 취향이 서로 다르다는 점을 고려해서 둘 모두가 수용할 수 있는 해결책을 찾아내고 이에 합의하는 것이다. "이건 이래!"나 "아니야, 저거야!" 하는 식의 다툼에서 벗어나, "나는 이걸 더 좋아해"나 "음, 나는 저게 더 좋아"

하고 대화를 이어가다가, 드디어 "음, 이렇게 하면 우리 둘 다 좋을 거야" 하며 합의에 이른다. 이것이야말로 '그것' 사실로 착각하지만 사실은 취향에 불과한 것들을 둘러싸고 끝없이 논쟁을 벌이는 대신, 서로를 이해하면서 '우리' 공간에서 적극적으로 서로 다른 '내' 취향들을 만족시킬 수 있는 방식이다.

'나' '당신' 그리고 '우리'

이제 '당신'과 '우리' 공간으로 옮겨가보겠다. '당신'의 느낌은 특히 흥미롭다. 당연한 얘기지만, 뭣보다도 '당신'의 공간이 '나' 공간과는 확연히 다르기 때문이다. 물론 '당신'도 그나 그녀만의 '나' 공간이 있겠지만 말이다.

그러므로 몇 분간 이 차이를 마음챙김해본다. '나' 공간과 '당신' 공간의 느낌을 번갈아가면서 마음챙김하는 것이다. 먼저 여러분이 자신의 '나' 공간을 전반적으로 어떻게 느끼는지 주목해본다. 궁극의 '**나-나**'와 인습적인 '나'가 결합되어 있는 '나' 공간, 즉 '종합적인 자기' 공간의 느낌이 어떤지 살펴보라는 의미이다. 이것은 기본적으로 분리된 자기의 느낌에 주목하라는 의미이다.

대부분의 사람들은 자신의 '나'가 보통 머리나 가슴, 배처럼 몸의 어딘가에 있다고 느낀다. 여러분도 아마 '나' 공간을 이렇게 인식할 것이다. 이 '나'는 수없이 많은 욕망과 취향, 선호의 발상지이며, 이 모든 것들은 정도의 차이는 있어도 자기의 통제 아래 있다.

그러나 '당신' 공간에는 이런 것들이 적용되지 않는다. '당신' 공간의 특징은 주로 '당신'의 공간을 내가 통제할 수 없다는 느낌에 있다. 우리의 '나' 공간은 고유의 통제 중심을 갖고 있는 것이다. 그런데도 우리는 다양한 이유로 상대에게 매료된다. 이것은 기본적으로 상대가 가진 '나' '당신' '그것'의 특징들을 통째로 좋아한다는 것을 의미한다. 예컨대 상대의 키나 몸무게, 몸집 크기, 몸매, 체취 같은 외적인 면, 즉 '그것' 사실들도 좋아하고, 상대의 '나' 개성들도 좋아하는 것이다.

물론 개성 중에는 확실한 유머 감각처럼 대부분의 사람들이 보편적으로 인정하는 것들도 있다. 하지만 대부분의 경우에는 여러분의 개인적인 취향이나 선호 때문에 좋아하는 것이다. 상대의 '그것' 사실들도 마찬가지이다. 대부분은 여러분의 개인적인 선호 때문에 상대의 '그것' 사실을 좋아하는 것이다. 단적인 예로, 큰 키에 검은 피부, 잘생긴 얼굴을 좋아하는 사람들도 있다. 그런가 하면 작고 강단 있는 사람을 좋아하는 이들도 있다. 또 근육질의 몸매를 좋아하는 이들이 있는 반면,《플레이보이Playboy》잡지에 나올 법한 섹시한 모습을 더 좋아하는 이들도 있다. 이렇게 개인의 '나' 취향은 끝이 없다. 그리고 이런 개인의 취향과 사실들이 묘하게 결합되었을 때 우리는 상대에게 매료된다. 이런 점은 실제로 '나' 공간의 심리적 요인과 '우리' 공간의 문화적 요인, '그것' 공간의 생물학적 요인과 호르몬의 영향에 이르기까지 4분면 전체의 요소들과 관련이 있다.

좋아하는 사람이든 아니든, 여러분이 만나는 '당신'을 이해하고 소통하고 대화하고 알아가는 것은 대단히 가치 있는 일이다. 그리고 상대의 생각과 느낌, 의미를 이해하려면 **상대의 입장**에서 볼 수 있어야 한다. 관계를 원활하게 만드는 중요한 요소들 가운데 하나는 서로가 상대의 관점에 진심으로 주의를 집중하는 것이다. 다시 말해, 자기 고유의 '나' 생각은 옆으로 밀쳐 두고 상대의 관점, 즉 상대의 '나' 공간에서 세상을 볼 줄 알아야 한다. 서로가 이렇게 할수록, '나'와 상대의 '나'가 더욱 잘 결합해서, 모든 진실한 '우리'의 토대인 상호 이해와 공유의 '우리' 공간이 더욱 잘 만들어진다.

여러분은 자신과 공통점이 전혀 없는 사람을 만날 수도 있다. 사용하는 언어가 완전히 달라서 한 마디도 알아들을 수 없는 사람, 전혀 다른 문화에서 온 사람, 가치와 의미, 욕망도 다른 사람 말이다. 이런 사람은 여러분에게 2인칭의 존재도 못 된다. '2인칭'은 내가 말을 건네는 상대를 가리키는데, 이런 사람과는 대화를 할 수 없기 때문이다. 실제로 이런 사람은 여러분에게 3인칭(3인칭은 여러분이 언급하는 사람이나 사물을 가리킨다)의 '그것' 이상이 될 수 없다. 바위 같은 단순한 대상에 불과하다.

그리고 '공통점이 전혀 없다'는 것은 말 그대로 공통점이 하나도 없다는 의미이므로 신체 언어도 통하지 않는다. 이런 사람과는 대화를 나눌 수 없고, 오로지 이 사람에 대해 말할 수 있을 뿐이다. 사실상 '우리'가 전혀 형성되어 있지 않기 때문이다. 바위나 먼지 뭉치와 '우리'를 형성할 수 없는 것처럼 말이다. 그러므로 '당신'과 관련해서 숨겨진 사실의 하나는, 진정한 '당신', 즉 여러분이 대화를 나누거나 진실로 관계를 맺을 수 있는 상대는 '우리'의 부분이기도 하다는 점이다. 그렇지 않은 상대와는 이해도, 대화나 소통도 불가능하다. 이런 존재는 그저 바위 같은 3인칭의 대상에 지나지 않는다. 이런 3인칭 대상의 좌측 차원들은 볼 수 없고, 우측 차원들만 볼 수 있다. '그대thou'가 아니라 '그것'이기 때문이다. 이런 상대는 혼수상태에 있는 사람이나 화성에서 온 존재와 다를 바가 없다. '당신'이 아닌 '그것'인 것이다.

상대의 입장에서 보고 상대의 관점을 받아들이는 능력, 다시 말해 상대의 '나' 공간에서 세계를 바라보는 능력은 바람직한 인간관계에 아주 중요하다. 모든 연애 관계에서 가장 많이 듣는 불평의 하나는 "내 파트너는 날 정말 모른다"는 것이다. 파트너가 진심으로 나의 입장에서 생각해보지 않고 그의 방식으로 모든 것을 바라보며, 그의 개인적인 욕망과 선호, 취향만 중시하면서 내게 그의 취향을 강요한다는 것이다.

이것은 파트너가 **처음부터** 그의 '나' 취향을 보편적 진실이나 '그것' 사실과 혼동하고 있었다는 것을 의미한다. 그러고는 그의 숨겨진 취향에 불과한 이 '사실'을 파트너에게 아무 생각 없이 강요하는 것이다. 생각이 바른 사람이라면 누구나 이 '사실'을 유일한 진리로 받아들일 것이라고 믿기 때문이다. 예컨대 그는 자신의 선호를 보름달 같은 것처럼 여긴다. 자신의 선호는 누구나 분명하게 볼 수 있는 유일한 진리이므로, 논의 따위는 필요 없다고 생각하는 것이다. 그는 자신의 선호를 순수한 진리처럼 생각한다. 그래서 논의 같은 건 정말로 필요 없고 상대도 그의 취향을 받아들여야 한다고 믿는다.

그러나 사실에 반응하고 해석하는 방식, 사실에 대한 느낌을 만들어내는 요인은 모든 경우에 언제나 존재한다. 보름달 같은 순전히 객관적인 '그것' 사실과 마주할 때도 마찬가지이다. 예컨대 상대도 정말 보름달을 좋아할까? 어쩌면 보름달 아래서 아주 끔찍한 일을 겪고 난 후 보름달을 싫어하게 되었을지도 모른다. 그러나 '나' 선호를 보편적인 '그것' 사실과 혼동하면 상대의 생각이나 느낌, 선호를 확인해볼 필요도 못 느낀다. 내가 좋아하는 걸 상대도 좋아하리라 믿기 때문이다.

그 결과 파트너가 나를 이해하지도 못하고, 나의 이야기에 귀를 기울이지도 않고, 근본적으로 나를 전혀 사랑하지 않는다고 느끼게 된다. 이런 관계는 다른 관계들처럼 피상적인 것으로 끝나고 만다. 둘이 서로의 '나' 공간을 공감하고 느끼고 경험하면서 서로를 받아들이고 인정하기 전까지는, 상대의 입장에서 생각해보는 법을 배우기 전까지는 그럴 것이다. 그러니 지금 당장 배워보자.

여러분 자신의 '나' 공간에 대해서는 이미 마음챙김을 해보았다. 덕분에 이것이 어떻게 보이고, 어떤 느낌이며, 어디에 있고, 모양과 색깔은 어떤지, 기본적인 욕망과 취향, 선호들은 무엇인지 알게 되었다. 이제, 여러분이 관계를 맺고 있는 사람에 대해서도 똑같이 마음챙김을 해본다. 가급적이면 연애 상대를 대상으로 하는 편이 더 좋을 것이다. 지금 이야기하고 있는 관계가 연애관계이기 때문이다. 하지만 직장 동료나 친구, 가족 등 누구든 지금 관계를 맺고 있는 사람에 대해 마음챙김하는 것도 좋다.

먼저, 이 상대를 대상, 즉 3인칭의 '그것'으로서 인식한다. 바깥에서 그가 어떻게 보이는지, 이목구비와 체격, 몸매, 키, 몸무게, 나이 같은 '그것' 사실이나 특징들을 파악하는 것이다. 그리고 내가 그를 좋아하는지 싫어하는지, 그를 갈망하고 원하는지 어떤지는 신경 쓰지 말고, '그것' 대상이나 사실로서 그를 알아차린다. 〈드래그넷 Dragnet〉*에서 조 프라이데이 Joe Friday가 "부인, 사실만이요"라고 자주 말하던 것처럼, 오직 사실에만 집중한다.

이제 상대와 마지막으로 진지하게 토론했던 때, 꽤 무거운 주제를 갖고도 논쟁 없이 중립적으로 대화를 나누었던 때를 떠올려본다. 할 수 있는 만큼 마음챙김을 하되, 그가 한 말에만 주의를 기울이지는 않는다. 물론 그가 했던 말에 주의를 기울여보는 것은 중요한 시작이다. 그는 정말로 무슨 말을 했는가? 그의 말을 되풀이해줄 수 있는가? 그가 전하려던 의미를 다시 설명해줄 수 있나? 그가 전하려던 **의미**는 무엇인지, 토론 주제에 대해서는 그는 어떤 **관점**을 갖고 있었는지, 그 주제를

---

* 역주: 톰 행크스와 댄 애크로이드 주연의 형사 코미디 영화이다. 조 프라이데이(댄 애크로이드 분)는 이 영화에 등장하는 고지식한 형사이다.

어떻게 바라보았는지, 어떻게 생각하고 느꼈는지 마음챙김해본다. 다시 말해, 그의 입장과 그의 '나' 공간을 똑바로 마음챙김해보는 것이다. 먼저 그의 입장에 선 다음, 이 상태에서 여러분의 눈에 들어오는 것을 마음챙김한다.

다른 마음챙김 훈련들에서는 타인의 입장이나 '나' 공간에 서서 생각해보는 것을 거의 권하지 않는다. 4분면 모두가 중요하다는 점을 아직 폭넓게 인식하지 못하고 있기 때문이다. 하지만 '당신'과 '우리' 공간은 아주 중요한 차원이기 때문에 마땅히 진지하게 마음챙김을 해보아야 한다. 그래야 정말로 상대를 보고 이해할 수 있다. 상대가 상황이나 사물을 바라보는 방식대로 나도 상황이나 사물을 바라볼 수 있게 되는 것이다. 그 차이를 알겠는가? 상대를 진정으로 본다는 것은 그를 똑바로 본다는 의미가 아니다. 그가 무엇을 어떻게 보고 있는지 이해한다는 의미이다.

상대는 저기 바깥의 객관적인 '당신/그것'에 불과한 존재가 아니다. 상대에게도 고유의 '나' 공간이 있다. 그리고 상대는 여러분이 이 '나' 공간을 보고 이해해주기를 바란다. 타인을 보고 이해한다는 것은 '나'의 선호, 욕망, 취향을 옆으로 밀쳐 둔다는 의미이기도 하다. 이렇게 하려면, '나'의 선호와 욕망, 취향들을 모든 사람에게 적용되는 보편적인 '그것' 진리가 아닌 '내' 취향과 선택으로 볼 줄 알아야 한다. '내' 선호를 미뤄놓고 나면, 상대의 '나' 공간을 상대가 보는 것처럼 안에서부터 보려고 하게 된다.

둘이 비슷한 발달 단계에 있을수록 이렇게 하기가 더 쉽다. 그런데 이 발달 단계, 숨은 지도와 관련해서 곤란한 문제가 하나 있다. 이 지도가 정말로 숨어 있어서, 이것이 지도일 뿐이라는 점을 분명하게 이해하지 못한다는 것이다. 우리는 무심결에 이 지도를 진정한 실재로 받아들인다. 무의식적으로 지도를 실제의 영토로 혼동하는 것이다. 그래서 숨은 지도의 기본 가치가 선호나 선택에 있다는 것을 이해하지 못한다. 누구나 의심 없이 이 숨은 지도를 진정한 실재로 본다. 숨어 있는 '나'의 선호, 숨은 지도를 보편적으로 진실한 '그것'으로 보는 것이다.

그러므로 여러분은 오렌지색 단계에 있는데 상대는 녹색 단계에 있다면, 둘은 서로에게 어리둥절해 할 것이다. 상대는 여러분의 성취 욕구와 뛰어난 존재가 되고픈 마음, 끊임없는 성공 욕구에 놀라움을 금치 못할 것이다. 또 존재 자체가 아니라 성취로 자신을 평가하고 언제나 두각을 나타내길 원하며 모든 것을 다른 사람보다 잘 하려는 모습에도 충격을 받을 것이다. 그래서 여러분에게 지속적으로 이렇게 말할지도 모른다. "왜 우리는 함께 그냥 잘 지낼 수 없는 거지? 왜 우리는 다른 사람들이 사는 것처럼 살지 못하는 거야? 왜 우리는 친구가 될 수 없는 거지? 이 끔찍한 경쟁은 대체 뭐야?" 그러면 여러분은 아마 이렇게 답할 것이다. "난 실패자들과 한 배를 타고 싶지 않아."

아마 둘 모두 상황을 있는 그대로 보고 있다고 생각할 것이다. 자신이 아주 명백하고 절대적으로 진실한 실제의 영토를 똑바로 보고 있다고 믿을 것이다. 누군가 이런 기본적인 사실들에 동의하지 않을 수도 있다는 점은 상상도 못한다. 그건 마치 보름달을 바라보면서 반달이라고 주장하는 것과 같다고 여기기 때문이다.

하지만 건강한 관계를 원한다면, 상대의 '나' 공간을 마음챙김하는 수행을 기본적으로 해야 한다. **통합이론**이나 훌륭한 발달 지도를 이용하면, 여러분과 상대가 실제로 다른 발달 단계에 있다는 것을 알 수 있다. 더불어 여러분이 자신의 발달 단계에서 당연하게 바라보는 것과는 다르게 상대가 세계를 보고 있다는 점도 이해할 것이다. 이 점을 이해했다면, 발달 지도를 이용해서 상대가 갖고 있을 가치와 특성, 특질, 성격들을 추려본다. 그리고 상대의 '나' 공간에서 상대를 바라보고 이해하려고 노력하면서 이것들을 살펴본다.

어떤 경우든 상대의 입장을 충분히 받아들이고 **상대의 관점**에 대해 마음챙김할수록, 상대는 이해받고 있다는 느낌을 더욱 많이 받는다. 한편 여러분은 '내' 관점이 단지 자신의 선호나 취향, 욕망에 지나지 않는다는 것을 깨닫는다. 모든 사람이 나와 같은 식으로 느끼는 것은 아니며, 나의 관점이 모든 사람에게 진실인 보편적 '그것' 사실이 아니라는 것도 알게 된다. 이로써 여러분은 차이를 인식하면서도 이 차이 **때문에** 타인을 더 사랑하게 된다. 이렇게 여러분의 '나' 공간에 타인들의 '나' 공간이 들어설 여지가 더욱 커지면, '우리' 공간은 갈수록 건강해진다.

'우리' 공간

이제 '우리' 공간을 분명하게 살펴보도록 하겠다. 먼저 자신의 '나' 공간을 전체적으로 파악하고 이 공간에 대해 마음챙김한다. 그런 다음 상대의 '나' 공간으로 옮겨가서, 상대의 내면에서 지금 일어나고 있는 느낌이나 욕망, 좋아하는 것들에 대해 여러분이 어떻게 생각하고 있는지 전체적으로 파악한다. 몇 분간 상대의 '나' 영역을 통해 세계를 바라보면서, 무엇이 떠오르든 그것을 마음챙김한다. 그런 다음 여러분의 '나' 영역으로 돌아가, 상대와 함께 하는 '우리'의 특별한 느낌을 **'나' 공간에서** 주목해본다. 여러분의 '나'가 '우리'를 어떻게 경험하는지 살펴보는 것이다.

무엇보다도, '우리' 공간에는 몇몇 철학자들이 말하는 '지배단자dominant monad'*가 없다는 것을 알아차린다. 예를 들어, 우리 집 강아지는 일어나면 거실을 왔다 갔다 한다. 이때 강아지 안의 모든 원자와 분자, 세포들도 함께 일어나서 움직인다. 반은 이쪽으로, 나머지 반은 다른 쪽으로 움직이지 않는다. 물론 이런 건 결코 민주적이라고 할 수 없다. 모두가 일어나서 강아지의 '지배단자'와 함께 방을 가로지르니까 말이다.

그러나 '우리'(집단이나 집합체)에는 지배단자 같은 것이 없다. 집단의 모든 구성원들이 일어나서 지배단자를 100% 따라가게 만들 정도로 완전히 지배적인 관점은 없다. 개인들에게는 지배단자가 있지만, 집단들은 논의나 소통, 공명의 지배적인 양식mode이 있을 뿐이다. 이런 지배적인 양식 혹은 방식을 통해서 구성원들이 전부 혹은 거의 이해하고 공명할 수 있는 것들을 소통한다. 하지만 지배단자는 없다. 이것은 집단이 모든 개인을 세포처럼 거느리는 하나의 거대한 유기체나 초실체super-entity가 아니라는 점을 의미한다.

집단 속의 개인은 분자 속의 원자나 세포 속의 분자, 유기체 속의 세포들과 같지 않다. 개인들은 더욱 큰 '나'의 **부분**parts이 아니라 집합적인 '우리'의 **구성원들**members이다. '나'에게는 지배단자가 있지만 '우리'에게는 없다. '나'는 개별적 홀론이며 '우리'는 집합적 홀론이다. 둘은 아주 다른 것이다.

이처럼 '우리'는 지배적인 의지나 단자를 가진 하나의 초유기체super-organism가 아니다. 그래서 여러분은 이것을 직접 통제할 수도 없고, 어

---

* 역주: 단자單子는 '하나'라는 의미의 그리스어 '모나스monas'에서 비롯된 것인데, 라이프니츠는 분할 불가능한 기본 요소, 실체를 가리키는 용어로 사용했다. 그가 말한 실체는 개별자로서의 영혼 하나하나를 의미한다.

켄 윌버의 통합명상

떤 식으로도 이것에 통제당하지도 않는다. '우리'는 나름의 생명을 갖고 있다. 이 점에 주목해야 한다.

'우리'는 공유 가치와 이해, 많은 공통적 선호와 취향, 상호 간의 끌림, 모종의 역사 같은 것으로 이루어진다. 이런 공유 가치나 취향은 아마 여러분을 서로에게로 끌어당기는 주요한 요소들 가운데 하나일 것이다. 그런데 여러분은 이 '우리'를 자기만의 '나'를 통해 바라본다. 그래서 다른 모든 것들이 그렇듯, 이 '우리'에도 실제의 '그것' 사실(모든 인간들 속에서 비슷하게 나타나는 생물학적 차이와 호르몬상의 차이, 성적인 요소 같은 개개인에 관한 보편적 사실들)과 여러분들의 선호, 취향, 욕망들이 혼합되어 있다. 그리고 서로에게서 끌린 실제의 것이 이 '우리' 공간을 이룰 것이다. 다시 말해, 여러분은 다른 사람을 그 자체로 사랑하는 것이 아니라, 이 사람에게서 여러분이 느끼는 어떤 것을 사랑하는 것이다. 여러분은 '당신'보다 '우리'를 더 사랑하는 것이라는 말이다.

그러므로 이 '우리'를 마음챙김해야 한다. 먼저 여러분 자신의 '나'에 대해 몇 분 정도 마음챙김한다. 이렇게 하다가 **나-나** 혹은 **주시자**로 들어가는 경우도 있는데, 그래도 괜찮다. '나'를 마음챙김한 후에는 '우리'로 옮겨가 이 '우리'를 인식한다. 여러분은 자신의 몸을 통제하는 것과 같은 식으로 '우리'를 직접 통제할 수는 없다. '우리'는 정말로 고유의 생명을 갖고 있기 때문이다. 여러분들이 함께 할 때마다 '우리'는 더욱 돈독해진다. 역사와 공통의 경험, 관심사, 해결책을 갖게 되면서 '우리'는 더욱 풍요로워진다. 물론 둘이 각자의 '나' 공간을 조정하려고 하면서 여러 가지 갈등이 지속적으로 일어날 수도 있다.

이 '우리'에 주의를 기울여본다. '우리'는 어떻게 보이는가? 어떻게 느껴지는가? 어디에 있고, 크기나 형태, 색깔은 어떤가? 현재 어떤 심각한 다툼이나 갈등을 겪고 있다고 하자. 그러면 갈등이 남아 있을 때와 갈등이 사라졌을 때 이 '우리' 공간이 어떨지를 상상해본다. 그리고 여러분이 자신의 '나' 공간과 '우리' 공간을 얼마나 분명하게 구분하고 있는지도 주목해본다. 자신의 '나' 공간과 '우리' 공간을 번갈아 느껴보면서, 그 차이에 주목하는 것이다.

여러분은 혹시 '나'의 선호와 취향을 무의식적으로 '우리'의 선호나 취향과 동일시하고 있지는 않은가? 그래서 여러분의 바람이 곧 '우리'의 바람이기도 하다고 무의식적으로 생각하고 있는 건 아닌가? 그렇다면 여러분은 상대의 역할, 즉 상대의 '나' 공간이 지닌 역할을 '우리'에 포함시키고 있지 않은 것이다. 이럴 땐 '우리'가 **1인칭의 복수**라는 것을 기억해야 한다. '우리'는 둘 이상의 '나'가 모여 형성하는 것이다. 둘 이상의 '당신들'이나 '그것들'이 '우리'를 이루는 것은 아니다. 여러분은 서로의 '나들I's'을 위한 자리를 진정으로 만들어놓고 있는가? 아니면 여러분의 '나'가 이 '우리'라는 것에서 지배적인 역할을 하고 있는가? 만약 후자라면, 이 관계에서는 심각한 갈등이 지속적으로 일어나고 있을 것이다.

'나의 우리 My We'와 '너의 우리 Your We'

지금부터 약간 더 어려운 문제를 이야기하겠다. 이것은 여러분이 타인의 입장을 얼마나 잘 마음챙김하고 있는지 알려주는 훌륭한 지표가 된다. 여러분의 '나'가 '우리'를 어떻게 경험하는지는 이미 살펴보았다. 이제까지는 사실 여러분의 '나'가 '우리'를 생각하는 방식에 따라 여러분이 생각하는 '우리'의 모습이 달라졌다. 여러분의 '나'가 '우리'를 경험하는 방식이 곧 여러분이 말하는 '우리'를 만들어낸 것이다.

이제는 상대의 '나' 공간을 헤아려보아야 한다. 가능한 생생하고 정확하게, 상대가 느끼고 생각하고 바라는 것들을 상상해본다. 상대가 세계를 어떻게 바라보는지 헤아려보는 것이다. 이렇게 한 적이 한 번도 없다면, 여러분은 정말로 새로운 것을 깨닫게 될 것이다. 어떤 것에 대해서 다른 사람들은 여러분과 아주 다르게 생각할 수도 있다는 사실을 알게 되는 것이다. 또 '나'의 선호와 취향은 모든 사람들이 무의식적으로 똑같이 이해하고 경험하는 보편적인 '그것' 사실이 아니라는 점도 깨달을 것이다. 여러분의 취향이나 선호에는 언제나 사실과 해석이 혼합되어 있는 것이다.

그러므로 최선을 다해 상대의 '나' 공간을 상대의 관점에서 경험해본다. 그런 다음 **상대의 '나' 공간에서** 이동해, **상대가** 경험하는 '우리' 공간에 대해 여러분이 어떻게 생각하는지 살펴본다. 좀 어렵겠지만 훈련을 하면 결국에는 아주 명확하게 이 관점, 입장을 이해할 수 있다. 이런 훈련이 처음에 많이 어려운 이유는 대부분의 사람들이 이런 식으로 생각해 보거나, 실제로 이렇게 다른 렌즈와 관점으로 세계를 바라본 적이 없기 때문이다. 다른 사람들이 여러 가지 다른 관점을 갖고 있다는 것을 희미하게 알고는 있었지만, 이 점을 깊이 들여다보거나 실제로 마음챙김을 해본 적이 없는 것이다. 그러므로 상대의 '나' 공간과 상대의 '우리' 공간을 여러 차례 왔다 갔다 하면서 가능한 한 철저하게 마음챙김한다. 각각의 공간을 꼼꼼하고 분명하게 비디오테이프에 담듯 살펴보는 것이다.

이제 다음의 네 가지 입장 모두를 빠르게 마음챙김해본다.

- 여러분의 '나' 공간을 마음챙김한다.
- 여러분의 '우리' 공간 경험을 마음챙김한다.

- 다른 사람의 '나' 공간을 마음챙김한다.
- 다른 사람의 '우리' 공간 경험을 마음챙김한다.

이처럼 두 사람의 관계에는 실제로 네 '사람'이 개입되어 있다! 두 사람이 함께할 때마다 사실은 네 가지의 주요 관점들이 함께하는 것이다.

네 개의 모든 경우에서, 몇 분간 시간을 내 '그것' 사실이든 '나'의 선호이든 그 공간에서 일어나는 것에 초점을 맞춘다. 일어나고 있는 것이 선호라면, 이것은 누구의 것인가? 여러분의 선호인가? 아니면 상대의 것인가? 물론 진정한 '우리'의 선호도 있을 것이다. 여러분과 상대가 모두 합의한 선호 말이다. 이런 선호는 여러분과 상대의 '나' 공간에는 원래 존재하지 않았던 것이기 때문에 둘 모두에게 일종의 타협일 수도 있다. 이런 선호는 여러분과 상대의 '나' 공간이 '우리' 공간을 경험하고 이 '우리' 공간에서 타협이 이뤄질 때만 존재한다.

예를 들어, 둘이 방금 구매한 집이 사실은 둘 사이의 타협의 결과물이었다고 하자. 이럴 경우, 집이라는 이 '우리' 선호, '우리' 선택에 주의를 기울여본다. 이 '우리' 선호는 둘의 '나' 선호에서 생겨난 것이 아니라, 결합된 '우리'에서 비롯된 것이다. 이런 '우리' 선택들을 일어나는 그대로 마음챙김한다. 혹시 이런 '우리' 선택이 어느 한 쪽의 '나'보다 다른 '나'와 더욱 두드러지게 지속적으로 관련되어 있지는 않은가? 그렇다면 조심해야 한다.

이제 여러분의 '우리' 공간, 즉 **여러분의** '나'가 경험하는 '우리' 공간과 상대의 '우리' 공간, 즉 상대의 '나'가 경험하는 '우리' 공간을 상상할 수 있는 대로 정확하게 여러 번 왔다 갔다 한다. 그러면서 여러분이 '우리' 공간을 어떻게 경험하고 있는지, 상대가 경험하는 '우리' 공간에

켄 윌버의 통합명상

대해서 여러분은 어떻게 생각하고 있는지를 가능한 한 정확하고 명확하게 마음챙김한다. 그리고 일어나는 것이 '그것' 사실인지 아니면 '내' 선호인지, 아니면 실제로 있을 수 있는 '우리' 선호인지를 각각의 입장에서 살펴본다. 자기 안에서 네 개의 분면들을 모두 구별하고 통합할 수 있다면, 이런 관점들은 각각 별개의 명확한 인상을 남길 것이다.

이런 관점 이동은 어떤 관계에나 적용할 수 있는 아주 중요한 훈련이다. '나'와 '당신', '그것'의 관점을 모두 고려해서 기능적이고 건강하고 행복한 '우리'를 만들어내는 것은 아주 중요하다.

'나'의 단계와 '우리'의 단계

여기서 잊지 말고 특별히 주목해야 할 요소가 하나 더 있다. 이 요소는 성숙한 사람과 그렇지 못한 사람을 나눠주기도 한다. 이 요소는 바로 상대가 여러분과 다른 발달 단계에 있다는 것이 확실할 경우에는 상대의 단계를 분명하고 신중하게 제대로 고려할 줄 알아야 한다는 것이다. 예를 들어, 여러분은 청록색의 **통합적 단계**에 있고 상대는 오렌지색의 **합리적 단계**에 있다고 하자. 이럴 경우, 우리가 살펴본 네 가지 주요 관점, 즉 여러분의 '나' 경험, 여러분의 '나'가 경험하는 '우리', 상대가 경험하는 상대의 '나', 상대의 '나'가 경험하는 '우리'를 살펴볼 때, 이것들이 결국 청록색 단계의 '나' 경험, 청록색의 '나'가 경험하는 '우리', 오렌지색 단계의 상대가 경험하는 '나', 오렌지색 단계에 있는 상대의 '나'가 경험하는 '우리' 임을 알아차려야 한다.

나아가 이 단계들 사이의 실제적 차이들도 충분히 숙고할 필요가 있다. 이 훈련은 여러분의 능력을 정말로 신장시켜 줄 것이다. 그래야 여러분의 청록색 '나'가 경험하는 '우리'를 마음챙김할 때 이 '우리'를 주로 청록색의 '우리', 즉 여러분의 청록색 '나'가 본 청록색의 '우리'로 볼 수 있다. 마찬가지로 상대의 오렌지색 '나'가 경험한 '우리'도 상대의 오렌지색 '나'가 경험한 오렌지색 단계의 '우리'로 보게 된다.

이 모든 것들이 어떻게 보이는지 여러분은 최선을 다해서 생생하게 그려보아야 한다. 여러분 자신이 이해하는 오렌지색 단계의 공간, 즉 성취와 가치, 우수성, 진보, 이윤, 욕망을 중시하는 입장에 선 다음, 이 렌즈를 통해 상대의 '나' 공간을 경험한다. 그런 다음 오렌지색 단계의 상대가 경험하는 오렌지색의 '우리'를 경험해본다. 상대가 오렌지색의 '우리'를 경험한다는 것은 상대가 오렌지색 단계의 관점에서 **여러분을** 해석하고 있다는 의미이다. 그러므로 상대가 경험하는 오렌지색의 '우리' 공간을 이해하는 데도 정말로 얼마간 시간을 할애해야 한다.

왔다 갔다 하면서 할 수 있는 대로 정확하게 다음을 헤아려본다. (a) 오렌지색 단계에 있는 상대의 '나' 경험 (b) 상대의 오렌지색 '우리' 경험 (c) 청록색 단계에 있는 여러분의 '나'를 오렌지색 단계에 있는 상대의 '나'는 오렌지색 단계의 관점에서 어떻게 해석하고 경험하는지를 살펴본다. **이 모든 경우들은 실제로 일어나고 있는 현실이다.** 여러분이 선택할 수 있는 태도는 이것들을 알아차리거나 아예 무시하고 의식하지 못한 채 지내는 것뿐이다. 어려운 선택이지만 실제로 우리에게 주어진 선택은 이것뿐이다.

물론 오렌지색 단계의 상대는 청록색의 공간을 제대로 정확하게 이해하지 못한다. 그래서 여러분의 청록색 '나'나 청록색 '우리'도 이해하지 못한다. 상대는 오렌지색 단계의 렌즈를 통해서 청록색의 공간을 경험할 것이다. 이런 단절 속에 내재하는 어려움들로 인해, 서로 다른 단계의 커플은 관계를 잘 맺기가 거의 불가능하다고 생각할 것이다.

켄 윌버의 통합명상

여러분도 이런 생각을 갖고 있다면, 여러분에 대한 상대의 몰이해를 해결하기가 아주 어렵다고 느낀 적이 많을 것이다. 그러나 아래에서 언급하고 있듯, 둘이 비슷하게 **깨어남**의 길을 걷기 시작한다면, 단계의 차이를 넘어 모종의 공통성을 확보하고 관계도 더 향상시킬 수 있다.

우리는 자신과 발달 단계가 다른 사람과도 이런 저런 이유로 사랑에 빠진다. 이런 경우, 여러분을 바라보는 상대의 방식을 변화시킬 수는 없다. 하지만 여러분 스스로 모든 다양한 관점들을 고려해서, 더욱 폭넓은 이해와 자각으로 상황을 대하면 둘 사이의 갈등을 많이 완화시킬 수 있다. 적어도 이런 갈등에 무의식적으로 공격을 당하거나 좌절 속에서 폭언을 퍼붓는 대신, 갈등의 직접적인 원인을 파악할 수 있다.

또 서로 다른 주요한 발달 단계들을 이해하면, 교류할 때마다 상대와 같은 높이에서 움직일 수 있다. 예를 들어, 상대가 오렌지색 단계에 있을 경우, 상대가 보고 말하는 것들은 대부분 그 높이에서 결정된다. 여러분이 보고 말하는 것이 여러분의 발달 단계에 의해 결정되는 것처럼 말이다. 이 점을 제대로 이해하면, 오렌지색 단계의 상대가 더욱 잘 이해할 것 같은 언어로 소통하고, 상대의 말도 제대로 해석할 수 있다.

이런 통찰을 상대를 조종하는 데 이용하는 경우도 있다. 예를 들어, 오렌지색 단계의 상대가 여러분이 원하는 것에 더욱 흥미를 느끼게 만들기 위해서, 이것을 일부러 오렌지색 단계의 언어로 설명하는 것이다. 한편 더 따스하게 배려하는 마음으로 이렇게 할 수도 있다. 서로의 말을 더욱 분명하게 전달하고 충분히 이해하게 만드는 데 여러분의 이해를 활용하는 것이다. 궁극적으로 다양한 발달 단계에 대한 이해를 상대에 대한 판단이나 평가의 수단으로 악용해서는 안 된다. 안타깝게도 통합적 접근법을 이렇게 오용하는 사람들이 언제나 있지만 말이다. 그보다는 더욱 효과적으로 진실하게 소통하고 상호 이해를 높이며, 배려와 보살핌, 사랑을 확장시키는 방법으로 활용해야 한다.

또 한 가지 알아야 할 점이 있다. 앞의 예에서 여러분은 청록색 단계에 있는 반면 상대는 오렌지색 단계에 있다고 가정했다. 그런데 사실 정반대일 수도 있다. 그렇지 않은가? 상대가 여러분보다 한두 단계 더 높을 수도 있다. 그렇다면 여러분이 여기서 해야 할 일이 정말로 많다. 우선, 상대를 어느 특정한 단계와 동일시하는 것은(이 경우는 '낮은' 단계와) 결코 악의적인 판단이 아니라는 점을 깊이 이해해야 한다. 그것은 명백히 도덕이나 가치에 대한 판단이 아니다.

또 다다를 수 있는 높은 단계들은 언제나 끊임없이 존재한다는 점도 기억해야 한다. 어떤 의미에서는 누구나 '더욱 낮은' 단계에 있는 것이다. 둘이 **깨어남**의 길을 함께 시작할 경우, 이 발달의 축에서 실제로 여러분이 상대보다 더욱 많은 진보를 이뤄낼 수도 있다. 요컨대 서로 다른 발달 단계들은 그저 깊이와 **전체성**이 계속해서 증가하는 길 위의 일시적이고 기능적인 것일 뿐이다. 그리고 우리 각자는 단지 지금의 단계에 있을 뿐이다. 이 단계에 어떤 판단도, 좋고 나쁨도 있을 수 없다. 단계는 그저 단계일 뿐이다.

그리고 긍정적으로 보면, 여러분의 무게 중심보다 한두 단계 더 높은 단계들을 이해하려는 노력은 실제로 여러분을 이 높은 단계들에 이르도록 성장시키고 발달시키는 강력한 영향력으로 작용할 것이다. 이런 높은 단계들에 대한 학습 자체가 **정신을 활성화시키기**psychoactive 때문이다. 자신보다 더욱 높은 단계들을 공부할 때 여러분이 실제로 하는 일도 바로 이런 것이다. 이 높은 단계들에 이르고 싶은 내면의 욕구를 아주 강력하고 직접적인 방식으로 활성화시키고 있는 것이다. 정말로 축하할 일이다!

그러나 어떤 경우든, 네 가지 주요한 관점, 즉 여러분의 '나'와 '우리',

상대의 '나'와 '우리'의 관점을 빠르게 살펴볼 때, 예로 든 청록색의 단계에서 세상을 보는 방식을 그냥 지적으로 이해한 후 이 렌즈를 통해 상대의 '나'와 '우리'를 살펴본다. 이렇게 직접적인 경험이 아닌 설명을 통해 자신보다 더욱 높은 단계를 이해해도, 이런 이해 역시 정신을 활성화시키고 의식을 변화시키는 작용을 한다. 그러므로 이런 지적인 이해 작업도 끈기 있게 계속해야 한다.

또 명심할 것이 있다. 관계를 위해 어떤 식으로든 본격적인 노력을 기울이기 전에 상대의 관점을 수용할 수 있어야 한다. 비폭력 대화 같은 특별한 기술을 배우기 전에 먼저 상대의 관점을 받아들여야 하는 것이다. 그러나 상담가나 인생 상담 코치 중에서도 모든 관점을 사용하는 사람은 찾기가 쉽지 않다. 발달 단계와 상태는 고사하고, 4분면도 충분히 알고 있는 사람이 드물기 때문이다. 그러므로 다양한 관점들을 모두 배울 수 있는 **아퀄 통합체계** 같은 도구(4분면과 단계, 라인, 상태, 유형)를 사용해서 최선을 다해 앞으로 나아가야 한다.

영적인 '우리'

마침내 여러분은 파트너와 함께 똑같은 영적인 길을 걷게 될 수도 있다. 그리고 조만간 명상 혹은 관상을 하는 전통에서는 거의 모두 마음챙김 같은 수행을 소개할 것이다. 사실 관상 전통들은 모두 자각의 훈련과 관련이 있으며, 이런 훈련의 핵심 요소는 흔히 마음챙김이다.

여러분이 파트너와 함께 수행을 할 경우, 둘 중에 한 명이나 둘 모두 머지않아 (a) 순수한 **주시**의 마음챙김 상태, **'나-나'**, **진정한 자기**의 상태 혹은 **내 존재**I Am-ness라고도 부르는 상태에 들어갈 가능성이 있다. 그다음에는 (b)**진정한 자기**를 넘어 비이원적 **여여**Suchness, **진여**Thusness, **있음**Isness의 상태, 머리도 생각도 없는 상태, 합일의식의 완전한 자각상태를 경험할 것이다. **전체 그림**을 흔들림 없이 **자각** 할 뿐만 아니라 이것과의 비이원적 합일까지 경험하는 것이다.

위의 두 경우에도 인습적인 작은 '나'는 여전히 나타나고 여전히 존재할 것이다. 그러나 더 이상 자신을 이것과 배타적으로 동일시하지 않는다. 대신 이제는 **진정한 자기**, **실제 자기**와 동일시한다. 혹은 비이원적 **진여** 속에서 여러분의 가장 깊은 존재가 우주 전체 그리고 **영** 자체와 일체를 이룬 상태인 **지고의 정체성**과 동일시할 것이다.

그러나 **진정한 자기** 혹은 비이원적 **여여**는 여전히 상대적 매개체를 통해 스스로를 표현한다. 이것은 진정한 자기가 여러분의 인습적인 자기의 **형상**과 숨은 지도를 통해 세계를 본다는 의미이다. 머리 없는 비이원의 합일 상태를 경험하고도, 앰버색 단계나 오렌지색, 녹색 단계 등 어떤 발달 단계에든 있을 수 있다는 점은 이미 살펴보았다. 진정한 자기나 순수한 주시 상태도 마찬가지이다. 여러분은 순수하고 완전무결한 주시의 상태에 있어도, 이 상태와 이 상태에서 보이는 것들을 여러분이 이용할 수 있는 정신적 도구를 통해서 해석할 것이다. 이것은 어떤 숨은 지도든 여러분의 인습적인 자기 안에 존재하고 있다는 것을 의미한다. 여러분이 마음챙김뿐만 아니라 통합적 마음챙김까지 해야 하는 이유도 여기에 있다.

이미 살펴본 것처럼, 마음챙김만으로는 각각의 발달 단계에서 스스로 인식도 못한 채 아주 정확하고 충실하게 따르고 있는 숨은 지도를 볼 수 없다. 그래서 깨달음 혹은 깨우침에 이르고도, 여전히 존재하는 숨은 지도를 통해 그 상태를 해석한다. 그러나 통합적 마음챙김의 통합에 해당되는 부분들, 즉 통합이론이 여러 단계의 발달 요소들과 함

켄 윌버의 통합명상

게 제공하는 부분들은 이 숨은 지도를 인식하고 끄집어내게 해준다. 숨은 지도를 '드러나게un-hidden' 해주는 것이다. 그리고 규칙적인 마음 챙김은 숨은 주체를 자각의 대상으로 전환함으로써 무의식을 낱낱이 파악하게 해준다. 이로 인해 여러분은 숨은 주체들과의 동일시에서 벗어나, 다음의 더 높은 발달 단계가 **이 단계의** 지도와 함께 생겨날 여지를 만들게 된다.

이렇게 주체를 대상으로 만들면서 점점 높은 단계들로 나아가다 보면, 마침내는 오늘날 진화의 최첨단에 있는 **통합적 단계**에 이른다. 진화의 현 시점에서 가장 폭넓고 전체적이고 포괄적이며 배려와 사랑, 포용이 넘치는 발달 단계에 서게 되는 것이다. 그리고 **성장**의 길에서 가장 높은 이 발달 단계와 **깨어남**의 길에서 가장 높은 상태인 비이원적 합일의식 상태가 결합되면, 완전한 **깨달음**에 이른다. 인간 성장과 발달의 두 가지 기본적인 길에서 가장 높은 단계와 가장 명료한 상태가 결합되면서, 약간 과장해서 '초인super-human'이라고 부를만한 존재가 된다. 이렇게 인간 발달의 두 가지 기본적인 흐름은 역사상 처음으로 결합되어, 개개인들에게 존재의 가장 깊고 높은 차원을 발견할 수 있는 초인적 잠재력을 제공해주고 있다.

여러분과 파트너 모두 순수한 **주시**(투리야)나 궁극의 비이원적 **여여**(투리야티타) 상태에 뿌리를 두고 있으면, 관계의 토대가 엄청나게 깊어지고 확장된다. '인습적인 우리'에서 '**영적인**Spiritual 우리'가 되는 것이다. 또 둘이 다른 발달 단계에 있어도 관계가 계속 성공적으로 이루어질 가능성도 커진다.

마틴 우치크Martin Ucik는 그의 역작《통합적 관계Integral Relationships》에서 기본적인 영역들에서 서로 다른 위치에 있는 개인들의 관계를 **아퀄 체계**로 분석했다. 그는 이 영역에 대한 광범위한 경험을 토대로 대부분의 발달심리학자들이 공유할 만한 결론을 얻어냈다. **아퀄 체계**의 다섯 가지 주요 요소 가운데 4분면과 라인, 상태, 유형 같은 4가지에서 서로 다른 위치에 있는 개인들도 여전히 건강한 관계를 가질 수 있다는 점을 알아낸 것이다. 그러나 다섯 번째 요소, 즉 **성장**의 구조-단계에서 **다른 단계**에 있는 사람들에게는 '유감입니다'라는 조언만 남겼다. 단계가 너무 달라서 서로 다른 진실을 믿고 욕구와 욕망, 가치도 다른 사람들은 진정으로 함께 하는 데 필요한 상호 이해와 가치의 공유가 거의 불가능하다는 점을 깨달았기 때문이다.

그러나 앞에서 살펴본 것처럼 우리는 어떤 단계에 있든 **주시**와 **여여**를 포함한 모든 상태를 경험할 수 있다. 여러분과 파트너가 **성장**의 길에서 다른 단계에 있어도 **깨어남**의 길에서는 같은 상태를 경험할 수 있는 것이다. 이렇게 되면 둘 사이에 필요한 공통의 토대가 형성되기 때문에, 둘의 단계가 서로 달라서 생겨난 갈등과 커다란 차이들도 보완할 수 있다.

더 균형 있고 일관되며 즐거운 삶을 살아가려면 어떤 경우에든 **깨어남**의 일반적인 길 위에 있어야 한다. 이것은 중요한 일이다. 그리고 여러분과 파트너가 함께 이런 길을 간다면, 공유할 수 있는 소재의 심오한 원천까지 갖게 되어서 낭만적인 '우리'는 더욱 깊고 넓어질 것이다.

4분면과 드러남

이미 여러 번 언급했듯 관계는 물론이고 인간의 모든 활동과 분야들까지, 우주 어디에서든 현상과 더불어 존재하게 되는 차원/관점 혹은 4분면을 통해 바라보아야 하고 바라볼 수 있어야 한다. 많은 철학자들과 대부분의 **전통들**은 주체와 객체가 서로 분화되면서 세계가 존재하게 된다고 주장한다. 이 분화로 인해 **인지하는**perceiving 요소와 **인지되는**perceived 요소가 서로 구분되면서 실제의 세계가 창조된다는 것이다.

통합이론은 이런 주장에 동의하면서, 우주가 정말로 작동되게 하려면 또 다른 구분도 필요하다는 주장을 덧붙였다. '단수와 복수' 또는 '개인과 집단'의 구분이 그것이다. 주체와 객체를 가르는 하나의 경계는 양 방향으로 영원히 계속되고, 이 경계의 양편에서 하나의 거대한 주체는 하나의 거대한 객체를 마주보고 있다. 그런데 이 주체와 객체는 모두 개별적인 형태는 물론이고 집단적인 형태 속에도 존재할 수 있다. 그렇기 때문에 이 하나의 경계가 수많은 경계들로 쪼개지면, 분화로 인해 생겨난 모든 4분면의 통합과 분화를 되풀이하는 프랙탈fractal*이 무수하게 만들어진다. 이와 더불어 실제의 우주가 실제의 홀론들과 더불어 작동된다. 이 홀론은 더욱 큰 전체의 부분을 이루는 전체로서 끊임없이 진화를 전개하며 '새로움을 향한 창조적 진보'를 시작한다. 실제의 우주는 이렇게 태어난다.

이것은 한쪽 끝의 원자구성입자에서부터 다른 한 쪽 끝의 **영**Spirit에 이르기까지 **현현된** 우주 안의 **모든** 것이 4분면 혹은 차원/관점을 그 존재와 구조의 한 부분으로서 지니고 있다는 것을 의미한다. 그러므로 어떤 현상에 대해서 진정으로 포용적이고 포괄적인 시각을 갖고 싶다면, 적어도 4분면 모두에 나타난 현상의 모습에 접근해야 한다.

이런 접근법이 사업과 경영, 대인관계에서 어떻게 작용하는지는 살펴보았다. 이런 접근법은 인간은 물론이고 인간이 아닌 존재들의 다른

---

* 역주: 작은 구조가 전체 구조와 비슷한 형태로 끊임없이 되풀이되는 구조로서 '자기유사성과' 과 '순환성'이라는 특징을 갖고 있다.

활동 영역에서도 효과를 발할 수 있다. 그런데 앞에서 언급한 것처럼 대부분의 학문 분야에서는 4분면/차원들 중에서 한두 가지만 진정한 '실제real'라고 믿는다. 그래서 4분면 중에서 자신이 관심 있는 분면을 장려하는 데만 전념하고, 다른 것들은 무시한다. 이것은 정말 끔찍하고도 끔찍한 일이 아닐 수 없다.

앞에서 제시한 사업경영의 예시만 보고도, 여러분은 하나의 이론만 선택하고 다른 것들은 전부 무시하는 것이 얼마나 불행한 일인지 깨달았을 것이다. 네 개의 모든 차원을 뒷받침해주는 증거와 자료들이 넘쳐나고, 네 차원들 모두 아주 중요한 진실들을 담고 있다. 이 진실들을 이해하지 못하면 진정한 실제의 실제적인 영역들을 간과하게 되고, 그 결과는 늘 **언제나** 아주 불만족스러울 것이다.

우리가 이해하고 싶은 어떤 영역의 4분면을 모두 인식하고 포함하는 것은 그 영역의 완전한 실제를 '드러내는' 간단한 방법이다. 완벽한 **드러냄**을 통해 우리는 무시하기 쉬운 다른 요소들의 영역도 모두 받아들이게 된다. 예를 들어, **좌상 4분면**Upper Left quadrant을 포함하면 **성장**의 단계들과 **깨어남**, **정화**를 더욱 잘 인식하게 된다. 또 **좌하 4분면**Lower Left quadrant을 포함하면, 서로 다른 문화와 배경에서 세계를 바라보고 평가하고 대하는 방식의 차이점들을 더욱 세심히 이해하게 된다. 그래서 **좌하 4분면**에서 세계를 바라보면, 배경의 중요성을 아주 분명히 깨닫고, 모든 현상의 다문화적 차원들도 훨씬 투명하게 파악하고, 개인의 인격 형성에 문화적 배경과 상호 주관적 차원이 중요하다는 점도 명료하게 인식한다.

마찬가지로 **우하 4분면**Lower Right quadrant을 포함하면, '물질에서 몸, 정신, 혼, 영'으로 이어지는 **존재의 대사슬**Great Chain of Being에서 물질이 단순히 '가장 낮은 단계'의 것만은 아니라는 점을 알게 된다. 물질이 **존**

재의 대사슬 안에 있는 모든 단계들의 실제적인 외적 차원이기도 하다는 점을 상기하는 것이다. 예를 들어, **좌상 4분면**의 모든 의식 상태는 **우상 4분면**Upper Right quadrant의 뇌 상태들과 연관성이 있다. 이것은 정신이나 의식을 뇌로 한정하거나 그 반대도 가능하다는 의미가 아니다. 그것들이 서로 상관관계에 있고, 이 모든 외면들이 상호객관적인 관계망과 거대한 시스템(우하 4분면) 안에서 서로 엮여 있고 연결되어 있고 철저하게 연관되어 있다는 의미이다. 서로 엮여 있는 이 시스템을 이해하면 우리는 거의 모든 것을 새로운 차원에서 파악할 수 있다. 우주의 모든 사건과 사물이 수많은 거대한 시스템과 관계망의 일부이기 때문이다. 이 시스템과 관계망은 우리를 포함한 모든 것들의 실존과 불가분의 관계에 있는 것이다.

그리고 물론 개별적 대상의 외면인 **우상 4분면**Upper Right quadrant도 빠트릴 수 없다. 행동주의 심리학자에서부터 실증주의자에 이르기까지 많은 사상가들은 이 **우상 4분면**이 정말로 실제적인 유일한 분면이라고 생각한다. **통합이론**에서도 이 **우상 4분면**은 더할 나위 없이 중요하다. 하지만 통합이론가들에게 이것은 완전한 **드러냄**이라는 전체 이야기의 4분의 1에 지나지 않는다.

4분면 순회

다음에 누군가 무언가를 '설명'하면, 귀 기울여 들으면서 그가 어느 분면에서 이야기하고 있는지를 파악해본다. 사람들은 거의 언제나 주요한 4분면의 관점들 중에서 어느 하나의 관점에만 뿌리 깊은 신념을 표출한다. 그래서 그들의 말은 아무리 '부분적으로 진실'이어도 확실히

'편파적'이다. 그들은 마치 그 하나의 분면만 진짜인 양 그 분면만으로 세계를 설명하고, 다른 분면들은 노골적으로 혹은 은연중에 무시해버린다. 이런 사람들은 아마 **아퀄 통합체계**의 다른 많은 요소들도 무시해버릴 것이다. 구조-단계, 상태, 라인, 다양한 유형들은 묵살해버리는 것이다. 그들이 더 완전한 **드러냄**을 제시한다면, 그들의 설명이 훨씬 더 색다르고 완전해질 텐데!

그림 3-3은 4분면의 몇 가지 양상들을 간단히 정리한 것이다. 이 그

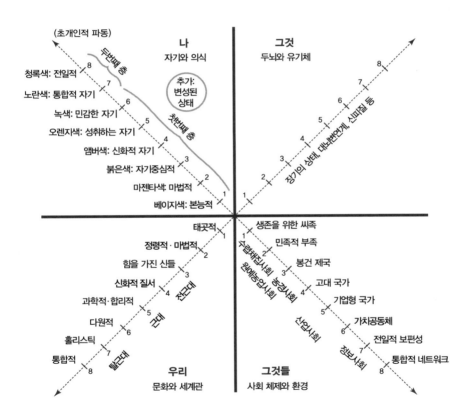

그림 3-3 인류에 초점을 맞춰 본 4분면

켄 윌버의 통합명상

림에서는 인류와 관련된 몇 가지 요소들을 특히 강조했다. 이 장을 요약하고 마무리하기에 좋은 그림이 되어줄 것이다. 이 그림에서 여러분은 4분면 전체의 중요한 연관성들도 확인할 수 있다. 예를 들어, **좌하 4분면**의 '전근대premodern' 문화는 **좌상 4분면**에 있는 개인 내면의 **마법적 구조**와 **마법적-신화적**(자아중심적) **구조, 신화적 구조**와 함께 생겨나는 경향이 있다. 또 이것들 각각은 **우하 4분면**의 수렵채집사회 형태, 원예사회 형태, 농업사회 형태, 기술경제 사회 형태와 연관되어 있다. **좌하 4분면**의 '근대Modern' 문화는 **우하 4분면**의 산업사회 형태, **좌상 4분면** 안에 있는 개인들의 합리적 내면 구조와 함께 나타난다. '탈근대Postmodern' 문화는 **좌상 4분면**의 다원적 구조, **우하 4분면**의 인터넷 같은 정보망과 함께 나타나는 경향이 있다. 예를 들어, 농업을 중심으로 하는 미국 남부와 중서부의 주들에서는 여전히 근본주의자들과 신화적 기독교를 믿는 이들의 비율이 높다. 반면에 북동부와 극서 지역은 산업화와 정보화 덕분에 근대적이거나 탈근대적인 문화 양식을 훨씬 많이 보여 준다.

'**문화전쟁Culture War**'은 **좌상 4분면**의 의식 구조(신화적, 합리적, 다원적 구조)는 물론이고, **우하 4분면**의 기술경제적인 사회적 상호작용 양식(농업, 산업, 정보)에도 토대를 두고 있다. 그런데 좌측 분면들의 통합적 구조나 문화들과 함께 **우하 4분면**에서는 어떤 기술경제적 양식이 나타날지 특히 궁금하다. 내 예측에는 컴퓨터나 기계들과 직접적으로 접속할 수 있는 인간 혹은 인조인간이 나타날 것 같다.

이 논의에서 얻을 수 있는 중요한 점은, 4분면 모두가 현현된 우주의 필수 요소, 다시 말해 세계를 실제로 작동시키는 데 필요한 요소로서 늘 존재한다는 것이다. 이 4분면은 **전체 그림**의 늘 존재하는 일부이자 우리가 마땅히 인식해야 할 부분이다. 4분면을 인식하고 마음챙김하는 수행을 하면 4분면을 명확히 이해하고 설명할 수 있을 뿐만 아니라, 궁극의 진정한 **보는 자**나 **주시자**와 동일시하는 데도 도움이 된다. 나아가 순수한 합일의식 속에서 이것들 모두와 하나 되는 경험에 '빠져'들 수도 있다.

4분면은 **전체 그림**에 대한 네 가지 관점, 같은 전체 그림을 보는 네 개의 서로 다른 방식이다. 혹은 같은 전체 그림의 네 가지 다른 양상이라고도 할 수 있다. 그러므로 세계World의 전체 그림을 편견 없이 주시하거나 전체 그림과 **일미**를 이루려면, 확실히 4개의 세계 모두를 **주시하거나** 이 세계들과 **하나**가 되어야 한다.

일반적인 개방적 마음챙김general open mindfulness을 할 때는 언제든 4분면 모두의 이미지를 빠르게 마음속으로 훑는다. 그런 다음 이 각각의 분면들을 분명하고 명백한 별개의 **자각**Awareness 대상으로 삼는다. 관계에서 '나'와 '우리', '그것'을 대상으로 삼았던 것처럼 말이다. 안 그러면 4분면과 계속 충돌해도 여러분은 이것들을 파악하지 못할 것이다. 4분면은 계속 여러분의 **자각**이 미치지 못하는 우주의 구석에 펼쳐진 채로 꽁꽁 숨어 있을 것이다. 그러다 여러분도 모르는 사이에 은밀히 여러분의 약점을 공격할 수도 있다. 이런 일이 일어나게 내버려두면 안 된다. 이것들을 순수한 **주체** 혹은 **실제 자기, 여여**의 분명한 대상으로 삼아서, 자각하고 드러내야 한다.

성장과 깨어남, 정화, 드러냄의 모든 영역들에서 우리가 알 수 있는 것은, 지도와 실제 영토를 혼동하지 말아야 하며, 혼란스럽기 짝이 없는 지도도 필요하지 않다는 것이다. 이 영역들 가운데 어느 하나라도 빠트린 지도는 우리를 혼란스럽게 만든다. 사실 전근대에서 근대, 탈근대의 주요 지도들은 적어도 하나 이상의 영역들을 빼먹고 있다.

역사 내내 인류는 대체로 덜 통합적이고 덜 포용적이며 덜 포괄적인 조건 속에서 살아왔다. 이런 조건은 상당히 왜곡된 지도 속에 요약적으로 나타나 있다. 모든 다양한 영역들이 인간에게 영향을 미치고 인간과 충돌을 일으키는 사이, 인간은 계속 이런 영향들의 원인과 이유들을 만들어냈다. 그러나 이렇게 만들어낸 원인들은 당시에만 납득이 될 뿐이었다. 지금 보면 이 원인들은 얄팍하고 엉성하게 꾸며낸 것에 지나지 않는다.

물론 500년 후의 문화에서 보면, 지금의 우리도 가망 없이 방황하던 순진한 존재들로 여겨질 것이다. 그래도 그 사이에 우리가 이를 수 있는 **전체성**에 다다르도록 노력해야 한다. 조금이라도 더 나아간 전체성이 그래도 더 낫기 때문이다. 통합적 관점이 우리에게 제공해주는 것도 바로 이런 전체성이다. 통합적 관점은 오늘날 우리에게 가능한 최고의 전체성에 이르도록 해준다. 그리고 이런 전체성은 모든 지각 있는 존재들에게 어디에 존재하든 최고의 **자유**와 최고의 **충만함**Fullness을 선사한다.

제4장

다양한 라인들: 다중 지능 탐색

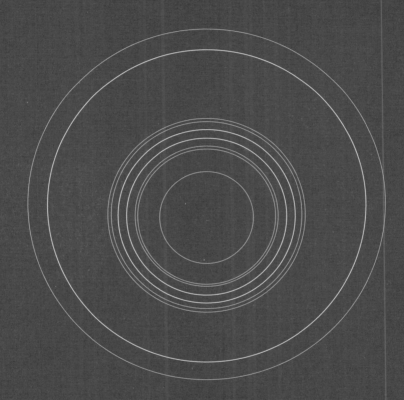

───────

우리는 지금 **세계**를 더 완전하고 포용적이며 포괄적으로 바라보는 관점을 탐색하고 있다. 이것은 상황을 복잡하게 만들려는 것이 아니다. 우리가 발견한 것들이 실제로 존재한다면, 우리가 알든 모르든 그것들이 늘 우리에게 작용하고 영향을 미치고 충격을 줄 것이기 때문이다. 우리는 복잡해지는 대신, 이미 거기에 존재하고, 이미 작용을 가하고, 이미 우리를 공격하고 있는 것들을 정확하게 사실적으로 인식할 것이다. 이로써 이것들에 대한 자각을 키워나갈 것이다. 우리의 진정한 선택은 단순함 대 복잡함이 아니라 무감각 대 자각에 있다. 나는 자각하는 쪽을 선택할 텐데, 여러분은 어떤가?

　깨어남과 **성장**의 단계들을 모두 인식하고 포함할 때 아주 중요한 일이 일어난다는 것을 우리는 이미 알고 있다. 양쪽의 실제를 알고 나면, 그것을 다시 자각하지 못하는 일은 상상하기 어렵다. 우리는 **정화**와 그림자에 대해서는 깊이 고찰하지 않았다. 하지만 이것들도 분명히 모두가 자각해야 할 영역이다. 또 우주가 존재하게 되면서 생겨난 네 가지 기본적인 차이, 즉 4분면을 모두 이해하는 것이 중요하다는 점도 살펴보았다. 이 네 가지 차이들을 모두 받아들이지 않으면 우주를 완전히 이해하지 못한다. 그러므로 4분면을 모두 포함하는 것은 완전한 **드러냄**의 필요 요건이다.

여기서 중요하지만 상대적으로 사소한 수십 혹은 수백 가지의 문제들 중에서 마지막으로 분명하게 주목해야 할 영역이 하나 더 있다. **아퀄 통합적 접근**으로 우리가 하려는 일은 실제를 가장 많이 담아내는 최소의 요소들을 찾아내는 것이다. 이 요소들을 찾아내면, 상대적으로 단순하지만 대단히 포괄적이고 포용적인 지도를 갖게 될 것이다. 이 우주에서 우리의 길을 찾아나가는 데 필요한 지도, 우리 자신의 우주에 대한 사용설명서, **인간 기초 가이드** 같은 지도가 생길 것이다.

그럼, 이 마지막 영역에 접근하는 방법과 관련해서 아주 흔하게 받는 질문부터 먼저 소개하겠다.

발달 라인

통합적 마음챙김을 건강이나 다이어트, 신체 단련, 직업, 경제, 가족과 육아에 어떻게 적용할 수 있을까?

이 '커다란' 질문과 이것의 다양한 변형들이 정말로 궁금해 하는 점은 이것이다. '**통합적 마음챙김**을 삶 전반에 어떻게 적용할 수 있을까?' 이런 일반적인 질문이든 특별한 요소에 대한 질문이든 기본적인 대답은 똑같다. 삶 속에 나타나는 대로 **통합체계**의 모든 요소들을 마음챙김하라는 것이다. 우리는 단계와 상태, 분면들에 마음챙김이 어떻게 작용하는지 이미 예들을 통해 살펴보았다. 각각의 경우에서 우리는 지금까지 있는지도 몰랐지만 일과 관계, 양육, 운동 등등에 상당히 깊은 영향을 미치고 있는 존재의 영역이나 차원을 알게 되었다. 그리고 이런 **통합적** 요소들을 중점적으로 다루어, 다시 말해 **성장과 깨어남, 드러냄, 정화**의 과정을 삶 속에 도입해서 더 완전하고 자유롭고 건강하고 더 행복하고 깨어 있으며 배려와 사랑이 더 커진 느낌을 받기 시작했을 것이다.

이런 진전이 숱하게 일어나는 이유는 통합체계의 요소들이 인간 삶의 구성 요소들이기 때문이다. 그리고 이 요소들에 대한 인식과 통합적 마음챙김이 이 요소들에 활력을 불어넣고 활성화시키며 발달시키는 작용을 하기 때문이다. 뿐만 아니라 우리의 자기인식과 자기이해에도 긍정적인 영향을 미친다. 이것은 발달 라인들의 경우에도 마찬가지이다. 통합적 마음챙김을 소개하는 이 책에서 우리는 이 주요한 통합적 요소를 마지막으로 다룰 것이다.

몇몇 주요 라인들은 **다중지능**multiple intelligences이라는 개념으로 이미 잘 알려져 있다. 오랫동안 우리는 인지지능cognitive intelligence이라는 한 가지 지능만 갖고 있다고 믿었다. 그리고 아주 중요하다고 여기는 IQ 검사로 인지지능을 측정했다. 그러나 지난 수십 년 동안 연구자들은 인간에게 실제로 십여 개 이상의 다양한 다중지능이 있다는 것을 발견했다. 덕분에 지금은 그 만큼 다양한 다중지능 혹은 **발달 라인**들이 존재하게 되었고, 이 라인들 모두 앞에서 개괄한 6~8개의 주요 발달 **단계**들을 통해 성장하고 발달한다. 같은 단계들에서도 다양한 라인들이 있을 수 있는 것이다.

진화 자체는 지능과 감성, 도덕, 미학, 대인관계, 몸, 수학, 음악, 공간적 영역과 영적인 영역 등과 같은 삶의 주요 영역들을 위해서 이 영역들을 특히 중점적으로 다루는 데 필요한 지능을 창조해냈다. 덕분에 우리는 실제로 인지지능 외에도 감성지능과 도덕지능, 대인관계지능, 음악지능, 심미적 혹은 예술적 지능, 신체적 또는 운동감각 지능 등을 갖게 되었다.

이 발견은 여러 가지 이유에서 중요하다. 이것에 대해 지속적으로 살펴보겠지만, 먼저 한 가지 이유를 설명해보겠다. 모든 사람이 십여 개 이상의 다중지능을 이용할 수 있다는 사실이 발견되었다. 덕분에 예전에 인지지능이 '보통'이거나 '아주 느린' 것으로 측정돼서 지능이 모자란 사람으로 여겨졌던 이들도 대인관계지능이나 심미적 지능, 운동감각적 지능 같은 다른 다중지능에서는 천재적일 수 있다고 생각하게 되었다. 이것은 바로 여러분의 이야기일 수도 있다!

이처럼 우리는 이 모든 다양한 라인들에서 아직 인정받지 못한 재능과 '천재성'을 어마어마하게 저장하고 있다. 아직 이 재능들을 인식해서 우리의 전체 지도 안에 포함시키지 못한 것이다. 그렇다고 이 재능들이 실제로 거기 없다는 의미는 아니다. 그저 이것들을 인정하고 이해하지 못했을 뿐이다. 이로 인해 우리의 또 다른 주요한 잠재력은 단순한 무지 속에서 엉망으로 폐기처분 되고 있다. 이제 더 이상 이런 일은 없어야 한다.

연구자들이 제시한 발달 라인의 개수는 서로 다르다. 하지만 다음의 8가지가 중요하다는 점에는 일반적으로 동의하고 있다.

① **인지지능** Cognitive intelligence 정확히 이해하자면, 인지지능은 추상적이거나 분석적인 딱딱한 능력이 아니다. 1인칭과 2인칭, 3인칭, 4인칭 같은 관점들을 취하고 의식할 수 있는 능력이다. 각각의 관점들은 뒤로 갈수록 더 복합적이고 자각적이며 완전하고 통일된 인식단계 혹은

더 넓은 의미의 '인지 cognition' 단계에 있다.

인지라인이 특히 중요한 이유는 다른 대부분의 라인들에 필요조건이기 때문이다(하지만 충분조건은 아니다). 예를 들어, 감성지능을 알아차리려면 먼저 그럴 수 있는 인식력이 있어야 한다. 의식이나 인지지능이 있어야 한다는 의미이다. 그러므로 인지라인은 토대와 같다. 흔히 인지라인은 다른 대부분의 라인들보다 한두 단계 앞에 있다. 본질적으로 '필요조건이지만 충분조건은 아니기' 때문이다.

② **감성지능** Emotional intelligence   감성지능은 자신과 주변 사람들의 감정상태를 알아차릴 수 있는 능력을 말한다. 다시 말하면, 감성지능에는 **대인관계나 사교성**과 관련된 요소가 강하게 들어 있다. 간단히 말해서 타인의 입장에서 볼 수 있는 능력과 연관이 있는 것이다. 그리고 이 라인에도 인지라인이 '필요조건이지만 충분조건은 아니다.' 요컨대 감성지능은 자신과 주변 사람들의 감정상태, 자신의 감정상태가 타인들의 감정상태와 상호작용하는 방식을 이해하는 것과 관련 있다.

'민감한 자기 sensitive self'의 단계라고도 하는 다원적 단계에서는 '생각'보다 '느낌'을 강조하는 것으로 많이 알려져 있다. 실제로 생각을 흔히 악마처럼 여긴다. 다원적 단계의 사람들은 '지성', 특히 '합리성'이나 '논리' 같은 것들을 의심하고, '마음에서 우러나는 것'이나 '체화' '느낌과 접촉하는 것'을 강조한다. 이것이 바로 '인지지능'과 사고보다 '감성지능'과 느낌을 그토록 찬양하는 이유이다.

반면에 오렌지색 단계의 비평가들은 세계중심의 도덕성과 증거에 근거한 과학으로 나아가게 해주는 이성의 중요성에 민감하다. 그래서 이들은 탈근대주의자들이 '느낌 공화국 Republic of Feelings'을 창조하고, 수정 헌법 제 1조에 나오는 '언론의 자유'를 '감정을 다치지 않을 권리'로 대체해 버렸다고 비난한다.

이런 논쟁에서 어느 편을 옹호하든, 현재의 인지 발달 정도에 따라 감정의 깊이도 달라진다는 점은 기억해야 한다. 한 예로, 캐럴 길리건이 주장한 여성의 도덕성 발달 단계를 살펴보자. 이미 언급했듯, 그녀는 여성의 도덕성이 자아중심적 이기심에서 민족중심적 배려, 세계중심적이고 보편적인 배려 순으로 발달한다고 주장했다. 그리고 각각의 단계는 인지적으로 더욱 높은 관점 수용 능력에 의해 결정된다고 했다. 1인칭의 관점에서는 자아중심적 도덕성을, 2인칭의 관점에서는 민족중심적 도덕성을, 3인칭의 관점에서는 세계중심적 도덕성을 갖게 된다는 것이다.

따라서 '느낌과 접촉하는' 능력도 '지성에 접촉하는' 능력 혹은 인지 능력에 달려 있다고 할 수 있다. 1인칭의 관점만 가능한 인지능력을 갖고 있으면, 자아도취적이거나 자아중심적인 감정들만 느끼게 된다는 말이다. 이것은 분명 칭찬할 만한 일은 아니다. 다른 사람의 입장에 진심으로 서 보지도 못하고, 타인이 정말로 생각하고 느끼고 경험하는 것을 이해하지도 못하기 때문이다. 이런 사람은 자아중심적인 상태에서 벗어나 상대를 배려하는 단계로 나아가지 못한다. 최소한 앰버색 단계의 구체적이고 조작적인 사고 능력이 있어야만 이렇게 할 수 있기 때문이다. 이 구체적이고 조작적인 사고능력은 타인의 입장에 서서 생각하고 규칙을 따를 수 있는 능력이라는 의미에서 '규칙/역할 마음rule/role mind'이라고도 부른다.

감정은 오직 자신만 안다. 정말로 타인의 입장에 서보고, 타인의 입장을 이해하고, 타인이 보고 느끼는 것처럼 세계를 보고 느끼는 것은 인지적인 정신 활동이다. 그러므로 자신의 마음이나 체화된 느낌만 강조하면, 자아도취적이고 자기중심적이며 이기적인 태도로 자신의 느낌만 느끼게 된다. 이것은 감성지능이 붉은색이나 더 낮은 단계에 있다는 의미이다.

　정말로 '가슴에서 우러나는 대로' 살려면 지성을 부당하게 취급하지 말아야 한다. 지성과 감성이 함께 작용해서 더욱 깊고 넓고 높은 관점을 제공하게 해야 한다. 이런 관점을 통해 감정은 더욱 크게 확장되고 진화한다. 다시 말하는데, 인지지능은 감성지능에 충분하지는 않지만 꼭 필요하다. 느낌을 가장 가치 있게 여기고, '체화된 마음에서 우러나는 대로' 살고 싶다면, 그 과정에서 지성을 무시하지 말아야 한다. 그러나 우리는 먼저 자신의 감정과 느낌이 얼마나 깊은지만 생각한다.

　물론 인지라인을 과도하게 강조하는 경우도 있다. 예를 들어, 누군가에게 '너무 추상적'이거나 '너무 이성적'이라고 말하는 경우가 있다. 이런 말의 의미는 대부분 논리-수학 라인을 지나치게 강조한다는 것이다. 그러나 이 논리-수학 라인은 또 다른 다중지능의 하나이다. 이 다중지능은 논리적이고 분석적인 방식을 지니고 있으며, 이런 방식이야말로 딱딱하고 추상적일 수 있다.

　'체현embodiment'에 열광하는 이들이 정말로 찬양해야 할 것은 머리를 대신한 몸이 아니라, 몸과 정신, 지성과 마음, 생각과 느낌의 합일과 통합이다. 느낌에만 경도되면 본질적으로 타인의 입장을 이해하지 못하고, 다분히 자아도취적인 존재 양식과 인식에 치우치기 쉽다. 다원주의적이고 '민감한' 단계에 처음으로 크게 동기를 부여받은 베이비부머들에게 '자기중심적 세대Me generation'라는 딱지가 붙은 것도 이 때문이다. 이들과 같은 실수를 되풀이하지 말아야 한다.

　③ **자기성찰지능** Intra-personal intelligence　　접두사 'intra'는 '안within'을 의미한다. 따라서 자기성찰지능은 자신의 내면을 확실하고 분명하게 내관하는 능력을 말한다. 복음서에 "자기 안에 천국이 있다"는 말씀이 나온다. 하지만 먼저 자신의 내면을 보지 못하면 이런 천국도 아무런 소

용이 없다. 자기이해에서부터 지혜에 이르기까지 모든 것이 자신의 내면을 분명하게 들여다볼 수 있는 능력에 달려 있다. 다시 말하는데, 이것은 인간에게 생득적으로 그냥 주어지는 능력이 아니다. 성장과 발달의 길고 어렵고 복합적인 길을 통해 자기중심적인 내관에서 민족중심적인 내관, 세계중심적인 내관으로 나아가야 얻을 수 있는 능력이다.

자기중심적인 내관은 진정한 내관이라기보다 모호한 느낌의 상태에 불과하다. 그러나 민족중심적인 내관을 할 줄 알면, 타인의 입장에 서 보고 자신의 의식도 들여다보기 시작한다. 세계중심적인 내관에 이르면, 자신의 내면을 들여다보고 분명하게 성찰하는 능력이 완전해져서 주요한 변화가 일어난다. 이로써 온전한 '내면의 공간interior space'이 처음으로 완전하게 열리고, '~라면 어떻게 될까?'나 '마치 ~인 것처럼' 같은 생각이 지배하는 '조건적인 세상'을 볼 수 있는 능력이 생겨난다. 또 새로운 내면세계의 구석구석을 탐색하고 자각하는 것도 가능해진다. 그러나 인간의 다른 능력들처럼 이것도 쉽게 주어지지는 않는다.

④ **신체지능** Somatic intelligence **혹은 운동감각지능** Kinesthetic intelligence 이것은 '몸지능body intelligence'이라고도 한다. 이 라인은 몸의 지혜를 파악하고, 다양한 신체 상태와 조건을 자각하고, 몸의 여러 가지 기술들을 이용할 수 있는 능력이다. 유기체의 모든 지혜가 몸속에 새겨져 있기 때문에 이것을 읽는 것은 아주 중요한 지능이다.

⑤ **도덕지능** Moral intelligence 도덕적으로 올바른 행위가 무엇인지를 아는 것이 도덕지능이다. 우리는 모종의 동질감과 연대감을 느낄 때 타인을 공정하게 대한다. 그래서 6~8개의 발달 단계를 통해 정체성이 더욱 넓게 성장하면, 우리의 도덕적 반응도 더욱 높아진다. 앞에서 살펴본 것처럼, 도덕지능의 한 가지 간단한 형태는 자신만 돌보는 **자아중심적** 형태에서 공동체를 배려하는 **민족중심적** 형태, 모든 인간을 배려

하는 **세계중심적** 형태, 모든 지각 있는 존재를 배려하는 **온우주중심적** 형태로 발전한다.

그러나 '도덕moral'은 '윤리ethics'와 다르다. 윤리는 어떤 특정한 집단이나 문화에서 당연한 이치로 받아들이고 따르는 규칙이나 규정과 관련된 것이다. 윤리는 그 문화에 따를 때 무엇이 **좋은**good가에 초점을 맞춘다. 반면에 도덕은 단순히 특정 집단에 맞는 것에 중점을 두지 않는다. 보편적인 원리에 따를 때 무엇이 맞는지에 초점을 맞춘다. 좋은 것이 아니라 **옳은**right 것에 중점을 두는 것이다. 그러므로 윤리는 아주 도덕적일 수도 있고 아닐 수도 있다.

윤리나 '좋은' 것은 **좌하 4분면**에 타당성의 근거를 두는 경향이 있다. 그래서 어떤 집단이나 기구, 문화에 적합하거나 정당하거나 맞는 것이 무엇인지를 판단한다. 예를 들어, 대부분의 전문가 조직들은 그 전문직 종사자들을 다스리는 윤리강령이나 규칙을 갖고 있다. 의학 윤리나 법조 윤리, 경찰 윤리 등이 그 예이다. 하지만 이것들이 항상 도덕적이지는 않다는 점에 주목할 필요가 있다. 마피아에게도 그들만의 윤리강령이 있지만, 그들의 강령은 그렇게 도덕적이지 않다. 붉은색이나 앰버색의 민족중심적인 도덕 발달 단계에 머물러 있는 것이다. 마피아의 '침묵의 규칙'도 이런 윤리강령의 하나이다. 모든 조직원은 이 강령을 준수해야 하며, 이것을 어기면 흔히 죽임을 당한다.

도덕은 개인에게 주어진 윤리를 숙고하며, 특정한 윤리 규칙이 보편적으로 올바른지 아닌지를 메타윤리적으로 판단한다. 마피아에게 좋은 것이 모든 인간에게 옳은 것은 아니기 때문이다. 그러므로 도덕이 보편적 정의에 대한 판단이라면, 윤리는 어떤 집단에 대한 적합성이나 이득의 타당성을 주장하는 것이라고 할 수 있다. 그러므로 윤리는 **좌하 4분면**에 국한되어 있는 반면, 도덕적 판단은 4분면 전체의 현상을 대상으로 한다. 도덕은 단순히 우리에게 적합한 것만 묻지 않고, 나와 우리, 그것에 옳은 것이 무엇인지까지 묻는다.

'도덕'은 서로 다른 문화에서도 유효한 다중지능이다. 도덕이 6~8개의 주요한 발달 단계를 통과하는 보편적인 발달 흐름이기 때문이다. 반면에 '윤리'는 다중지능이나 보편적인 발달 라인이 아니다. 문화마다, 같은 문화라도 역사적 시기마다 윤리가 종종 다르기 때문이다. 윤리에는 많은 문화적 기호와 취향, 독특함, 역사적 변수 등이 몇 가지 도덕적 요소들과 혼합되어 있다. 그렇기 때문에 윤리 중에는 상당히 도덕적인 것도 있고, 솔직히 말하면 비도덕적인 것들도 있다.

'윤리지능ethical intelligence'이란 것도 물론 있다. 하지만 이것은 그저 자신의 문화적 배경과 맥락, 규칙, 역할을 이해하는 능력일 뿐이다. 그리고 이 이해의 많은 부분을 결정짓는 것은 결국 우리의 도덕적 발달 수준이다. 다시 되풀이하면, '윤리'는 **좌하 4분면**에 국한되어 있으며, 자신이 속한 문화의 흐름과 배경을 이해하고 적합성에 대한 타당성을 주장하는 것이다. 반면에 '도덕'은 **좌하 4분면**을 포함한 4분면 전체의 현상을 대상으로 '적합성'이나 '이로움'이 아닌 '올바름'을 판단한다. 예를 들면 다음과 같다. '우리가 속해 있는 **우하 4분면**의 생태학적 시스템과 관련해서 도덕적으로 올바른 일은 무엇인가?' '잃어버렸던 비자금을 찾았는데(우상 4분면) 이걸 어떻게 하는 게 도덕적으로 옳은 걸까?' '다른 사람이 발견했지만 내 것이라고 주장한 아이디어(좌상 4분면)는 어떻게 하는 것이 도덕적으로 옳은 일일까?' '어떤 윤리강령의 의미가 사실은 비도덕적이라는 것을 깨달았는데(좌하 4분면) 어떻게 하는 게 올바른 일일까? 시민불복종 운동이라도 벌여야 할까?'

실제로 어떤 이들은 시민불복종 운동이나 비폭력 시위에 참여해서 도덕이 사실은 윤리를 초월하거나 능가한다는 것을 보여준다. 간디Gandhi나 로자 파크스Rosa Parks*가 그런 예이다. 이들은 시민불복종을 통해서 어떤 문화의 윤리 규칙이나 법칙이 더욱 높고 보편적인 관점에서는 정말로 비도덕적일 수 있으므로 이런 것들은 따르지 말아야 한다고 주장했다. 이렇게 비도덕적인 규칙이나 법칙을 따르는 것은 비도덕적인 일이기 때문이다.

이런 시민불복종에 참여하는 사람들은 그 문화에 의해 '불법적illegal'이라고 심판받을 각오를 해야 한다. 그런데 여기서 중요한 점은 이 '불법적'의 의미가 '비도덕적immoral'이라는 것이 아니라, 반대로 더 도덕적이라는 것이다. 그러므로 이런 불복종은 흔히 개인의 '양심', 즉 도덕지능에 따른, 대단히 고결하고 용감한 행위이다.

본질적인 지능으로서 도덕지능은 초월과 포함이라는 '**온우주의 방향성**'을 따르며, 도덕지능의 발달 단계는 계속해서 갈수록 넓어지는(초월) 동일시(포함)의 범위를 반영한다. 다시 말해, 우리의 도덕적 자각과 행위는 자아중심에서 민족중심, 세계중심, 우주중심으로 넓어지면서 지각 있는 존재들을 완전히 포함하게 된다. 6~8개 주요 발달 단계도 대략 이와 같으며, 이것은 모든 다중지능에도 적용된다.

⑥ 영성지능 Spiritual intelligence   영성지능은 영적인 성장의 각 단계에서 영Spirit이나 궁극적인 문제, 가장 중요한 것에 대한 우리의 생각과 관련되어 있다. 이 영성지능의 의식 구조들도 6~8개의 주요 단계들을 통해 변화한다. 앞에서 말한 것처럼, 성장은 아주 다르면서도 주요한 두 가

---

* 역주: 미국의 흑인인권운동에 큰 영향을 미친 시민권 운동의 어머니. 1955년 12월 1일, 미국 앨라배마 주에서 백인 승객에게 자리를 양보하라는 버스 운전기사의 지시를 거부하다가 경찰에 체포되었다. 이 사건은 382일간의 버스 보이콧으로 이어지면서 본격적인 흑인인권운동의 기폭제가 되었다.

지 영적 참여의 한 형태이다. 다른 하나인 깨어남은 의식의 상태를 나타내며, 영을 직접 경험하는 **영적 체험** spiritual experience 을 수반한다.

그러나 영성지능은 영성을 지적이거나 설화적으로 이해하는 것과 관련이 있다. 우리는 흔히 이런 의미로 영성지능이란 말을 사용한다. 그리고 앞에서 이야기했듯, 영성을 이처럼 설화적으로 이해하는 것이 종교의 첫 번째 형태이다. 제임스 파울러 James Fowler 가 처음으로 연구한 것도 바로 이것이었다. 놀랄 일도 아니지만, 그는 영성지능이 6~7개의 주요단계들을 통해 발달한다는 것을 발견했다. 영성라인에 나타나 있지만, 이 6~7개의 주요단계들은 우리가 무지개 색깔로 요약한 발달 단계들과 상당히 비슷하다.

영적 참여의 두 가지 주요 형태와 관련해서, 근대 서양의 종교 문제는 두 가지로 설명할 수 있다. 첫 번째 문제는 영적 성장이 앰버색의 신화적-문자적 단계에 고착되어버린 탓에 진화와 활동 중인 영에서 2천 년 가량 뒤떨어지게 되었다는 점이다. 두 번째 문제는 명상이나 관상觀想을 통한 직접적인 영적 체험과 거의 완전히 단절되어서 이렇다 할 깨어남의 길을 갖지 못하게 되었다는 점이다.

사실 역사적으로 서양의 영성에도 깨어남의 길에서 관상을 하는 학파들이 많이 있었다. 그런데 교회가 갈수록 이들을 경시했다. 이들이 기존의 종교 교리를 거스르는 경향이 있었기 때문이다. 예를 들어, 신비가들은 **지고의 정체성**, 혹은 영혼과 신의 본모습 같은 것들에 대한 보편적인 체험을 이야기했다. 그러나 교회는 오로지 한 사람, 즉 **신의 아들** the Son of God 만 그런 상태를 경험할 수 있다고 인정하고, 이런 경험을 했다고 스스로 주장하는 것을 완전한 신성모독으로 간주했다. 그래서 갈수록 종교재판을 통해 고문이나 사형으로 사람들의 마음에서 이런 생각을 추방시켜버리려 했다.

말할 필요도 없이 이런 상황은 관상의 발달에 도움이 되지 못했다. 개인의 종교 생활은 갈수록 형식적인 규약과 교의에 집중되고, 영적 성장에서는 신화적-문자적 단계의 교리들에 초점을 맞추게 되었다. 이로 인해 오늘날의 서양 종교는 두 가지 주요 문제를 떠안게 되었다. 영적인 깨어남의 길을 잃어버리고, 성장의 길에서는 다소 낮은 단계에 머물러 있게 된 것이다. 종합해서 볼 때, 이것은 정말로 심각한 문화적 재앙이다. 이것이 서양 문명에 얼마나 충격적인 악몽인지는 아무리 강조해도 지나치지 않다.

그러면 이 재앙의 해결책은 무엇일까? 가장 일반적인 말로 두 가지를 제안할 수 있다. (1) 영적 성장의 모든 단계-수준들을 인식하는 것이다. 그리고 이 6~8단계를 통한 변화의 '컨베이어 벨트'를 도입해야 한다. 그 방법은 이 주요한 구조-단계들에 등장하는 전통 학파들의 기본적 가르침과 수행법들을 말로 설명하고 제시해주는 것이다. 마법적 단계의 가르침과 수행법, 신화적 단계의 가르침과 수행법, 합리적 단계의 가르침과 수행법, 다원적 단계의 가르침과 수행법, 통합적 단계의 가르침과 수행법을 설명하고 알려주는 것이다. (2) 깨어남을 위한 전통적 학파들의 수행법을 처음으로 혹은 다시 소개해준다. 이런 수행법들은 개인들이 죄와 분리, 유한성, 수축, 고통의 상태에서 벗어나게 해준다. 더불어 거친 상태에서 정묘한 상태, 원인 상태, 순수한 주시의 상태로 나아가 마침내는 궁극의 **비이원적 합일**을 경험하게 도와준다. 이렇게 가장 깊고 높고 진실하고 실제적이고 자유로운 지고의 정체성이 영, 온우주와 하나를 이루면, **가장 위대하고 아름다운 대해탈**Grand Liberation, **해방**Emancipation에 이른다.

이렇게 두 개의 길에 모두 역점을 두면, 전통적인 의미의 **깨달음**이나 **깨우침을** 넘어 진정으로 완전하고 완벽한 깨달음이나 깨우침에 이른다. 전통적인 깨달음이나 깨우침은 거친 상태에서 벗어나 비이원적 합일 상태에 이르는 것만을 의미하는 반면, 진정으로 완벽하고 완전한 깨달음이나 깨우침은 이제까지 나타난 가장 높은 구조에서 가장 높은 상태를 경험하는 것이다. 다시 말하면, 이제까지 진화가 만들어낸 가장 높은 단계의 영성지능 혹은 영적 성장 단계에서 가장 높은 상태의 깨어남을 경험하고 해석하는 것이다. 오늘날의 세계에서 이것은 **통합적 단계나 초통합적 단계의 가장자리**에서 비이원적 합일의식을 해석한다는 의미이다.

⑦ **의지력 Willpower** 의지는 간단히 말하면 일을 밀고 나가는 마음의 힘을 의미한다. 의지는 행동방침을 정한 후 목표를 잃어버리거나 이탈하는 일 없이 곧장 목표를 향해서 나아가게 해준다. 이처럼 인간의 의도를 행동으로 옮기는 데 의지가 꼭 필요하기 때문에, 의지는 아주 중요한 지능이다. 잠시 후 몇 가지 훈련들로 의지와 관련된 것들을 정확히 파악하도록 해보겠다. 물론 다른 다중지능들을 갖고도 이렇게 할 것이다.

⑧ **자기 라인 Self line** 자기 라인 발달은 상대적이고 유한한 자기가 더 깊고 넓고 높으며 포용적인 형태로 성장하는 것과 관련이 있다. 이것은 인간에게 아주 중요한 지능의 하나이다. 의식consciousness의 인도를 따라가보면, 인간의 자기Self는 이드id에서 자아ego, 신에게로 나아간다. 인간에 가까운sub-human 존재에서 인간human, 초인superhuman으로, 잠재의식적subconscious 상태에서 의식적self-conscious 상태, 초의식적superconscious 상태로 변화하는 것이다. 또 상대적으로 유한한 자기는 다양한 숨은 지도를 갖고 6~8개의 단계들을 거친다. 그리고 언제나 현존하는 **주시자 혹은 진정한 자기**는 이 상대적이고 유한한 자기를 통해 각 단계의 세계를 바라보고 해석한다. 그러므로 '자기 라인'은 상대적 자기의 성

장과 관련이 있다.

뢰빙거Loevinger나 케건Kegan, 브러튼Broughton 같은 서양의 발달심리학자들이 연구한 자기 라인은 유한한 **구조-자기**structure-self와 이것의 발달에 관한 것이었다. 사실 서양의 모든 발달 연구는 유한한 구조, 자기 등에 초점이 맞춰져 있다. 성장의 자기 라인은 이 변수를 지속적으로 나타내 보여준다. 즉 자기라는 이 유한한 구조의 무게 중심이 자기체계의 성장과 발달 라인이 지닌 6~8개의 구조-단계들을 통과하는 동안 어떻게 발달하는지를 보여준다.

그러나 우리는 성장의 길에 있는 자기 라인만 알고 있어서는 안 된다. 깨어남의 길에서 4~5개의 상태-단계들을 거치는 **상태** 무게 중심으로서의 자기체계도 포함해야 한다. 이 둘이 누구에게나 있는 **이중의 무게 중심**을 형성하기 때문이다. 앰버색 단계의 구조-자기와 정묘한 상태-자기, 녹색 단계의 구조-자기와 원인의 상태-자기, 통합적 단계의 구조-자기와 비이원의 상태-자기 등이 그 예이다. 하나는 성장의 길에, 다른 하나는 깨어남의 길에 있는 이 이중의 무게 중심, 즉 구조-단계의 자기와 상태-단계의 자기는 분리된 자아감의 전체적인 발달 과정을 따라가면서 차츰 **슈퍼마인드**Supermind와 **빅마인드**Big Mind에 가까워진다.

모든 **상태**-주체를 대상으로 보게 되면 그 결과로 빅마인드에 이르고, 모든 **구조**-주체들을 대상으로 보게 되면 슈퍼마인드에 이른다. 이 상태-주체와 구조-주체는 발달의 주요한 두 축이며, 상태-주체를 통해 빅마인드에 이르고 구조-주체를 통해 슈퍼마인드에 이르는 것이다. 통합적 발달의 목표는 슈퍼마인드에서 빅마인드를 경험하는 것이다. 다시 말해, 가장 높은 성장의 구조에서 가장 높은 깨어남의 상태를 경험하는 것이 통합적 발달의 목표인 것이다.

지금은 불행하게도 이 '이중 자기dual-self'의 발달을 다룬 책들은 별로 많지 않다. 하지만 **통합이론** 전반을 다룬 나의 저서나, 잉거솔Ingersoll과 자이틀러Zeitler가 지은《통합 심리치료Integral Psychotherapy》처럼 통합적 접근법들에 초점을 맞춘 책들도 있다. 그러므로 이 주제도 혼자서 쉽게 공부해볼 수 있다. 먼저 의식 발달의 다양한 상태와 상태-단계들을 파악한다. 샴발라 출판사에서 출간될 나의 저서《내일의 종교》나, 대니얼 브라운Daniel P. Brown이나 더스틴 디퍼나Dustin DiPerna 같은 저자들의 저서가 도움이 될 것이다.

그런 다음에는 주요한 4~5개 상태들의 전개 속에서 자신의 상태-자기는 얼마나 발달해 있는지 알아본다. 나아가 6~8개의 주요한 구조-단계들까지 이해하고 나면, 여러분의 자기체계가 지닌 '이중의 무게 중심'을 파악할 수 있다. 이렇게 일반적이고 전체적인 발달 과정에서 자신의 구조-단계와 상태-단계를 파악한 후, 최고의 상태인 빅마인드와 최고의 구조인 슈퍼마인드를 향해 성장하고 진화해나간다. 이 이중의 무게 중심은 성장의 길과 깨어남의 길에서 여러분의 근접 자기 혹은 중심 자기proximate or central self가 위치해 있는 자리이다.

· · · · ·

위에서 살펴본 각각의 '지능'들은 **진정한 자기**와 **지고의 정체성**이 빛을 발할 수 있는 영역 혹은 발달 라인이나 흐름이다. 또 이 지능들은 작고 인습적이며 유한한 자기가 관계를 맺고 있는 기초 영역들이기도 하다. 다시 말해, 작은 자기는 구조와 상태 면에서 고유의 발달 단계에 존재할 뿐만 아니라, 이 전체 라인들 속에서도 각각의 숨은 지도 혹은 주어진 단계와 관계를 맺고 있다.

여기서 인습적인 유한한 자기체계가 아주 중요한 이유는, 이것이 모든 발달 라인이나 다중지능은 물론이고 우리의 존재와 인식 안에서도 발견되는 온갖 다양한 구성 요소들을 통합하고 통일하기 때문이다. 중세 스콜라 철학자들의 주장처럼, 정신에 통일성을 부여하는 것이 자기인 것이다.

마음챙김 수행의 통합적 측면은 라인들을 발견하고 일깨우고 활성화시켜서 이것들이 성장하고 발달하게 해준다. 그래서 마음챙김 수행을 계속하면, 궁극적으로는 우리가 삶에서 사용하는 모든 주요 라인들의 수준이 최대한 높고 완전하게 발달한다. 이로써 **자아실현** Self-Realization의 범위와 빛도 점점 커진다.

언제나 그렇듯, 이 지능들이 깨어나 우리를 둘러싼 세계에 반응할 때, 우리 안의 이 지능들을 그저 알아차려야 한다. 잠시 후 이렇게 하도록 해주는 특별한 수행법을 소개할 것이다. 이 지능들은 대단히 독립적이다. 그래서 많은 사람들이 어떤 라인에서는 대단히 높게 발달해 있지만, 어떤 라인에서는 보통 수준으로 발달해 있다. 또 발달이 아주 저조한 라인들도 있다. 내가 자주 예로 드는 나치 의사들도 마찬가지이다. 인지지능은 높이 발달해 있었지만 도덕지능은 아주 낮았던 사람들이다.

위의 내용을 읽어보기 전에는 여러분이 사용할 수 있는 다중지능들이 많다는 점을 몰랐을 것이다. 그래도 이 다중지능들은 지금도 여러분 안에서 활발하게 작용하고 있다. 마찬가지로 6~8개의 주요 발달 단계들을 몰라도, 이 모든 라인들은 이 단계들을 통해 계속 성장 진화하고 있다. 이것은 4분면과 상태, 유형의 경우에도 마찬가지이다. 하지만 일단 이것들을 하나씩 배우기 시작하면, 자신이 이해한 것들을 이용해서 자신이 이 각각의 영역에서 어느 지점에 위치해 있는지를 판단할 수 있다. 이것을 일컬어 '자기를 도구로써 self as instrument' 사용하는 것이라고 한다. 자기에 대한 판단을 위해 의식적으로 자기의 능력들을 사용하는 것이다. 이것은 아주 중요한 점이다.

실제로 몇몇 연구 결과, 다양한 주장이나 개념, 생각들을 제시했을 때 보통의 비전문가들도 이것들이 '낮은' 단계의 것인지 아니면 '높은' 단계의 것인지 그 발달 정도를 잘 판단하는 것으로 나타났다. 그러므로 실제의 지도, 즉 앞서 제시한 6~8개의 주요 단계나 구조, 8개의 주요 라인, 4~5개의 주요 상태, 4개의 주요 분면/관점을 포함하고 있는 지도들을 갖게 되면, '자기를 도구로' 사용할 수 있는 천부적인 능력이 더욱 크게 향상되어, 모든 영역의 전체적인 발달과 성장 과정에서 자신이 어느 지점에 있는지를 아주 정확히 파악할 것이다. 그러면 자아실현에 도움이 되는 수행법이나 훈련법들을 더욱 유용하게 활용하고, 특별히 도움이 필요한 영역이 무엇인지도 알아차리고, 이런 도움을 받을 수 있는 적절한 원천도 찾아낼 수 있다. 이런 전반적인 과정을 통해 자기이해는 물론이고 '세계에 대한 이해'도 현저하게 향상될 것이다.

'**통합색인** integral index'의 놀라운 점은 현재 우주 안에서 일어나고 있는 모든 현상들이 정확히 어느 위치에서 생겨나고 있는지를 **통합체계**로 찾아내고 이해하게 해준다는 것이다. 이것은 분명한 연관성이 없는 수많은 자료들, 즉 빅데이터를 취합해서, 체계적이고 포괄적인 틀이나 색인에 따라 정리하는 것과 같다. 그리고 이것을 가능하게 해주는 것이 바로 **아퀄**이다.

아퀄은 무엇보다도 인간 잠재력에서 아주 중요하고 핵심적인 영역들을 확인하는 데 도움이 된다. 뿐만 아니라 개개의 영역들이 다른 모든 영역들과 어떻게 연관되어 있는지도 보여준다. 나아가 이 영역들이 어떻게 활성화되고, 가속화되고, 성장 진화하는지도 알려준다. 그러므로 이것은 인간의 역사에서 정말로 중요한 발견이다. 세계적으로 온갖 심각한 문제들이 난무하지만, 이렇게 새롭고 흥미로운 발견들이 쏟아지고 있어서 지금도 믿기 힘들 만큼 활기차게 살아갈 수 있다.

그럼, 다시 본론으로 돌아가보겠다. 여러분은 구체적인 수행을 통해 이 발달 라인들을 향상시키고 성장시킬 수 있다. 뿐만 아니라 이 발달 라인들을 마음챙김해서, 이 라인들의 다양한 단계를 더욱 빨리 거칠 수도 있다. 각 라인들에 나타나는 6~8개의 발달 단계들을 더욱 빨리 통과하는 것이다. 그럼, 이제 '라인 마음챙김mindfulness of lines'을 실제로 빠르게 훈련하면서 관련 사항들을 간단히 알아보도록 하겠다.

라인 마음챙김

내가 라인의 명칭과 이 라인의 중요한 특징을 몇 가지 알려주면, 여러분은 떠오르는 생각이나 느낌들에 초점을 맞춘다. 생각과 느낌을 떠오르는 대로 두고 이것들을 마음속에 담는다. 그런 다음 모든 방향에서 이것들을 살핀다. 이것들을 비디오테이프에 담듯 살피면서 특별히 다음과 같은 질문들을 던져보는 것이다. 내 몸의 어디에 위치해 있는가? 무엇처럼 보이는가? 어떤 느낌이 드는가? 혼자 할 때는 각각의 라인에 지금보다 더 많은 시간을 할애해서 위와 같은 질문들을 더욱 충분히 던져볼 수 있다. 하지만 지금은 간단히 연습해보기로 한다.

① **인지지능** 자신의 의식awareness을 알아차리는 것부터 시작해본다. 의식 자체에 주목한다. 몇 분 동안 의식 속에 머물면서, 할 수 있는 만큼 이것을 대상으로 바라본다. 그리고 자신에게 질문을 던져본다. 이것은 무엇처럼 보이는가? 어떤 느낌인가? 어디에 있는가? 이렇게 의식을

대상으로 바라보면, 다시 **주시자**로 돌아갈 수도 있다. 이렇게 된다면, 좋은 일이다. 계속 이런 상태를 허용한다.

② **감성지능**　바로 지금 자신이 느끼는 것을 알아차린다. 어떤 감정들이 일어나고 있는가? 흥분이 일고 있는가? 아니면 기쁨이나 혼란, 지루함, 행복, 갈망, 슬픔, 기쁨, 환희의 감정이 일어나고 있는가? 몇 분 동안 자신의 느낌을 대상처럼 자세히 바라보고 느껴본다. 주변에 다른 사람이 있으면, 그의 입장에 서서 그가 인지하고 느낀다고 생각되는 것을 마음챙김 해본다. 1인칭은 물론이고 2인칭의 관점도 마음챙김을 해보는 것이다. 이렇게 두 관점을 모두를 대상으로 삼는다. 이때 자신의 느낌이 **자각의 장**Field of Awareness 전체에서 흐르도록 두되, 이 느낌에 **빠**져들어서는 안 된다.

③ **자기성찰지능**　아주 단순하게 바로 지금 자신의 내면을 들여다본다. 내관을 하는 것이다. 자신이 생각하거나 느끼거나 바라거나 소망하거나 원하거나 필요로 하거나 갈망하는 것들을 그냥 바라본다. 자신의 내면을 알아차리고, 내면을 대상으로 바라보며 계속 자각한다. 그것이 무엇처럼 보이는가? 어떻게 느껴지고, 어디에 위치해 있는가? '내면을 들여다보는' 이 완전한 전체 느낌에 주목해본다. 그것은 **정말로** 무엇인가?

④ **신체지능**　즉각적으로 직접 자신의 몸을 느껴본다. 그저 자신의 몸 전체를 느껴본다. 몸은 흔히 주관적 자기의 일부분이다. 이제 이 몸을 대상화시켜 본다. 몸을 대상처럼 바라보고, 느끼고, 이해한다. **자각의 장** 속에 몸을 붙잡아 두고, 몸을 **통해** 느끼는 대신 몸을 **직접 살펴본다.**

이렇게 하다 보면, 점점 주시의 상태에 들어갈 수도 있다. 그러면 몸을 하나의 대상으로 바라보기 때문에 진정한 자기는 '몸을 갖고 있지만 몸이 아니다'라는 것을 깨닫는다. 정말로 몸은 진정한 자기가 아니다. 진정한 자기, 순수한 주시자는 몸이 산이나 구름, 건물, 나무 같은 다른 모든 대상들처럼 **의식**Awareness 안에서 떠오르는 것을 본다. 그러나 이 모든 것은 **아니다, 아니다**neti, neti. **나-나**ɪ-ɪ는 이것도 저것도 아니며, 이 모든 것에서 **자유**롭다.

주시자가 비이원의 여여나 일미 속으로 녹아들면, 몸과 내가 하나임을 깨닫는다. 그리고 산이나 구름, 건물, 나무 같은 다른 모든 대상들과도 하나임을 알게 된다. 이것들은 전부 그저 전체 그림의 요소들이며, 여러분은 곧 이 모든 것들이다. 여러분은 전체 그림은 물론이고 이 그림의 모든 요소들과 완전히 하나인 것이다. 이로 인해 여러분의 완전한 자유에 완전한 충만함이 더해진다.

어떤 다중지능에든 마음챙김을 적용하면 이런 일이 일어난다. 하지만 몸의 경우에 특히 더 잘 일어날 수 있다. 몸이 주관적 정체성의 주요한 근원이어서, 소외된 유기체의 부분적 정체성에서 **존재하는 모든 것**All that is의 **완전한 정체성**Total Identity으로 이동하는 결정적인 전환기 역할을 하기 때문이다.

⑤ **도덕지능**　도덕적 딜레마에 직면해서 '어떻게 하는 것이 옳을까?' 하고 고민했던 때를 떠올려본다. 잘못된 것을 행하는 경우와 올바른 것을 행하는 경우를 그려본다. 그런 다음 올바른 일을 할 때의 느낌을 의식 속에 담고, 이것을 하나의 대상처럼 바라본다. '올바른 일을 행하는' 것은 어떤 느낌이 드는가? 무엇처럼 보이는가? 왜 중요한가? 반대로 그릇된 일을 하는 상상을 할 때는 어떤 느낌이 어떠한가? 그릇된 것은 무엇이 안 좋은가? 그릇된 것은 어떤 생각과 느낌을 불러오는가? 다시 말하지만, 마음챙김의 목적은 대상에 대해 혹은 대상을 갖고 뭔가를 하는 것이 아니다. 그저 자각의 장 안에 그것을 대상으로서 붙잡아 두고 살피고 알아차리는 것이 목적이다. 이것이 전부이다. 옳고 도

덕적이라는 느낌을 그저 비디오테이프에 담듯 살펴보는 것이다.

⑥ **영성지능**　가장 관심 있는 것이 무엇인지 신중하게 생각해본다. 세상에서 여러분에게 가장 중요한 한 가지는 무엇인가? 동료나 자녀, 직업, 돈, 친구, 평판, 건강 등 여러 가지가 생각나겠지만, 꼭 한 가지를 선택한다. 그리고 이것을 마음에 담아두고, 이것을 갈망하거나 그냥 소중하게 여길 때의 느낌에 주목한다. 이 궁극적인 갈망을 알아차리고 이것을 대상으로 바라본다. 어떤 느낌이 들고 어떻게 보이는가? 어디에서 그것을 느끼는가? 궁극적 관심ultimate concern*을 갖는다는 것은 어떤 의미인가? '궁극적ultimate'이란 대체 무엇을 **의미하는가**?

다시 말하지만, 마음챙김을 하면서 구체적인 답이든 폭넓은 답이든 **어떤** 답도 떠오르기를 기대하지 말아야 한다. 일어나는 것에 대해 뭔가를 해야 한다고 생각하거나, 특별한 행동으로 대응할 필요도 없다. 무엇이 떠오르든 그것을 그냥 알아차리기만 하면 된다. 일어나는 것들은 무엇이든 그냥 받아들인다. 멍한 느낌이 들어도 그냥 그것을 똑바로 바라본다. 비디오테이프에 담듯 그것을 살펴보는 것이다. 이것이 전부이다. 해야 할 일은 이것뿐이다. 무엇이 일어나든 이것을 대상으로 바라보기만 하면 된다. 초점 없이 멍한 상태에 빠져도 이런 상태를 그저 바라본다.

⑦ **의지력**　시계나 디지털 판독기의 초침을 바라보면서 15초 동안 이 초침에 의식을 고정시켜 둔다. 그리고 이 초침의 움직임에 집중하는 마음의 힘을 느껴본다. 놓침 없이 이 하나의 영역에 주의를 집중하

---

* 역주: 신학자 폴 틸리히가 신학 용어로 사용한 말이다. 무상하지 않은 궁극적인 것에 관심을 기울이는 것으로서, 이런 관심이 종교의 원천이 되기도 한다.

는 자신의 능력을 알아차린다. 이 정신의 힘을 느껴본다. 이것을 대상처럼 세세히 살펴본다. 이 의지라는 것이 어떤 느낌이고 어떤 모양인지 살펴보는 것이다.

집중력과 이것의 긍정적인 특질들은 **자각**Awareness **상태**에서 **주의집중**attention **상태**로 옮겨가게 해주기도 한다. 그래서 집중력은 근원적 회피의 근원이기도 하다. 그러므로 이 집중력을 대상화하면 근원적 회피도 대상화할 수 있다. 이로써 다른 것들을 배제하고 어느 하나에만 억압적으로 초점을 맞추거나 어느 하나의 요소를 회피하지 않고, 전체 그림을 비춰주는 완전하고 편안한 상태로 의식이 돌아가게 된다. 다시 말하지만, 이런 회피를 목적으로 마음챙김을 해서는 안 된다. 회피를 대상화하는 것이 마음챙김의 목적이다. 이렇게 마음챙김을 하다 보면 여러 시점에서 근본적인 충만함에 빠져들 수도 있다. 이런 것은 물론 괜찮다!

⑧ 자기 라인   이제 자기위축self-contraction을 대상으로 마음챙김을 해본다. 바로 지금 분리된 자기감과 관련 있는 내면의 미세한 긴장감을 느껴본다. 이 감각은 내면의 주요 상태와 이것을 경험하고 해석하는 구조가 결합되어 만들어진다. 통합적 마음챙김을 제대로 할수록, 이것들을 더 세밀하게 구분할 수 있다.

상태-자기는 1인칭의 분명하고 즉각적인 현재 경험과 관련 있으며, 거친 대상이나 정묘한 대상, 원인의 대상 또는 주시를 거쳐 순수한 '나-나' 경험으로 이동한다. 혹은 더 나아가 머리 없는 합일의 경험으로 옮겨가기도 한다. 그리고 여러분은 자신의 주요한 구조-단계에서 자신의 세계와 경험을 바라보고 해석한다. 예를 들어, 성취를 중시하는 오렌지색 단계에 있으면, 성취하고 성공하고 완수해야 한다는 생각이나 목표의 이미지에 집착한다. 그리고 이런 사고와 가치는 구조-자기의 일부분을 이룬다. 하지만 이것을 강조해주는 발달 지도를 사용하지 않으면, 상태와 달리 구조 자체는 직접 분명하게 파악하기 힘들다.

자기감self-sense은 특별한 감정thing이 아니라 하나의 과정process이다. 이 과정은 우리의 의식을 미묘하게 위축시킨다. 이 위축, 자기에 대한 느낌을 알아차려야 한다. 마음속의 이 미묘한 긴장을 붙잡아, 이것을 비디오테이프에 담듯 살피고 자각하며, 하나의 대상으로 관찰하는 것이다. 그러면 바로 지금 그 미세한 긴장과 자기위축이 느껴질 것이다. 이 긴장의 '아래' 혹은 '너머'에는 언제나 존재하는 주시자 혹은 머리 없는 합일의식이 있다. 자기위축을 대상으로 삼아 바라보면, 더욱 고차 원적인 이 상태들 중의 하나에 들 것이다.

❾ 다른 발달 라인들   지금까지 8개의 주요한 라인들을 간략하게 살펴보았다. 이것들을 살핀 후 이런 의문이 드는 이들도 있을 것이다. 다른 발달 라인이나 다중지능들이 얼마나 많을까? 이것은 발달 연구 분야에서 폭넓게 논의되고 있는 문제이다. 연구자들이 '다중지능'이라고 막연히 주장하는 것들은 수십 개나 된다. 하지만 이 가운데 몇몇은 극도로 미약하다. 그래도 위에서 설명한 8가지 외에, 존재의 증거와 타당성이 조금이라고 있는 것들은 최소한 언급이라도 해야 할 것 같다. 그것들은 바로 논리수학지능, 음악지능, 심미적 지능, 관계지능, 언어지능, 조망지능, 심리성적psychosexual 지능, 가치, 방어, 대인관계, 욕구, 세계관, 자연주의, 시공간, 존재, 성gender 지능 등이다.

그러나 모든 다중지능의 중심적인 토대를 대부분 포함하고 있는 것은 앞에서 설명한 8가지 다중지능이다. 존재의 이 차원을 다루려면 적어도 이 8개의 다중지능은 고려해야 한다. 그러나 우리 존재의 핵심에 있는 이 차원을 전체적으로 대략 파악하기 위해서 이것들을 더 많이 다룰 필요는 없다. 물론 원하는 만큼 많은 지능들을 포함할 수는 있다.

발달과 성장을 위해서 우리가 원하는 지능의 특질들을 수직적으로나 수평적으로 향상시켜주는 수행도 어떤 것이든 할 수 있다.

하지만 중요한 것은 이 8개의 다른 능력들을 자각의 대상으로 삼아서 이것들을 분명하게 이해하고 구분하는 것이다. 이렇게 계속 주체를 대상으로 삼으면, 우리 안의 더 높고 넓고 포괄적인 능력들을 받아들이게 된다. 그리고 이 8가지 지능들에 익숙해지면 아주 중요한 사실 하나를 갈수록 분명히 깨닫게 된다. 즉 누구나 여러 가지 다양한 부분에서 뛰어날 수 있으므로 <u>스스로</u>를 부당하게 대해서는 안 된다는 점이 바로 그것이다.

흔히들 이렇게 말한다. 자신이 사랑하고 천부적인 재능이 있는 것을 찾아내 진심으로 그것을 추구하면, 그 꿈이 저절로 이루어질 것이라고 말이다. 그런데 슬프게도 그렇게 단순하지가 않다. 하지만 한 가지는 확실하다. 자신이 실제로 이용할 수 있는 지능들을 전부 알지 못하면, 자신에게 정말로 있는 재능을 놓쳐버릴 수도 있다. 그러므로 이 지능들에 계속 주의를 기울여야 한다! 그리고 다른 **통합적** 탐색을 할 때와 마찬가지로, 어중간하게 무시하거나, 부정하거나, 간과하거나, 밀쳐버렸던 영역들을 찾아보아야 한다. 사실은 이 영역들이 천부적 재능의 본거지일 수도 있기 때문이다. 늘 그렇듯 **통합적 체계**는 '천편일률적인' 틀에서 벗어나 엄청나게 많은 영역과 차원, 능력, 기술들을 받아들이게 해준다. 여러분은 이것들이 있으리라고 생각도 못했겠지만, 사실은 이 안에 여러분의 가장 빛나는 재능들이 보물처럼 숨어 있다!

통합심리도

'단계와 라인'에서 자신이 어떻게 하고 있는지, 다시 말해 각각의 다중지능 혹은 라인이 얼마나 발달된 단계에 있는지를 알고 싶으면, 단계와 라인을 모두 넣어서 **통합심리도**Integral psychograph'를 그려볼 수 있다. 통합심리도는 모든 범위의 단계와 라인을 보여주는 실질적인 도표이다.

이 심리도에서 수직축은 우리가 이야기한 주요 발달 단계를 보여준다. 첫 번째 층에서 두 번째 층, 세 번째 층의 단계들까지 보통 색깔로 나타내는데, 명칭이나 숫자 같은 지표도 사용할 수 있다. 수평축에는 우리가 따라가고 있는 특정한 발달 라인들이 나열되어 있다. 각각의 라인은 이제까지 발달한 정도에 따라 높거나 '아주 높게' 그려져 있다. 예를 들어, 수직축의 색깔이나 다른 성장 지표에 따라, 붉은색이나 앰버색, 오렌지색, 녹색까지 발달 라인이 그려져 있는 것이다. 그러므로 여러분은 자신의 주요한 다중지능이 각각 얼마나 잘 발달되어 있는지 한 눈에 알아볼 수 있다. 발달이 아주 저조해서 붉은색의 단계에 머물러 있을 수도 있고, 상당히 잘 발달해서 오렌지색의 단계에 이르렀을 수도, 놀라울 정도로 잘 발달해서 청록색의 단계에 있을 수도 있다. 이렇게 각각의 라인들을 심리도에 넣어 확인해볼 수 있다.

통합심리도는 다른 주요한 발달 모델들 사이의 관계를 살피는 데도 사용할 수 있다. 이미 언급한 것처럼 발달 모델들은 흔히 한 개의 다중지능에만 초점을 맞춘다. 그런가 하면 몇 개의 다중지능에 초점을 맞춘 모델도 있고, '함께 묶어서' 많은 수의 다중지능에 초점을 맞춘 것도 있다. 이처럼 각기 다른 라인들에 초점을 맞추고 있어서 발달 모델들은 흔히 아주 다른 모습을 보여준다. 하지만 이렇게 다르다고 해서 이 모델들이 덜 유용하거나 틀린 것은 아니다. 단지 여러 가지 다양한 라인들이 뒤섞여서 인간을 구성하고 있다는 점을 분명하게 보여줄 뿐이다.

통합심리도를 어떻게 사용하든 중요하게 알아야 할 점이 있다. 어디에서도 발달 단계만 단독으로 존재하지는 않는다는 점이다. 다시 말해, 발달 단계는 분명히 발달 단계이지만 언제나 **특정한 라인 내에서의 발달 단계**로 존재한다. 그리고 일반적인 고도 단계는 각 라인 안에서 다음의 두 가지 측면을 드러낸다. 1) 각각의 주요 단계에서 나타나는 고도의 포괄적인 특징들, 2) 특정 라인에서 단계들을 통과할 때 나타나는 단계들의 실제 형태와 내용이 그것이다. 그러므로 앞에서 주목했던 것처럼, 앰버색의 고도는 인지라인의 발달에서 구체적·조작적 사고 단계를 나타내고, 도덕라인의 발달에서는 '법과 질서'의 단계를, 자기 라인의 발달에서는 '순응주의'적 단계를 나타낸다. 이처럼 통합심리도에서는 같은 단계의 서로 다른 라인들 혹은 같은 파동의 서로 다른 지류-라인들을 볼 수 있다. 그러나 여기서 다시 말하는데, 단계-파동은 어디에서도 단독으로 존재하지 않는다. 언제나 특정한 라인 안에서의 단계로 나타난다. 또 모든 단계가 전반적인 고도 혹은 발달 정도를 공통적으로 갖고 있지만, 각각의 라인이 나름의 방식으로 만들어내는 구체적인 특징과 실제적인 세부 사항들은 단계마다 다르다.

서양의 선구적인 발달 모델들은 특정한 다중지능에 초점을 두는 경향이 있으며, 이 다중지능 라인에서 나타나는 6~8개의 발달 단계들을 연구했다. 예를 들어, 장 피아제Jean Piaget는 인지지능에 중점을 두었고, 로렌스 콜버그Lawrence Kohlberg는 도덕지능, 제인 뢰빙거Jane Loevinger는 자아지능, 클레어 그레이브스Clare Graves는 가치지능, 아비게일 후센Abigail Housen은 심미적 지능에 역점을 두었다. 그런가 하면 여러 개의 지능들이 특정하게 혼합되어 있는 것을 정신의 분명한 기능으로 보고, 이것을 연구한 모델들도 있다. 예를 들어, 케건Kegan의 '의식의 순위 order of consciousness'는 인지와 관점, 자기, 세계관 라인들을 모두 포함하고 있다. 그러나 대부분의 발달 모델들은 아주 분명하게 하나의 특정한 발달 라인이나 다중지능에 초점을 맞추고 있다. 매슬로의 욕구위계, 파울러의 영성지능 혹은 '신앙의 단계', 그레이브스의 가치지능, 콜버그의 도덕지능 등이 그런 예이다.

그러나 우리가 살피는 발달 '패키지'가 근본적으로 하나의 주요한 발달 라인이든 아니면 여러 가지 발달 라인이 혼합된 것이든, 통합심리도를 만들어낼 수 있다. 이 통합심리도는 다양한 발달 라인-패키지들을 서로 비교하고 이들의 관계를 파악하게 해준다. 또 모든 라인이 통과하는 수직의 주요하고 공통적인 고도 발달 단계들에 근거하고 있다. 요컨대 같은 단계의 다른 라인들을 보여주는 것이다.

케건의 것 같은 유명한 라인-패키지는 물론이고 8가지 혹은 그 이상의 주요한 라인들에서도 더욱 많은 발달 라인들을 심리도에 포함할수록, 개인의 전반적인 발달 상황을 더 완벽하게 그려낼 수 있다. 여러분 자신이나 여러분이 아는 누군가의 심리도를 그리는 문제는 잠시 후 다시 이야기하겠다.

그 전에 그림 4-1과 4-2를 살펴보자. 이 두 개의 일반적인 심리도는 많이 알려진 주요한 발달 모델들에 초점을 맞추고 있으며, 이 모델들이 실제로 어떻게 들어맞는지를 보여준다. 수직축에는 포괄적이고 수직적이며 일반적이고 주요한 발달 단계 혹은 의식 단계들이 무지개 색으로 표시되어 있다. 첫 번째 층과 두 번째 층의 6~8개 단계들이 수직 기둥에 색깔로 표시되어 있고, 세 번째 층의 잠정적인 4개 단계들도 색깔로 표시되어 있다. 이로써 수직축에는 모두 12개의 성장 단계들이

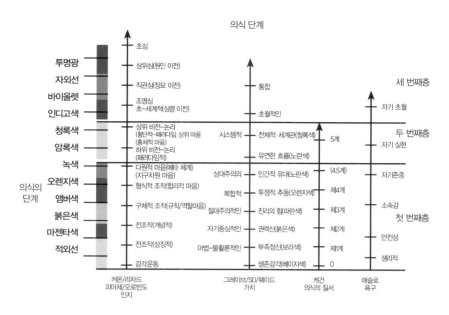

그림 4-1 **통합심리도: 주요 의식 단계에서의 발달 라인들**

표시되어 있다. 이 모든 단계들은 수직축을 따라 위로 이어져 있다.

수평축 혹은 수평의 차원에는 그레이브스와 케건의 이론, 스파이럴 다이내믹스Spiral Dynamics 같은 다양한 이론적 모델들의 라인-패키지나 발달 라인들이 나란히 표시되어 있다. 덕분에 이것들의 다양한 수준들을 빠르게 비교해볼 수 있다. 각각의 주요한 발달 단계들이 특정 라인의 고도에서 어떻게 나타나는지, 주요한 단계들이 특정 라인의 수준들 속에서 실제로 어떻게 나타나는지를 알 수 있다. 또 그림 4-2의 오른쪽 끝에는 그림 2-1에서 보았던 주요한 의식 상태들이 작게 원으로 그려져 있다. 이 명상 '원'들은 어떤 구조-단계에서든 누구나 이 상태들을 경험할 수 있다는 점을 상기시켜준다.

여러분은 내가 백여 개의 발달 모델들을 참고하고, 나의 저서 《통합

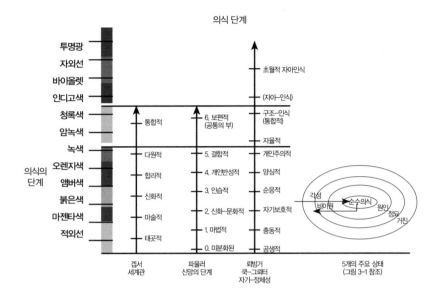

의식 단계

| 젭서 세계관 | 파울러 신앙의 단계 | 뢰빙거 쿡-그로이터 자아-정체성 | 5개의 주요 상태 (그림 3-1 참조) |

투명광
자외선
바이올렛
인디고색 ── (자아-인식)
청록색 ── 통합적 ── 6. 보편적 (공통의 부) ── 구조-인식 (통합적)
암녹색 ── 자율적
녹색 ── 다원적 ── 5. 결합적 ── 개인주의적
오렌지색 ── 합리적 ── 4. 개인반성적 ── 양심적
앰버색 ── 신화적 ── 3. 인습적 ── 순응적
붉은색 ── 마술적 ── 2. 신화-문화적 ── 자기보호적
마젠타색 ── 마술적 ── 1. 마법적 ── 충동적
적외선 ── 태곳적 ── 0. 미분화된 ── 공생적

초월적 자아인식

의식의 단계

그림 4-2 **통합심리도: 주요 의식 단계들을 통해 본 발달 라인들**

심리학》에 나오는 차트 속에 이것들을 포함시켰다는 사실을 기억할 것
이다. 이 모델들 모두 이런 유형의 심리도에 포함시킬 수 있다. 이런 심
리도는 모든 모델들을 서로 비교 대조할 수 있게 해준다. 각 라인의 표
면적 특징들이 각 고도 단계에서 얼마나 다르게 보이든(어떤 지능이든 포
괄적인 고도 단계와 특정한 발달 라인이 함께 생겨난다), **통합이론**에서 소개한
주요 변수인 '고도'를 이용해서, 고도 발달의 보편적 스펙트럼으로 다
양한 라인들을 묶어주고 있기 때문이다. 이로써 같은 단계의 다른 라
인들을 보여준다.

  개인 심리도 만들기 앞서 말한 '도구로서의 자기'를 사용하면, 각자
자신의 통합심리도를 그려낼 수 있다. 현재의 진화에서 발달의 99%가
이루어지고 있는 6~8개의 포괄적인 수직적 발달 단계를 알면, 특정한

다중지능이나 발달 라인에서 자신이 전체적으로 어느 수직 단계까지 발달해 있는지를 직관적으로 상당히 정확하게 추정해낼 수 있다.

예를 들어, 여러분이 대학교 4학년 여성이라면 다음과 같이 생각할 수 있다.

"인지력 면에서 나는 꽤 똑똑해. '특히 여자가'라는 말을 계속 들으면 짜증이 나. 인지라인에서 난 청록색 단계에 있을 거야. 정서적인 면에서는 성gender 문제에 좀 약해. 그러니까 아마 앰버색 단계에 있을 거야. 도덕적으로 아주 투철하고 평등주의자적인 성향이 있으니까 녹색 단계일 거고. 신체나 운동감각 면에서는 아주 약하니까 당연히 마젠타색이나 붉은색 단계에 있을 거야. 문제가 뭔지는 몰라도, 어쨌든 이 몸이 충분히 편안하게 느껴진 적은 없으니까. 하지만 자기성찰력은 아주 강하니까 녹색이나 청록색 단계일 거야. 의지 역시 강하니까 오렌지색이나 녹색 단계에 있겠지. 문제도 좀 있지만, 내가 남자였다면 훨씬 좋았을 거야! 자기 라인은 상당히 좋아. 최소한 녹색 단계는 될 거야. 음악은 거의 젬병이니까 적외선 단계에 있을 거고. 수학적 논리는 좋아하지 않아도 나쁘지는 않으니까 아마 앰버색이나 오렌지색 단계쯤 될 거야. 언어 능력은 아주 뛰어나니까 최소한 암녹색이나 청록색 단계에 있을 거야. 어릴 때부터 시를 써서 늘 칭찬도 받았잖아. 그래서 전체적인 평균 단계, 즉 구조의 무게 중심은 오렌지색에서 녹색 단계 부근에 걸쳐 있을 거야. 이건 '무게 중심'을 위해서 중요하게 고려해야 하는 자기 라인의 수준하고도 잘 맞는 걸."

통합심리도는 각각의 발달 라인이나 다중지능에서 자신이 어느 정도 발달해 있는지를 한눈에 보여준다. 어떤 것을 다중지능으로 여겨야 할지에 대해서 소심하게 생각할 필요는 없다. 앞에서 살펴본 것처럼, 다중지능이 정확히 무엇인지에 대해서 여러 가지로 다르게 정의하기 때문이다. 또 우리에게 실제로 어떤 다중지능들이 있는가 하는 문제에 대해서도 생각이 다르다. 어떤 사람들은 인간이 수행할 수 있는 기술은 어떤 것이든 거의 지능으로 간주해야 한다고 생각한다. '건축 지능'이나 '치의학적 지능' '원예 지능' 등도 지능에 포함시켜야 한다는 말이다. 그러나 이런 생각은 좀 지나칠 수 있기 때문에 어느 정도 타당한 제한 기준을 적용해야 한다.

심리도는 진화가 우리에게 선물해준 다양한 의식 구조들을 통해서 우리가 어떻게 성장과 발달, 진화를 경험하고 있는지 추적해볼 수 있는 훌륭한 도구이다. 그런데 여기서 알아두어야 할 점이 있다. 모든 지능을 두 번째 층의 청록색 통합적 단계(세 번째 층으로 올라가는 대격변의 가장자리에 있는)까지 끌어올릴 필요는 없다는 점이다.

여러분이 지속적으로 주의를 기울여야 할 점들은 이런 것들이다. 내가 선택한 직업을 놓고 볼 때, 이 직업에서 성공하는 데 도움이 되는 것으로 입증된 지능들이 전부 잘 발달되어 있는가? 예를 들어, 기업주는 인지지능이 잘 발달돼 있을수록(특히 체계적이고 비전과 논리가 뛰어난 것으로 알려진 두 번째 층의 높은 단계들에 있을수록) 사업에 더 성공한다고 한다. 또 감성지능과 대인관계지능*, 도덕지능도 발달돼 있어야 하며, 마지

---

* 도덕지능을 포함시켜야 한다고 주장하는 이들도 있다. 하지만 이런 포함에는 논란의 여지가 있다. 오늘날의 세계에서 사업을 해나가는 방식과 사업적으로 이득이 되는 행동들 중에는 사실상 결코 도덕적이지 않은 것들도 있기 때문이다. 게다가 성공한 기업주들은 종종 거침없이 그 선을 넘어버린다. 최근 《하버드 비즈니스 리뷰Harvard Business Review》가 실시하고 2014년 7월 21일자 《타임》지에 실린 여론 조사 결과에 따르면, 월 스트리트가 정한 목표를 충족시키는 데 도움이 될 경우, 기업 최고위자들의 78%가 비도덕적으로 행동하는 것으로 나타났다. 이것은 최근에 열띤 논쟁을 불러일으키고 있는 영역이며, 온건한 정신을 가진 사람이라면 누구나 기업주들에게 진정으로 도덕적인 행위를 요구할 것이다. 그리고 물론 도덕적인 행위를 하려면, 먼저 기업주들의

막으로, 갈수록 중요성이 커지고 있는 영성지능도 높아야 한다.

한 예로, 홀 푸드Whole Foods의 공동창업자인 존 맥키John Mackey와《돈, 착하게 벌 수는 없는가Conscious Capitalism》의 공동저자 라즈 시소디아Raj Sisodia는 방침을 정할 때 4분면을 모두 활용했다. 또 부분적으로 통합적 모델에 기초한 모든 단계의 스펙트럼을 활용하고, 인지지능과 감성지능, 체계적 지능, 영성지능 같은 발달 라인도 몇 개 포함시켰다.

만약 여러분이 기업주로서 가장 폭넓고 깊으며 가능한 방식으로 성공하는 데 진지한 관심을 갖고 있다면, 방금 내가 언급한 지능들을 스스로 신중하게 점검해야 할 것이다. 그리고 어떤 지능이 강하고 어떤 지능이 약한지를 파악한 후, 약한 지능을 향상시키는 데 필요한 기술들을 연마하기 위해 강좌를 듣거나 다른 조처를 취해야 할 것이다.

통합지도에는 사업이 기능하는 전체 영토에서 두드러진 영역들이 본질적으로 포함되어 있다. 그러므로 통합지도를 사용할수록 이런 유형의 결정들을 쉽게 내리고 실행할 수 있다. 하지만 모든 라인이나 지능에서 뛰어나야만 하는 것은 아니다. 기업주도 원한다면 이런 지능들을 아주 자유롭게 연마할 수 있지만, 보통 음악지능이나 공간지능, 언어지능, 운동감각지능 같은 것들이 뛰어나야 할 필요는 없는 것이다. 물론 이런 영역들의 제품에 역점을 두고 있다면, 이런 지능들을 포함시킬 수도 있지만 말이다. 중요한 것은, 여러분의 의식/인지 라인과 자기 관련 라인들이 모두 주로 암녹색의 **전인적**Holistic 단계나 청록색의 **통합적 단계**에 있고, 다양한 라인들을 충분히 인식하고 있고, 일이나 관계, 양육 같은 실제 삶의 주요한 영역들에 도움이 되는 라인들이 잘

도덕지능과 고도가 아주 높아야 할 것이다.

발달돼 있다면, 여러분은 정말로 '**통합적**'인 사람이라는 점이다.

여러분이 자신의 가장 깊고 넓고 높은 능력과 잠재력, 재능의 성장과 발달에 진심으로 관심이 있다면, 지금이야말로 고무적인 때이다. 인간이 발휘할 수 있는 다양한 잠재력은 물론이고, 성장을 가속화하고 실현할 방법과 이 성장을 방해하고 틀어지게 만드는 것들, 필요할 때 잠재력을 회복해서 다시 발휘하는 방법들에 대해서 지금처럼 많이 알게 된 적이 없었기 때문이다. 게다가 이런 이해 덕분에 마치 뜻밖의 선물처럼, 이 개개의 잠재력들을 더욱 우수하게 향상시키고, 더 고차원적인 정체성 속에 이것들을 포함시키게 되었다. 나아가 이것들을 **초월해서** 우리 자신의 **진정한 자기**와 **진정으로 보는 자**, 궁극의 **여여** 속에 듦으로써 모든 것의 **바탕**과 **목표**, **근원**에 한층 가까워질 수 있게 되었다. 요컨대 **성장**과 **정화**, **드러냄**의 길 모두 철저한 **깨어남의 길**과 함께 우리에게 다가왔다. 이로 인해 우리는 상대적이고 유한한 우리의 재능과 능력을 확장시키면서 언제나 현존하는 진정한 자기와 궁극의 비이원적 여여를 향해서도 나아갈 수 있게 되었다.

이처럼 결합된 혜택을 누릴 수 있는 가능성은 전체 역사에서 이제까지 결코 존재한 적이 없었다. 그러나 1950년대나 1960년대 혹은 그 이후에 태어난 사람들은 '세계 내 존재'인 인간에게 가장 기본적인 5가지 차원, 즉 4분면과 단계, 라인, 상태, 유형을 인류 역사에서 처음으로 자각할 수 있게 되었다. 이것은 믿을 수 없이 놀랍고 충격적이고 멋지고 기쁜 일이다. 우리에게 행운을 가져다준 별들에게 정말로 감사하다. 그러나 사실 이 별들은 우리가 지닌 본래면목의 반짝이는 두 눈이다. 이 눈이 우리를 향해 미소 짓고 있다.

아퀄 매트릭스 AQAL Matrix

이제 라인의 통합적 마음챙김에 관한 이야기를 마무리 지으려 한다. 앞에서 자기 라인에 대한 마음챙김, 특히 작고 유한한 주체나 자기를 자각의 대상으로 만드는 마음챙김을 이야기했다. 이 마음챙김을 하면서 자기수축을 자각하는 동안, 자기수축을 자각하는 그것을 알아차리는 것으로 이 라인-자각을 끝맺는다. 다시 말해 '나' 또는 '나를'의 주시자를 알아차리는 것이다.

이 주시자를 라마나 마하르쉬는 '**나-나**'라고 불렀다. 작은 '나'나 대상으로서의 자기를 바라보는 순수하고 큰 '나'가 바로 주시자이기 때문이다. 이 **주시자**는 **보는 자, 실제 자기, 진정한 주체**이다. 작고 유한한 에고 로서의 주체가 아니다. 이 작은 주체는 사실 대상으로 볼 수 있는 것이기 때문에 애초에 진정한 주체나 진정한 자기가 될 수 없다. 그래서 거의 모든 위대한 전통에서는 이 작은 주체를 분리의 '원죄'로 오염된 것, '환상에 불과하고illusory' '타락하고fallen' '이원화된dualistic' 것으로 본다.

앞에서 여러분은 자신의 라인이나 다중지능들을 살펴보았다. 또 1장에서는 6~8개의 숨은 지도들을 지닌 발달 단계들을 알아차리고, 3장에서는 관계의 4분면들을 하나하나 자각했다. 이렇게 한 것은 사실 여러분의 **주시자, '나-나'**이다. 이 '**나-나**'는 여러분의 **본래면목, 진정으로 보는 자, 실제 자기**이다. 그리고 이 '**나-나**'는 실제로 모든 지각 있는 존재들 속에 똑같이 존재하는 영이나 순수 의식Consciousness, 순수하고 무한한 자각Awareness과 하나이다. 이런 의미에서 현대 양자역학의 창시자 어윈 슈뢰딩거Erwin Schrödinger는 이렇게 말했다. "의식은 알려지지 않은 복수형의 단수이다."*

이것은 바로 여러분의 **빅마인드**, 실제의 자기, 순수하게 **관찰하는 자기**, 진정한 **주시자**이다. 바로 여기서, 바로 지금 이 순수하게 **주시하는** 의식awareness, **내 존재**의 순수하고 분명한 느낌 속에 잠시 머물러 본다. 그리고 이것이 눈으로 볼 수 있는 어떤 것이 아님을 기억한다. 눈으로 볼 수 있다면, 그것은 무엇이든 그냥 또 하나의 대상일 뿐이다. 주시자는 광대하고 순수하고 열려 있고 텅 빈 **공간**space 혹은 **빈자리**clearing와 같은 것이다. 그리고 이 빈자리에서 모든 대상과 주체들이 바로 지금 시시각각 떠오르고 있다. 이 말들도 이 빈자리에서 떠오르고, 구름도 이 빈자리에서 일어나며, 건물들도 이 빈자리에서 일어나고, 이 방도 이 빈자리에서 일어난다. 이 빈자리는 **광대무변의 공간**Spaciousness, 순수하게 열려 있는 **공**, 여러분의 하나뿐인 진정한 자기, 실제 조건Real Condition이다. 이 넓고 열려 있고 비어 있고 투명하고 고요하며 잔잔한 광대무변의 공간, 시간을 초월한 영원의 실제 **존재**Being 안에 머물러 본다.

이 주시자에게는 어떤 유형의 성격이나 특성도 없다. 제한이 없고, 태어나거나 죽지도 않으며, 완전무결하기 때문이다. 그러나 주시자는 어떤 형상이 존재하든 이 형상을 통해 세계를 바라본다. 이것은 인습적 자기가 어떤 단계에 있든, 이 인습적인 자기가 6~8개의 주요 단계들에서 사용하는 숨은 지도가 무엇이든, 주시자가 이 인습적인 자기와 숨은 지도를 통해 세계를 바라본다는 점을 의미한다. 주시자는 또 **현**

---

* 어원 슈뢰딩거, 《생명이란 무엇인가?What is Life? With Mind and Matter and Autobiographical Sketches》(Cambridge: Cambridge University Press, 1992)의 "What Is Life?", p. 89.

재 활성화되어 있는 특정 라인과 지금 일어나고 있는 상태, 지금 작용하고 있는 4분면, 지금 관여하고 있는 유형을 통해서도 바라본다. (앞으로 간략히 살펴보겠지만, 이 '유형'은 어느 순간에나 자기체계에서 작동중인 모든 유형 분류체계 속의 유형을 말한다. 여기에서 중요한 점은, 주시자가 이 유형을 통해서도 세계를 바라본다는 것이다.)

파탄잘리는 이런 뜻에서 **보는 자**Seer와 보는 도구와의 잘못된 동일시를 이야기했다. 즉, 우리가 자신의 진정한 자기와 보는 자, 순수한 주시자를 우리가 현재 머물고 있는 4분면, 단계, 라인, 상태, 유형(이 모든 요소들을 아퀄AQAL이라고 부른다. 아퀄은 '모든 분면all quadrants과 모든 단계all levels, 모든 라인all lines, 모든 상태all states, 모든 유형all types'을 축약한 말이다)과 동일시한다는 것이다.

통합적 마음챙김은 이 요소들을 흔히 처음으로 하나하나 살피고, 이것들의 존재를 인식하고, 자각하게 해준다. 이로 인해 이제까지 우리의 작은 주체나 작은 자기가 동일시했던 대상들, 다시 말해 우리의 진정한 자기로 잘못 동일시했던 것들에서 자유로워져, 이것들을 그저 인식의 대상으로 삼는다. 이렇게 이 주체들을 대상으로 보면 이것들과의 동일시를 끊고, 태어나지도 죽지도 않는 영원한 실제 자기의 상태에 머문다.

다시 말하면, 통합적 마음챙김은 아퀄 매트릭스의 어느 특정한 부분과 자신을 동일시하는 것에서 벗어나게 해준다. 자신도 모르게 아퀄 매트릭스의 다양한 부분과 자신을 동일시하면, 자신의 무한하고 영원한 실제 자기와 여겨는 유한하고 일시적인 공간적 대상으로 축소된다. 이로 인해 분리와 분열, 고통과 고뇌가 일어나고, 우리의 진정하고 실제적인 정체성 즉 지고의 정체성도 잃어버린다. 요컨대 아퀄 매트릭스의 요소들과 자신을 배타적으로 동일시하면, 아퀄 체계는 우리를 가두는 감옥의 평면도나 틀린 정체성의 지도, 고난과 고통의 원인들을 직접 가리켜주는 지침이 되어버린다. 반면에 아퀼 매트릭스의 모든 다양한 차원들을 이해하면, 이 주관적인 정체성들을 인식하고 이것들을 자각의 대상으로 돌리게 된다. 진정한 자기와 순수한 주시자, 진정한 자각의 대상으로 삼는 것이다.

요컨대, 영화 〈매트릭스〉의 네오Neo처럼 매트릭스 안에 있으면서도 이 사실을 알아차리지 못하면, 매트릭스는 감옥이 되어 우리에게 진짜처럼 보이지만 사실은 환영에 불과한 실제를 부여한다. 하지만 매트릭스에서 벗어나 이것을 자각과 마음챙김의 대상으로 삼아 외부에서 바라보면, 이 매트릭스에서 아주 신속하게 벗어날 수 있다. 자신이 진정 누구이고 어떤 존재인지에 대해서 깨우침 혹은 깨달음을 경험하고 대해탈에 이른다. 그러고 나면 곧이어 순수한 보는 자와 보이는 모든 것과의 합일을 경험하고, 아퀼 매트릭스 전체와도 하나가 된다. 이렇게 매트릭스 안의 어느 특정한 지점이나 자리와 자신을 동일시하지 않으면, 매트릭스의 모든 것들과 자유롭게 하나가 된다. 우리의 모든 4분면과 단계, 라인, 상태, 유형을 영의 순수한 현현이나 영으로서 인식한다.

우리의 작고 인습적인 자기는 아퀼 매트릭스의 어떤 것과 자신을 동일시해도(필연적으로 아마 그럴 것이다) 통합적인 슈퍼지도super-map를 따라 전체 매트릭스 안의 어디서나 이제까지 가장 높고 완전하게 발달 진화한 요소들과 하나가 될 수 있다. 이로 인해 공空과 형상의 머리도 상도 없는 비이원적 합일은 가능한 **가장 완전한 형상**Fullest Form과의 합일이 될 것이다. 예를 들어, 통합적 단계나 초통합적 단계, 가장 높은 비이원의 상태에서 4분면 전체와 8가지 라인들을 모두 자각하는 것이다. 다시 말해, 다른 모든 것을 초월하고 포함하는 최고의 단계나 차원에서, 가능한 가장 많은 형상이 정말로 **완전한 형상**Full Form이 된다. 이 형상은 깨지거나 제한적이거나 부분적이거나 망가지거나 고통스런 형상이 아니다. 순수한 영 자체, 우리의 궁극적이며 진실한 비이원적 여여나 진여, 본래면복, 위대한 완성의 핵심을 더욱 빛나게 해주는 **가장 완전한 형상**이다.

건강이나 식습관, 신체단련, 직업, 경제, 가족, 육아 같은 삶의 구체적인 영역들에 대해 이야기하자면, 여러분은 이 영역들에서 통합적 마음챙김의 마음챙김 부분을 통해 진정한 자기와 궁극의 비이원적인 지고의 정체성을 만날 수 있다. 뿐만 아니라 (통합적 마음챙김의 통합 부분에 포함되어 있는) 인습적이고 유한한 현현 세계의 이 영역들에서 여러분의 유한하고 인습적인 자기가 작용하고 있는 아퀼 매트릭스의 주요한 차원들을 성장 발달시키고 더욱 완벽하게 다듬을 수 있다. 이로 인해 실제 자기가 현실의 영역과 동일시할 때, 이 현실의 영역은 가장 발달·진화되고 가장 **완전하며** 충만한 영역일 것이다. 그리고 이 영역은 **진정한 자기**와 **여여**의 드러냄과 표현, 소통을 위해서 가장 적합하고 유능하고 전체적이며 완전한 인습적 자기를 창조해낼 것이다. 이로써 인습적인 자기의 숙련된 방법들은 전반적으로 크게 증가할 것이다.

신체단련과 직업, 가족 등과 같은 영역들 모두 4분면 전체에서 각각의 양상을 보여준다. 그렇기 때문에 4분면 모두에서 이 영역들을 다루어야 한다. 그리고 (발달 단계들이 충분히 성장 발달되어 있으며 완전히 열려 있다 해도) 특정한 발달 단계와 이 단계의 숨은 지도를 통해 이 영역들에 다가갈 수 있다. 이 영역들은 또 (다중지능들이 성장 발달하고, 완벽하게 열려 있다 해도) 다중지능의 선택을 요구한다. 이 영역들 각각은 상태에 대한 마음챙김 명상의 대상이 될 수 있다. 즉 이것이 머물러 있는 상태를 마음챙김하거나 자각하는 것이다. 그러면 궁극적으로 자신의 진정한 자기와 비이원적인 여여 혹은 진여에 이르게 된다.

다시 말하는데, 발달 단계를 통한 **성장**과 발달 상태를 통한 **깨어남**, 4분면 전체에서의 **드러냄**, 그림자 요소들의 **정화**, 다양한 다중지능의 활용Opening Up을 모두 결합해서 함께 수행하고 자각해, 우리 안에서 진정한 초인적 깨달음Realization에 이룰 수 있게 된 것은 역사를 통틀어 본질적으로 처음이다.

이런 가능성에 흥분이 돼도 급하게 서두를 필요는 없다. 이런 정보들이 많은 독자들에게는 아주 새로울 것이다. 하지만 이런 요소들은 바로 지금도 충분하게 작용하면서 우리가 세계를 해석하고 바라보고 경험하는 방식에 깊은 영향을 미치고 있다. 그러므로 우리에게는 선택의 여지가 없다. 우리가 좋아하든 아니든 원하든 원하지 않든, 믿든 안 믿든, 알든 모르든, 그 영역들이 우리에게 다가와 충돌을 일으키고 있기 때문이다. 우리가 할 수 있는 선택은, 이런 다양한 요소들을 자각하거나 자신도 모르게 이 요소들에 지속적으로 공격을 당하는 것뿐이다.

의식의 길을 선택할 경우, 다시 말해 이 요소들을 자각하는 길을 선택할 경우에는 즐겁고 편안하게, 서서히 꾸준하게, 단호하면서도 부드럽게 이 길을 가는 것이 중요하다. 한 번에 갑자기 너무 많은 자료들을 받아들이려고 하면 '형이상학적 탈장hernia'에 걸리기 쉽다. 그러므로 6~8개의 구조-단계나 4~5개의 주요 상태-영역, 그림자 작업, 4분면 같은 특정한 주제를 하나 선택해서 이것에 초점을 맞춘다. 또 처음에는 하루에 15~30분씩 편안하고 느긋하게 하다가 서서히 확장시켜 나간다.

수행을 통해 이 모든 요소들을 한꺼번에 억지로 해결하려고 하지 말아야 한다. 다른 것들에 비해서 삶에 더욱 중요한 요소들이 분명히 있을 것이다. 이런 요소들을 자신의 관심사와 능력, 욕구에 맞게 순서대로 선택한다. 중요한 점은, 이 다양한 영역들이 실제로 존재한다는 사실을 이제 충분히 인식하게 되었다는 것이다. 더불어 6~8개의 단계에 서부터 8개의 라인, 4~5개의 상태, 4분면 같은 영역들을 소개해주는 훌륭한 지도들도 갖게 되었다. 이것도 못지않게 중요한 점이다. 이 영역의 모습들 중에서 가장 중요한 몇 가지를 천천히 쉽게 삶 속으로 받아들인다. 이것이 편안한 습관처럼 익숙해지면, 다른 것을 한두 가지 더 받아들인다. 이렇게 하다 보면, 여러분의 삶과 존재, 의식 속에서 원하는 만큼 많이 이 심오한 영역들을 다루게 될 것이다.

이 영역들에 계속 관심이 가면, 국제적인 통합이론 커뮤니티는 물론이고, 이런 영역들을 다루는 다양한 지식 공동체나 전문가 집단과도 가까워질 수 있다. 내가 이런 사람들의 대변자라면 아마 여러분에게 이 특별한 모임과 경이로운 모험에 동참하게 된 것을 기꺼이 환영한다고 말할 것이다.

유형에 관한 간단한 설명

아퀄 요소들 가운데서 '**유형**type'을 마지막으로 소개하는 이유는 유형이 충분하게 열려 있는 영역이기 때문이다. 실제를 제대로 담아내는 이상적인 모델은 가장 적은 수의 요소로 실제를 최대한 많이 설명해주는 것이다. 통합이론의 5가지 아퀄 요소, 즉 4분면/관점과 단계-파동, 라인-지류, 상태-영역 그리고 유형이 그런 예이다. 일반적으로 '유형'은 특정한 연구 영역에 적용할 수 있는 유형분류체계를 몇 가지든 활용할 여지를 만들어준다.

'**유형**'은 단계와 상태, 라인이 달라져도 변화하지 않는다. 예를 들어, '남성적/여성적'이라는 스펙트럼에서 여성적인 편에 속한다면, 여러분은 발달의 모든 주요 단계와 주요 상태, 주요 라인에서 여성적이다. '여성적'인 면 자체도 성장하고 발달하지만, 기본적인 '여성성'은 계속해서 똑같이 나타난다. 모든 분면에는 존재의 양상이나 특정한 영역에 적용할 수 있는 유형분류체계가 정말로 수백 수천 가지는 된다.

　'유형'이 아퀄 체계의 요소에 포함되어 있다는 것은, 통합적인 방식으로 어떤 주제에 접근하고자 할 경우 이 주제를 다루는 유형분류체계를 한두 개 혹은 더 많이 받아들여서 이 주제를 충분히 구체적으로 파악해야 한다는 점을 말해준다. 예를 들어, **좌상 4분면**에서 '성격'을 다룬다면, 마이어스-브릭스 성격유형 검사MBTI, Myers-Briggs Type Indicator나 에니어그램, 남성형/여성형(앞에서 '스펙트럼'이라고 불렀는데, 이것은 성정체성gender identity을 가리키는 것이 아니다. 길리건이 설명한 여성적/남성적 가치뿐만 아니라, 발달 연구에서 남성적 혹은 여성적인 것으로 보는 특질들도 가리킨다) 같은 유형분류체계도 포함해야 할 것이다.

　에니어그램은 훌륭한 유형분류체계가 주제에 더 잘 집중하게 해준다는 점을 보여주는 좋은 예이다. 에니어그램 체계에 따르면, 인간의 성격은 9가지 기본 유형으로 나뉜다. 유형의 이름만 봐도 이 유형들이 아주 다르다는 것을 알 수 있다. 9가지 기본 유형은 1) 완벽주의자, 2) 조력자, 3) 성취자, 4) 낭만주의자, 5) 관찰자, 6) 질문자, 7) 쾌락주의자, 8) 지배자, 9) 중개자이다.

　어떤 사람이 5번 유형일 경우, 그는 마젠타색 단계나 붉은색, 앰버색, 오렌지색, 녹색 등의 단계에서도 5번 유형이다. 유형은 단계나 상태만큼 결정적이지는 않지만 아주 커다란 영향을 미칠 수 있다. 그러므로 아주 세부적인 사항들이 필요한 영역에 들어갈 때는 유형분류체계를 한두 가지 포함하는 것이 분명히 도움이 된다.

　훌륭한 유형분류체계는 자기이해를 높이는 데도 실제로 도움이 된다. 에니어그램을 공부하는 사람들은 대부분 이것을 통해서 자신은 물론이고 자신이 아는 사람들의 성격 특징들까지 정확히 파악한다. 이 유형분류체계가 새롭고 유용한 정보들을 제공해주기 때문이다.

여기서 유형분류체계에 대해 많은 이야기를 할 생각은 없다. 그저 유형이 존재하고, 여러분이 이용할 수 있는 훌륭하고 효과적인 유형분류체계가 아주 많으며, 유형분류체계를 한두 가지만 받아들여도 어떤 주제를 더 전체적이고 통합적인 시각에서 바라볼 수 있다는 점을 일깨워주고 싶을 뿐이다. **통합적 탐구**를 하는 사람이라면 폭넓은 영역에서 많은 유형분류체계들이 사용되고 있다는 점을 발견할 것이다.

. . . . . .

그럼, 이제까지 살펴본 모든 영역을 참고해서 다음에는 실제로 무엇을 할 수 있을까? 그리고 무엇을 해야만 할까? 이 모든 자료를 최종적으로 어떻게 바라보아야 할까? 이것은 실제로 어떤 차이를 만들어낼까? 이미 깨어남의 길을 가고 있다면, 성장의 단계들이나 아퀄 체계의 요소들 같은 것들을 어떻게 효과적으로 받아들일 수 있을까? 정말로 중요한 것은 무엇일까? 그것은 **정말로** 중요한 걸까? 이 모든 것에서 내가 얻어야 할 것은 정확히 무엇일까? 이것은 정말로 나의 삶에 어떤 차이를 만들어낼까?

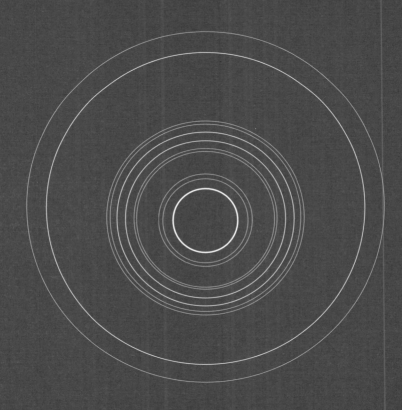

제5장

존재하는 모든 것의 전체 그림

궁극적으로 우리가 추구하는 것은 **존재하는 모든 것의 전체 그림**을 깨
닫고, 진정으로 '모든 것' 그리고 '전체적인 것'과 하나가 되는 것이다.
이제까지 살펴본 모든 것들 속에서 한 가지를 분명하게 이해했을 것이
다. 바로 이 전체 그림의 많은 양상들이 알려지지 않은 채로 숨어 있다
는 것이다. 우리는 이것들의 본질은 물론이고 존재에 대해서도 전혀
모르면서 매일 이것들에 공격당하고 있다.

  사실 인간은 이 세상에서 길을 찾아가는 데 꼭 필요한 모든 것들에
다가가는 방법을 처음부터 갖고 태어나지는 않는다. 우리가 고려해야
할 '다른 세상'에 다가가는 방법도 물론 마찬가지이다. 그리고 진화 자
체의 본질을 놓고 보면, 초월과 포함의 새로운 움직임이 일어날 때마
다 '초월'의 움직임으로 인해서 새로운 무언가가 존재하게 되고, 전체
그림은 더욱 커진다. 이런 과정은 끝없이 이어지는 것 같다. 이런 점은
지금은 알 수 없는 진실이 있음을 말해준다. 지금은 존재하지도 않고

아직 나타나지도 않은 진실이 있을 수 있는 것이다. 이로 인해 미래의 사람들은 우리를 포함한 과거의 모든 인간이 정말로 아주 무식하고 무지했다고 생각할 수도 있다.

그래도 이런 일이 일어나기 전까지, 내가 이미 말한 것처럼, 우리는 과거의 진실들 중에서 포함할 가치가 있는 것들을 '포함하고 초월하면서' 계속 미래를 만들어가야 한다. 그리고 이렇게 하려면 먼저 이것들을 인식해야 한다.

알다시피 실제의 많은 부분은 정말로 명확하지 않고, 거저 주어지지도 않으며, 눈에 띄지도 않는다. 우리의 주의를 끌 만한 아무런 조짐도 나타내 보이지 않는다. 그래도 온우주의 너무도 빤한 모퉁이들에 박혀 있다. 이렇게 눈에 띄지 않게 박혀 있다가도 우리가 구체적인 수단이나 방법들을 통해 접근하면, 어느 순간 너무도 뚜렷하고 분명한 모습으로 톡 튀어나와, 혹은 공동 창조되어 우리로 하여금 이런 생각을 하게 만든다. '전에는 왜 이걸 보지 못했을까?'

아퀄 체계는 인간의 평범한 눈에는 감춰져 있는 요소들의 목록과 같다. 그러나 이 개개의 영역들마다 지식을 보유하고 있는 소수의 사람들이 있다. 이들은 일반적으로 이 '숨은' 영역의 본질에 대해서 놀랄 만큼 폭넓게 동의하고 있다. 그러나 이들의 작업은 이들의 작은 공동체 밖으로는 사실상 알려져 있지 않다.

아퀄 체계는 4분면과 단계, 라인, 상태, 유형의 5가지 영역을 포함하고 있다. 이것들은 모든 인간의 삶에서 절대적으로 중요한 영역들이다. 그래서 전 세계의 작은 공동체들은 이것들을 열심히 연구하고 있다. 이들은 이 모든 영역들을 결합해서 간단하고도 포괄적인 체제를 만들어내고 있다. 이 체계는 이 모든 영역들이 어떻게 연관되어 있는지를 보여준다. 더욱 큰 관심과 의식을 갖고 이 영역들을 파악하고 적용하

켄 윌버의 통합명상

면, 인간의 삶과 인간 삶의 모든 영역에 전반적으로 놀라운 차이를 만들어낼 수 있다.

아퀼 체계는 인류와 세계에 대한 우리의 생각과 지도, 이론들을 더욱 완전하게 만들어줄 뿐만 아니라, 우리 자신의 존재도 더 충만하게 해준다. 이처럼 **통합적 아퀼 체계**가 인류와 세계에 적용되고 있다는 것은 이 체계를 우리 자신에게도 곧바로 적용할 수 있다는 점을 말해준다. 우리가 아는 것처럼, 이 모든 영역은 저기 밖의 세계는 물론이고, 그 안의 인간을 포함한 모든 존재들에게도 적용된다. 그리고 세계 내 존재인 우리 자신의 실존적 차원들에도 적용된다.

여러분은 이 영역들이 이미 우리 안에서 작용하고 있다는 점을 발견했을 수도 있다. 하지만 사실 이것을 잘 모르거나 그 존재를 의심하고 있었을 것이다. 이 모든 것들이 마치 우리가 생각도 안 해보고 따르는 문법 규칙과 같기 때문이다. 그러나 다양한 지식공동체들은 실제로 이 문법 규칙을 발견해냈다. 이 공동체들 중에는 수 천 년 전에 존재했던 것들도 있고, 십 년이나 이십 년밖에 안 된 것들도 있다.

어쨌든 이 문법 규칙들은 실제로 존재하고 매일 우리에게 영향을 미친다. 다시 말하지만 이 규칙들 앞에서 우리가 할 수 있는 선택은 본질적으로 하나뿐이다. 이 규칙들이 계속 존재하면서 의식적으로나 무의식적으로 우리에게 영향을 미치게 내버려둘 것인가? 이 규칙들이 계속해서 우리를 완전히 무너뜨리게 둘 것인가? 아니면 이 규칙들을 자각할 것인가? 사실 이것들의 존재와 영향에 대해서 우리가 할 수 있는 선택은 없다. 이것들은 이미 존재하고, 제 일을 하면서 시시각각 우리에게 충돌해오고 있기 때문이다. 하지만 우리는 이것들을 자각할 수는 있다. 아니면 계속 이것들을 이해도, 자각도 못한 채 지낼 수도 있다. 슬프게도 우리가 할 수 있는 선택은 이것뿐이다.

'슬픈' 일은 또 있다. 우리가 많이는 아니어도 약간의, 정말 약간의 작업은 꼭 해야만 한다는 점이다. 이 다양한 영역들에 대해 배우는 데는 약간의 시간과 작업이 필요하다. 거저 알 수는 없기 때문이다. 이런 노력 따위는 하지 않겠다고 마음먹으면, 이 요소들은 계속 수많은 방법으로 우리에게 충돌해오거나, 영향을 미치거나, 우리를 변화시키거나 강타한다. 그러므로 노력을 안 하겠다는 것은 그냥 무지 속에서 이것들에 고통 받으며 살겠다는 것이나 마찬가지이다. 이 요소들을 표면으로 드러내는 데 필요한 약간의 작업도 하지 않는 것은 이 요소들이 은밀하게 우리를 조종하도록 **적극적으로** 허용하는 것이나 같다.

이것은 피아노 치는 법을 배우는 것 같은 문제와는 다르다. 피아노 치는 법을 배우지 않기로 마음먹으면 그냥 피아노 치는 기술을 습득하지 못하게 될 뿐이다. 하지만 아퀼 요소들을 배우지 않기로 마음먹어도 이 요소들은 여전히 우리에게 존재한다. 이것들은 계속 우리에게, 우리를 통해서 영향력을 행사한다. 그래도 우리는 자신에게 실제로 무슨 일이 벌어지고 있는지 전혀 인식하지 못한다. 어느 면에서 이것은 아주 부당한 거래이다. 하지만 또 다른 면에서 생각해 보면, 이런 거래가 없으면 우리가 아주 운 좋은 시대에 살고 있다는 것을 깨닫기 힘들 수도 있다. 이 엄청나게 중요한 5가지 요소는 이전까지 숨어 있었지만, 지금은 이것들을 완벽하고 자유롭게 자각할 수 있다. 정말로 경이로운 일 아닌가?

앞으로 더 높고 위대한 잠재력의 영역들을 배울 수 있다는 전망은 **통합적 단계**에 있는 사람들에게 특히 깊고도 섬세하며 심오한 **기쁨**을 선사할 것이다. 본래의 자리로 돌아가는 느낌, 자신이 진정 누구이며 어떤 존재인지를 알고 자신의 하나 뿐인 진정한 자기와 궁극의 여여를 발견할 때의 기쁨, 모든 가능한 세계에서의 드러냄을 통해 이 마법이

켄 윌버의 통합명상

효과를 발하고 환하게 빛남을 느낄 때의 기쁨을 가져다주는 것이다. 이것은 **행복한** 미래임에 틀림없다. 그리고 이 미래는 시간을 초월한 지금에서 시작된다.

이런 미래의 가능성에 관심이 있는 분들이라면 먼저 책부터 몇 권 읽어보기를 권한다. 나의 저서《통합 비전 The Integral Vision》이나 곧 나올 《내일의 종교 The Religion of Tomorrow》혹은《통합 영성 Integral Spirituality》같은 책들 말이다. 또 나의 공저인《통합적 삶을 위한 수행 Integral Life Practice》도 있다. 이 책은 **아퀼 체계**와 이 체계의 모든 차원들을 사용해서 진정한 통합과 변화를 위한 수행법을 구축하게 해준다. 이 책에는 수십 가지의 훈련법들이 들어 있으며, 각각의 훈련법들마다 '1분 수행 One-Minute Module'까지 소개하고 있다. 이 '1분 수행'은 1분 안에 마칠 수 있게 압축한 아주 효과적인 수행법이다. 이런 짧은 수행법도 대단한 효과가 있다. 그러므로 하루에 1분도 여유가 없다고 그럴듯하게 변명하는 건 불가능하다. 이 책 전체에서 이 '1분 수행'이 가장 좋았다고 말하는 독자들도 있으니, 여러분도 직접 확인해보길 바란다. 또 IntegralLife.com이나 CoreIntegral.com 혹은 페이스 북의 켄 윌버 페이지를 검색해보는 것도 좋다. 링크를 타고 들어가거나 구글에서 직접 찾아보면 된다.

그러면 아마 여러분이 사는 지역에서도 60가지 이상의 분야와 영역들에 통합적인 접근법을 사용하는 사람들의 세계적인 대규모 네트워크를 찾아서 직접 참여할 수 있을 것이다. 이 새롭고 신선한 장은 언제나 젊고 재능 있는 사람들을 찾고 있다. 그러니 의학이나 법, 교육, 정치, 예술, 치료, 코칭, 상담 등등 어떤 분야에서든 미래를 설계해보고, 통합적 관점으로 이 분야에 접근해본다. 이 장의 뒷부분에 나오는 '다음으로 무엇을 할 것인가?'가 도움이 될 것이다.

통합적 접근의 미래는 상당히 고무적이다. 통합적 단계로 성장해가는 사람들이 갈수록 늘어나면서, 모든 통합적인 것에 대한 요구가 계속 폭발적으로 증가할 것이기 때문이다. 그러니 여러분도 이 갈수록 커지는 파도에 올라탈 생각을 해본다.

물론 여러분 개인의 성장과 발달도 생각해야 한다. 우리가 모든 영역을 살펴보고 발견한 점은, 존재하는 모든 것이 진화 혹은 활동 중인 영의 산물이기 때문에 모든 것이 발달 궤도를 갖고 있다는 것이다. 이 궤도는 수평적인 기술 습득 혹은 적성을 통해 확장 발달할 뿐만 아니라, 수직적 성장과 펼침 혹은 고도를 통해 확장 발달하기도 한다. 4분면과 단계, 라인, 상태, 유형의 모든 요소들도 마찬가지이다.

예를 들어, 이 모든 요소들에 '통합적 마음챙김'을 할 수 있다. 통합적 마음챙김이 모든 진화 과정의 기본적이고 중심적인 핵심에 관여하기 때문이다. 다시 말해, 통합적 마음챙김은 한 순간의 주체를 다음 순간의 주체의 대상으로 만든다. 그러므로 단계들에 대한 통합적 마음챙김은 그 단계들을 통한 성장과 발달을 가속화하고, 라인에서의 통합적 마음챙김은 다양한 라인들을 통한 성장과 발달을 가속화하고, 4분면에서의 통합적 마음챙김은 4분면 어디에서든 성장과 발달을 가속화한다. 이런 과정을 통해 작은 주체들을 대상으로 삼다 보면, 나중에는 대상이 될 수 없는 하나의 **절대적인 주체성**만 남는다. 대상 없는 텅 빈 의식Consciousness이 남는 것이다. 그러면 **보는 자**는 보이는 모든 것들 속으로 녹아든다. 더불어 이전의 합일의식, 머리 없는 **일미**one taste, 온우주의 모든 사물이나 사건과의 철저한 합일이 되살아난다. 이런 합일이야말로 우리의 **유일하고 진실한** 조건이다.

켄 윌버의 통합명상

일미 One Taste

근본적인 일미에 머물 때는 어디에서도 **근원적 회피**가 일어나지 않는다. 의식이 자연스럽게, 저절로, 자발적으로 일어나 전체 그림 속의 모든 사건과 사물을 그대로 균등하게 비추거나 이것들과 하나가 된다. 관찰하는 자기의 태도를 취하면 이 전체 그림을 주시할 수 있다.

> 나는 감각이 있지만, 내가 그 감각은 아니며
> 나는 느낌이 있지만, 내가 그 느낌은 아니며
> 나는 생각이 있지만, 내가 그 생각은 아니다.
> 나는 이 모든 것에서 철저히 자유롭고,
> 일어나는 모든 것을 흔들림도, 한계도, 제약도 없이
> 순수하게 주시하면서
> **본래의 내 존재** I AM-ness로 머문다.

여기서 한 발 더 나아가 '네 번째 의식 상태' 즉 주시의 상태를 넘어서면, 비이원적 합일 상태에 든다. 어떤 대상에 초점을 맞추고 이 대상이 스스로 존재하게 허용하면, 이 대상이 **구경꾼**의 느낌을 밀어내면서 **의각의 장** Field of Awareness에서 스스로 존재하고 스스로 떠오르며 스스로 드러내고 스스로 인식하는 고유한 실체로서 자연스럽게 떠오르도록 두면, 구경꾼의 모든 감각은 사라져버린다. 이렇게 할 때, 여러분의 머리가 있던 바로 그 자리, 여러분의 얼굴 이 쪽에서 '저 밖'의 전체 세계가 떠오르는 것처럼 보인다. 더불어 보는 것과 보이는 것 사이의 구분도 없어진다. 우주 전체가 여러분 자신의 열린 의식의 장에서, 여러분의 **안**에서 떠오른다. 그러면 여러분은 이 모든 것과 일미가 된다. 하

늘이 파란색의 커다란 팬케이크로 변해 여러분의 머리 위나 머리가 있던 자리로 떨어지면서, 하늘을 맛보고 단숨에 태평양을 들이킨다. 이 영원히 현존하는 순수한 비이원적 합일의식 속에서는 더 이상 산을 보지 않고 산 자체가 되며, 더 이상 지구를 느끼지 않고 지구 자체가 되며, 더 이상 구름을 바라보지 않고 구름이 된다. 이렇게 전체 그림을 주시하고, 전체 그림과 **하나가 된다.**

여기서 주목할 점이 있다. 어떤 단계, 어떤 라인, 어떤 분면, 어떤 상태, 어떤 유형에서든 전체 그림을 볼 수 있다는 점이다. 그리고 통합적 일미는 이 **모든 것**을 자각하고 이것들 하나하나를 순수한 자각의 햇살 아래 놓는다. 이로 인해 이것들은 우주의 보이지 않는 구석에 숨어 있지도 않고, 느닷없이 우리와 충돌을 일으키지도 않고, 우리가 원인을 생각해볼 겨를도 없이 우리의 존재에 손상을 가하거나 훼손하지도 않게 된다. 광대하게 펼쳐져 있는 **모든 공간**All Space 속에서 이렇게 **근원적 회피**가 풀어져버리면, 4분면이나 단계, 라인, 상태, 유형 같은 요소들이 일어나도 **의식**Awareness은 이것들 위에 편안히 머문다. 이로 인해 이 요소들은 **모든 존재의 거울 마음**Mirror Mind of All That is에 이르는 완벽하고 열린 길이 된다.

덕분에 분리된 자기감과 자기수축은 순수한 주시자 속으로 사라지고, 주시자 자체는 존재하는 모든 것의 전체 그림 속으로 증발해버린다. 이로써 더 이상 '여기 안'과 '저 밖'이 따로 존재하지 않게 된다. 구경꾼 자체는 보이는 모든 것 속으로 사라지고, 분리된 구경꾼의 느낌은 전체 그림의 유일한 느낌으로 대체된다. 더불어 '저 밖'은 그저 **일어나는 것**What Is Arising이 된다. 안도 밖도 없이 그저 일어나는 것이다.

이렇게 모든 분리된 '타자들others'이나 '저 밖의 대상들'이 통합된 일미 속으로 사라지면서, 모든 공포는 증발해버린다. 우리를 정말로 괴롭

히던 결핍감과 욕망도 사라져버린다. 우리가 원하거나 갈망하는 것들은 이제 의식의 바깥쪽에 아무것도 없다. 어디서든 모든 것이 어떤 저항이나 긴장, 수축도 없이 원하는 대로 일어난다. 원하는 대로 일어나 스스로 존재하면서, 외면이나 부인도 회피도 없이 전체 그림 속의 모든 사물과 사건들을 자연스럽고 완전하게 그대로 비춘다. 그러다가 **일미의 장** 속으로 스스로 해방되어 들어간다.

고통이 일어나도 일어나게 두고, 생각이 일어나도 일어나게 두고, 이 기적인 갈망이 일어나도 일어나게 두고, 외부에 대한 가혹한 견해가 일어나도 일어나게 둔다. 유한한 자기가 이것을 해결하기 위해 조처를 취해도, 이 조처 역시 전체 그림의 일부분일 뿐이다. 존재의 핵심이 깊이 이완되어 있으면, 주체와 대상 사이의 긴장은 비이원적 의식의 통일된 **장**Field 속으로 녹아 사라진다. 그러면 '여기에서 주체'로 존재하는 실제적 느낌과 '저 밖의 대상'으로 존재하는 느낌도 하나의 같은 느낌이 된다. 하나를 느낀 후 다른 것을 느껴도, 이 느낌들은 **신성한 일미**Divine One Taste의 같은 느낌이 된다. 이렇게 시간을 초월한 **지금**이 이어진다.

내가 직접 경험했듯, 나의 '머리'는 하나의 사물이 아니다. 대상들이 나타나는 입구나 빈자리와 같다. 이것을 깨달을 때, 나의 머리가 일어나는 것처럼 보이는 '**공**Emptiness'의 공간과 '저 밖'의 **형상**의 세계(나와 분리되어 있는 것으로 여겼던)는 하나의 같은 것이 된다. 나의 머리가 있었던 **공**의 공간 속에서 '저 밖'의 **형상**의 세계가 일어나는 것이 보인다. **공/열린 자리/머리 없는 자리**와 저 밖의 **형상**의 세계는 비이원의 같은 하나인 것이다. 이렇게 세계 전체는 나와 분리되어 있지 않고, 사실은 **내 안에서** 일어나며 **내가 바로 그것이다.** 이로써 모든 것이 끝난다. 이로써 진정으로 모든 것이 끝이다. 끝없는 시간 속의 무수한 세계 속에 이것 말고는 아무것도 없다. **오로지 이것뿐**이다.

일미는 아퀄 체계가 다루는 모든 영역과 차원에서도 똑같이 일어난다. 강조를 위해 예를 들어 설명해보겠다. 4분면들에서 '나'가 '**나-나**'로 이동한 다음 비이원의 **여여, 머리 없는 합일 상태** 속으로 사라질 때도, 4분면 모두 계속해서 일어난다. 비이원적 '다양성 속의 통일성'이 갖는 '다양성'의 측면으로서 계속해서 일어난다. 또 개인의 고유한 자기는 (비이원적 여여에서 동떨어져 있지 않은) 유일무이한 자기Unique Self로서 인식된다. 이처럼 개인은 온우주의 자기Self, 단일한 영Spirit과 근본적으로 하나이다.

그런데 이 영, 자기, 여여는 이 특정한 개인의 절대적이며 불가침적인 고유한 우주에 시각과 각도를 맞추고 이 개인(다른 모든 지각 있는 존재들과 똑같은 궁극의 자기를 갖고 있지만, 다른 관점으로 바라보는 개인)의 눈을 통해 바라본다. 그 결과 지각 있는 개개의 존재들은 완전히 유일무이한 자기와 여여를 갖는다. 그러므로 이 더 없이 **고유하고**Unique **특별한**Special 동시에 더 없이 보편적이고 **우주적인 영**Kosmic Spirit을 발견하는 일은 곧 자신의 가장 진실하고 깊은 **지고의 정체성**을 발견하는 일과 같다.

여러분이 다른 무수한 지각 있는 존재들 사이에서 이 세상에 존재하게 된 이유는 바로 이것이다. 온우주 안에서 하나뿐인, 이 영의 **고유한** 시각을 구현하고 표현하는 것이다. 여러분이 **여러분으로서** 신에게 가져다 줄 수 있는 것, 여러분이 **여러분으로서** 신을 완성하는 방법도 이것이다. **여러분은** 영이 우주를 드러내기 위해서 하고 있는 바로 그것이다. 이렇게 영과 인간은 지고의 정체성의 위대한 **깨달음**Realization 속에서 서로를 완성하고 실현시킨다.

이제 왜 자신이 온우주 안의 모든 지각 있는 존재들과 절대적으로

하나인지를 분명히 이해했을 것이다. 또 이런 하나 속에서 왜 자신이 절대적으로 유일무이한 존재인지도 알게 되었을 것이다. 그리고 이 고유성uniqueness이 바로 이 **세상에 존재하게 된 이유**라는 것도 알았을 것이다. 여러분은 우주 자체에 대한 영의 고유한 시각을 깨닫고 구현하고 표현하고 소통하기 위해 여기에 존재하는 것이다. 온 세계의 무수한 홀론들 사이에서 **하나뿐인** 홀론, 그것이 바로 **여러분**이다.

마찬가지로, 고유하게 인식되는 보편적 여여로서의 나I-ness는 너의 차원(좌하분면)을 본질적으로 포함하고 있다. 나의 궁극적인 절대적 주체성은 **절대적 상호주체성**Absolute Intersubjectivity의 장 속에 존재하는 것이다. '저 밖'의 다른 모든 너들도 영 자체의 독자적인 관점인 유일무이한 자기를 본질적으로 갖고 있다. 이 자기도 여러분의 자기처럼 그들의 핵심을 이룬다.

이 **하나의 영**One Spirit 혹은 **공**은, 여러분은 물론 그들 속에서도 똑같은 모습으로 존재한다. 하지만 (**형상** 속에서) 여러분과 그들의 관점은 본질적으로 다르고 유일무이하기 때문에, 서로에게 중요한 뭔가를 제공할 수 있다. 그리고 진심으로 진실하게 상대를 만날 때, 여러분 내면의 **나-영**I-Spirit은 상대의 내면에 있는 나-영과 공명한다.

겸허함과 용기, 열린 마음, 연민을 갖고 이 공명에 다가가면, 이 공명은 여러분의 **전체 자기**Total Self의 공간에 더욱 커다란 상대적 영역과 현현의 영역, 통합적인 경험을 제공한다. **전체 자기는** 선행 자기antecedent self/'나-나', 근접자기/'나', 원격자기distal self/'나를me'의 총합체이며, 모두가 **여여**에 뿌리를 두고 있다. 여러분의 가장 깊고 핵심적인 **고유의**Unique 관점이 그들의 가장 깊고 핵심적인 **고유의** 관점과 함께 주어지고, 이로 인해 자연히 양쪽의 특별한 관점은 더욱 고차원적인 합일을 공유하게 된다. 덕분에 양쪽의 상대적인 종합 능력이 성장하고, 양쪽의 세계관도 더욱 수용적이고 포괄적으로 확장된다. 양편이 서로의 '고유성uniqueness'을 공유하면서 확장되는 것이다.

이 너 요소thou-component는 결코 '저 밖'에 있는 '다른 것'이 아니다. 양쪽의 두 **자기**Selves가 결합해서 더욱 높은 합일을 발견하고, 너 차원thou-dimension은 곧 내 고유한 존재 자체(좌하분면)의 본질적 차원이기 때문이다. 이 두 자기는 대화를 통한 소통이나 상호 이해, 공명 속에서 결합할 수 있다. 두 자기의 핵심에 궁극적인 하나의 자기, 하나의 영이 있기 때문이다.

이 하나의 영은 개별적인 무수한 홀론들 속에 스스로를 드러낸다. 자신만의 고유한 관점과 각도를 통해서 개별적인 영혼들의 빈자리나 열린 자리에 스스로를 드러내는 것이다. 그러므로 상호 이해는 진정한 다양성 속의 합일과 같으며, '합일'(하나의 영)과 '다양성'(수많은 고유의 관점)은 동등하게 존중해야 할 실제적인 것이다.

이런 의미에서 지각 있는 두 개별적인 존재들이 모여 무언가를 나누는 것은 풍부한 사랑과 기쁨, 포용, 수용 속에서 영과 영이 만나고 신과 신이 대화를 나누며 포용하는 것과 같다. 이런 과정 속에서 두 존재의 전체 자기는 성장한다. 이런 **대화**dialogical의 과정 혹은 **변증법적인** dialectical 과정(더 포괄적이면서도 정확하게 말하자면, 이것은 변증법적인 과정이다. 상징과 소통, '논리' 뿐만 아니라 모든 단계에서 상호교환이 일어나기 때문이다)이야말로 다른 모든 존재들과의 관계와 상호작용의 핵심이다. 자신의 가장 **깊은 조건**Deepest Condition을 깨달아서, 다른 모든 이들에게서도 이 조건을 보기 시작할 때는 특히 더 그렇다.

이 '고유한 나의 너 차원thou-dimension of my own I'은 정말로 우리 존재의 구성 요소이다. 우리가 자신을 충분히 완성하는 데는 서로가 필요하다. 그 이유는 타인의 **유일무이한**Unique 관점이 타인에게만 있으며, 타인과의 가장 진실한 변증법적 탐구를 통해서만 이 관점에 다가갈 수 있기 때문이다. 나 혼자서는 다가갈 수 없다.

이 근본적인 집단circle을 완성하려면, '나'는 '너'가, '너'는 '내'가 있어야 한다. 집단이 완성되는 이 '우리의 기적miracle of the We'은 **좌하 4분면**에서 일어난다. 그래서 이 **좌하 4분면**은 세계 내 존재의 가장 깊은 내재적 요소이다. 이 분면은 '타자'와의 교류로 타자가 내 존재에 피상적으로 첨가된 후에야 내 안에 존재하는 것이 아니다. 이 분면은 타자와의 교류 이전에 이미 존재한다. 타자와의 교류는 이 내재적인 차원에 세부적인 사항들을 제공할 뿐이다.

간단히 말하면, 우리 안의 부처가 바로 나고, 이것은 누구나 마찬가지이다. **좌하 4분면**은 그런 것이다. **좌하 4분면**은 모두 나의 **우상 4분면**을 통해 본질적으로 표현되고 드러나고 행동으로 옮겨진다. **우상 4분면**은 나의 외적이고 객관적이며 '신체적인' 존재와 행위의 영역이다. 이 '신체적인' 혹은 '물질적인' 것은 더 이상 **존재의 대사슬**에서 가장 낮은 단계에 불과한 것이 아니다. 대사슬에 있는 모든 단계의 외적인 차원이기도 하다. 만일 내가 순수하게 논리적인 사고를 해도(오렌지색의 좌상 4분면), 이것은 (우상 4분면의) 삼위일체 뇌 안의 뇌파와 연관성이 있다. **신 의식**God-consciousness의 경험(좌상 4분면)도 (우상 4분면의) 뇌 상태와 연관성이 있다. 이런 물질적 복합complexifications은 내면의 의식 상태보다 더 낮은 단계에 있는 것이 아니다. 4분면 그림에서 알 수 있듯, 이것은 의식 상태의 외면으로서, 의식 상태와 같은 단계에 있다. 그러므로 '형이상학적'이거나 '초자연적인' 실제는 자연의 '상위'나 너머에 있지 않다. 자연 안에, 자연의 내부에 있다. 이것은 의식적 '정신'이 물질적인 '뇌'의 내부에 해당되는 것과 같다. 물론 정신을 뇌로 환원시킬 수는 없지만, 정신과 뇌는 서로 분리되어 있지도 않다. 요컨대 4분면 모두 환원시킬 수 없는 실제이다.

나의 존재는 이렇게 모든 단계에서 본질적으로 신체적/물질적 형태 혹은 외면으로 구현된다. 이 외면은 내가 다른 지각 있는 존재들과 외적으로 구현된 행위들 속에 나타난 그들의 내면을 직접 만나고, 보고, 접촉하는 공간이다. 이 물리적 공간은 모든 형이상학적 실재가 만나, 서로를 바라보고, 서로에게 미소 짓고, 만지고, 감싸 안는 자리이다. 여기 이 물리적 **빈자리**Clearing에서 그들은 타인들에게 기꺼이 보여줄 준비를 한 채 자기 존재의 구체적 차원들을 가시적인 실제 속으로 들여온다. 그리고 **육체를 얻은 영혼**Spirit-made-flesh이 육체를 얻은 영혼의 다른 모든 현현들과 서로 '행복하게 보고 보여주는' 즐거운 탱고를 출 때, 그들은 이 체현體現, incarnation을 축하하는 춤에 동참한다.

나의 마음과 정신, 혼, 영은 나의 실제적인 행위와 특별한 활동, 진실한 움직임을 통해서 행복하게 표현된다. 나의 의식은 나의 육체를 통해 깊이 체현되고, 나의 내면은 나의 외면과 분리되지 않는다. 나의 유일무이한 자기와 비이원의 여여가 나의 내면과 외면을 비추면, 외면과 내면은 인식의 춤으로 환하게 빛나면서 함께 손을 맞잡고 영으로서의 내 유일무이한 관점을 가장 완벽하게 드러낸다.

이것은 계속 이어진다. '외부'가 전형적인 물질적 상태를 통해 표현되는 거친/신체적 에너지뿐만 아니라, 정묘한 몸/에너지와 원인의 몸/에너지, 비이원의 몸/에너지도 포함하기 때문이다. 정묘한 몸/에너지는 꿈에서부터 다양한 명상상태, 죽음과 환생 사이의 '중간' 상태인 바르도bardo에 이르기까지 모든 상태를 통해 표현된다. 그리고 원인의 몸/에너지는 꿈도 형상도 없는 무한의 심연Abyss으로 나타난다.

대승불교의 '트리카야Trikaya(삼신三身)'는 부처의 '**세 가지 몸**'을 의미한다. 세 가지 몸은 니르마나카야Nirmanakaya(화신化身, 거친 형상의 몸)와 삼보가카야Sambhogakaya(보신報身, 정묘한 영역의 몸), 다르마나카야 Dharmanakaya(법신法身, 순수한 원인/공의 몸)이다. 여기에 종종 이 모두를 비이원적으로 통합하는 스바바비카카야Svabhavikakaya(자성신自性身)를 보태기도 한다.

중요한 점은 이것들이 몸bodies, 즉 실제의 구체적인 외면(거친 상태에서 정묘 상태, 원인 상태 순으로 갈수록 정묘해진다.)이라는 것이다. 이것들은 단순히 정신minds, 즉 외면과 상관관계에 있는 내면 혹은 의식이 아니다. 다시 말해, '몸/에너지' 차원과 '정신/의식' 차원은 각각 같은 것의 **우측 차원**과 **좌측 차원**이라고 할 수 있다. 이 차원들은 함께 일어나고 함께 존재하며 함께 진화한다. 요컨대 모든 마음(좌상 4분면)은 몸(우상 4분면)을 갖고 있다. 또 **완전한 깨달음**이 이루어지면, 이 양쪽(좌상 4분면과 우상 4분면)은 같은 선상에 놓이며 분리할 수 없이 뒤엮인다. 그러므로 '새로운 몸'을 이야기 하지 않는 '새로운 의식' 이야기는 구체성이 결여된 허튼소리에 불과하다.

나는 행동을 할 때마다 나의 전부를 이 행동 하나하나에 불어넣는다. 나의 내면을 이에 상응하는 외면 속에 완전히 구현하면서, **완전히 현재의 순간**에 머문다. 이것은 노력으로 되는 일이 아니다. 천둥이 번개를 동반하듯, **깨달음** 후에는 자연히 이렇게 된다. 그래도 이것을 분명하게 알고 있어야 한다.

그러면 '나'와 '당신'이 함께 할 때, 물리적 공간에서 충분히 체화된 방식으로 서로를 만나게 된다. 머리와 머리가 이야기를 나누는 대신, 하나의 몸마음bodymind이 다른 몸마음과 완전하게 춤춘다. 이런 만남의 생생함freshness은 잊히지 않는다. 이것은 단순히 신체의 만남만을 의미하지 않는다. 정신/영혼을 체현하고 있는 신체의 만남이며, 이런 만남이야말로 가장 실제적이고 가장 매혹적이다. 이렇게 현재Present의 실제가 4분면에서 펼쳐진다.

무한한 영과 하나의 자기에 충분히 빛을 받으며 모든 4분면에 발을 들여 놓으면, 나는 나의 보편적이고 무한한 **하나의 영** 속에 깃든다. 이 하나의 영은 모든 지각 있는 존재들 속에도 똑같이 존재하는 것이다. 다시 슈뢰딩거의 말을 인용하면, '의식은 복수가 알려지지 않은 단수'이기 때문이다. 그러므로 이 하나의 영은 나의 일미와 하나Oneness이다.

이 하나의 영은 모든 4분면 안에서 이 아주 독특하고 유일한 초개인적 요소들의 복합체를 통해 보이고 비춰진다. 이 복합체는 우주 어디에도, 역사상 어느 시기에도 존재했던 적이 없었으며, 나나 여러분, 모든 개개의 지각 있는 존재들을 통해 비추는 것과도 전혀 비슷하지 않다. 이로 인해 '다양성 속의 통일성'의 실제적인 '다양성' '다수 속의 하나'의 진정한 '다수Manyness'가 생겨난다. 이 하나는 나에게 자유를 주고, 그 다수는 나에게 완전함을 부여한다. 손에 손을 맞잡고 춤을 추면, 더없이 깊은 기쁨이 나의 가슴에서 솟아나 **머리** 위로 떠오른다. 이 기쁨은 그곳에서 생겨난 천상의 **빛**과 합쳐져, 나의 몸을 통해 내려와, 모든 현현의 차원에서 세속적 **삶**의 원천이 되는 아랫배에 집중된다. 이로써 기쁨이 기쁨과 공명하고, 광휘가 광휘와, 자유가 자유와, 충만함이 충만함과 공명한다.

이 내 하나의 자기/하나의 영은, 신의 가장 깊은 자기실현으로서 모든 '나' 안에 실제로 반영되어 있고, 신의 가장 진실한 소통과 사랑으로서 모든 '우리' 안에 반영되고 있고, 신의 가장 자애로운 현현과 구체적인 체현으로서 모든 '그것' 안에 반영되어 있다. 그러므로 모든 '나'는 신이며, 모든 '우리'는 신의 가장 진실한 사랑이고, 모든 '그것'은 신의 가장 자애로운 형상이다. 그러한 것을 볼 때 나는 **행복하다.**

켄 윌버의 통합명상

이제 무엇을 할 것인가?

통합적 접근과 관련해서 내가 마지막으로 종종 받는 질문은 실제 삶에서 이 접근법을 어떻게 행동으로 옮기는가 하는 것이다. 어느 면에서 이것은 가장 흔한 질문이기도 하다.

> 저는 통합적 관점을 꽤 잘 이해하고 있어요. 그런데도 실제 삶에서 이것을 실현하는 방법 때문에 좌절감을 느끼곤 합니다. 통합적 관점을 사용해서 영향을 미치는 방법을 모르겠어요. 추천할 만한 방법이 있나요?

우선 역사의 이 시점에서 통합적 단계에 이르렀을 때 실제로 경험하게 되는 '좋은 상황과 안 좋은 상황'을 이해해야 한다. 통합적 단계는 진화의 최첨단에 있는 것이다. 우리의 추정에 따르면, 현재 두 번째 층의 통합적 단계에 있는 사람들은 세계 인구의 5%도 안 된다. 이 말은 나머지 95%가 첫 번째 층의 단계들에 있다는 의미이다. 또 이 95%가 활발하게 반통합적anti-Integral 활동을 하고 있으리라는 의미이기도 하다. 통합적 접근이 제대로 작동하고 수용되고 발전하지 **못하게** 막는 일에 몰두하고 있는 것이다.

첫 번째 층의 단계에 있는 사람들은 자기 단계의 진리와 가치만이 진정한 진리와 가치라고 생각한다. 반면에 이 이상한 통합적 단계의 사람들은 다른 모든 단계들에도 모종의 심오하고 의미 있는 존재 이유가 있다고 생각한다. 그러나 대다수의 세상 사람들은, 여러분이 정말로 통합적 단계에 있어도, 여러분을 뭔가 결함이 있는 사람쯤으로 치부해 버릴 것이다.

게다가 통합적 단계에 있는 사람들의 대다수는 자신이 통합적 단계에 있다는 것을 모른다. 아직 자기인식이 덜 돼서 자신이 인간 발달의 진정한 단계에 있음을 모르는 것이다. 그래서 주변 사람들이 지속적으로 지적하는 것처럼 자신의 생각과 견해가 그렇게 비정상적이거나 기괴하거나 병적이지 않다는 것도 모른다. 이런 사람들은 보통 얼마 동안 자신의 생각들이 얼마나 중요한지를 동료나 친구들에게 설득시키려 애쓰다가 결국은 별 성공을 못 거두고 포기해버린다. 그러고는 대부분의 동료들이 머물고 있는 오렌지색이나 녹색의 단계로 되돌아가버린다. '첫 번째 층에 살 때는 첫 번째 층의 법칙에 따라야지 뭐…' 하면서.

여러분도 어쩌면 이런 사람들과 같을지 모른다. 적어도 인구의 10%가 두 번째 층의 단계에 도달하는 데는 시간이 좀 더 걸릴 것이다. 그것이 앰버색의 단계였든 오렌지색이나 녹색의 단계였든, 역사적으로 10%의 인구가 당시의 최첨단 단계에 이르렀을 때는 언제나 '티핑 포인트tipping point'가 있었다. 이 티핑 포인트가 도래하면서 최첨단의 가치들이 문화 전반에서 중요하게 받아들여졌다.

예를 들어, 10%의 인구가 당시의 최첨단이었던 오렌지색의 단계에 이르렀을 때, 프랑스 혁명과 미국 독립 혁명이 일어났다. 이로써 대의 민주주의가 시작되고 미합중국 헌법도 만들어졌다. 또 지구상의 모든 합리적 산업 국가들에서 노예제도가 법적으로 폐지되는 등, 이전의 역사에서는 결코 일어난 적이 없는 일들이 일어났다. 오렌지색 단계의 가치들을 진정으로 믿은 사람은 인구의 10%밖에 안 됐지만, 어쨌든 사람들은 이 가치들을 깊이 수용했다. 마찬가지로, 인구의 10%가 녹색의 단계에 다다른 1960년대에도 혁명이 일어났다. 시민권 운동과 전 세계적인 환경운동, 사적이고 전문가적인 차원의 페미니즘 운동이 일어나고, 증오범죄법이 입법화됐다.

인구의 10%가 **통합적 단계**에 이르면, 인류 역사에서 가장 심오한 티핑 포인트를 경험하게 될 것이다. 이유는 간단하다. 인류 역사상 처음으로, 진실로 포용적이고 수용적인 발달 단계가 과거와는 대조적으로 문화 전체에 영향을 미칠 것이기 때문이다. 이전의 변화들을 불러일으킨 최첨단 단계들은 모두 첫 번째 층에 속해 있어서, 각기 배타적이고 소외감을 야기하고 이런 저런 방식으로 억압적인 면을 드러냈다.

그러므로 소외감을 불러일으키지 않는 진정으로 포용적인 사회가 어떤 모습일지 우리는 아직 모른다. 한 번도 이런 사회를 경험해본 적이 없기 때문이다. 그러나 우리가 이제껏 보아온 사회와는 완전히 다를 것이다. 의미의 기념비적인 도약이 일어나 문화 전반에 폭넓게 영향을 미칠 것이기 때문이다.

그 전까지 우리는 기본적으로 '좋으면서도 안 좋은' 상황을 피할 수 없다. 통합적 단계가 최첨단인 것은 맞지만, 아직 강력한 티핑 포인트는 도래하지 않았다. 통합적 단계는 아직 잘 알려지거나 폭넓게 인정받지 못하고 있는 것이다. 이런 탓에 통합적 단계의 개인들을 위한 일자리와 시장은 아직 드물다. 그 결과 통합적 단계의 개인들도 일반적으로 보통의 직업을 선택해서, 통합적인 아이디어를 자신의 직업 상황에 서서히 적용해보는 수밖에 없다. 안 그러면 침묵하고 자신의 아이디어들을 벽장 속에 처박아두어야 한다. 이것은 정말로 외로운 일이다.

이런 과도기를 위해 특별히 조언해주고 싶은 점들이 몇 가지 있다. 첫째는 **통합이론**을 지속적으로 공부하고 연구하라는 것이다. 자신이 지금 살고 있는 영역의 지도를 정확하게 만들수록 상황이 더 좋아질 것이기 때문이다. **또 지속적으로 다르게 생각하면, 행동도 지속적으로 달리하게 된다.** 새로운 행위들이 스스로를 예고하기 시작하면서 다음에 해야 할 일도 갈수록 분명해진다. 그러면 삶의 모든 다양한 영역에서 이 새로운 이해를 위한 기회들이 더욱 많이 보인다.

예를 들어, 웹에서 통합 집단이나 온라인 강좌, 서적, 영상물, 토론 모임, 대학원이나 대학원 이후 과정 등을 찾아볼 수도 있다. 이렇게 주로 인터넷을 통해 온라인으로 커뮤니티를 구축해도, 여러분과 같은 발달 고도에 있어서 이 고도의 중요한 지도들을 공유할 수 있는 사람들을 만날 수 있다. 여기에는 이런 사람들이 이미 많이 있다. 여러분은 일반적인 통합적 접근이 아주 폭넓고 다양한 견해들을 촉발시키고 있는 것을 발견하고 아마 깜짝 놀랄 것이다.

또, 집 근처에서 통합적 이해를 나눌 수 있는 친구나 동료들을 몇 명 찾아 모임을 시작하는 것도 좋다. 직장에서도 더욱 통합적인 접근을 통해 특정한 업무나 작업에서 분명하게 영향력을 발휘할 기회가 있을 것이다. 어떤 상황을 통합적인 관점에서 개괄해줄 때는 특수한 전문 용어를 최소로 사용해서 간단하고 분명하게 간결하게 한다. 동료들은 보통 오렌지색이나 녹색의 단계에 있을 것이므로, 이 단계의 언어로 설명해주는 게 좋을 것이다. 그러면 동료들이 대단히 열려 있다는 것을 발견하고 여러분도 놀랄 것이다.

또, 통합적 발달 단계에 있거나 이 단계에 근접한 것 같은 사람들을 선별해서 친구들과 함께 이들에게 다가가본다. 통합이론에 대한 좋은 입문서를 소개해주고, 이 책이 여러분에게 얼마나 큰 의미가 있는 것인지 알려주면서 열린 마음으로 살펴보라고 권할 수도 있다. 이렇게 마을이나 도시에서 여러분처럼 통합이론에 관심을 갖는 친구가 한 명만 생겨나도, 크게 달라질 것이다.

통합적 접근에 똑같이 흥미를 느끼는 친구를 한두 명 찾으면, 지역 모임이나 통합 그룹을 만들어본다. 전단지를 붙이거나 지역 신문에 광고를 내거나 웹에 방을 개설한다. 그러고 나서 모임 장소를 찾아 매달

공개 모임을 갖는다. 현재의 국내 소식이나 국제 뉴스들을 갖고 토론을 하는 것도 통합적 관점의 장점을 알리는 좋은 방법이 될 수 있다.

통합적 관점을 지지하는 사람들 중에는 매주 혹은 매달 웹상에서 대화를 나누는 이들도 있다. 이 대화는 참여를 원하는 사람이면 누구에게나 열려 있다. 참여자들은 보통 열광적인 반응을 보이고 친구나 동료들에게 대화 내용을 퍼뜨린다. 지역에서 통합 모임을 시작할 경우에는 다른 도시의 모임들과 연계하는 것도 고려해본다. 인터넷을 검색해보면 많은 모임을 찾아낼 수 있다. 포부가 더욱 원대하게 자라나면 통합적 전문성을 직업으로 살릴 방법을 구체적으로 생각해본다. 이런 일은 상당 부분 아직 미개척 영역으로 남아 있다. 하지만 창조적 재능과 능력을 살리면 행복한 출구를 발견할 수 있다. 성공할 경우에는 특히 더 그렇다.

한편, 통합이론과 관련해 다양한 영역에서 많은 일들이 이루어지고 있기도 하다. 한 예로, 통합이론 분야의 전문 잡지인《통합이론과 실제The Journal of Integral Theory and Practice》에서는 60개 이상의 수행법들을 **아퀄 통합체계**와 여러 가지 통합적 접근법으로 완벽하게 재해석하는 작업을 했다. 덕분에 이 모든 수행법들이 더 완전하고 만족스러우며 기능적이고 효과적인 형태를 갖추게 되었다.

또 의사 같은 전문가 집단에서는 다음과 같은 일도 일어나고 있다. 한 의사가 책을 통해 **아퀄 체계**를 이해한 후 **통합의학**을 만들어 적용하기 시작했다. 이 의사는 이미 똑같은 작업을 하고 있는 의사들을 인터넷에서 찾아내 이따금 그들에게 지침을 얻으면서 그의 통합의학을 보완했다. 그러자 이 의사를 찾는 환자들이 증가했다. 하지만 환자들의 부담금은 줄어들었다. 내가 아는 모든 경우에는 예외 없이 이랬다. 그러면 곧이어 다른 동료 의사들도 무슨 일이 일어나고 있는지 알고 싶어 한다. 이런 경우 대부분은 의사 집단 전체가 통합의학으로 전환하고, 모두가 그 결과에 진심으로 만족한다.

한편, 누구도 충분히 이해할 수 없는 이유들 덕분에 지금의 통합적 발달 고도에 이른 사람들도 있지만, 통합적 접근법을 세상에 충분히 도입하고 적용하려면 정교한 방법이 있어야 한다. 때로는 실제적인 작업도 필요하다. 그리고 세상에 적용할 때, 마음과 정신, 영혼의 가장 깊은 통찰을 따르면, 내면의 가장 깊은 것이 세상 속으로 옮겨간다. 그러면 여러분이 이미 경험한 '의미의 기념비적인 도약'을 실제로 반영하고 있는 주변 사회에 영향을 미치기 시작하게 된다. 요컨대 '나' 공간인 **좌상 4분면**에서 일어나는 일들은 모두 **우상 4분면**의 실제적인 행동을 통해 퍼져나가서, 같은 고도를 반영하는 사회적인 '그것들' 제도(우하 4분면)와 문화적인 '우리' 공간(좌하 4분면)을 창조해낸다. 우리의 자각은 주변 세계로 흘러넘쳐 들어가 지울 수 없는 영향을 미칠 수밖에 없는 것이다.

특정한 영역에서 성공하는 경우가 늘어나면, 이 성공을 다음 단계로 발전시킬 방법을 생각해본다. 따라 해보고 싶어 하는 사람들을 위해 책을 쓰거나, 자신이 했던 일들을 상세하게 설명해주거나, 조언을 해줄 수도 있다. 아니면 혼자서 혹은 직장동료나 관심 있는 친구들과 함께 웹사이트를 개설한다. 관심사가 비슷한 전문가나 비전문가들을 전국이나 전 세계에서 끌어 모을 수 있을 것이다. 그렇게 되면 이제는 관심사와 전문 영역이 비슷한 사람들로 협회나 조합, 공동사업체를 만든다. 그러면 연례 회의도 쉽게 열고, 이후에 잡지도 발간할 수 있다. 또 자신의 분야에서 통합적 접근을 창조하고 싶어 하는 전문가나 젊은 고객들을 위해 온라인 강좌들도 개설할 수 있다. 이쯤 되면 분명히 여러분처럼 나름대로 통합적 접근과 관련된 일을 하는 단체들을 몇몇 발견하게 될 것이다. 이런 단체들 전부나 일부와 협업 관계를 맺는 것도 가치 있는 일이다.

또 자신의 삶에서는 통합의 기회들이 가져다 줄 높은 상태의 잠재력들을 추구하면서, (꼭 그러지는 않을지라도) 깨어남의 길을 배우기 시작할 것이다. 하지만 확신하는데, 여러분이 찾은 깨어남의 길들 가운데서 성장의 단계들을 인식하고 있는 것은 거의 없을 것이다. 실제로 그렇다는 생각이 들면, 먼저 영적 활동을 하고 있는 사람들에게 영적인 성장의 단계 같은 문제에 대해서 조심스럽고 신중하게 물어본다. 그러면 아마 깨어남의 발달 상태는 대단히 높지만 성장의 발달 단계는 그리 높지 않은 사람들이 이런 단체들 중 일부를 이끌고 있다는 점을 발견할 것이다.

또 여러분이 성장의 길에서 두 번째 층의 단계에 있는 스승을 만난다면, 이들은 분명히 통합적 접근에 관심을 갖고 성장의 구조-단계도 받아들일 것이다. 반면 녹색 단계에 있다면, 전혀 관심을 보이지 않을 것이다. 글이나 가르침들을 놓고 볼 때, 대다수의 스승들은 이 녹색의 단계에 있는 것처럼 보인다. 오렌지색 단계의 스승들은 관심을 보일 수도, 그러지 않을 수도 있다. 하지만 통합적 접근에 본질적으로 반대는 안하는 성향이기 때문에 긍정적인 입장을 보이는 스승도 있을 것이다. 그래도 상태에 대한 가르침만 귀 기울여 듣고, 다른 것들은 그냥 체념적으로 흘려 넘겨야 할 수도 있다.

아니면 깨어남의 길을 가는 수행자들에게 다양한 방식으로 성장의 길의 단계들을 소개해줄 수 있다. 그 한 가지 방법은 특정한 체계나 집단의 핵심 가치와 목표들을 선택해서, 이 가치와 목표들이 실제로 어떻게 하나가 아닌 두 개의 과정을 따라 발달하는지를 설명해주는 것이다. 첫 번째 과정은 이 특정한 영적 체계에 제시되어 있는 깨어남의 다양한 상태-단계들을 통과하는 것이다. 비록 축소된 형태일지라도 이 상태-단계들과 같은 것들을 이들은 분명히 알고 있을 것이다.

그런데 녹색 단계에 있는 미국의 스승과 수행자들은 이 단계들을 거의 지워버렸다. 성장의 위계growth hierarchies를 지배의 위계dominator hierarchies와 같은 것으로 보고, '등급을 매기는' 체계는 모두 억압적이고 소외감을 불러온다고 믿었기 때문이다. 하지만 성장의 위계는 사실 이와 정반대이다. 단계가 높아질수록 더 포용적이고 덜 억압적이며 덜 지배적이다. 그러나 녹색 단계의 시각에서는 본질적으로 이것을 거의 이해하지 못한다. 그래서 그들은 보통 명상만 하면 된다고 주장한다. 우리는 이미 깨달은 존재이므로, 단계 같은 것은 신경쓰지 말고 그냥 가만히 앉아서 이미 깨달은 자신의 본성을 드러내기만 하면 된다는 것이다. 이런 시각에서는 절대적 진리만을 인정하고 상대적 진리는 무시한다. 궁극의 비이원적 깨달음에서는 **양쪽**을 **모두** 완전하게 포함하는데 말이다. 그러나 녹색 단계의 접근에서는 이런 중요한 것을 전혀 실현하지 못한다. 통합적 관점을 소개할 때는 이런 점에 주의해야 한다.

그러나 여러분이 통합적 접근을 어떻게 소개하든, 사람들이 명상을 통해 어떤 발달을 경험하고 있든, 두 번째 유형의 발달도 있다. 그것은 바로 현대 서양심리학이 발견한 성장의 구조-단계들이다. 이 성장의 구조-단계들은 언어의 문법 규칙과 같으며, 내관만 해서는 이것을 볼 수 없다. 세계의 모든 명상 체계들이 이 구조-단계들을 알아차리지 못하는 것도 이 때문이다. 여러분은 이런 점들도 설명해주어야 한다.

이와 관련해서, 캐럴 길리건이 주장한 여성의 도덕 발달 4단계 같은 간단한 예도 도움이 될 수 있다. 그녀는 여성이 **이기적인** 자기중심적 단계에서 **배려하는** 민족중심적 단계, **보편적 배려가 가능한** 세계중심적 단계, **통합적인** 온우주중심적 단계로 나아간다고 주장했다. 길리건에게 온우주중심적 단계는 남성적 방식과 여성적 방식이 통합되는 단계를 의미한다. 하지만 우리의 체계에서는 인간과 지각 있는 존재들뿐만 아니라 가이아에서부터 지구 환경, 현현된 영역 전체에 이르기까지 모든 것을 공평하게 대하는 단계를 의미이기도 하다. 이것은 '나'에서 '우리' '모든 우리' '모든 실재'로 정체성이 지속적으로 확장·발달하는 것과 맥을 같이 한다.

그럼 이제, 여러분이 선택한 일련의 가치와 목표들을 갖고 설명해보겠다. 여기서는 **대승불교**의 육바라밀6 paramitas(금강승의 10바라밀)을 그 예로 사용할 것이다. 산스크리트어 **바라밀**paramita에는 두 가지 의미가 있다. 하나는 '고결한 특질'이라는 의미이며, 영어로는 흔히 '완성perfection'으로 번역된다. 다른 하나는 '피안으로 건너간 상태'라는 의미이다. 그러므로 깨달음의 '피안'으로 가는 데 도움이 되는 특질이 '바라밀'이라고 할 수 있다. 깨달음을 얻는 데 유용한 다중지능 같은 것이 바라밀인 것이다.

이 바라밀은 정말로 다중지능과 아주 유사하다. 대부분의 경우 실제의 지능으로 간주할 수 있다고 나는 생각한다. 바라밀은 지성을 중시하는 정교한 수행 덕목으로서 깨달음에 이르는 방편이다. 또는 언제나 이미 깨달은 마음의 실제적인 표현이 바라밀이라고 할 수 있다. 이 육바라밀은 1) 관대하게 베푸는 보시布施, 2) 도덕적 계율인 지계持戒, 3) 인내와 수용의 인욕忍辱, 4) 의지를 갖고 기쁘고 부지런하게 나아가는 정진精進, 5) 고요한 집중 상태인 선정禪定, 6) 비이원의 자각인 지혜智慧이다. 금강승에서는 여기에 7) 기술적 방법인 방편方便, 8) 원願, 9) 힘, 10) 근본적 지혜 혹은 자각을 더한다.

이 특질들과 관련해서 중요한 점은, 이것들이 깨어남의 길의 상태-단계(이것은 확실히 중요하며, 이 상태-단계들에는 거친 상태와 정묘 상태, 원인 상태, 투리야, 투리야티타가 있다.)는 물론이고 성장의 길의 구조-단계들을 통해서도 성장·발달한다는 것이다. 그러므로 각각의 바라밀은 '이중의 무게 중심'을 갖고 있다. 거친 상태나 정묘 상태, 원인 상태 같은 깨어남의 단계에서의 무게 중심과 자아중심적 단계나 민족중심적 단계, 세계중심적 단계, 통합적 단계 같은 성장의 단계, 즉 무지갯빛의 고도 단계에서의 무게 중심이 바로 그것이다. 이것들은 비교적 독립적으로 발달하며, 여러분은 이 연속적인 과정들에서 낮은 단계나 중간 단계, 높은 단계에 있을 수 있다.

여기서 우리는 성장의 단계들에 특별히 주목할 필요가 있다. 그 이유는 깨어남의 길에서는 자신이 수행을 통해 경험하고 있는 상태-단계들을 아주 분명하게 인식하지만, 무의식적으로 어떤 자각이나 계획도 없이 통과하고 있는 구조-단계들은 전혀 인식을 못하기 때문이다. 그러나 성장의 단계들을 보여주는 간단한 예로 길리건의 모델을 사용하면, 각각의 바라밀을 훑어보고 이 단계들에서의 성장도 아주 중요하다는 점을 쉽게 확인할 수 있다. 이 단계들은 '낮은 단계나 중간 단계, 높은 단계, 최고 단계'처럼 간단하게 나눌 수도 있고, 길리건의 간결한 체계에 따라 '자아중심적 단계, 민족중심적 단계, 세계중심적 단계, 통합적 단계' 등으로 설명할 수도 있다.

한 예로, 수행자는 자신이나, 특별한 집단의 사람들이나, 모든 사람들에게만 관대함을 실천하지 않는다. 온우주중심의 통합적 단계에서 모든 지각 있는 존재들에게 관대함을 실천해야 한다. 그리고 이미 살펴본 것처럼, '비이원적 합일의식'의 합일은 분명히 합일을 의미한다. 하지만 당시까지 실제로 발전하고 펼쳐진 세계들 중에서 가장 고차원적인 세계와의 합일을 말한다. 그래서 민족중심적인 단계에 있을 때는 오직 자신이 선택한 길의 세계와 이 길을 가는 사람들과만 합일을 경험한다. 많은 불교 스승들이 이런 발달 구조 단계에 머물러 있다.

아주 부정적인 예이긴 하지만, 성장의 단계들을 포함해야 할 필요성을 더 잘 보여주는 예가 있다. 요즈음 동남아시아 불교에서는 상당히 공격적인 운동까지 일고 있다. 이 운동의 주동자는 자신을 '버마의 빈 라덴Burmese Bin Laden'이라고 칭하면서 이슬람교도들은 전부 죽여야 한다고 가르친다. 실제로 그는 수많은 이슬람교도들을 향한 공격과 살해를 지휘하기도 했다. 그러나 그는 이런 짓이 불교 계율에 위배되지 않는다고 주장한다. 이슬람교도들이 불교도들의 전멸을 바라기 때문에 이것은 능동적인 공격이 아니라 자기방어를 위한 공격이라는 것이다. 또 이슬람교도는 사람도 아니고 '동물의 범주'에 포함되기 때문에 깨달음을 얻을 수 없다고 가르친다. 그는 명상을 통해 중요한 성취를 이룬 것으로 알려져 있다. 하지만 그가 진정한 투리야티타 즉 '비이원의 합일의식'을 경험한 사람이라는 평판을 인정해도, 그의 구조-발달 고도는 신화적이며 절대주의적인 민족중심적 단계에 머물러 있는 게 분명하다.

《전쟁을 부추긴 선禪 Zen at War》도 같은 예이다. 이 책은 가장 존경받던 몇몇 선불교 스승들과 관련된 사실들을 다루고 있다. 이 책에 따르면, 과거에 일본의 몇몇 선불교 스승들은 군국주의와 권위주의 같은 편협한 생각들과 살인, 전쟁을 순전히 민족중심적인 관점에서 권장했다.* 깨달음으로 각성된 의식 상태에서도 민족중심적인 편견을 옹호한 것이다.

그 이유는 깨달은 이들의 비이원적 **여여**도 이들이 놓여 있는 구조

---

* 브라이언 다이젠 빅토리아Brian Daizen Victoria, Zen at War, 2판. (Laham, MD: Rowman & Littlefield, 2006).

발달의 숨겨진 지도를 통해서 세계를 바라보기 때문이다. 이 지도가 앰버색의 민족중심적인 것이면 세계도 실제로 그렇게 보인다. 자신도 모르는 사이에 이 앰버색의 민족중심적인 지도를 통해 세계를 바라보기 때문에, 깨달은 후의 세계도 정확히 앰버색의 민족중심적인 것처럼 보이는 것이다.

게다가 어떤 전통도 이런 숨은 지도를 인식하지 못하고 있다. 그래서 이 부족한 점들을 파악해서 바로잡는 법도 전혀 모른다. 우리가 깨어남의 단계들과 성장의 단계들을 모두 포함해야 하는 이유도 여기에 있다. 위의 부정적인 예들은 이런 중요한 점을 분명하게 일깨워준다.

물론 바라밀을 통한 성장의 구조-단계도 태곳적 단계와 마법적 단계, 신화적 단계, 합리적 단계, 다원적 단계, 통합적 단계로 나타낼 수 있다. 아니면 잘 구축된 다른 발달 모델에서 가져온 수직축을 이용해도 된다. 어느 것이든 잘 들어맞을 것이다. 하지만 길리건이 만들어낸

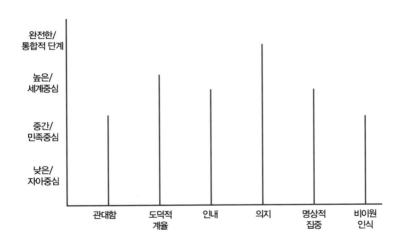

그림 5-1 바라밀의 수직적 발달(성장) 단계
– 바라밀을 통한 성장을 보여주는 어느 개인의 심리도

켄 윌버의 통합명상

간단한 4단계('낮은/자아중심'적 단계와 '중간의/민족중심'적 단계, '높은/세계중심'적 단계, '완전한/통합적' 단계)를 이용해서 그림 5-1처럼 나타내도 좋다.

어떤 집단에 깨어남과 성장의 길을 모두 받아들이는 것이 중요하다는 점을 알리는 데 성공하면, 이후에는 이 집단이 통합적 불교(이것에 대해서는 나의 저서 《네 번째 전환The Fourth Turning》을 참고) 같은 진정한 통합적 영성Integral Spirituality에 열중하도록 만들 방법을 탐색하게 될 것이다. 그러다 보면 이 집단이 더욱 진화된 불법佛法, Buddha-Dharma을 통해 앞으로 나아가도록 도울 수도 있다. 위대한 전통들에는 이미 이런 운동을 하는 스승들이 있으며, 지금까지 이들 모두 깊이 만족하는 것 같다.

이렇게 하는 사이 여러분은 이미 통합적 영성을 위해 애쓰고 있는 수행자와 불교 스승들을 만나서, 이들과 함께 '불교적인 영혼의 컨베이어 벨트Buddhist conveyor belt'를 창조하게 될 수도 있다. 불교의 기본적인 가르침과 수행법들을 성장의 주요한 구조-단계들의 언어와 틀로 표현하는 것이다. 이렇게 마법적 단계와 신화적 단계, 합리적 단계, 다원적 단계, 통합적 단계의 언어와 틀로 불법을 설명한 것이 있으면, 이 각각의 단계에 있는 개인들은 불교의 가르침을 더욱 쉽고 빠르게 이해하고 실천할 수 있을 것이다.

개인들은 어쨌든 **이미** 이 단계들 중 하나에 있으며, **이미** 이 단계의 한계와 제약에 따라 불교의 가르침을 해석하고 있다. 이들에게는 선택의 여지가 없다. 그러므로 이미 불교의 가르침들을 정확하고 믿을 만하게 해석해 놓은 것이 있다면, 이들에게 큰 도움이 될 것이다. 이렇게 전근대적인 민족중심적이고 신화적-문자적인 단계에 고착되어 갈등과 공격, 심지어는 전쟁의 끊임없는 근원이 되는 상태에서 벗어나도록 돕는 것, 이로써 한층 세계중심적인 근대와 탈근대적 단계들로 옮겨가서, 더욱 큰 사랑과 연민, 평화, 화합의 고차원적인 잠재력을 실현하게 돕는 것은 주요한 모든 위대한 전통에서도 실행해야 할 일이다.

4분면과 단계, 라인, 상태, 유형에 걸친 인간의 성장과 발달에 대한 통합적 관점은 일관되고 논리 정연한 최고의 '세계 철학' 중 하나로서 이제 막 출현했다. 이것은 '**독립 영성가**Indie Spiritualist'에서부터 '**신수도원주의** New Monasticism' '**영성교류**Interspirituality' 같은 움직임은 물론이고, 전반적으로 교육에서부터 사업, 정치, 의학, 예술 등에 이르는 온갖 분야의 전문직과 일반직 종사자들에게도 영향을 미치고 있다. 전례를 찾아볼 수 없을 만큼 완전히 새로운 이 의식 단계와 문화가 멈출 수 없는 진화의 동력을 갖추고 우리를 이끌어가고 있다는 점에 주목해야 한다.

이 새로운 단계는 '체계적으로' '통합되어 있는' '시스템 복합 체계systems of systems' '전략적이고' '전체적이고' '포용적이며' '포괄적이고' '혼합적인 탈전형cross-paradigmatic'의 '통합적' '두 번째 층' 등으로 다양하게 알려져 있으며, 모두 의미의 기념비적인 도약으로 설명할 수 있다. 이 새로운 의식 단계는 발달의 실제적인 단계나 구조, 파동으로서 종래에는 일과 관계, 신앙, 사업, 양육, 놀이 등에서 모든 인간 활동의 기반이 될 것이다. 이 새롭고 통합적인 단계가 이 단계에 있는 모든 개인들의 활동을 이끌고 지지하고 창조해나갈 것이기 때문이다.

통합적 단계에 영향을 받고 안 받고는 우리가 선택할 수 있는 문제가 아니다. 성장과 발달을 지속하는 사람이라면 통상적으로 자연스럽게 이 보편적인 단계와 만날 것이다. 성장을 한다면, 이 통합적 단계에 이르렀다가 이 단계를 통해서 성장해나갈 수밖에 없다는 의미이다. 그러므로 이 통합적 단계는 인간의 모든 활동 속에서 통합적 접근과 통합적 모델, 통합적 지도, 통합적 수행법을 만들어낼 것이다. 이제는 이 통합적 단계의 '숨은 지도'가 이 단계에 있는 모든 인간의 사고와 행동을 이끌어갈 것이기 때문이다.

우리는 이 단계에 도달하면서 기회도 더불어 얻을 것이다. 통합에 관심 있는 사람으로서 이 단계의 여러 가지 '숨은 지도'를 겉으로 드러낼 기회를 갖는 것이다. 물론 처음 이 통합적 단계에 들어섰을 때는 숨은 지도의 기본 양식이 '매몰 무의식embedded unconscious'의 일부로 남아 있을 것이다. 혹은 그 기본 형태를 주체로서 너무 강하게 동일시해서 하나의 대상으로 볼 수 없을 것이다. 그래도 결국에는 이 단계의 일반적인 양식과 기초적 원리, 기본적 윤곽을 자각하게 될 것이다. 이것은 정상적이고 자연스러우며 바람직한 성장의 모습이다. 피할 수 있어도 이런 성장의 과정을 피하지 말아야 한다.

어떤 단계든 이 단계에 처음으로 들어섰을 때는 이 단계와의 동일시를 첫 목표로 삼아야 한다. 이 단계의 새로운 지도, 새로운 문법 규칙에 따라 세계를 이해하고 해석하는 법을 배워야 한다. 새로운 지도는 이전 단계들의 지도보다 훨씬 포괄적이고 전체적이고 통일적이며 구분과 통합도 더 잘 되어 있고 더 포용적일 것이다. 자연히 새로운 단계는 새로운 세계처럼 여겨질 것이므로, 많은 수행과 시행착오를 통한 배움, 과거에 이해했던 실제의 양상들을 재해석하는 작업이 필요할 것이다. 모든 것을 다시 배우고, 다시 이해하고, 다시 해석해야 하는 것이다.

일반적으로 개인들은 이 새롭지만 여전히 숨어 있는 지도가 그들의 생각과 행동을 움직이고 있다는 점을 인식하지 못하고 있다. 그들은 이것을 직감만 하고, 철저하게 숨어 있는 지도를 따라 넘어지거나 비틀거리면서 앞으로 나아간다. 지도는 여전히 그들의 모든 생각과 느낌, 행동의 전반적인 방향과 형태를 결정짓는 역할을 한다. 그들이 자신이 놓여 있는 새로운 단계의 특성들을 파악해도, 이 '의식의 지도'는 (여전히 노골적인 형태로 숨어 있는) 새로운 '숨은 지도'에 적응하고 순응하도록 도와줄 뿐이다. 그래도 이 새로운 단계를 더 쉽고 명확하게 효율적으로 해석하는 법은 배울 수 있다. '숨은 지도'가 하려는 일을 이 '의식의 지도'가 알려주기 때문이다.

'혁명적으로' 진화한(r)evolutionary 이 새로운 두 번째 층의 단계들은 정말로 통합적이다. 이 점을 고려할 때, 이 단계에서 의식적으로 붙잡고 있는 통합지도나 슈퍼지도보다 더 의식적인 수용을 도와주는 것은 없다. 그리고 **아퀄 체계**나 여러분이 발견하거나 창조할 수도 있는 다른 통합지도들도 이런 수용에 분명하게 기여하고 있다.

통합적 단계는 인류 역사에서 진정으로 포괄적이고 통합적인 최초의 단계이다. 이 단계의 의식에서는 역사를 통틀어 처음으로 깨어남의 차원에서 경험하는 진정한 '합일의식'을 수용할 수 있다. 진실로 그럴 수 있다. 물론 역사 전체에서 과거의 모든 깨달음이나 깨우침, 해탈도 당대의 기준에서는 깨달음이었다. '역사와 진화의 어느 시기에 나타난 최고의 구조와 최고의 상태와의 합일'이었다는 의미이다. 그러나 활동 중인 **영, 에로스,** 진화는 진전을 거듭하면서 갈수록 **완전한 형상**Fullness of Forms을 창조하고 있다. 그 결과 최근에는 역사의 어느 시기보다도 진정으로 포괄적이며 완전한 형상을 포용하는 단계가 처음으로 나타났다. 드디어 진정한 '합일의식'을 수용할 수 있는 단계에 이른 것이다.

실제로 우리는 이제까지 어느 곳 어느 때에 등장했던 것보다도 위대한 인간 의식의 변화를 목전에 두고 있다. 이 변화의 물결은 지금도 분명하게 우리를 향해 밀려들고 있다. 10년이나 20년 내에 통합적 단계에 도달한 인구가 10% 정도에 이르면, 이 물결은 우리의 해변까지 밀려 올라올 것이다. 그러면 지금 통합적 체계를 받아들인 사람들은 이 물결이 밀어닥칠 즈음 이미 파도타기를 가르칠 수 있는 자격증을 갖추고, 사람들이 이 새롭고 놀라운 파도를 즐기도록 도와줄 것이다.

이 새로운 파도에 오르고 나면, 여러분은 본질적으로 파도가 '저 밖'

켄 윌버의 통합명상

의 외부 세상으로 흘러드는 모습을 보고 싶어 할 것이다. 동시에 점점 많은 사람들이 그들의 가장 진실하고 깊으며 고차원적인 잠재력을 받아들이도록 도울 것이다. **통합적 관점**을 **세상**에 알리는 일에서 지속적으로 동기를 부여받고, 이 일을 위해 행동하고, 자신의 목적에 맞게 살아가며, 자신이 받아들일 수 있는 가장 깊고 넓으며 고차원적인 가치들을 토대로 가치가 이끄는 삶을 만들어가는 것이다. 이런 삶이야말로 영혼을 위한 초콜릿처럼 지극히 만족스럽고 자기충족적인 삶이다.

덕분에 여러분은 한 번에 한 발자국씩 그러나 늘 통합적인 내면을 외부로 흘려보내기 시작할 것이다. 여러분의 통합성은 여러분이 하는 말과 행동의 일치에 달려 있다. 여기서 '말talk'은 홀로 있을 때 자신과 대화하는 방식을 의미한다. 단순히 사람들과 함께 있을 때 '약삭빠르게' 혹은 적당히 숨기면서 말하는 것이 아니라, 정말로 진실로 가장 중요한 문제에 대해서 여러분이 깊이 간직하고 있는 핵심적 생각들을 말하는 것이다.

일단 **통합적인 세계**Integral Worldspace를 알고 나면, 다시는 이것에 등을 돌리지 않게 된다. 한 번 짜낸 치약은 결코 튜브 안으로 집어넣을 수 없는 것과 같은 이치이다. 통 합적 세계는 갈수록 깊고 높고 넓어질 것이며, 여러분과 여러분의 의식, 정체성도 마찬가지일 것이다. 이로써 여러분은 드디어 고향으로 돌아갈 것이다.

현재 미국을 포함한 전 세계에서는 소수의 사람들이 사업에서부터 의학, 교육, 정치, 회화, 음악, 간호, 치료, 리더십, 상담, 양육, 코칭, 심리학, 철학, 영성 등 거의 모든 분야와 학문, 전문직에서 통합적 접근을 충분히 명쾌하게 실행하며 촉진시키고 있다. 이런 사람들은 대부분 웹에서도 찾아낼 수 있다. 여러분도 이들과 같은 생각이라면, 이들과 접촉해 우정을 쌓으면서 함께 통합적 접근을 퍼뜨릴 수 있는 방법을 모색해본다. 가능한 모든 방법으로 이들에게 도움을 주고, 이들이 여러분에게 도움을 준다면 그것도 받아들인다. 이렇게 천천히 그러나 꾸준하게 **'통합 자료철**Integral Rolodex**'**을 만들면서, 통합적 접근법을 제공할 수 있는 방법들을 다각도로 세심히 찾아본다.

그 과정에서 혹여 통합적 접근을 약간 다르게 받아들이는 사람들을 많이 만나도 걱정할 필요는 없다. 개중에는 가끔 적대적이고 호전적인 이들도 있을 것이다. 인간은 인간인지라, 통합적인 접근에 대해서도 지나치게 인간적인 사람들은 여전히 있게 마련이다. 그러니 당황해하지 말고 이들의 다른 접근 방식에도 귀 기울여본다. 그리고 가장 타당하게 여겨지는 것을 고수한다. 만약 전반적으로 통합에 진전이 없다면, 그 이유는 **여러분 자신**이 앞으로 나가지 못하고 있기 때문이다. 이것은 누구에게나 해당되는 사실이다.

모든 것이 너무 힘들고 실망스럽게 여겨지면 언제나 기본으로 돌아간다. 단순하지만 진지하게 다시 통합적 접근을 공부하는 것이다. 매일 15~20분씩 통합적 접근에 관한 자료를 읽고 깊이 생각해본다. 그리고 계속해서 이 내용이 존재 깊숙이 젖어들게 한다. 또 가장 깊은 핵심에서 볼 때, 통합적 접근이 이론이나 철학이 아니라 범세계적인 인간 발달의 실제적 단계라는 점도 기억한다. 통합적 접근은 해체주의 같은 이론과는 다르다. 통합적 접근은 실제적인 인간 발달의 보편적인 구조-단계이며, 궁극적으로는 자체의 다양한 지도들을 이끌어가는 영토와 같다. 이 영토는 아주 실제적이며, 언제나 이것에 대한 여러분의 생각들을 수정하고 조정해준다.

이것은 앰버색이나 오렌지색, 녹색의 단계 같은 인간 발달의 실제적 고도이다. 이런 단계들에 있는 사람은 이 단계들의 한계와 제약에 따라 행동하고 사고할 수밖에 없다. **통합적 단계**의 고도도 언제나 여러분의 주요한 스승이나 안내자와 같은 역할을 할 것이다. 그리고 본질적으로 잘못될 수가 없다. 그저 그 모습으로 존재하면서 궁극적으로 여러분을 인도해줄 것이다. 진화가 140억 년에 걸친 시행착오 끝에 만들어낸 가장 완전하고 통합적이며, 가장 독특한 동시에 보편적이고 가장 특별한 홀론, 바로 **여러분**을 인도해줄 것이다.

그러므로 **통합적** 단계의 영향력에 계속 자신을 열어두어야 한다. 끊임없이 다르게 사고하면 지속적으로 달리 행동하게 된다. 그러면 여러분의 행위들이 세계를 변화시키기 시작한다. 여러분의 진정한 행동과 **형상**들이 **온우주의 형상**들이 쌓여있는 그 거대한 저장고 안에 그대로 저장되기 때문이다. 이렇게 여러분의 **자각에서 비롯된 형상**은Form of your Awareness 낡고 망가진 세계와 기꺼이 이별하고, 진정으로 배려하는 세계, 충분히 완전한 세계, 전적으로 포용하고 수용하는 세계로 진입한다. 그리고 훨씬 뒤떨어져 있던 유감스러운 역사는 다시 뒤돌아보지 않는다.

내적인 이해를 세상으로 흘려보낼 방법들을 계속해서 찾다 보면, 여러분은 이런 종류의 모든 활동들 속에서 진실한 마음과 정신, 혼으로 이야기하고, 내적인 존재의 가장 깊은 진실을 외적인 활동으로 표현하고, 내면의 깨달음들로 바깥 세상에 경종을 울리고, 세계 내 존재인 자신의 4분면 전체와 공명하고, **기쁨**과 **자비**, **감사**의 마음으로 4분면 전체를 다룬다. 내적 자각의 고유한 힘이 모든 '나'와 '우리' '그것' '그것들'을 통해 울려 퍼지면서, '나'를 깊이 변화시키고, 행동('그것')을 완전히 바꾸고, 문화('우리')를 급진적으로 변모시키고, 사회적 제도('그것들')를 다시 활기차게 만들어준다. 그러면서 이 힘은 모든 '나' 안에서 스스로를 실현하고 있는 영, 모든 '우리' 안에서 감응하고 공유하고 있는 영, 모든 '그것'들 속에서 현현되고 보이는 영과 공명한다. 이로써 모든

'나'는 신의 가장 진실한 자기가 되고, 모든 '우리'는 신의 가장 열렬한 사랑이 되고, 모든 '그것'은 신의 가장 아름다운 현현체이자 빛나는 장신구가 된다. 우리 고유의 깨달음과 자각이 만들어내는 내면의 황홀함은 비슷하게 황홀한 **현존**Presence과 자기충족적인 **본성**Genuineness을 **신**에서 신으로, 영에서 영으로 전파하면서 주변의 세상 속으로 밀려들어간다. 이로써 어디를 보든, 모든 세계와 모든 시간, 모든 차원들 속에 오로지 영만 존재하게 된다. **오로지 영만이.**

수정처럼 맑은 가을 늦밤, 때 이르게 내리는 하얀 눈, 초승달 아래 반짝이며 하늘을 가득 메운다. 수많은 사람들은 가슴속에 욕망을, 영혼 속에 그리움을 품은 채 집 안에 잠들어 있다. 미지의 상태를 연이어 통과하며 이 모든 것에 의아해한다. 대부분 꿈 같은 이들이, 대부분 꿈을 꾸고 있다. 그리고 당신은 가슴 어딘가의 영원한 약속으로 인해 이 모든 것 속으로 다시 이끌려 들어가, 모든 영혼들을 깨워 그들에게 **소중한 하나**를 일깨워준다. 달빛 아래 무지갯빛으로 작게 반짝이는 무수한 눈송이들 가운데서, 자신을 알리는 잊을 수 없는 울림. 보랏빛 안개처럼 눈 위로 끊임없이 쏟아지는 달빛 속에서 모든 것이 희미하게 반짝이고, 매서운 안개는 세차게 살갗을 뚫고 들어와 뼛속까지 스민다. 모든 풍경이 하나로 이어지고 섞여, 밝고 환하게 영원히 모든 것을 포용하며 빛나는 달빛 속에서 춤을 춘다. 불현듯 한 번 그러나 힘차게 두 눈을 깜박이자, 이 모든 것이 완전히 사라져버린다.

⋯⋯

이 보기 드문 모험에 동행해준 여러분에게 무한히 감사드리며, 온 마음으로 여러분의 행운을 빈다. 잘 지내시길, 우리 다시 만날 때까지⋯.

켄 윌버의 통합명상

켄 윌버Ken Wilber는 현재 세계적인 명성을 얻은 사상가이며 철학자로, 그의 업적은 매우 높게 평가받고 있다. 이미 우리나라에도 널리 알려져 저서들이 연이어 출간되고 있으며, 현시대적 학문의 흐름이나 진정한 인간의 발달에 관심을 가진 사람들의 강력한 호응 속에 그의 통합적 세계관과 사상에 관한 논의는 점점 깊어가고 있다. 잘 알려진 것처럼 그는 동서양을 넘나들며 역사 속의 다양한 학문과 모든 전통적 지혜들을 섭렵하여 자신이 체계적으로 구축한 '통합이론'을 내놓았다. 이를 통하여 현대인들이 인간과 세상을 보다 깊이 이해하며 성장할 것을 촉구하고 있다. 윌버는 세상에 존재하는 모든 것들의 연관성을 찾으며 보편적인 진리들을 한데 모아 거기에서 더 새로운 것을 더 충만하게 다루려는 노력에 심혈을 기울이는 것이 분명하다. 그의 이러한 과업과 결과들에 현대인들이 놀라움을 감추지 못하는 것도 사실이지만 그에게 하나의 특징적인 것이 있다면, 그것은 그의 사상의 발전이 명상을 통한 깨달음을 기반으로 한다는 것이다. 이러한 가운데 명상을 다루고 있는 이 책은, 그가 사유한 개념들을 이론이나 철학적으로 설명하기보다는, 실제로 명상하는 사람들의 개인적, 문화적, 사회적인 발달과 내재적이며 외현적인 경험의 의미를 실질적으로 이끌고 있다.

사실 명상 수련을 통해 사람들은 다양한 경험을 하지만 그것이 내포하고 있는 의미가 무엇인지, 자신이 어떤 위치와 방향의 과정 속에 있는지 명확히 구체화하기는 그리 쉽지 않을 것이다. 이것은 아직 개인들이 자신의 명상 경험을 명확히 해석하거나 그것을 자기 성장이나 실생활에 직접 적용하지 못하는 때문으로 보인다. 이에 윌버는 정확한 답을 제공하였다. 이 책에서 그는 수련하는 사람들에게 자신의 의식 발달 단계를 이해할 수 있는 실질적인 틀을 제공하는 한편, 점차 상승하는 발달 단계들을 독자들이 체험적으로 깨달을 수 있도록 직접 명상을 인도하고 있다. 이는 이 책의 가장 큰 장점으로, 명상의 이론과 실제를 연결하여 관념을 체험적으로 안내하면서, '통합이론'의 실체를 구현한 것이다. 이는 명상 경험에 대한 과거의 불균형적이고 편중적인 이해나 해석이 아니라, 명상하는 개인의 내·외적 경험을 전체로 펼쳐 완전히 이해하는 열린 세계관으로 나타나고 있다. 통합명상의 과정은 자기와의 대화이며, 세상과의 대화이고, 우주와의 대화로 이어지는 영혼의 눈을 뜨는 체험이다. 그것은 감정과 이성을 아우르며 물질과 영혼이 교류하고, 나와 타인이 하나로서 개인과 세상이 멀리 있지 않다는 자각을 부여한다. 그리고 윌버는 과거의 지혜의 전통과 발달심리학이 어느 한 편에 치우쳐 있었다는 것을 지적하고, '성장Growing up과 깨어남Waking up'의 통합을 제안하면서, 그러한 연계적 발달만이 참다운 인간 성숙을 구현할 수 있다고 단언한다. 그는 우리가 어느 한쪽만으로는 완전한 전체성에 이르지 못하고, 오늘도 깨닫지 못한다면 성장은 요원하다는 것을 말해주고 있다. 그러므로 이제 우리에게 역동적인 통합적 성장은 필수적인 것이 되었다.

윌버의 '통합 마음챙김Integral Mindfulness'은 마음챙김과 통합이론을 결합한 것이다. 모든 광범위한 진리를 총체적으로 설명한 통합이론 AQAL에는 단순한 다섯 개(구조, 상태, 라인, 4분면, 유형)의 체계가 우주의 거대한 전체 용량을 담아내고 있다. 이러한 그의 통합적 세계관은 모든 것을 통째로 조망할 수 있는 큰 지도, 존재하는 모든 것의 전체 그림을 소개한다. 즉, 통합 마음챙김은 수행자의 깨달음을 통한 변용transformation의 과정으로, 독자들은 전체라는 가능성 속에서 단계적이며 다차원적인 발달 과정을 직접적으로 체험한다.

사실 본질적으로 성장을 지향하는 존재인 인간은 다양한 방식으로 그 길을 완성하려 노력한다. 이에 윌버는 그 특유의 개인적이며 예술적인 성찰과 조명 속에서 명상의 더 깊고 넓은 방향을 제시하여, 사람들이 궁극적으로 자기 내면에서 무한하고 신성한 실재를 발견할 수 있는 길을 안내하고 있다. 그의 글쓰기는 논리적인 동시에 심층적이고 심오한 감동을 주는 마력으로, 자기 삶의 진정한 의미와 깊이를 발견하려는 영혼들을 자극한다. 그는 한결같이 가장 작은 것에서부터 가장 높고 가장 깊은 것까지를 건드리며 독자들의 혼을 두드려 영적인 인간의 길을 독려하고 촉구한다. 즉, 통합명상은 아주 깊은 지식이며 초월적인 것으로 인간의 총체적 발달을 촉진시키는 것이다.

이 책은 질문하고 대답하는 강의 형식으로 쓰였기 때문에 비교적 독자들이 이해하기가 좀 수월할 것이다. 그 내용을 살펴보면, 1장은 통합명상을 통한 '성장의 길'을 안내하고 있다. 이는 인간의 의식 구조와 관련한 오랜 역사의 유산들을 태곳적부터 초통합의 수준까지 8단계로 나누어 기술하고, 현대인들이 이제까지 명상하며 깨닫지 못했던 성장의 단계들을 이해하고 자기 수준을 파악할 수 있도록 돕는다. 또한 독자들이 그 각각의 성장 단계들을 순서대로 따라하면서 실제로 체험할 수 있도록 기법과 방법들을 구체화하고 있다. 2장은 '깨어남의 길'에 관한 것으로 명상하는 동안 개개인들이 비교적 쉽게 경험하고 인식하여왔던 부분인, 4, 5개의 상태·단계를 기술하였다. 그것은 거친 일상 의식 상태로부터 시공을 넘어선 순수 주시의 지고의 정체성으로 경험하는 비이원의 합일 상태까지를 이야기한다. 1장과 2장을 요약하면, 성장의 길인 구조 단계와 깨어남의 길인 상태 단계를 우리가 이해하고, 그것을 어떻게 스스로에게 적용하여 현재 자신의 성장의 위치와 상태의 위치를 가늠할 수 있는가를 분명히 하고 있다. 3장에서는 우리 주위의 작은 사건에서부터 커다란 우주에서 일어나는 모든 일에 관하여 어떻게 우리가 아무런 결여나 결핍 없이 세밀하고 완전하게 조망할 수 있을지 4분면을 통해 드러난다. 4분면은 우리로 하여금 모든 것을 인식하고 인정할 수 있도록, 우주 안에 존재하는 모든 것의 차원과 수준에 대한 우리의 조망 능력의 향상을 북돋운다. 그리고 여기에서 윌버는 우리의 인간관계에 4분면을 대입하여 설명하고 있다. 그는 우리가 서로 다른 수준이나 차원에 있는 사람들의 상호역동적인 관계를 폭넓게 조망할 수 있도록 하고, 어떻게 바람직한 관계를 형성할 수 있을지 그 방향을 제시하였다. 4장은 다양한 발달라인에 관한 것으로, 라인들은 신체적, 직업적, 경제적, 가정적 측면 등과 관련하여 나타나고 있다. 윌버는 우리가 각 라인에 접속하여 마음챙김하면서 그것들을 내적으로 통합하고 스스로를 확장시키면서 성장할 수 있도록 인도한다. 마지막 5장에서 윌버는 우리가 이제까지 경험한 AQAL 체제에 대한 이해를 토대로 마음챙김하면서 진화의 창조적 진보의 동반자이며 보는 자Seer로서 활동하도록 격려하고 있다.

그러므로 이 책을 통해 우리는 모든 것의 선譱이며 스스로 진화하는 존재로서, 각자가 우주의 한 부분이며 진화의 공동참여자임을 선포하라는 초대를 받고 있다. 즉, 윌버는 인간 안에 내재된 역동적 변용의 가능성에 '통합명상'이라는 섬광의 화살을 쏘았고, 그 청정한 빛을 실현하는 우리는 영적인 전율 속에서 '모든 것의 전체 그림'을 한눈에 조망하면서, 세상을 위해 더 심오한 가치를 완수하려는 통합의 물결을 항해할 것이다.

여기에 역자는, 이렇게 학문적이고 영적인 엄청난 사유와 실제들을 끊임없이 쏟아내는 윌버의 놀라운 업적과 노력에 감사와 경의를 표하지 않을 수 없다. 그리고 이 책이, 지금보다 더 완전한 것을 지향하고 갈망하며 폭넓은 깊이와 성장을 바랐던 독자들에게 든든하고 명확한 길잡이가 되어 충만한 기쁨과 지혜의 바람을 일으키고, 우주의 진화에 한 몫을 기여 하려는 사람들 모두에게 도움이 될 것이라고 믿는다.

켄 윌버의 통합명상

INTEGRAL
MEDITATION